COMMENTARY & PHOTOGRAPH FOR ALL FAMICOM FAN!

FAMILY COMPUTER

FAMILY COMPUTER PERFECT CATALOGUE 패미컴 퍼펙트 카탈로그

마에다 히로유키 감수
조기현 옮김

samho MEDIA

머리말

'퍼펙트 카탈로그' 시리즈 제 1탄인 메가 드라이브 편을 처음 발매한 이래 어느덧 3년여, '퍼펙트 카탈로그' 시리즈도 어느새 13권 째가 되었다(모두 한국 기준).

이번 권에서 테마로 삼은 기기는 모두 잘 알고 있는 닌텐도의 그 게임기, '패밀리 컴퓨터'다. 사실 기획 자체는 '퍼펙트 카탈로그' 시리즈 초기부터 세웠으나, 패미컴은 이미 한참 전부터 여러 출판물이 선행 출간되어 왔기에, 후발주자인 이 책을 과연 어떻게 차별화해야 할지 방향성을 결정하는 데 상당한 시간을 들여야만 했다. 독자 여러분의 많은 기대에 부응하여 지금까지 지속되어 온 본 시리즈가 이제야 커다란 숙제를 하나 마치게 되었구나 하는 것이, 솔직한 심경이다.

퍼펙트 카탈로그 시리즈는 예나 지금이나 '하드웨어와 소프트웨어를 양대 축으로 삼아 그 기종의 매력을 전달하는' 것이 핵심이나, 이번 책에서는 이에 더하여 '패미컴 붐' 및 패미컴의 등장이 후세에 끼친 영향에 대해서도 어느 정도 해설해보았다. 왜냐하면, 패미컴이라는 존재는 단순한 일개 게임기를 넘어서 패미컴이라는 이름의 '문화' 그 자체였다고 생각하기 때문이다. 패미컴을 당시 소유했었던 사람도 있을 터이고, 소유하진 못했어도 문구점이나 백화점의 시유대에서 즐겨보았던 사람도 있을 터이다. 어쩌면 패미컴을 당시 일본에서 유행했던 '패미컴 지우개'나 '패미컴 딱지'와 같은 형태로만 접했던 사람도 있으리라. 이렇듯 다종다양한 측면을 내포하는 패미컴의 세계를 최대한 지금의 독자에게 전달하고 싶다…… 이런 마음으로 완성한 책이, 본 '패밀리 컴퓨터 퍼펙트 카탈로그'인 것이다.

과거 제작한 바 있는 슈퍼 패미컴 편에 비하면 이번 책은 수록 소프트 수가 200종 가량 적으나, 그럼에도 최종적인 페이지 수는 거의 엇비슷해졌다. 이유는 이 책을 출간하기 1개월 반 전에 마음을 바꿔 페이지를 늘리고 가필했기 때문으로서, 늘린 지면은 모두 패미컴을 둘러싼 커다란 문화적 변화를 해설하고 정보를 제공하는 지면을 확충하는 데 사용했다. 단순한 하드·소프트 소개 카탈로그로 끝낼 셈이었다면 굳이 필요치 않은 증면이었으나, '패미컴을 기왕 다루겠다면 이것만큼은 반드시 넣어야 한다'라는 생각에 조금 더 욕심을 부린 것이다.

그런 탓에 편집자 입장에서는 출간일 직전까지 말 그대로 지옥의 행군이 되어버려, 이 책에 참여해주신 기고가·제작진 분들께도 많은 수고를 끼치고 말았다. 그 열의가 이 책을 통해 미미하게라도 독자 여러분께 전달된다면, 기획·감수자로서 그보다 더한 기쁨이 없겠다.

2019년 12월, 마에다 히로유키

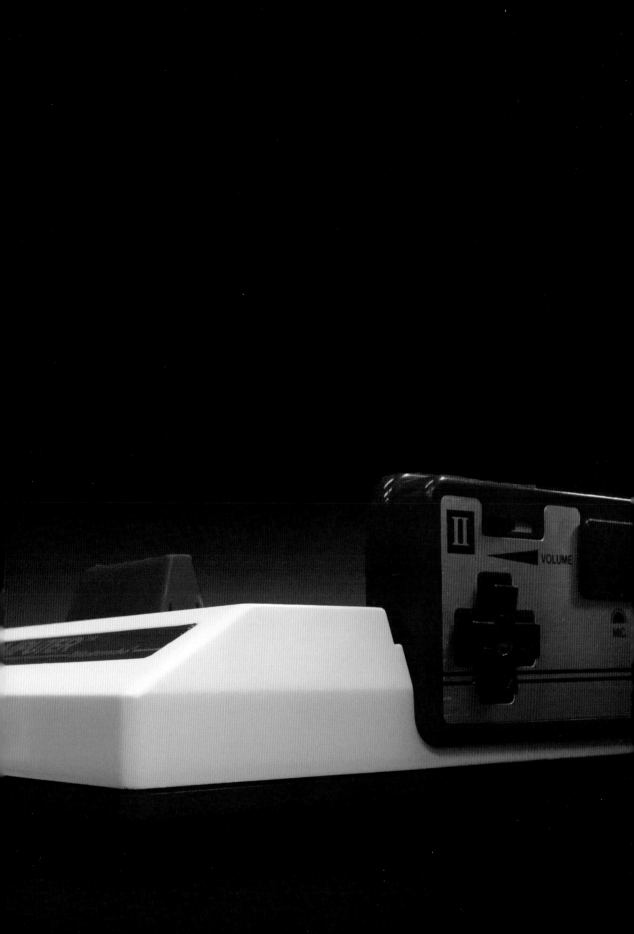

FAMILY COMPUTER

FAMILY COMPUTER PERFECT CATALOGUE · 패미컴 퍼펙트 카탈로그

CONTENTS

CHAPTER 1
패밀리 컴퓨터 하드웨어 대연구
FAMILY COMPUTER HARDWARE CATALOGUE

- 이 책 안에서 다루는 게임기, 소프트, 기타 각 상품은 ™ 및 ©, ® 표기를 생략했으나, 각종 권리는 해당 회사의 소유이며, 각 회사의 상표 또는 등록상표입니다.

- 이 책 안에서 다루는 게임기, 소프트, 기타 각 상품은 일부를 제외하고 현재 판매 종료되었습니다. 문의처가 게재되어 있는 상품을 제외하고, 이 책의 정보를 근거로 각 회사에 직접 문의하시는 것은 삼가 주십시오.

- 이 책에 실린 사진은 저자가 촬영한 것을 제외하고는 모두 당시의 카탈로그, 위키미디어 공용의 사진을 사용하였습니다. http://commons.wikimedia.org/wiki/Main_Page

- 회사명 및 상품명은 발매 당시 기준입니다. 또한, 일부 회사명 및 상품명이 정확한 표기가 아닌 경우가 있습니다만, 가독성을 위해 조정한 것이며 오독·오해 유발 목적이 아닙니다.

- 회사명 표기 시에는 '주식회사' 등의 표기를 생략했습니다. 또한 개인 이름의 경칭은 생략했습니다.

- 가격 표시는 원칙적으로 일본의 소비세 제외 가격 기준이지만, 당시 표기를 따라 소비세가 포함되어 표기된 경우가 일부 있습니다.

- 한국어판의 추가 페이지는 모두 역자가 집필하였습니다.

Special Thanks To

게임샵 트레더

꿀딴지곰	고전게임 컬럼니스트, 유튜브 채널 '꿀딴지곰의 게임탐정사무소' 운영
오영욱	게임잡지의 DB를 꿈꾸는 게임개발자
유영상	한국 레트로 게임 컬렉터, 유튜브 채널 '게임라이프' 운영
이승준	'레트로장터' 행사 주최자
정세윤	http://blog.naver.com/plaire0
타잔	레트로 게임 컬렉터, 네이버 카페 '추억의 게임 여행' 운영자
홍성보	월간 GAMER'Z 수석기자

FAMILY COMPUTER PERFECT CATALOG by Hiroyuki Maeda
Copyright © G-WALK publishing.co., ltd. 2019
All rights reserved.
Original Japanese edition published by G-WALK publishing.co., ltd.
Korean translation copyright © 2022 by Samho Media
This Korean edition published by arrangement with G-WALK publishing.co., ltd., Tokyo,
through HonnoKizuna, Inc., Tokyo, and Botong Agency

HARDWARE

1983

1984

1985

1986

1987

1988

1989

1990

1991

1992

1993

1994

INDEX

CHAPTER 1

패밀리 컴퓨터
하드웨어 대연구

FAMILY COMPUTER HARDWARE CATALOGUE

해설 '게임산업'을 창출해낸 패미컴
COMMENTARY OF FAMILY COMPUTER #1

후발주자로 가정용 게임기 시장에 진입

누구나 적어도 이름만은 들어봤을, 닌텐도를 세계적 기업으로 만들어준 초히트 가정용 게임기 '페밀리 컴퓨터'(통칭 패미컴). 1983년 7월 15일 일본에서 처음 발매된 이래 공식 최종 출하대수는 전 세계를 통틀어 6,191만 대에 달해, 그 이전까지의 히트작이었던 미국 아타리 사의 '아타리 2600'을 압도하고도 남을 만한 성적을 거뒀다. 당대의 폭발적인 인기는 심지어 사회현상까지도 일으켰으니, '패미컴'이라는 이름이 게임의 대명사로 불릴 만큼 사회에 깊이 침투하여 세상이 일약 '패미컴 붐'이라는 이름의 대유행에 휘말렸을 정도였다. 하지만, 패미컴 자체는 알고 보면 온갖 시행착오 끝에 탄생한 기기였다.

닌텐도는 패미컴 이전에도 'TV 게임 15'라는 가정용 게임기를 일발 히트시킨 적이 있긴 하였으나, 패미컴 개발을 막 시작했던 1981년 당시의 닌텐도는 '게임&워치'라는 휴대용 게임기로 사회에 일대 붐을 일으키고 있었다. 또한 당시의 일본은 이미 여러 회사가 온갖 가정용 게임기를 시장에 발매하여 치열한 점유율 경쟁을 펼치던 국면이었기에, 이미 휴대용 게임기 시장을 충분히 석권했는데 그 우위성을 버려가면서까지 굳이 가정용 게임기에까지 진출할 필요가 있겠느냐는 분위기가 사내에 떠돌았다고 한다.

결과적으로 고(故) 야마우치 히로시 당시 사장이 "게임&워치의 인기는 오래 가지 않을 것"이라고 일갈함으

써 패미컴의 개발이 결정되긴 하였으나, 이 시점의 닌텐도는 '소프트 교체기 기능한 게임기'를 개발해본 노하우가 없었던 데다 시장 최후발주자였으므로, 아래의 2가지를 개발 컨셉으로 잡았다.

① 본체의 소비자가격을 1만 엔 이하로 잡을 것
② 발매 후 3년간은 경쟁상대가 나오지 못할 기기를 만들 것

더불어, ②를 만족시키기 위한 명확한 개발목표로서

③ 아케이드용 게임 「동키 콩」을 동일한 품질로 즐길 수 있는 게임기

라는 항목을 설정했다. 당시의 아케이드판 「동키 콩」은 수많은 IC 칩으로 구성되었으므로, 이 게임을 단일 칩으로 돌릴 수 있는 게임기라면 성능으로든 가격으로든 시장에서 이길 수 있다고

본 것이다. 다행이었던 점은, 당시 패미컴을 공동 개발했던 리코 사의 기술자들 중에 젊은 게임 팬이 많아 「동키 콩」을 집에서 즐긴다니!'라는 기대가 형성되어 강력한 개발동기로 연결되었다는 것이다. 결론적으로 '완전이식'의 경지까지 이르진 못했으나, 기존의 타사 가정용 게임기들과는 차원을 달리하는 압도적인 고품질 이식을 단 2개의 칩으로 집약시키는 데에는 성공했다. 아쉽게도 당초의 목표였던 1만 엔 이하는 실현치 못했지만, 타사 대비로 비교적 염가였던 14,800엔으로 최종 발매했다. 가격 결정 과정에서 표시색수 절감과 메모리 용량 결정 등을 통해 단가 대비 성능의 밸런스를 확정하기까지는, 후일 '마리오'와 '젤다' 등으로 유명해지는 미야모토 시게루의 영향력이 크게 작용했다고 한다.

 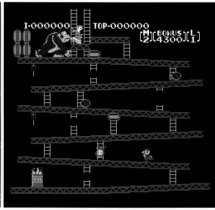

▲ 「동키 콩」의 아케이드판(왼쪽 사진)과 패미컴판(오른쪽 사진). 세로화면과 가로화면이라는 차이는 있으나, 게임 자체의 이식도는 상당히 높다. 이만한 게임을 집에서 즐길 수 있었으니, 당시 게이머들의 눈이 휘둥그레진 것도 무리는 아니었으리라.

반짝 히트성 '장난감'에서, 게임 '산업'으로의 변화

일본의 가정용 게임기 시장은 패미컴의 등장을 기점으로 크게 격변했다. 패미컴 이전에도 수많은 게임기들

이 시장에 난립했으나, 다들 발매된 후 얼마 지나지 않아 사라지는 단발상품의 연장선상에 지나지 않았다. '전용

소프트'라 해도 게임기 본체를 팔기 위한 구색에 불과한 것들이 많았고, 게임기를 구입한 유저가 끊임없이 새로운

게임을 즐기게끔 소프트 공급을 지속한다는 개념 자체가 없다시피 했다. 실은 닌텐도와 세가마저도, 패미컴 등장 이전에는 그런 개념에까지 미처 생각이 닿지 않았었다. 실제로 패미컴은 발매 당시엔 서드파티 모집 없이 닌텐도가 직접 게임을 만들어 소프트의 구색을 맞췄고, 세가 역시 서드파티에 문호를 개방한 것은 세가 마크 Ⅲ 시장 말기였으며, 그것도 딱 한 회사의 2개 타이틀뿐이었다. 즉 패미컴 이전까지의 '가정용 게임기' 시장 상황은, 회사의 총력을 끌어 모아 겨루는 '전쟁'이라고까지 부르기엔 민망한, 고작 개인경기 수준의 '경쟁'에 불과했던 것이다.

가정용 게임기를 구입하는 동기가 무엇이냐고 누가 묻는다면, 대부분은 "○○라는 게임을 즐기고 싶어서"라고 구체적인 타이틀명을 거론하리라 생각한다. 어느 시대에나, '게임기 그 자체가 갖고 싶은' 것이 아니라 '즐기고 픈 게임이 있기에, 그 게임이 돌아가는 게임기가 갖고 싶은' 법이다. 이는 어느 시대에나 변치 않는 진리이니, 판매 전략이나 시대상황 등의 부차적인 이유가 있을지언정, 게임기 전쟁에서 승패를 결정짓는 가장 중요한 요소는 게임기 자체가 아니라 그 게임기에서 즐길 수 있는 게임이라는 점을 마음 깊이 새겨두어야 할 것이다.

패미컴의 경우 본체와 동시 발매된 소프트는 「뽀빠이」・「동키 콩」・「동키 콩 JR.」 3개 작품으로서, 모두 자사 인기 아케이드 게임의 이식작이었다. 처음부터 자사 아케이드 게임 타이틀의 이식이 가능할 것을 염두에 두고 설계했으므로, 동세대의 타사 가정용 게임기와는 비교되지 않을 만한 고품질 그래픽을 구현할 수 있었다. 하지만 발매 당초부터 시장에서 열광적인 호응을 얻은 것은 아니었고, 초기에는 타사 가정용 게임기들처럼 '닌텐도도 카세트 교환식 게임기를 발매했다' 정도의 인식에 그쳤다. 오히려 패미컴이 막 발매된 1983년 시점의 일본에서는 세간에서 '마이컴 붐'(역주 ※)이라 부르던 유행을 타고 취미용 홈 컴퓨터가 화려한 인기를 누리고 있었기에, 패미컴은

(역주 ※) 80년대 당시 일본에서는 8비트 개인용 컴퓨터(PC)를 '마이크로컴퓨터'의 준말인 '마이컴'으로 통칭했다.

'패밀리 컴퓨터'라고 이름붙인 주제에 키보드도 없고 프로그램도 짤 수 없는 모순적인 상품이라며 소매점에서 냉대를 받기까지 하였다.

이렇던 상황이 한 방에 뒤집힌 계기가, 허드슨(현 코나미디지털엔터테인먼트)과 남코(현 반다이남코 엔터테인먼트)의 서드파티 참가였다. 당시 허드슨은 패미컴을 홈 컴퓨터로 만들어주는 확장기기 '패밀리 베이직'을 닌텐도와 공동 개발하는 과정에서 패미컴 소프트 개발력을 확보하여, 패밀리 베이직에 앞서 닌텐도 사외 서드파티 소프트 제1호인 「너츠 & 밀크」・「로드 러너」를 발매했다. 한편 남코는 뛰어난 기술력을 무기삼아 패미컴의 하드웨어를 자체적으로 분석해, 독자적으로 「갤럭시안」을 이식하여 닌텐도로 가져갔다. 남코는 이전부터 MSX 등의 타 기종용 게임 소프트를 직접 개발해 왔으나, 게임기라는 목적에 특화시킨 패미컴의 뛰어난 스펙과 장래성에서 매력을 느꼈는지, 이후 불과 2개월 동안 「팩맨」・「제비우스」・「매피」 등등의 자사 인기 아케이드 게임을 차례차례 이식해냈다.

「로드 러너」와 「제비우스」의 효과는 절대적이었다. 전자는 당시 PC 게임계의 대인기 히트 타이틀이었던 데다, 원작을 웃도는 화려한 그래픽과 귀여운 캐릭터도 추가했다. 후자는 완전 이식까지는 아니었으나, 그럼에도 집에서 즐길 수 있으리라고는 꿈에도 생각지 못했던 아케이드 게임계의 초히트 타이틀이었다. 당시 패미컴 판매대수가 130만 여대 정도였음에도 불구하고 「로드 러너」는 100만 장, 「제비우스」는 120만 장을 넘긴 밀리언셀러

가 되었다. 닌텐도가 아닌 타사의 발매작 2종이 대히트한 덕에 본체의 판매량도 일거에 급상승해, 패미컴은 이전까지의 일본 가정용 게임기 판매기록을 단숨에 갈아 치웠다.

허드슨과 남코의 성공을 목격한 다른 소프트 개발사들도 패미컴용 소프트 발매를 앞 다투어 신청하기 시작해, 닌텐도는 순식간에 일일이 응대하기도 벅찬 상황이 되었다. 당초엔 자사 제품만으로 소프트 구색을 갖출 셈이었다 보니, 라이선스 업무의 전담부서도 원칙도 미처 만들지 못했기 때문이다. 하지만 이를 준비하는 와중에도 패미컴 참가를 희망하는 회사들이 해를 거듭할수록 늘어나, 1984년에는 20종이었던 전용 소프트 수가 다음해인 1985년에는 69종, 절정기인 1991년에는 151종에까지 이르렀다. 이중엔 닌텐도의 「슈퍼 마리오브라더스」, 에닉스의 「드래곤 퀘스트」, 스퀘어의 「파이널 판타지」 등등의 명작들도 다수 있어, 발매일이면 소프트를 사려는 사람들의 장사진이 소매점 앞에 만들어지는 사회현상까지도 일어났다. 당연히 이런 게임들을 즐기고 싶어 패미컴 본체를 찾는 구매자도 폭발적으로 늘어나고, 게임기가 충분히 보급되니 소프트도 꾸준히 출시되고, 그 효과로 다시금 게임기도 더 팔려나간다는 선순환이 형성되었다.

이런 일련의 사회현상에 '패미컴 붐'이라는 이름이 붙게 되어, 게임을 소재로 삼은 만화・애니메이션, 심지어는 영화까지 만들어진 것도 이 시기의 일이다. 당시 학교에서는 패미컴의 화제에 끼지 못하거나 패미컴이 없는 학생이 괴롭힘을 당하기까지 하는 등, 학

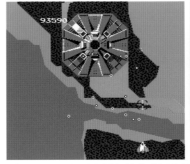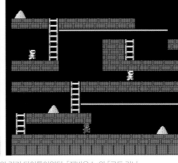

▲ 「슈퍼 마리오브라더스」가 등장하기 전까지는 패미컴 초기의 킬러 타이틀이었던, 「제비우스」와 「로드 러너」.

급 내에 일종의 계급사회가 만들어질 정도의 사태로까지 발전했다.

한편 1984년에는 일본소프트뱅크 (현 SB 크리에이티브)가 종합 게임정보지 'Beep'을, 1985년에는 토쿠마쇼텐 사가 패미컴 전문잡지 '패밀리 컴퓨터 Magazine'을 창간함으로써 '게임언론'이 탄생하기도 해, 일본에서만큼은 가정용 게임기가 반짝 히트상품인 '장난감'에서 탈피해 '산업'으로 발돋움하기에 이른다.

▲ 일본 게임잡지 문화의 초석이 된 'Beep'(일본소프트뱅크)과 '패밀리 컴퓨터 Magazine'(토쿠마쇼텐), 당시엔 아직 인터넷이 없어 입소문 중심으로 소식이 퍼져나갔기에, 게임 정보를 직통으로 제공해주는 '잡지'는 매우 귀중한 존재였다.

패미컴으로 인해 탄생한 소프트 라이선스 사업

닌텐도가 패미컴에 서드파티 소프트 라이선스제를 도입하면서 가장 심혈을 기울인 점은, 미국에서 벌어진 이른바 '아타리 쇼크'라는 비극의 전철을 밟지 않겠다는 것이었다. 아타리 사는 액티비전 사를 비롯한 유력 소프트 개발사들의 도움에 힘입어 단기간에 거대한 시장을 형성하는 데 성공하였으나, 소프트 개발사는 고사하고 유통되는 소프트 타이틀조차 제대로 파악하지 못해 조악한 소프트가 넘치던 상황을 통제하는 데 끝내 실패하여, 결국 시장 자체가 무너져버렸다.

이를 교훈삼아 닌텐도가 내세운 규칙은, 회사당 연간 발매 타이틀 수를 제한한다는 것이었다. 타이틀 수를 제한함으로써 안이한 모방작이 범람하지 않도록 닌텐도가 개발사들을 컨트롤하겠다는 의도였다. 다만 허드슨·남코·코나미 등의 일부 초기 서드파티 개발사들에겐 타이틀 수 제한을 면제하는 기득권을 제공하여, 계약이 지속되는 내내 밀월관계를 유지했다.

또한, 서드파티가 직접 제조한 카트리지가 패미컴 본체에 제대로 장착되지 않는다는 문제점이 발생해 해당 소프트가 리콜되고 닌텐도로 민원이 쇄도하는 소동이 발생하자, 닌텐도는 재발을 막기 위해 다음과 같은 정책을 서드파티에게 강제했다.

① 닌텐도가 직접 모든 소프트의 호환성 및 품질을 체크한다

서드파티는 패미컴용 소프트를 발매하기 전에 닌텐도가 규정한 체크에 먼저 합격해야만 한다.

② 카세트 제조는 닌텐도가 생산을 맡는 OEM 방식으로 한다

서드파티는 닌텐도에게 희망 생산량을 발주하고, 닌텐도는 카세트를 생산해 서드파티에 납품한다.

③ 제조비와 로열티는 전액 선불로 받는다

자금력이 부족한 회사가 안이한 저품질 소프트를 만들어 조악한 게임이 넘쳐나지 않도록 통제하는 대책이다.

이로써 닌텐도가 완전히 소프트 공급·유통을 통제할 수 있게 되어, 지금까지도 이어지는 게임 라이선스 사업의 기초가 확립되었다.

하지만 이 시스템은 닌텐도가 일방적으로 우위인데다 소프트 생산량·내용까지 간섭할 수 있었기에, 서드파티 회사들이 뼛속깊이 불만을 품는 원인이 되기도 했다. 특히 소프트 개발사 입장에서는 특정한 달에 소프트를 발매하고 싶어도 닌텐도 쪽 공장 라인이 때맞춰 비지 않으면 생산조차 불가능하고, 설령 빈다 한들 희망하는 수량만큼 생산해준다는 보장도 없다는 문제에 봉착하게 되었다. 결과적으로 닌텐도가 제공하는 서드파티 계약으로는

판매계획 수립과 판매량 예측이 불가능하다시피 하니, 서드파티 입장에선 매우 불리한 계약이었다.

다만, 소프트 회사 측면에서는 악명이 높았던 닌텐도이지만 정반대 측면에서 보면 하드웨어가 적자를 보더라도 소프트 매출로 커버할 수 있는, 즉 서드파티로부터의 로열티 수입을 전제로 한 적자형 사업모델 확립을 성공시킨 것이라는 공적도 짚어두어야 한다. 닌텐도 외의 타 플랫폼사들도 이후의 게임기 시장에서 극히 일부를 제외하고는 기본적으로 닌텐도의 사업모델을 모방한 것만 보더라도, 오늘날의 게임기까지 이어지는 표준 사업모델을 확립시킨 닌텐도의 공은 실로 막대하다 하겠다.

특히, 닌텐도는 1985년 북미판 패미컴인 NES(Nintendo Entertainment System)를 발매할 때 일본에서 확립시킨 로열티 사업모델을 그대로 이식해, 아타리 쇼크의 충격으로 괴멸상태였던 미국 게임시장을 훌륭히 부활시키는 데 성공했다. 미국에서 일어난 사건을 교훈삼아 탄생한 일본의 사업모델이 다시 미국 게임시장을 재건시켰으니, 그야말로 통쾌한 성공 스토리가 아닐 수 없다.

지우개에 딱지까지, 그야말로 일대 붐이 된 '패미컴'

1985년의 「슈퍼 마리오브라더스」 발매로 본격 가속화된 '패미컴 붐'은 단순히 패미컴과 게임의 영역을 넘어서서, 만화·영화·완구·문구·식품 등 아이들을 둘러싼 주변 문화까지 차례차례 집어삼키는 거대한 붐으로 발전했다. '패미컴'은 가정용 게임기의 대명사가 되어, 당대의 아이들 사이에서 가장 인기 있는 취미로 부상했다.

패미컴용 소프트를 가진 아이들 사이에는 게임 교환이 성행했고, 소프트가 없는 아이가 친구들 사이에서 따돌림 당하거나 빌려준 소프트를 떼어먹히는 등의 사건사고가 잇달았다. 학부모들과 육성회까지도 이런 사례들로 골머리를 앓을 정도였다. 과자나 문구류 정도라면 모를까, 게임 소프트는 수천 엔이나 하는 고가품이다. 떼먹히거나 도둑맞는 사건이 너무 많다 보니,

결국 민간에서 자생한 대책이 '카세트에 아이의 이름을 적는 것'이었다. 일본에서 지금도 흔하게 나돌아 다니는 중고 패미컴 카세트들 뒷면에 유성매직으로 적힌 온갖 성명들은, 그런 패미컴 붐 한가운데에서 학부모들이 짜낸 자구책의 흔적이라 할 수 있다.

아동용 취미 시장으로 형성되어 치열하게 전개되었던 패미컴 붐의 여파는 이윽고 문방구점을 거점으로 하는 지방 완구공장에까지 파급되어, 패미컴과는 직접 연관이 없던 영세한 완구 제조사들까지도 붐에 영합하게 되었다. 패미컴용 소프트는 비싸서 살 수 없는 아동이라도 딱지·뽑기·지우개 등의 장난감은 저렴하니 용돈으로 살 수 있으므로, 그런 아이들의 호주머니를 노린 '패미컴' 딱지·캔배지나 캐릭터 지우개 등이 쏟아져 나왔다. 특히 패미

컴 소프트 카세트의 디자인을 흉내 낸 속칭 '패미컴 지우개'는 당대 일본에서 크게 유행했는데, 제조사 입장에서 보면 그저 동일 모양의 지우개라 금형 하나만 만들어두면 얼마든지 찍어낼 수 있고, 종이상자와 스티커만 바꿔 씌워 종류를 끝없이 늘릴 수 있었기 때문이다. 인기 패미컴 게임을 갖고 싶어도 부모님이 좀처럼 사주지 않는 아이들 입장에서도 그럭저럭 소유욕을 대리만족시켜주는 아이템이었다 보니, 온갖 크고 작은 패미컴 지우개가 무수히 양산되었다.

하드웨어부터 소프트웨어까지 온갖 흉내 상품이 범람한 사례는 가정용 게임기의 오랜 역사를 통틀어도 패미컴 외엔 다른 예가 없다시피 하니, 당대의 패미컴 붐이 얼마나 특수했던 사례인지를 체감하지 않을 수 없다.

HARDWARE

1983
1984
1985
1986
1987
1988
1989
1990
1991
1992
1993
1994
INDEX

가정용 게임기의 대명사가 된 역사적인 명기

패밀리 컴퓨터

닌텐도   1983년 7월 15일   14,800엔

◀ 컨트롤러의 A·B 버튼이
사각형 모양인 초기형 본체
패키지. 이후 여러 번의 내
부 모델 체인지가 있었지
만, 기본적인 디자인은 계
속 유지되었다.

■ 저렴한 가격과
■ 고성능을 양립시키다

　패밀리 컴퓨터(패미컴)는 닌텐도가 1983년 일본에서 발매한 자사 최초의 카세트 교환식 가정용 게임기다. 당시에도 비슷한 부류의 가정용 게임기가 이미 여러 회사에서 선행 발매된 바 있으나, 패미컴은 후발주자였음에도 14,800엔이라는 염가로 타사 제품을 훨씬 웃도는 고성능을 제공한 점, 동시 발매한 「동키 콩」 등 닌텐도 인기 아케이드 게임의 뛰어난 이식판을 여러 종류나 구비한 점 등의 이유로 순식간에 히트상품이 되었다. 또한, 발매 당초에는 닌텐도 자체 소프트만으로 라인업을 꾸렸으나, 허드슨·남코 두 회사가 패미컴용 소프트를 발매하기 시작한 것이 계기가 되어, 서드파티 라이선스 제도 도입을 비롯한 소프트 사업모델이 탄생했다. 오늘날의 가정용 게임기 시장은 패미컴이 만들어낸 것이라 해도 과언이 아니다.

　한편 패미컴의 폭발적인 판매량 신장은 '패미컴 붐'이라는 사회현상으로까지 승화되어, '게임기=패미컴'을 연상시킬 만큼 가정용 게임기의 대명사 격인 존재가 되었다. 지금도 일본에서는 '닌텐도'라 하면 곧 '패미컴'이란 단어를 직감적으로 떠올리는 사람들이 수없이 많으니, 패미컴이 세상에 끼친 영향은 이루 다 헤아릴 수 없다 하겠다.

패밀리 컴퓨터의 사양

형식번호	HVC-001
CPU	리코 RP2A03 (MOS 6502 호환 8비트 CPU) 1.79MHz
메모리	RAM : 2KB SRAM (메인용) / VRAM : 2KB SRAM
그래픽	리코 RP2C02 (PPU) 5.37MHz 화면해상도　：256×240 컬러　：52색 (최대 25색 동시표시) 스프라이트 표시 : 1화면 내 64개(가로방향 8개)　8×8 ~ 8×16픽셀　4색 BG 표시 : 1장 (VRAM은 2화면 분량이며, 상하 혹은 좌우로 연결 가능) 화면표시처리기능 : 수평·수직반전 표시, 상하·좌우 스크롤 기능
사운드	pAPU (CPU에 내장) 구형파 2음 + 삼각파 1음 + 노이즈 1음 + DPCM 1음(모노럴)
입출력 단자	카세트 삽입구, RF 스위치 단자, 익스팬드 커넥터
전원 / 소비전력	전용 AC 어댑터 (DC 10V 850mA) / 4W
외형 치수	150(가로) × 220(세로) × 60(높이) mm
본체 중량	약 620g (Ⅰ·Ⅱ 컨트롤러 포함)

HARDWARE

1983
1984
1985
1986
1987
1988
1989
1990
1991
1992
1993
1994
INDEX

TOP VIEW

BOTTOM VIEW

FRONT VIEW

REAR VIEW

LEFT SIDE VIEW

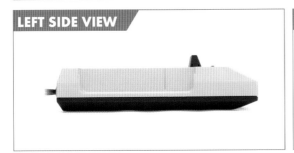

RIGHT SIDE VIEW

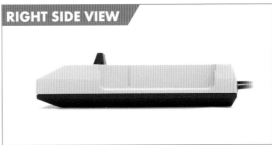

형태가 변경된 A·B 버튼

패미컴은 생산시기별로 여러 버전이 존재하는데, 그 가운데에서도 가장 큰 변경점은 컨트롤러 A·B 버튼의 형태 및 재질이 대폭 바뀐 것이다.

초기 모델의 사각형 고무 재질 버튼은 내구성에 결점이 있어 장기간 사용하다 보면 '버튼이 떨어져나가거나', '버튼이 컨트롤러 안으로 박혀버리는' 등의 문제가 발생했다. 결국 이러한 결점을 개량한 플라스틱 재질의 원형 버튼을 도입해, 이후 모델부터는 이 원형 버튼으로 표준화되었다. 기존의 고

무 사각형 버튼 모델을 보유한 유저를 위한 전용 교체부품으로서 '컨트롤러 커버와 버튼'만 키트화한 상품도 400

엔에 발매하였는데, 십자드라이버 하나로 손쉽게 교체할 수 있었기에 이를 사서 손수 교체하는 유저도 있었다.

▲ 이제는 이쪽이 표준이 된 원형 버튼 버전의 후기 패미컴과, 기존의 사각형 버튼 유저를 위해 발매한 교환용 부품. 간이 비닐백 포장 내에 A·B 버튼용 부품들과 앞면 커버만이 들어있다.

TV와의 연결은 RF 출력으로만

패미컴은 영상출력에 'RF 출력'이라는, 아날로그 방식 TV의 안테나선에 제품 내에 동봉된 RF 스위치를 중간 연결하여 접속하는 방법을 채용했다. TV의 채널 1 혹은 채널 2로 게임 화면을 할당할 수 있어, 지역별로 지상파 방송이 할당되지 않은 채널을 슬라이드 스위치로 선택하는 식이다(가령, 간토 지방이라면 당시 채널 1이 NHK 동합이었으므로 비어있는 채널 2를 고르면 된다).

이러한 번거로운 연결방식을 채용한 데에는 배경이 있다. 당시의 가정용 TV는 거의 대부분이 컴포지트(외부입력 비디오) 단자가 없는 구식이었기에, 본체에 비디오 단자 기능을 넣었을 때의 제조단가 상승과 당시의 신형 TV 보급률을 저울질한 결과였던 것이다.

RF 단자 방식은 게임기를 연결할 때 유저가 가정의 TV 안테나를 직접 손대야 하므로, 당연히 아이들이 멋대로 안테나를 만질 위험성이 우려될 수밖에 없다. 하지만 패미컴이 나오기 선에 일본에서 인기가 있었던 가정용 게임기 중 카세트 비전(에포크 사)이 다행히 같은 RF 출력식이었기 때문에 해당 기기를 소유한 유저라면 이미 RF 스위치가 TV에 설치돼 있었으므로, 이를 그대로 패미컴에도 물릴 수 있다는 이점도 있었다.

비단 카세트 비전에만 한정되는 것이 아니라 당시의 가정용 게임기들은 하나같이 RF 출력 방식이었으므로, 후발주자인 패미컴은 타사의 선발 가정용 게임기들이 먼저 깔아둔 RF 스위치의 재활용이라는 이점을 슬기롭게 이용했다고도 볼 수 있다.

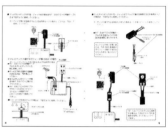

▲ TV의 안테나선에 RF 스위치를 연결하는 방법을 상세하게 설명한, 패미컴의 설명서.

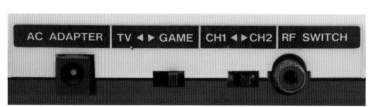

▲ 패미컴의 뒷면. RF 스위치 연결단자 외에, TV와 게임을 전환시켜주는 스위치 등을 마련했다.

본체에 동봉된 별도 안내서

원형 버튼으로 바뀐 후기형 패미컴의 패키지 내에는 만화식으로 꾸민 별도 안내서(노자키 야스시 작화)가 동봉되었다. 패미컴에 박식한 우주인 '콘키치'가 패미컴의 구조와 취급방법을 해설해주는 책이다.

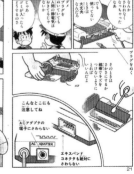

내부장치 곳곳에 숨어있는 장난기

패미컴은 컨트롤러를 본체 좌우에 끼워 수납할 수 있는 홈과, 카세트를 추출할 수 있는 이젝트 레버 등의 소소한 장치 몇 가지를 내장해두었다. 사실 구조적으로는 굳이 이젝트 레버를 밀지 않아도 카세트를 뽑는 데 문제가 없으나, '레버가 있는 쪽이 재미가 있다'는 일종의 장난기로 넣은 장치라고 한다. Ⅱ컨트롤러의 마이크 기능 역시, 패미컴을 단순한 '게임기'가 아니라 일종의 '장난감'으로서 디자인한 닌텐도의 장난기가 낳은 산물이라 할 수 있다.

HARDWARE

1983
1984
1985
1986
1987
1988
1989
1990
1991
1992
1993
1994
INDEX

CATALOGUE

패미컴의 당시 전단지는 하드웨어 자체보다는 소프트 라인업을 중심으로 꾸민 일종의 집합광고적 측면이 강하다. 특히 발매 극초기의 전단지를 보면 자사 게임 타이틀의 메인 비주얼과 화면을 본체 사진보다도 더 크게 싣는 등, 소프트를 전면에 부각시킨 점이 엿보인다.

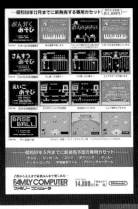

HARDWARE

1983
1984
1985
1986
1987
1988
1989
1990
1991
1992
1993
1994
INDEX

2개의 메인 칩에 주요 기능을 집약

패미컴의 하드웨어는 14,800엔이라는 염가를 구현하기 위해 필요최소한도의 부품만으로 구성되어 있다. 특히 주요 핵심 기능을 RP2A03(CPU)과 RP2C02(PPU) 단 두 개의 칩에 집약시켜, 고성능 하드웨어임에도 구조 자체는 무척 심플한 점이 놀랍기 그지없다.

CPU는 게임 데이터의 연산처리 및 사운드 기능, PPU는 화면에 그래픽을 그리는 기능으로 완전히 역할을 나눠 분업화시켜, 두 칩이 독립적으로 동작(공급되는 클럭도 각각 다르다)하는 분산처리를 구현했다. WRAM(메인 메모리)과 VRAM도 CPU와 PPU가 각각 분담해 직접 액세스하며, 심지어는 게임 카세트 내에 탑재된 ROM조차도 내부가 프로그램 ROM과 캐릭터 ROM 둘로 나뉘어 있고 이를 CPU와 PPU가 제각기 독립적으로 접근해 읽는 구조이다. 뒤집어 말하면 CPU는 PPU 소관인 캐릭터 ROM을, PPU는 CPU 소관인 프로그램 ROM을 직접 제어할 수 없는 구조로서, 각자에 연결된 ROM과 RAM 역시도 상호간에 읽기·쓰기가 불가능하도록 철저히 분리되어 있다.

이러한 구조 덕에, 카세트를 일부러 비뚤게 꽂아 게임 캐릭터가 깨지게 만드는 장난(유저 시점에서 봤을 때 캐릭터 ROM 단자는 카세트 슬롯의 오른쪽 반절에 해당하므로, 오른쪽이 뜨도록 잘 맞추는 것이 요령)이나, 캐릭터 그래픽만 교체한 해킹 ROM의 제작이 가능한 것이다. 프로그램 ROM과 캐릭터 ROM이 완전히 분리돼 있는 패미컴의 하드웨어적 특징 탓에 가능한 놀이법인 셈이다.

이런 구조를 채용한 배경에는, 당시의 닌텐도가 아케이드 게임도 개발하던 업체였기에 프로그램 ROM과 캐릭터 ROM을 여러 장의 기판에 탑재하는 하드웨어 구조에 익숙했던 데다, 패미컴 개발 당시 '아케이드를 지향한 하드웨어를 가정용 게임기로 간략화시켜 집어넣는' 과정을 거치다보니 자연스럽게 이런 형태로 수렴되었다는 2가지 이유가 있지 않았을까 싶다.

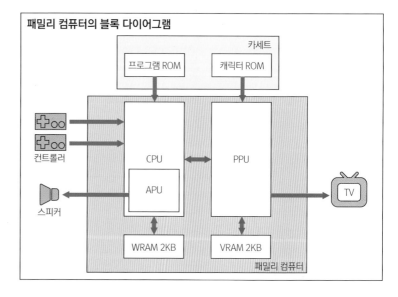

패밀리 컴퓨터의 블록 다이어그램

1983
1984
1985
1986
1987
1988
1989
1990
1991
1992
1993
1994
INDEX

CPU

패미컴에 탑재된 CPU는 리코 사가 제작한 RP2A03이다. 이 칩은 미국 MOS 테크놀로지 사의 6502를 기반으로 삼아, 10진수 모드 연산 기능을 삭제하고 사운드 기능(APU)을 추가한 커스텀 칩이다. 6502는 미국에서는 애플 Ⅱ와 아타리 2600 등에 탑재되어 널리 활용된 비교적 메이저한 CPU로서, 리코가 6502의 일본 내 세컨드 소스 라이선스를 갖고 있었기에 닌텐도에 채용을 건의했다는 경위가 있다.

6502는 동세대의 타사 CPU에 비해 사용 가능한 레지스터(연산에 필요한 수치를 일시적으로 보관하는 변수) 개수가 극단적으로 적은데다 모든 레지스터가 8비트(0~255까지의 숫자)라, 다른 CPU 대비로 다루기가 꽤나 까다로운 칩이었다. 그 대신 어드레싱 모드가 풍부하고, 메모리 일부를 레지스터 대용으로 사용해 직접 연산할 수 있는 '제로 페이지 어드레싱'이라는 독특한 기능이 있는 등, 6502에 익숙한 프로그래머들이 크게 호평하는 장점도 많았다. 여담이지만, 후일 게임보이의 CPU를 샤프가 개발할 당시 닌텐도 측에서 '제로 페이지 어드레싱을 넣어달라'고 따로 요구하기도 했을 정도였다.

당시 일본에 보급됐던 8비트 컴퓨터들 대부분은 CPU가 Z80(미국 자일로그 사)이나 6809(미국 모토로라 사)였기에, 6502에 능숙한 프로그래머가 적었다. 이 탓에 패미컴 초기에는 프로그래머 부족이라는 문제점도 겪었지만, 패미컴이 널리 보급되면서 6502를 잘 다루는 프로그래머도 늘어나 드디어 일본에서도 메이저한 CPU로 꼽히게 되었다.

사운드

사운드 기능은 CPU에 내장된 pAPU(역주 ※)가 담당하며, 구형파 2음 + 삼각파 1음 + 노이즈 1음 + DPCM 1음을 재생할 수 있다. 이 시기의 게임기·PC용 내장음원은 PSG로 대표되는 구형파 3음+노이즈 1음 구성이 많았기에, 패미컴에만 있었던 삼각파 사운드는 다른 게임기나 PC와는 차별화된 '패미컴의 독자적인 음색' 역할을 맡았다. 패미컴 특유의 이 사운드는 지금도 팬이 많아, 단순한 게임기 용도를 넘어 아예 패미컴 음원을 연주에 사용하는 '칩튠' 등의 음악표현에 활용하는 사람도 있을 정도이다.

DPCM은 이른바 PCM 음원이며, 임의의 파형을 재생할 수 있다. 다만 메모리·ROM 용량에 제약이 많은 패미컴에서는 사용에 부담이 크기에, 대용량 ROM이 등장하면서부터나 적극적으로 활용되었다(초기에는 「스파르탄 X」의 음성출력 등에서 사용된 예가 있다).

음원	사용 가능한 이펙트	주 이용법
구형파 1	음량·음정 지정 엔벨로프 (음량 변화) 스위프 (음정 변화)	멜로디 효과음
구형파 2	음량·음정 지정 엔벨로프 (음량 변화) 스위프 (음정 변화)	멜로디 효과음
삼각파	음정 지정	베이스
노이즈	음정 지정 엔벨로프 (음량 변화)	퍼커션
DPCM		드럼 보이스

(역주 ※) APU 역할을 하는 내장회로(pseudo-APU)라는 의미로서, CPU 내에 APU가 통합돼 있어 이런 이름이 붙었다. 이후의 게임보이 등, 닌텐도의 게임기는 이렇게 사운드 기능을 CPU에 통합시킨 경우가 많다.

확장단자

본체 앞면에는 '익스펜드 커넥터'라 불리는 15핀 규격의 확장단자가 있다. Ⅰ·Ⅱ컨트롤러는 탈착이 불가능하기 때문에, 키보드나 특수 컨트롤러 등의 추가 입력장치를 연결하는 용도로 사용되었다.

하드웨어적으로는 Ⅰ 컨트롤러·Ⅱ 컨트롤러와 동일한 I/O 포트 상에 연결돼 있으므로 기본 컨트롤러 대신 사용할 수 있음은 물론, 단순 입출력 용도 외에 4비트짜리 출력 포트라는 특수 용도로도 사용 가능하다.

그래픽

패미컴의 그래픽 기능은, 이 기기를 위해 신규 개발된 커스텀 LSI인 PPU(RP2C02)로 구현하고 있다. PPU란 그래픽 기능 전반을 총괄하는 칩의 명칭으로서, 일반적으로 말하는 GPU(Graphics Processing Unit)와 동의어이다. CPU와 마찬가지로 리코 사가 개발했으며, 닌텐도가 제시한 '아케이드 게임을 손색없이 이식 가능한 수준'이라는 힘겨운 요건에 부합할 수 있도록 설계되었다. BG 1장과 스프라이트 최대 64개를 표시할 수 있으며, 이 스펙은 발매 당시의 가정용 게임기 평균 수준에 비하면 월등히 높은 성능을 자랑하는 것이었다.

팔레트

패미컴의 공식 스펙에 따르면 표시 가능한 색수가 52색이나, 실제로는 동시 표시 가능한 색수에 제약이 있다. 패미컴엔 '팔레트 테이블'이라는 개념이 있는데, 이것이 BG용·스프라이트용으로 각각 4개씩 합계 8개분만큼 있어, 총 52색 중에서 개발자가 사용하고픈 색을 골라 팔레트에 배치하는 식

이다(아래 도표의 '컬러 팔레트에 대하여'를 참조). 각 팔레트 테이블별로 4색이 배정되나, 스프라이트는 1번 색이 투명색으로, BG는 1번 색이 배경색으로 고정되므로, 실질적인 동시발색수는 각 3색×8팔레트+배경색 1색으로 총 25색이 되는 셈이다.

패미컴의 내장 컬러 52색은 색조가 독특해서 인상에 남는 편인데, 이 색채 설계 사양 책정에는 미야모토 시게루가 참가했다고 한다.

스프라이트

'스프라이트'란, 화면 내에 조그만 캐릭터를 배치해 자유롭게 겹치거나

움직이게끔 하는 기능을 말한다. 패미컴의 경우 8×8픽셀 혹은 8×16픽셀 4색(이중 1색이 투명색이니 실제로는 3색)으로 구성된 스프라이트를 한 화면 내에 64개까지, 가로 방향으로는 8개까지 배치할 수 있다.

대부분의 패미컴 게임에서는 한 캐릭터를 표현할 때 스프라이트 4개를 묶어 16×16픽셀 크기로 그렸기 때문에, 이 경우 가로로 일렬로 배치 가능한 캐릭터는 4개까지로 제한된다(「드래곤 퀘스트」 시리즈의 파티 인원수가 최대 4명인 것은 이런 이유에서다).

이 정도의 스프라이트 수와 크기로는 화면을 가득 메우는 대량의 적이

패밀리 컴퓨터의 그래픽 화면 기능 개요

─ RP2C02의 화면 모드 ─

256×240픽셀, 52색 중 25색 (3색 × 8팔레트 + 배경색)

─ 패턴 정의 개수에 대하여 ─

8×8픽셀을 1패턴으로 계산하여 최대 256개까지 (오른쪽 페이지 상단 그림 참조)

1패턴 당 16바이트를 사용하므로, 256개로 총 4096바이트.
여기에 속성 테이블과 팔레트 데이터를 더하면, 캐릭터 ROM 용량이 8KB(64Kbit)가 된다.

─ 사용 가능한 스프라이트 사이즈 ─

화면 내에 표시할 수 있는 스프라이트 수는 최대 64개 (가로 방향으로는 최대 8개)

(단위 : 픽셀)

─ 컬러 팔레트에 대하여 ─

BG 팔레트
스프라이트 팔레트

BG 팔레트와 스프라이트 팔레트가 각 4개씩 있으므로, 합계 8팔레트.

─ 패미컴의 화면표시 개념도 ─

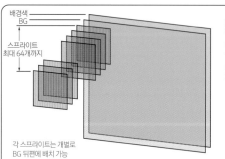

배경색
BG
스프라이트 최대 64개까지

각 스프라이트는 개별로 BG 뒤편에 배치 가능

BG는 2화면 분량의 VRAM을 사용하므로, 가로 또는 세로로 2개 화면을 연결할 수 있다.

이 범위를 넘어 스크롤할 경우 반대쪽 화면이 루프 형태로 이어지므로, 긴 화면을 스크롤시키려면 화면 바깥에서 새로운 화면을 계속 그려주며 교체해야 한다.

전방향 스크롤을 시킬 경우, 이어져있지 않은 방향으로 스크롤될 때는 패턴이 교체되는 처리가 유저 눈에 보이게 된다.

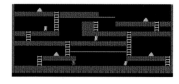

FAMILY COMPUTER

HARDWARE

1983
1984
1985
1986
1987
1988
1989
1990
1991
1992
1993
1994
INDEX

패밀리 컴퓨터의 그래픽 화면 구성도

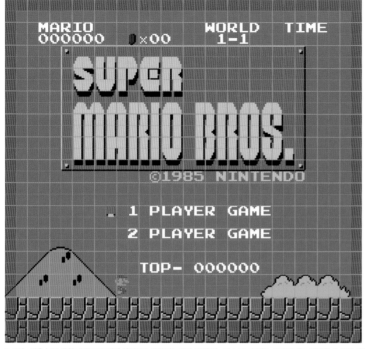

▲ BG는 작은 눈금 단위로 32×30개의 캐릭터를 배치 가능하며, 팔레트는 큰 눈금 단위(2×2캐릭터)로 설정할 수 있다. 패턴 정의 개수는 오른쪽 그림처럼 최대 256개까지다.

나 거대한 보스 캐릭터를 표현하기란 당연히 무리인지라, 특히 거대한 보스 캐릭터를 표시할 때는 다음에 설명할 BG 화면을 병용해 표현하는 경우가 많았다.

BG 그래픽

'BG'란 백그라운드(배경)의 약자로서, 이른바 배경그림을 만들기 위해 제공되는 화면이다. 8×8픽셀 단위의 캐릭터 패턴을 바둑판처럼 다닥다닥 채워 메우는 식이며, 스프라이트처럼 1픽셀 단위로 배치할 수는 없다. 패턴당 4색(중 1색은 배경색)짜리 팔레트가 적용되나, 그것도 1캐릭터 단위가 아니라 2×2캐릭터 단위(위의 그래픽 화면을 참조하자)로만 설정 가능하다는 제한이 있다. 정의 가능한 패턴은 스프라이트+BG를 합쳐 총 256개뿐으로서, 치밀한 그래픽을 그리기엔 너무나 작은 용량이다. 당연히 동일한 그림 패턴을 반복 표시하는 단조로운 화면이 되기 십상인지라, 상하좌우 반전과 팔레트 변경을 최대한 활용해 극도로 적은 패턴 수와 용량이라는 빡빡한 제한 내에서 얼마나 최대한 화려한 그래픽을 만들

어내느냐가 패미컴 게임을 개발하던 디자이너들의 솜씨·실력을 가늠하는 척도나 다름없었다.

BG 화면에는 4방향 스크롤 기능이 있는데, 화면표시영역 바깥에서 보면 반대쪽 화면이 계속 연결되어 표시되는 구면 스크롤 형태가 된다. 다만 패미컴의 VRAM은 화면 2개분이기에, 가로 또는 세로로 2개 화면을 연결할 수 있다. 이 덕분에 「로드 러너」・「레킹 크루」 등 스테이지 전체 맵이 가로나 세로로 2화면분인 게임이라면 VRAM을 재기록하지 않고도 맵 데이터를 유지할 수 있었다(일부 게임의 경우, 특수 칩으로 가로+세로 2화면 표시를 구현한 사례도 존재한다).

패미컴 발매 초기에는 16×16픽셀 캐릭터 중심에 배경그림도 단순한 액션 게임이 대부분이었기에 패미컴으로의 이식이 그다지 큰 문젯거리가 아니었으나, 이후

아케이드용 게임이 기술적으로 눈부시게 진화하면서 미려한 배경과 거대한 캐릭터가 당연시되자, 큼직한 캐릭터를 표시할 수 없다는 패미컴의 약점이 현저하게 두드러져 갔다. 또한 PC 엔진·메가 드라이브처럼 패미컴의 성능을 훨씬 능가하는 라이벌 기종까지 등장하자, 패미컴에서도 큼직한 캐릭터로 강한 시각적 충격을 주는 그래픽 묘사를 시도하는 게임이 점차 늘어났다. 물론 패미컴의 스프라이트만으로는 구현이 도저히 불가능하므로, BG를

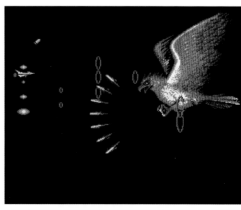

▲ 큼직한 캐릭터가 부자연스러운 모션으로 공격하는 「그라디우스 II : 고퍼의 야망」.

HARDWARE

1983
1984
1985
1986
1987
1988
1989
1990
1991
1992
1993
1994
INDEX

사용해 표현하는 식이다.

BG 화면으로 거대한 캐릭터를 표시한다는 것은 다시 말해 배경에 직접 캐릭터를 그린다는 의미이므로, 당연히 배경그림이 있는 장면에서는 이런 수법을 쓸 수 없다. 앞 페이지에 게재했던 「그라디우스 Ⅱ : 고퍼의 야망」의 경우, 보스전에 돌입하게 되면 배경의 별이 사라지고 암흑으로 뒤덮인 상태에서 보스가 등장한다. 보스의 이동은 배경 스크롤 기능으로 표현하고, 깃털 등 크게 움직이는 부분은 BG를 직접 교체하는 테크닉으로 구현한 것이다.

이런 변칙적인 연출은 당연히 패미컴의 표준 패턴 테이블만으로 가능할 리가 없기에, 대용량 ROM을 탑재할 수 있게 되고 나서야 드디어 구현 가능해진 표현이라 할 수 있다.

VRAM으로의 전송은 VBLANK 도중에

스프라이트·BG를 표시시키는 명령어나 패턴 테이블 교체 등의 화면 표시 관련 처리는 TV의 표시방식과 밀접하게 연관돼 있다. 일본·북미의 표준규격이었던 NTSC 방식은 수직해상도(수직방향의 최대 픽셀 수)가 1/30초간 525라인이고, 1/60초라면 그 반절인 262라인이다. 패미컴의 수직방향

해상도는 240라인이므로, 나머지 22라인만큼의 표시시간은 아무런 화면 표시도 하지 않는 공백기가 된다. 이를 수직 블랭킹 간격(VBLANK)이라 하는데, 패미컴의 VRAM에 액세스할 때는 이 찰나의 타이밍을 노려야만 한다.

이 초단시간 내로 VRAM에 데이터 전송을 완료해야 하므로 패미컴의 CPU에는 DMA(Direct Memory Access)라는 기능이 탑재돼 있어, CPU 코어에 부하를 주지 않고도 고속으로 데이터를 전송할 수 있다. 허나 영상처리 액세스는 패미컴용 소프트 개발 실무의 최고난도 포인트 중 하나로서, 해당 게임의 플레이 감각과 완성도를 좌우하는(화면이 깨지거나 캐릭터 동작이 둔해지는 등의 버그는, 대체로 VBLANK 도중의 처리 미흡 탓이다) 대부분의 문제가 여기에서 발생한다고 해도 과언이 아니다.

브라운관과 오버스캔

패미컴에만 한정되는 화제는 아니나, 기본적으로 브라운관 TV는 화면 상하좌우 최외곽의 바깥쪽까지도 영상이 그려지는 '오버스캔' 구조이다. 이 때문에, '점수'나 '지면'처럼 화면 바깥쪽에 너무 붙으면 TV 화면상에 보

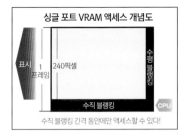

싱글 포트 VRAM 액세스 개념도

표시 1프레임 / 240픽셀 / 수평 블랭킹 / 수직 블랭킹 / CPU

수직 블랭킹 간격 동안에만 액세스할 수 있다!

이지 않을 가능성이 있는 구성요소는 최대한 실제 화면영역 안쪽에 위치하도록 해야만 했다.

패미컴의 스펙 상 해상도는 256×240픽셀이지만, 실제로는 맨 아래의 16도트 분량이 표시되지 않기에 세로 방향의 실질해상도는 224픽셀이고, 여기에 오버스캔으로 먹히는 영역까지 고려하면 화면표현 범위가 상당히 좁아질 수밖에 없었다(앞 페이지 상단의 화면사진에서, 붉게 칠한 가장자리 부분이, 바로 오버스캔 등으로 먹히는 영역이다).

이 책의 소프트 카탈로그에 게재된 게임 화면들도 실은 오버스캔으로 테두리가 잘릴 것을 전제하고 디자인한 결과이므로, 이를 의식하며 관찰해보는 것도 재미있으리라 생각한다.

점수 표시 등의 분할화면은 어떻게 만들었을까?

패미컴의 게임 화면에서 자주 발견되는 '점수 표시 부분만 스크롤되지 않도록 고정'하는 처리에 대해 해설하겠다. BG가 1화면뿐인 패미컴에서는 당연히 어떻게든 BG 화면을 사용해 잘 처리해야만 했는데, 점수화면을 표현하기 위해 일반적으로 사용된 테크닉이 '래스터 인터럽트를 이용한 스크롤', 이른바 '래스터 스크롤'이다. 하지만 패미컴의 CPU는 VRAM의 직접 액세스가 불가능하므로, 어느 타이밍에 스크롤 고정을 처리할지를 판단할 수가 없다.

이를 위해 마련된 테크닉이 이른바 '제로 스프라이트'다. 0번 스프라이트는 표시되는 순간 플래그가 발생하는 기능이 유일하게 있으므로,

스크롤을 분할하고픈 라인에 0번 스프라이트를 배치해두면 처리 타이밍을 검출할 수 있다. 0번 스프라이트는 하나뿐이니 복잡한 분할제어는 불가능하나, 리코 사의 설계자도 이러한 용도를 상정해 특수한 스프라이트를 세팅해둔 것이 아닐까 한다.

그 외에도 래스터 스크롤을 응용해 후방시점의 레이싱 코스를 구현하기도 하는 등(0번 스프라이트만으로는 부족하므로, 이 경우엔 완전 수작업으로 구현한 것), 활용도가 많은 테크닉이었다.

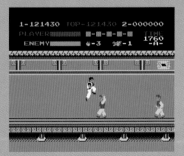

FAMILY COMPUTER

HARDWARE

1983
1984
1985
1986
1987
1988
1989
1990
1991
1992
1993
1994
INDEX

소프트 카세트

패미컴용 소프트의 공급매체로는 ROM 카트리지를 채용했는데, 당시 대중적이었던 음악용 카세트테이프와 엇비슷한 크기였기 때문에 패미컴용 소프트 매체를 '카세트'로 명명했다(이 책에서도 닌텐도의 공식 표기를 따라, 패미컴용 ROM 카트리지를 '카세트'로 호칭한다). 초기에는 음악용 카세트와 거의 동일한 크기의 종이 재질 박스에 담겨 판매되었지만, 개폐가 어렵고 내부가 쉽게 손상된다는 단점이 있었던지라, 이후 플라스틱 완충재에 담아 좀 더 크기가 큰 종이 케이스에 담는 식으로 변경했다. 다만 패미컴 당시에는 패키지 사이즈까지 엄밀하게 규제한 것은 아니었으므로, 제조사별로 패키지 소재나 크기·형태에 차이가 다양했다.

카세트 앞면에는 상품 식별용 스티커가, 뒷면에는 '카세트를 다룰 때의 유의사항'이라 쓰인 안내문 스티커가 붙어있다. 상품 스티커는 패미컴 초기에는 독자적인 도안을 사용하여 디자인을 통일했지만, 1984년 가을쯤부터 패키지 일러스트를 사용하는 새 디자인으로 변경했으며, 이전에 발매했던 구작 타이틀들 역시 신규 디자인으로 리뉴얼해 재발매했다.

▲ 일반적인 패미컴 소프트의 패키지 구성. 발매 시기별로 패키지나 카세트 레이블의 기본 디자인이 변경되기도 하였다.

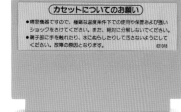

▲ 카세트 하단을 살펴보면 양면 60핀 규격의 엣지 커넥터가 보인다. 오염과 부식을 막기 위해, 이 안쪽은 만지지 않도록 주의하자.

▲ 상단에는 양쪽 끝 부분에 네모난 구멍이 있다. 딱히 기능적인 의미는 없으며, 단순히 제조과정의 필요성 때문에 뚫은 것이다.

제조사별로 형태가 제각각이었던 카세트들

패미컴의 카세트는 기본적으로 공통 형태이지만, 일부 발매사는 독자적인 디자인을 도입한 오리지널 외장을 채용했다. 구체적으로는 남코·반다이·잘레코·타이토·코나미·아이렘·선 소프트의 7개 회사인데, 이들 발매사는 패미컴 시장 초기에 참가했기에 닌텐도에 제조를 위탁하지 않고 독자적으로 카세트를 제조했기 때문이다. 또한 반다이의 「패미컴 점프」처럼, 소프트 단 하나를 위해 전용 금형을 일부러 만들어 생산했던 진기한 사례도 존재했다.

HARDWARE

1983
1984
1985
1986
1987
1988
1989
1990
1991
1992
1993
1994
INDEX

패미컴용 카세트는, 16p의 블록 다이어그램에도 나와 있듯 기본적으로는 프로그램 ROM과 캐릭터 ROM 2개의 칩으로 구성되며, 「동키 콩」을 비롯한 초기 소프트의 경우 프로그램 ROM 128Kbit(16KB) + 캐릭터 ROM 64Kbit(8KB)였다. 패미컴의 하드웨어 구조상, 직접 액세스할 수 있는 ROM 용량의 최대치는 프로그램 ROM이 256Kbit(32KB)에 캐릭터 ROM이 64Kbit(8KB)였기에, 1985년 내 발매작들까지는 이 제한을 엄수하여 개발되었다.

하지만 더욱 복잡하고 대규모인 게임을 개발하기에 이 상한선은 너무 비좁은 제한이었다 보니, 이를 타개하기 위해 고안된 방법이 뱅크 전환을 활용한 ROM 용량 확장이었다. '뱅크 전환'이란 256Kbit를 한 페이지로 간주하고 페이지 단위로 늘리는 방법으로서, 필요에 따라 페이지를 전환하는 식으로 대용량을 구현하는 것이다. 원리상 페이지 단위를 넘어가도록 프로그램을 짤 수는 없으나, 페이지의 수 자체는 이론적으로 얼마든지 늘릴 수 있다. 캐릭터 ROM도 마찬가지로, 페이지당 64Kbit라는 용량은 고정이지만 페이지를 늘림으로써 좀 더 디테일한 그래픽을 만들 수 있게 되는 것이다. 이를 구현하려면 카세트 내에 뱅크 전환을 담당하는 전용 회로와 칩을 내장해야

▲ 패미컴 초기의 타이틀 「뽀빠이」의 카세트 내부. 큼직한 카세트 크기에 비해 내부는 의외로 혈렁하기 그지없다.

하지만, 반대로 말하면 '카세트'라는 반도체 매체이기에 회로를 추가하면 기능을 증강시킬 수 있다는 의미도 되어, 오른쪽 페이지처럼 배터리 백업을 비롯해 각종 음원 추가, 그래픽 성능 향상 등의 다양한 확장법이 등장했다.

기본적으로 ROM 카세트라는 매체는 '용량이 작고' '세이브가 불가능하며' '생산비용이 비싸다'는 결점이 있었기에 이를 타개하는 비책으로서 '디스크 시스템'이 등장했던 것이지만, 이러한 결점을 모두 극복한 대용량+배터리 백업 카세트가 등장하자(1987년경부터 대량생산으로 반도체 가격이 하락하면

서 ROM 단가도 급속도로 내려갔다) 디스크 시스템이 갖고 있던 우위성은 흔적도 없이 사라졌고, 오히려 '디스크 시스템은 로딩이 느리다'라는 커다란 결점이 전면에 대두되고 말았다.

결국 신뢰성이 높고 액세스 속도도 고속이며 확장성도 뛰어나다는 특징에 힘입어 차세대기인 슈퍼 패미컴에서도 카세트 방식이 그대로 계승되었으나, 뒤집어 말하면 그 덕분에 본체 기능만으로는 구현이 불가능했던 「스타폭스」와 같은 소프트도 특수 칩 내장으로 완성될 수 있었던 것이다.

▼ 대용량 ROM이 일반화되자 일반적인 카세트 크기로는 기판이 다 들어가지 못하는 경우도 생겨, 빅 사이즈의 카세트도 등장했다. 사진은 「삼국지」의 카세트와 그 내부.

256Kbit + 64Kbit의 벽을 허물고, 대용량을 구현하다

특수 카세트 중에서 가장 일반화된 형태가, 왼쪽 본문에서도 언급했던 뱅크 전환식 대용량 ROM이다. 초기의 용량 확장은 범용 로직 IC를 사용하는 간단한 추가회로 형태였지만, 용량이 늘어나 페이지수가 많아지자 이를 제어하기 위한 전용 칩이 도입되기에 이르렀다. 이 칩을 MMC(Memory Management Controller)라 하며, 닌텐도가 제작한 MMC1~MMC6을 비롯해, 타사도 유사한 기능을 구현한 VRC1~VRC7(코나미), Namco163(남코), FME-7(선 소프트), SUNSOFT-4(선 소프트)를 제작해 사용했다.

참고로, 이들 칩 중에는 기판 면적을 최소화하기 위해 단순한 뱅크 전환 기능뿐만 아니라 아래 서술처럼 별도의 확장기능을 함께 내장한 경우도 많았다.

▲ 범용 로직 IC로 뱅크 전환을 구현한 초기의 확장 ROM.

▲ 닌텐도가 제작한 MMC(클 사용한 「테트리스 2+봄블리스」의 ROM 기판.

배터리 백업 기능으로, 세이브데이터 저장이 가능해지다

초기의 패미컴 소프트는 대부분이 액션 게임이나 스포츠 게임 류였기에 도중에 진행 상황을 저장하고 나중에 이어서 플레이한다는 개념 자체가 아예 없었으나, 「드래곤 퀘스트」가 최초로 패스워드식 컨티뉴 제를 도입한 이래 「드래곤 퀘스트 II」까지는 제시되는 패스워드를 따로 적어둔 후 나중에 재입력하는 방식으로 게임을 이어서 진행할 수 있었다. 하지만 게임이 계속 대용량화되면서 패스워드의 글자수가 점차 길어지자, 이를 받아 적어야 하는 유저의 불편함도 날로 가중되는 문제가 생겼다.

그리하여 「미래신화 자바스」부터 버튼전지와 RAM을 카세트에 내장시킨 '배터리 백업'이 도입되어, 패스워드를 직접 손으로 적는 불편함에서 유저를 해방시켰다. 이 시스템은 다른 개발사들도 적극 도입하여, 가정용 게임기에 세이브 기능을 널리 보급시킨 위대한 발명이 되었다.

▶ 카세트에 내장된 버튼전지. 전지가 불필요한 플래시 메모리가 염가화되기 전까지는, 이것이 보편적인 저장방식이었다.

사운드·그래픽 기능을 강화시키다

성능 면에서 패미컴을 웃도는 경쟁 게임기가 속속 발매되면서, 이에 대항하기 위해 데이터 용량뿐만 아니라 하드웨어 성능 자체를 확장시켜주는 전용 칩도 다수 등장했다. '0번 스프라이트(20p)를 쓰지 않고도 래스터 인터럽트를 가능'케 하거나, '4면 분량의 VRAM을 내장해 상하좌우 자유 스크롤이 가능'하도록 하거나, '음원을 추가해 동시발음수를 늘리는' 등의 다양한 확장법이 나온 덕에, 본체 기능만으로는 구현 불가능한 게임이 다수 개발되었다.

▼ ▶ 닌텐도의 MMC3(오른쪽 사진)과 코나미의 VRC6(아래 사진). 앞서 서술한 대용량 ROM 지원은 물론, 하드웨어 성능도 강화해주는 주된 확장 칩이다.

▲ 리얼한 음성 출력을 구현하기 위해 '닌텐도 배접 프로야구'에 탑재된 보이스 재생용 IC.

HARDWARE

1983
1984
1985
1986
1987
1988
1989
1990
1991
1992
1993
1994
INDEX

컨트롤러

패미컴이 등장하기 이전까지는, 게임기용 컨트롤러라 하면 카세트 비전(에포크 사)처럼 본체에 아예 조작 버튼을 설치한 형태이거나, 아타리 2600(미국 아타리 사)으로 대표되는 조이스틱형 컨트롤러인 경우가 일반적이었다. 심지어, 조이스틱조차도 탁자 등에 놓고 즐기는 요즘의 일반적인 조이스터 개념이 아니라 한손으로 받쳐 들고 다른 손으로 스틱을 쥐어 조작하는 이른바 '조종간 식'이었기에, 안정적이지 못할뿐더러 정밀한 조작에 부적합하기 짝이 없는 물건이었다. 소프트·하드 양면에서 게임이 비약적으로 진화하던 시대였는데도, 유독 컨트롤러만큼은 그 진화의 사각지대였기에 과거의 불편함이 개선되지 못하고 관성적으로 유지되었던 것이다.

그런 당시의 상식을 바닥부터 부숴버린 패미컴의 컨트롤러는, 유저와 업계 전반에 커다란 충격을 가져다주었다. 기존과는 완전히 다른 발상으로 태어난 패드형 컨트롤러는 왼쪽에 십자형 방향 버튼, 오른쪽에 A·B의 두 버튼을 배치함으로써, '안정적인 그립을 유지하면서도 양손으로 제대로 조작하는' 것이 충분히 가능함을 보여준 것이다. 패미컴이 등장한 이후의 가정용 게임기들은 거의 예외 없이 패드형 컨트롤러를 채용했으며, 오늘날의 플레이스테이션 4를 비롯한 현대의 게임기들도 여기에서 예외가 아니다. 이것이야말로, 패미컴의 컨트롤러가 얼마나 새로운 시대를 열어젖힌 혁신적이고 위대한 발명이었는지를 증명하는 결과가 아닐 수 없다.

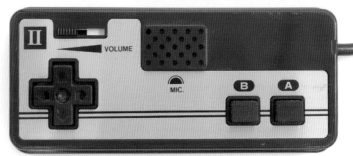

패미컴의 컨트롤러는 커넥터 없이 본체에 케이블로 직결되어 있으므로, 본체에서 분리할 수 없다. 아마도 기대 수명과 단가절감을 저울질한 끝에 판단한 결과였겠지만, 패미컴 자체가 예상을 한참 뛰어넘는 대히트 상품이 된 탓에 컨트롤러가 끝내 망가지는 사태도 발생해, 보수용 부품 형태로 컨트롤러만이 별도 발매되기도 하였다. 또한 13p에서 서술한 대로 A·B 버튼에 문제가 빈발해 플라스틱제 원형 버튼으로 변경되기도 하였기에, 현재 유통되는 중고품 패미컴조차도 태반은 후기의 원형 버튼 컨트롤러 사양이다.

SELECT·START 버튼은 I 컨트롤러에만 존재하며, 거의 대부분의 소프트가 START 버튼에 일시정지 기능을 배정했다. 여담이지만, 지금은 보편적인 'START 버튼으로 일시정지'라는 개념의 도입도 패미컴이 최초였다.

하나 더 꼽자면, 패미컴의 컨트롤러에 존재하는 독특한 장치 중 하나가 II 컨트롤러에 내장된 마이크 기능이다. 이 마이크 자체는 'TV에서 자신의 목소리가 나오면 재미있지 않을까?' 같은 느낌으로 덤처럼 추가된 기능인데, 음성인식까지는 무리이나 하드웨어 쪽에서 음량을 인식하는 것 정도는 가능했기에, 일부 게임 소프트의 경우 II 컨트롤러 쪽에서 마이크로 플레이어 1의 게임 플레이를 도와주는(혹은 방해하는) 시스템을 집어넣기도 했다.

▲ A·B 버튼이 플라스틱제 원형 버튼으로 바뀐 후기형의 컨트롤러.

▲ 컨트롤러의 뒷면. 오늘날의 컨트롤러와 달리, 그야말로 심플하다.

마이크 기능을 사용한 게임 소프트

애초부터 덤으로 넣은 정도에 지나지 않았던 Ⅱ컨트롤러의 마이크 기능. '모처럼 있는 기능이니 한 번 써보고픈' 독자를 위해 마이크를 지원하는 소프트를 열거해 보았다. 대부분은 소소한 부가요소 정도로나 사용했으며, 진행에 필수인 경우라도 마이크를 쓰지 않고 우회할 수 있도록 배려했다.

■ 지원 타이틀

- 「패밀리 베이직 V3」
- 「번겔링 베이」
- 「도라에몽」
- 「가면라이더 클럽 : 격돌 쇼커 랜드」
- 「빛의 신화 파르테나의 거울」
- 「태그 팀 프로레슬링」
- 「스타 솔저」
- 「사라진 프린세스」
- 「젤다의 전설」
- 「타케시의 도전장」
- 「스타 러스터」
- 「좀비 헌터」
- 「열혈고교 피구부」
- 「힘내라 고에몽 2」
- 「나이트 건담 이야기」
- 「폭소!! 인생극장」
- 「폭소!! 인생극장 2」

독특한 패미컴용 컨트롤러들을 소개

정작 닌텐도는 컨트롤러계 주변기기를 거의 내놓지 않았으나, 서드파티 쪽에서는 수많은 개성적인 컨트롤러가 나왔다. 소프트에 동봉된 완전 전용품부터 단독 발매된 범용 컨트롤러까지 중에서, 특별히 인상적인 것 위주로 소개한다. 순정 컨트롤러엔 없는 잔재미를 추구한 제품들을 감상해보시라.

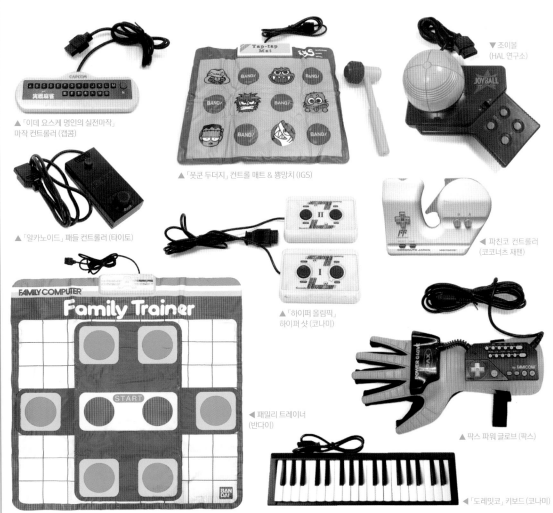

▲ 「이데 요스케 명인의 실전마작」 마작 컨트롤러 (캡콤)

▲ 「아르카노이드」 패들 컨트롤러 (타이토)

▲ 「풋쿤 두더지」 컨트롤 매트 & 뿅망치 (IGS)

▼ 조이볼 (HAL 연구소)

◀ 파친코 컨트롤러 (코코너츠 재팬)

▲ 「하이퍼 올림픽」 하이퍼 샷 (코나미)

◀ 패밀리 트레이너 (반다이)

▲ 팍스 파워 글로브 (팍스)

◀ 「도레밋코」 키보드 (코나미)

HARDWARE
1983 1984 1985 1986 1987 1988 1989 1990 1991 1992 1993 1994 INDEX

HARDWARE

1983
1984
1985
1986
1987
1988
1989
1990
1991
1992
1993
1994
INDEX

패미컴이 기존의 반값도 안 되는 정가로 재등장!

AV사양 패밀리 컴퓨터

닌텐도   1993년 12월 1일   7,000엔 (소비세 포함)

▲ 이전까지의 패미컴 관련 제품과는 완전히 이미지가 딴판인 외장 패키지.

■ 슈퍼 패미컴과 주변기기를 공용화

AV사양 패밀리 컴퓨터(정확한 상품명은 동일한 '패밀리 컴퓨터'이지만, 구별을 위해 이와 같이 표기한다)는, 패미컴을 바닥부터 재설계하여 대폭적인 단가절감을 가한 모델이다. 발매시기가 슈퍼 패미컴이 보편화된 이후인 탓에 슈퍼 패미컴용 스테레오·모노럴 AV 케이블을 그대로 물려쓸 수 있도록 한 대신, 이전 모델에선 표준 탑재했었던 RF 출력은 삭제했다(별매품인 RF 모듈레이터를 사용하면 RF 단자로 연결 가능하다).

컨트롤러도 처음으로 탈착식을 채택했고, 슈퍼 패미컴처럼 1P·2P 어느 쪽이든 START·SELECT 버튼을 쓸 수 있도록 했다. 반대로 기존의 마이크는 삭제했으므로 마이크를 사용하는 게임을 즐길 때 문제가 발생할 수 있으니, 그 점만큼은 주의해야 한다.

AV사양 패밀리 컴퓨터의 사양

형식번호	HVC-101
CPU	리코 RP2A03 (MOS 6502 호환 8비트 CPU) 1.79MHz
메모리	RAM : 2KB SRAM (메인용) VRAM : 2KB SRAM
그래픽	리코 RP2C02 (PPU) 5.37MHz 화면해상도 : 256×240 컬러 : 52색 (최대 25색 동시표시) 스프라이트 표시 : 1화면 내 64개(가로방향 8개) 8×8~8×16픽셀 4색 BG 표시 : 1장 (VRAM은 2화면 분량이며, 상하 혹은 좌우로 연결 가능) 화면표시처리기능 : 수평·수직반전 표시, 상하·좌우 스크롤 기능
사운드	pAPU (CPU에 내장) 구형파 2음 + 삼각파 1음 + 노이즈 1음 + DPCM 1음(모노럴)
입출력 단자	카세트 삽입구, 컨트롤러 커넥터×2, 익스팬드 커넥터, 음성/영상 출력 단자
전원 / 소비전력	전용 AC 어댑터 (DC 10V 850mA) / 4W
외형 치수	151(가로) × 190(세로) × 49(높이) mm
본체 중량	약 645g (컨트롤러 2개 포함)

▲ 커넥터 형태는 서양판 NES(59p)와 동일한 규격이다. 그 덕분에 컨트롤러도 상호간에 자유롭게 호환된다.

HARDWARE

1983
1984
1985
1986
1987
1988
1989
1990
1991
1992
1993
1994
INDEX

TOP VIEW

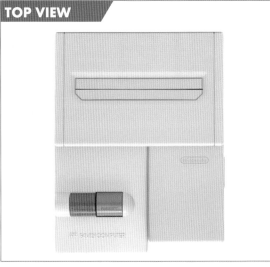

BOTTOM VIEW

FRONT VIEW

REAR VIEW

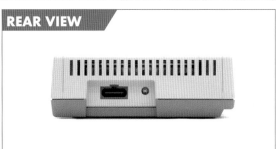

LEFT SIDE VIEW

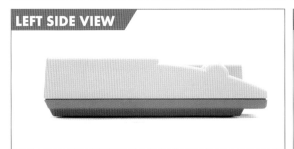

RIGHT SIDE VIEW

CONTROLLER

유통량이 적었기에 지금은 다소 고가

이 기기가 발매되었던 당시는 이미 패미컴 시장 말기여서, 신작 소프트도 거의 나오지 않던 상태였다. 이 때문에 유통량 자체가 적었으므로, 요즘의 중고시장에서는 오히려 오리지널 패미컴보다도 고가에 거래되고 있다. 슈퍼 패미컴과 AV 케이블을 공통 사용할 수 있다 보니 이제 와서 패미컴을 입수하겠다면 이쪽이 나루기 편리하다는 것도, 요즘에 선호되는 이유 중 하나인 듯하다.

HARDWARE

1983
1984
1985
1986
1987
1988
1989
1990
1991
1992
1993
1994
INDEX

30여 년 만에 드디어 복각된, 손바닥 크기의 패미컴

닌텐도 클래식 미니 패밀리 컴퓨터

닌텐도   2016년 11월 10일   5,980엔

▲ 외장 패키지의 디자인도 당시의 오리지널 박스와 거의 유사하게 제작했다.

작아졌어도, 재미는 그때 그대로

닌텐도 클래식 미니 패밀리 컴퓨터는, 닌텐도가 2016년에 일본에서 발매한 패미컴 복각품이다. 당시의 디자인을 그대로 손바닥만한 크기(오리지널 대비 55%)까지 축소한 본체가 특징이다. 당시의 게임 소프트를 꽂아 즐길 수는 없고, 본체 내에 역대 인기작들 중에서 선정된 게임 타이틀 30종이 내장되어 있다. 컨트롤러도 오리지널 대비로 55% 축소해 복각했으며, 손으로 잡아보면 미니어처 느낌이 가득해 귀엽기까지 하다. 처음엔 좀 당혹스러울 수도 있겠으나, 이렇게 작은데도 제법 제대로 게임 조작이 가능한지라 신기할 정도다.

영상·음성 출력은 HDMI로, 전원은 USB로 연결하는 일반적인 사양이므로, 시중의 AC 어댑터 및 케이블을 그대로 사용 가능하다. '어디서든 세이브' 기능과 당시의 브라운관 화질을 유사하게 재현하는 화면표시 설정 등, 빈틈없는 배려가 일품인 기기이다.

이 제품 이후, 별도 상품으로서 「캡틴 츠바사」・「북두의 권」 등 만화잡지 '소년 점프' 연재작과 관련이 있는 판권물 패미컴 소프트들을 중심으로 수록한 '주간 소년 점프 창간 50주년 기

닌텐도 클래식 미니 패밀리 컴퓨터의 사양

형식번호	CLV-101
CPU	Allwinner Technology R16 (System on Chip)
메모리	RAM : 256MB DDR3 RAM (메인 용), 512MB 플래시 메모리 (데이터 용)
영상출력	720p, 480p
음성출력	HDMI를 통한 리니어 PCM 2ch 출력
입출력 단자	HDMI 단자, USB 단자(micro-B)
전원 / 소비전력	닌텐도 USB AC 어댑터, 또는 시중의 USB 어댑터 (DC 5V 1.0A) / 5W
외형 치수	108.12(가로) × 142.47(세로) × 50.45(높이) mm (본체에 컨트롤러를 끼워두었을 때)
본체 중량	약 229g (컨트롤러 포함)

▲ '주간 소년 점프 창간 50주년 기념 버전'. 기본 버전의 미니 패미컴과는 차별화된 존재감이 있다.

TOP VIEW

BOTTOM VIEW

FRONT VIEW

REAR VIEW

LEFT SIDE VIEW

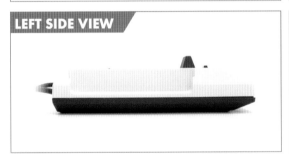

RIGHT SIDE VIEW

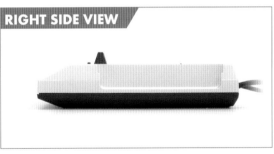

HARDWARE

1983

1984

1985

1986

1987

1988

1989

1990

1991

1992

1993

1994

INDEX

넘 버전'도 발매된 적이 있는데, 이쪽은 본체 바디가 금색 도장이며 '소년 점프' 본지의 모양을 흉내 낸 특제 디자인의 외장 패키지가 특징이다.

CATALOGUE

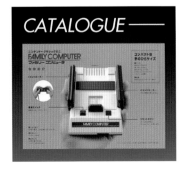

■ 수록 타이틀 일람

- 「슈퍼 마리오브라더스」
- 「아틀란티스의 수수께끼」
- 「젤다의 전설」
- 「마계촌」
- 「다운타운 열혈행진곡 : 가자 대운동회」
- 「팩맨」
- 「아이스 클라이머」
- 「이얼 쿵푸」
- 「슈퍼 혼두라」
- 「악마성 드라큘라」
- 「닥터 마리오」
- 「벌룬 파이트」
- 「슈퍼 마리오 USA」
- 「익사이트바이크」
- 「슈퍼 마리오브라더스 3」
- 「동키 콩」
- 「밀어붙이기 오오즈모」
- 「다운타운 열혈이야기」
- 「마리오 오픈 골프」
- 「갤러그」
- 「마리오브라더스」
- 「링크의 모험」
- 「별의 커비 : 꿈의 샘 이야기」
- 「파이널 판타지 III」
- 「더블 드래곤 II : 더 리벤지」
- 「메트로이드」
- 「솔로몬의 열쇠」
- 「그라디우스」
- 「록맨 2 : Dr.와일리의 수수께끼」
- 「닌자용검전」

HARDWARE

1983
1984
1985
1986
1987
1988
1989
1990
1991
1992
1993
1994
INDEX

패미컴이 상품명 그대로 '컴퓨터'가 된다!

패밀리 베이직

닌텐도   1984년 6월 21일   14,800엔

▲ 패미컴의 외장 패키지 디자인과 기조를 통일한 패밀리 베이직.

■ 실질 보급률 1위의 홈 컴퓨터

패밀리 베이직은 패미컴을 상품명 그대로 '컴퓨터'로 만들어주는 주변기기다. 패미컴 자체의 압도적인 보급률에 힘입어, 게임기보다 보급의 문턱이 더 높은 '컴퓨터' 계열 상품임에도 판매량 70만 대 이상을 기록하였는데, 이는 당시 일본에서 난립하던 취미용 홈 컴퓨터들 중 실질적으로 보급률 1위나 다름없는 수치였다.

다만 패미컴 자체가 원래 컴퓨터로서의 사용을 상정하지 않고 설계된 기기였기에, 패밀리 베이직은 홈 컴퓨터라는 측면에서는 결코 타 기종에 비해 성능이 좋다 할 수 없다. 허나 제작 과정에서 조금이나마 사용이 쉽도록 도처에 온갖 노력과 고심을 기울였기에, 아이들을 위한 저렴한 프로그래밍 입문기란 역할은 훌륭히 완수해냈다.

패밀리 베이직(키보드)의 사양

형식번호	HVC-007
키보드	키 개수 : 총 72키 배열 : ASCII 배열 (단 가타카나는 50음도 순) 준거
입출력 단자	1200baud 카세트 인터페이스 내장 (3.5Φ READ·WRITE 단자 포함)
외형 치수	368(가로) × 183(세로) × 54(높이) mm
본체 중량	약 956g

패밀리 베이직(카세트)의 사양

형식번호	HVC-FB	
ROM	프로그램 ROM : 8비트×16Kbit×2개	캐릭터 ROM : 8비트×8Kbit
메모리	워킹용 및 메모리 백업용 : 8비트×2Kbit	
표시능력	문자 표시 : 28문자×24행 (BASIC 시) 문자 구성 : 8×8픽셀 매트릭스 문자 영어·숫자·가타카나·영어기호·특수문자·캐릭터 화면 해상도 : 256×240 컬러 : 52색 스프라이트 표시 : 8개 8×8 혹은 16×16픽셀	
사운드	구형파 2음 + 삼각파 1음 + 효과음 1음	
외형 치수	110(가로) × 110(세로) × 17(두께) mm	
본체 중량	약 95g (건전지 제외)	

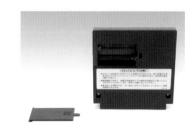

▲ 카세트 뒤에 AA형 건전지 박스가 있어, 데이터레코더가 없어도 프로그램을 저장할 수 있었다.

FAMILY BASIC

HARDWARE

1983
1984
1985
1986
1987
1988
1989
1990
1991
1992
1993
1994
INDEX

TOP VIEW

HVC-007

BOTTOM VIEW

REAR VIEW

BASIC CASSETTE

4가지 모드로 동작하는 컴퓨터

패밀리 베이직은 컴퓨터를 처음 다뤄보는 아동을 배려하여 '친절함'을 전면에 내세운 대화형 메뉴 시스템을 도입했다. 바로 프로그램부터 짜려는 유저에겐 조금 번거로운 면도 있었으나, 컴퓨터가 유저의 이름을 기억하여 불러준다는 연출에는 뭐라 말하기 힘든 미래적인 느낌이 있었다(이후 발매된 「패밀리 베이직 V3」는 처음부터 프로그래밍을 전제로 제작한 상급자용 제품이라, 대화형 메뉴 자체를 없앴다).

최초의 '컴퓨터' 상태에서 이동 가능한 모드는 '게임 베이직'·'계산 보드'·'메시지 보드'·'뮤직 보드'로 총 4가지이며, 게임 베이직은 프로그램을

실제로 작성하는 모드인 'NS-HuBASIC'과 배경 그래픽을 그리는 모드인 'BG 그래픽'으로 다시 나뉜다. 게임 베이직 외의 나머지 3개 모드는 프로그램 짜는 법을 모르는 아이라도 소프트를 즐길 수 있도록 배려해 탑재된 것으로서, 문장이나 악보를 입력해보는 과정에서 키보드와 친숙해지도록 구성했다. 이들 기능은 ESC 키를 누르면 언제든 최초의 컴퓨터 화면으로 되돌아가는 것이 가능했기에, 당시로서는 제법 접근성 높고 세련된 인터페이

스였다고 할 수 있다.

여담이지만, 이 제품의 키보드는 키 피치가 14mm라 일반 키보드의 19mm에 비해 매우 좁은 편이다. 심지어 가타카나 배치도 산업표준이 아니라 50음도 차례대로라, 철저하게 당시의 일본 아동을 기준으로 삼아 제작했음이 엿보인다.

HARDWARE

1983
1984
1985
1986
1987
1988
1989
1990
1991
1992
1993
1994
INDEX

패밀리 베이직에 탑재된 모드들

'컴퓨터' 모드에서는 가타카나를 입력해 대화하며 각 모드로 이동할 수 있으며, '안녕(オハヨウ)' 등의 간단한 인사에도 반응한다. 인사 후에는 컴퓨터로 점을 볼지 물어보기도 한다.

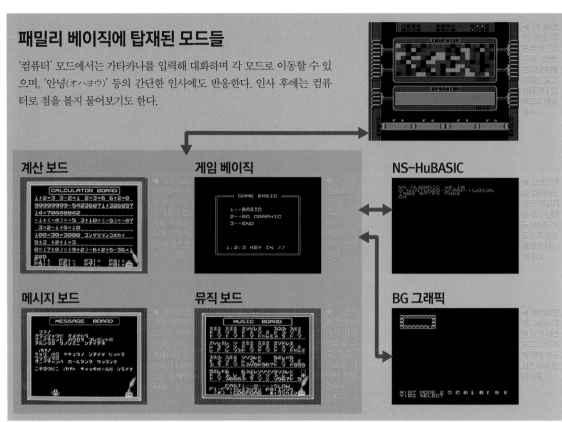

계산 보드

게임 베이직

NS-HuBASIC

메시지 보드

뮤직 보드

BG 그래픽

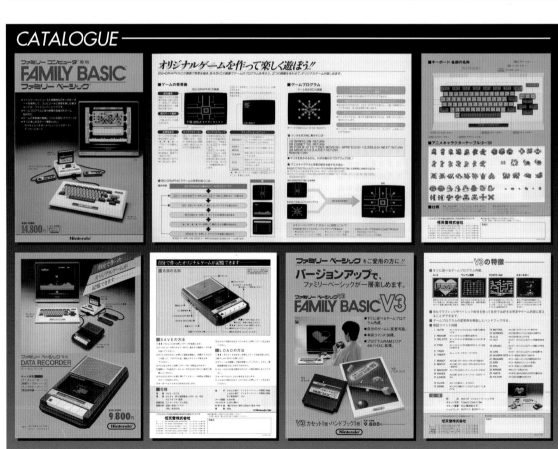

중요한 BASIC의 성능은 어느 정도?

패밀리 베이직에 탑재된 NS-HuBASIC은 일단 탑재된 메모리 용량부터가 2KB에 불과하고, 스프라이트·BG도 ROM에 사전 내장된 프리셋만 사용할 수 있는데다 스프라이트 표시 개수는 8개까지인 등, 패미컴의 본래 표현능력보다도 더 제약이 심하다. 하지만 기능을 극도로 제한한 대신 프로그램 명령어나 입력 파라미터 등도 가능한 한 생략하고 밟아 넣을 수 있도록 하여, 극한까지 압축·최적화하면 그럭저럭 캐릭터가 활발히 움직이는 프로그램도 짤 수 있도록 구성했다.

나중엔 기능에 통달해 아예 기계어(BASIC의 예약어·명령어를 쓰지 않고, 기기를 직접 제어하는 언어)를 활용한 고도의

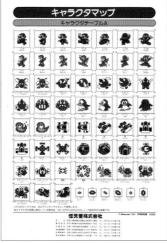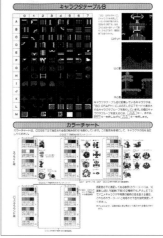

▲ 패키지에 부록으로 동봉된 캐릭터 맵. 왼쪽 페이지가 스프라이트용, 오른쪽 페이지가 BG용이다. ROM 내에 고정된 데이터로 내장돼 있으므로, 이것 이외의 캐릭터를 만들 수는 없다.

프로그램을 짜는 유저도 나왔고, 그중엔 '정말 패밀리 베이직으로 돌아가는 게 맞나?' 싶을 정도의 프로그램을 만든 파워 유저까지도 존재했다.

패밀리 베이직의 주변기기

데이터레코더
샤프   1984년 6월 21일   HVC-008 : 9,800엔

게임 베이직으로 짠 프로그램과 BG 그래픽을 카세트테이프에 저장하기 위해 사용하는 기기. 게임 베이직에서 사용 가능한 샘플 프로그램이 들어있는 카세트테이프도 부록으로 동봉했다. 그 외의 사용법으로서, 「로드 러너」와 「익사이트바이크」 등 일부 소프트가 이 기기를 이용해 세이브 기능을 지원한다. 참고로, 이 기기가 없더라도 녹음 단자가 내장된 시중의 테이프레코더로 대체 가능하다.

▶ 키보드 뒷면에 마련돼 있는 이 단자에 연결한다.

패밀리 베이직 V3
샤프   1985년 2월 21일   HVC-VT : 9,800엔

이미 패밀리 베이직을 보유중인 유저를 위해, 용량 부족 해결 목적으로 발매한 업그레이드판. 본체 메모리가 4KB(이전판의 2배)로 늘어났고, 왼쪽 페이지에서 설명한 계산 보드 등의 내장 소프트를 없앤 대신 바로 즐겨볼 수 있는 게임 프로그램 4종을 수록했다. 또한 스프라이트간 충돌 판정 등, 더욱 게임 개발에 특화시킨 추가 명령어 26종을 신설했다.

▶ 패미컴 본체와 동일한 붉은 외장색이 인상적인 V3 카세트.

HARDWARE

1983
1984
1985
1986
1987
1988
1989
1990
1991
1992
1993
1994
INDEX

최신 게임을 염가에 살 수 있다! 닌텐도 최초의 외부 확장 하드웨어

패밀리 컴퓨터 디스크 시스템

닌텐도   1986년 2월 21일   15,000엔

▼ 디스크 카드의 색깔인 황색을 이미지 컬러로 삼은 외장 패키지 디자인.

대용량+저장기능! 닌텐도 비장의 카드

패미컴이 본격적인 인기를 누리기 시작한 1984~5년경에 닌텐도의 발목을 잡았던 큰 문제가, 세계적인 규모의 수요 폭증으로 인한 반도체 공급량 부족 사태였다. 특히 컴퓨터·전자제품용 반도체의 수요가 급속도로 높아지다 보니 패미컴 카세트에 넣을 ROM이 제대로 확보되지 않아, 이 문제를 타개할 과감한 방책을 찾아야만 했다.

당초에는 당시 PC에서 일반적으로 사용되던 카세트테이프나 플로피디스크도 매체로 검토했었으나 단가나 신뢰성 문제로 주저하던 차에, 우연히도 최적의 타이밍에 미츠미 전기가 자사 개발의 저장매체 'QD'(퀵디스크)를 닌

디스크 드라이브의 사양

형식번호	HVC-022
드라이브	2.8인치 형 디스크 드라이브 탑재
전원	C형 건전지 6개(별매), 혹은 전용 AC 어댑터(별매) 1A (모터 구동시 150ms) / 0.4A (작동중)
외형 치수	150(가로) × 246(세로) × 73(높이) mm
본체 중량	약 1470g (건전지 포함)

RAM 어댑터의 사양

형식번호	HVC-023
LSI	N-CH 커스텀
메모리	DRAM : 256Kbit (64Kbit×4개) SRAM : 64Kbit (16Kbit×4개)
전원	패밀리 컴퓨터 본체에서 공급
외형 치수	122(가로) × 111.5(세로) × 52.5(높이) mm (돌출부 포함)
본체 중량	약 220g

▲ 패미컴 본체와 합체한 상태의 디스크 시스템. RAM 어댑터를 통해 본체와 연결된다.

HARDWARE

1983
1984
1985
1986
1987
1988
1989
1990
1991
1992
1993
1994
INDEX

TOP VIEW

BOTTOM VIEW

FRONT VIEW

REAR VIEW

LEFT SIDE VIEW

RIGHT SIDE VIEW

텐도에 제안해와, 양사의 이해가 정확히 맞아떨어졌다.

이렇게 완성된 디스크 시스템은 디스크 양면 사용시 1Mbit(128KB)로서 당시 수준으로는 놀라울 만큼 큰 용량을 구현했고, 읽고쓰기가 자유로운 매체라는 장점 덕에 당시의 카세트 게임에서는 불가능했던 '플레이 도중 세이브'도 가능해졌다. 게다가 단순한 외장형 기록장치에 머물지 않고, RAM 어댑터 내에 FM음원 1ch을 탑재함으로써 게임 연출에 깊이를 더할 수 있도록 하였다.

허나 아이러니하게도 디스크 시스템 발매 후 반도체 공급상황이 개선되어 단가하락이 일어나는 바람에, 대용량 ROM을 채용한 카세트가 속속 등장했고 배터리 백업 시스템으로 세이브까지 가능해지는 등 디스크 시스템의 우위성이 희박해져, 결국 디스크 시스템은 유명무실해지고 만다. 하지만 「젤다의 전설」과 「메트로이드」 등 과거의 패미컴에서는 없었던 세이브·컨티뉴 기능을 전제한 새로운 스타일의 게임을 탄생시킨 공도 커서, 지원 소프트 199종을 배출한 것은 물론 주변기기로는 이례적으로 444만 대라는 판매대수를 기록했다.

RAM ADAPTER

HARDWARE

1983
1984
1985
1986
1987
1988
1989
1990
1991
1992
1993
1994
INDEX

디스크 시스템의 기록매체

QD는 겉보기에는 플로피디스크와 매우 유사하나, 구조가 단순한 만큼 염가에 제조할 수 있었다. 다만 개별 데이터를 자유롭게 찾아낼 수 없고 일단 디스크 전체를 읽어들인 후 필요한 부분만 메모리에 남기는 방식이라, 로딩 시간이 항상 회당 8초로 고정된다는 결점이 있었다.

디스크 시스템에 채용된 QD는 '디스크 카드'라는 공식명칭으로 불렸으며, 당시 시판되던 범용 QD에 비해 세로로 약간 더 길쭉한 형태다. 이는 디스크 하단의 'NINTENDO' 음각 마크 중 'T'와 'N' 부분이 물리적인 프로텍트 역할이기 때문이다. 디스크 카드 매체는 히타치 맥셀 사가 제조해 공급했다.

▲ 디스크 카드의 내부. 플로피디스크와 달리 데이터가 한 줄의 나선형으로 순차 기록되는 단순한 포맷이라, 랜덤 액세스가 불가능하다.

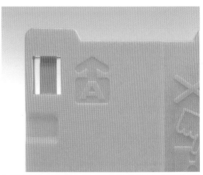

▲ 기록금지 노치(Write-protect notch). 이 부분을 부러뜨려 제거하면 기록금지 상태가 된다. 디스크 좌우에 A면용·B면용 노치가 각각 위치해 있다.

디스크 카드의 사양

형식번호	HVC-021
기억용량	128KB (양면)
외형 치수	76(가로) × 90(세로) × 5(두께) mm
본체 중량	약 18g

■ 공디스크는 판매하지 않았다

디스크 시스템용 디스크 카드는 반드시 미리 게임이 기록된 상태로만 판매했으며, 불법복제의 온상이 될 가능성을 막기 위해 데이터가 없는 공디스크 형태로는 판매하지 않았다.

디스크 카드 패키지는 종이 재킷과 플라스틱 케이스, 소책자형 매뉴얼로 구성하여 최저 2,500엔으로 판매했다. 소매점에서 재기록해줄 경우(이후 해설)엔 1장짜리 간이 매뉴얼 및 디스크 스티커를 합해 500엔(소책자는 100엔에 별도 구입도 가능)으로 가격을 책정했다.

▲ 「젤다의 전설」의 패키지 구성. 이만한 세트가 불과 2,500엔이라니, 당시엔 제법 호화로운 편이었다.

FAMILY COMPUTER DISK SYSTEM

HARDWARE

1983
1984
1985
1986
1987
1988
1989
1990
1991
1992
1993
1994
INDEX

디스크 시스템의 안내서

패미컴과 마찬가지로, 디스크 시스템의 본체 패키지 내에도 만화 형식의 별도 안내서가 동봉되었다. 내부구조와 취급시 주의할 점까지 꼼꼼히 알려주는, 잘 구성된 입문서다.

게임 재기록은 디스크 라이터에서

디스크 시스템의 최대 특징은, 한 번 구입한 게임이 싫증났다면 다른 게임으로 재기록할 수 있다는 새로운 인프라를 유저에게 제안했다는 점이다. 개발규모가 작은 퍼즐 게임 등이나 철 지난 구작 게임을 염가에 제공하는 수단으로서 일본 전국의 완구점 점두에 '디스크 라이터'라는 단말기를 설치하여, 언제든지 원하는 게임을 자유롭게 재기록해 제공한다는 시스템을 구축한 것이다.

디스크 라이터는 대체로 가게의 계산대 뒤쪽에 설치하는 경우가 대부분이어서, 유저가 자동판매기마냥 직접 조작할 수는 없었으며 일단 점원에게 재기록을 부탁하고 돌려받아야 했다. 게임의 마스터 데이터는 단말기 오른쪽 아래에 준비된 '디스크 팩'이란 카세트에 수록돼 있으며, 유저가 가져온 디스크 카드와 덮어씌울 게임의 디스크 팩을 본체 중앙의 드라이브에 각각 삽입하여 기록하는 시스템이다. 기록 시 소요시간은 단면 기준 2~3분 정도로서, 양면 게임이라면 당연히 시간이 2배로 든다.

얼핏 번잡해 보이는 시스템이지만, 당시의 아이들에게는 '가게에서 게임을 새로 기록해준다'는 광경 자체가 신선하고도 두근거리는 경험이라, 화면상에 펼쳐지는 다양한 연출을 즐겁게 지켜보곤 했었다.

▲ 소프트를 기록하는 동안의 단말기 화면 연출. 마리오와 루이지가 등장하는 데모가 나오기도 한다.

HARDWARE

1983
1984
1985
1986
1987
1988
1989
1990
1991
1992
1993
1994
INDEX

디스크 팩스로
전국 게임대회도 개최

닌텐도는 패미컴을 이용하는 온라인 데이터 통신 시스템의 연구를 초기부터 계속 행해왔었는데, 이 연구의 실증실험적인 의미가 강했던 서비스가 바로 닌텐도·NTT·이매지니어 3개 사가 공동 개발한 '디스크 팩스'였다.

「골프 : JAPAN 코스」 등 이를 지원했던 소프트의 일본 전국 단위 대회를 개최하여, 플레이어는 게임으로 달성한 자신의 점수를 완구점 점두의 디스크 팩스 단말기로 보내 응모하고, 성적이 우수한 플레이어에게는 페이지 아래의 '골든 디스크' 등 다양한 상품을 보내주는 식이었다. 지원 소프트는 앞서 소개한 「골프 : JAPAN 코스」 외에도 「골프 : US 코스」·「F1 레이스」·「나

카야마 미호의 두근두근 하이스쿨」·「3D 핫 랠리」까지 5개 작품이었다.

디스크 팩스는 단순한 데이터 접수 단말기가 아니라, 서비스 운영자 쪽에서 안내 데이터를 디스크 카드에 기록해 가정의 패미컴으로 보여주는 등의 쌍방향 통신 서비스도 지원했다. 디스크 팩스를 사용한 게임 대회는 총 5회로 종료되었으나, 이 기기를 개발·운영해본 노하우는 이후 패미컴 통신 어댑터(53p) 등의 홈 네트워크 기기로 계승되어 결실을 맺었다.

▶ '골프 토너먼트 JAPAN 코스' 대회의 카탈로그에서 발췌했다. 콘테스트 응모방법이 설명되어 있다.

디스크 팩스를 지원하는 특수 디스크 카드

디스크 팩스를 지원하는 소프트는 푸른색의 전용 디스크 카드로 공급되었다. 이 카드엔 데이터 보호 목적의 용수철식 셔터를 추가하여, 아이가 자기 디스크 부분을 부주의하게 만지지 않도록 배려했다. 콘테스트 상품으로 증정되었던 골든 디스크도 푸른색 카드와 동일한 구조로서, 일반 발매판과 다른 오리지널 코스를 수록한 특제 디스크다.

디스크 팩스 지원 디스크 카드

콘테스트 경품용 골든 디스크 카드

CATALOGUE

디스크 시스템은 새로운 미디어로서의 가능성을 널리 홍보하는 광고전략을 적극 펼쳤다. 심지어 디스크 팩스를 이용한 게임 대회의 개최 홍보용으로도 온갖 카탈로그를 만들었으니, 당시 얼마나 중요시했던 사업이었는지를 엿볼 수 있다.

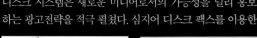

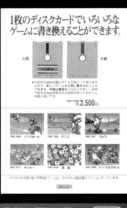

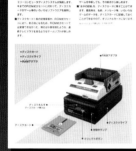

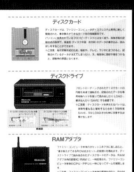

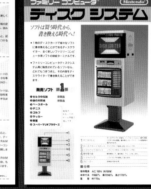

TV에서 신호를 보내 무선으로 조작하는 로봇

패밀리 컴퓨터 로봇

닌텐도　1985년 7월 26일　9,800엔

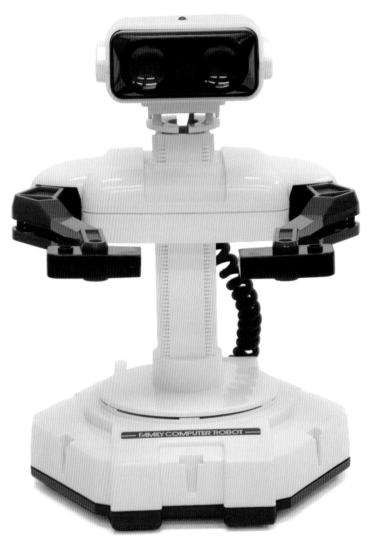

▲ 로봇 자체가 큰 탓에 상당한 존재감을 자랑하는, 패밀리 컴퓨터 로봇의 외장 패키지.

어딘가 귀여운 맛이 있는 디자인

　패밀리 컴퓨터 로봇은 패미컴용으로 발매된 주변기기로서, TV 화면에서 나오는 발광신호를 수신하여 무선 제어로 작동시킬 수 있는 로봇이다. 가슴 및 팔 부품이 가동되며, 이를 이용해 물체를 잡거나 옮길 수 있다.

패밀리 컴퓨터 로봇의 사양

형식번호	HVC-012
전원	AA형 건전지 4개(별매)
소비전력	1일 1시간 사용시 약 3주간 (단, 게임 종류에 따라 건전지 수명이 달라질 수 있음)
외형 치수	180(가로) × 236(세로) × 228(높이) mm
본체 중량	약 750g (건전지 포함)

SIDE VIEW

REAR VIEW

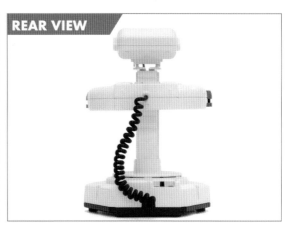

HARDWARE
1983
1984
1985
1986
1987
1988
1989
1990
1991
1992
1993
1994
INDEX

■ 전용 소프트는 2개 타이틀

로봇 전용 소프트로는 「블록」과 「자이로」 2종류를 준비해, 게임과 연동되는 형태로 로봇을 작동시켜 즐길 수 있도록 했다. 특히 「자이로」는 Ⅱ컨트롤러의 조작을 로봇에 맡김으로써, '플레이어와 로봇이 공동으로 작업'한다는 독특한 놀이법을 제안했다.

단순한 게임기에 머물지 않고 새로운 놀이방법을 모색·제안한다는 접근방식은, 근년에 닌텐도 스위치용으로 발매된 「Nintendo Labo」와도 통하는 바가 있다 하겠다.

▲ 로봇의 눈이 TV에 똑바로 향하도록 놓자. 정상적으로 신호가 수신되면 로봇 정수리의 LED를 반짝여 알려준다.

블록 세트
닌텐도　1985년 7월 26일　4,800엔

5개의 트레이에 올려놓은 블록을 화면의 지시에 따라 쌓고 옮기며 즐기는 게임. 동작순서를 프로그래밍하는 'MEMORY', 2명이서 블록을 쟁탈하는 'BINGO' 등 4종류의 게임이 있다.

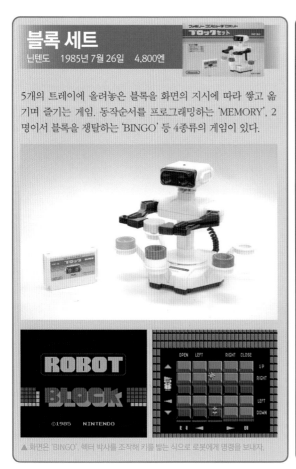

▲ 화면은 'BINGO'. 핸터 박사를 조작해 키를 밟는 식으로 로봇에게 명령을 보낸다.

자이로 세트
닌텐도　1985년 8월 13일　5,800엔

회전중인 팽이를 빨강 혹은 파랑 트레이에 잘 올려놓으면 같은 색의 게이트가 열린다. 이를 이용해 로봇과 공동 작업하며 골인 지점의 다이너마이트를 철거하자. 총 40스테이지다.

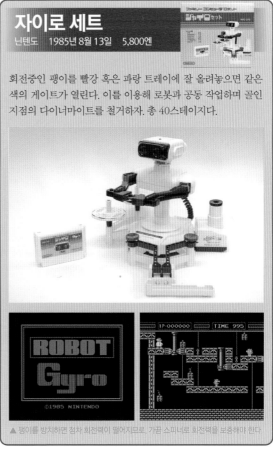

▲ 팽이를 방치하면 점차 회전력이 떨어지므로, 가끔 스피너로 회전력을 보충해야 한다.

HARDWARE

1983
1984
1985
1986
1987
1988
1989
1990
1991
1992
1993
1994
INDEX

카세트·디스크 양쪽을 한 대로 즐기는 합체형 게임기

트윈 패미컴

샤프　1986년 7월 1일　32,000엔

비디오 단자를 탑재해 고화질로 게임을

트윈 패미컴은 샤프 사가 발매한 패미컴 호환기다. '패미컴'과 '디스크 시스템'을 기기 한 대로 일체화한 점이 최대 특징으로서, AC 어댑터 여러 개를 물리거나 RAM 어댑터를 꽂는 등의 번잡함 없이 본체 상단의 '카세트/디스크' 스위치로 전환하기만 하면 두 매체를 선택해 구동할 수 있다. 또한 컴포지트(비디오) 출력을 표준으로 지원하기에, TV와 연결이 용이한데다 오리지널보다 선명한 화면으로 즐길 수 있다는 점도 장점이었다. 같은 '트

트윈 패미컴의 사양

형식번호	AN-500B(블랙)·R(레드)
CPU	리코 RP2A03 (MOS 6502 호환 8비트 CPU) 1.79MHz
메모리	RAM : 2KB SRAM (메인용)　VRAM : 2KB SRAM
그래픽	리코 RP2C02 (PPU) 5.37MHz 화면해상도　: 256×240 컬러　　　　: 52색 (최대 25색 동시표시) 스프라이트 표시 : 1화면 내 64개(가로방향 8개)　8×8~8×16픽셀　4색 BG 표시　　: 1장 (VRAM은 2화면 분량이며, 상하 혹은 좌우로 연결 가능) 화면표시처리기능 : 수평·수직반전 표시, 상하·좌우 스크롤 기능
사운드	pAPU (CPU에 내장) 구형파 2음 + 삼각파 1음 + 노이즈 1음 + DPCM 1음(모노럴)
입출력 단자	카세트 삽입구, RF 컨버터 연결단자, 확장단자 A(15PIN 확장단자), 확장단자 B~D, 비디오 영상·음성 출력 단자
전원 / 소비전력	전용 AC 어댑터 (DC 7.6V) / 6W
외형 치수	275(가로) × 255(세로) × 95(높이) mm
본체 중량	약 1.8kg (본체)

▲ 「마리오」와 「젤다」의 게임화면을 내세워 카세트·디스크 양쪽을 즐길 수 있음을 어필한 외장 패키지 디자인.

TWIN FAMICOM

HARDWARE

1983
1984
1985
1986
1987
1988
1989
1990
1991
1992
1993
1994
INDEX

TOP VIEW

BOTTOM VIEW

FRONT VIEW

REAR VIEW

LEFT SIDE VIEW

RIGHT SIDE VIEW

CONTROLLER

원 패미컴' 로고를 붙인 전용 14인치 TV(14M-S50B·R)도 동시 발매되었다.

패미컴과 디스크 시스템을 합친 가격보다도 고가이긴 하였으나, RAM 어댑터 및 디스크 시스템용 AC 어댑터 (혹은 건전지)가 불필요함은 물론 사용이 편리하고 화면도 고화질인 점은 커다란 매력인지라, 여러 패미컴 호환기 중에서도 제법 유명했던 제품이었다.

▶ 트윈 패미컴은 블랙·레드의 2가지 컬러로 본체가 발매되었다. 이 사진은 레드 컬러다.

HARDWARE

1983
1984
1985
1986
1987
1988
1989
1990
1991
1992
1993
1994
INDEX

CATALOGUE

합체기의 장점을 잘 살린 안심 설계

트윈 패미컴은 패미컴의 완전 호환기이므로, 패미컴용 소프트라면 기본적으로 문제없이 제대로 동작한다. 또한 카세트의 추출 버튼 구조와 컨트롤러 수납용 포켓, II 컨트롤러의 마이크 등 오리지널 패미컴에 있었던 요소도 모두 탑재했으니, 그야말로 빈틈없는 설계라 할 수 있다.

게다가, 카세트와 디스크의 합체기기인 만큼 본체 상단에 어느 쪽을 구동할지를 선택하는 전환 스위치가 마

련돼 있는데, 스위치를 '디스크'로 전환하면 카세트 쪽 삽입구를 잠가 열리

지 않도록 막는 트윈 패미컴의 독자적인 안전설계까지 들어가 있다.

▲ 카세트와 디스크를 전환하는 슬라이드 스위치. '디스크'로 선택하면 카세트를 삽입할 수 없게 된다.

▲ 디스크 상태로 전원을 넣었을 때의 타이틀 화면.

연사기능을 추가한 후기형도 발매

트윈 패미컴은 본체 디자인을 바꾼 마이너 체인지판 격인 후기형(AN-505-BK·RD)도 존재하는데, 전원 ON/OFF를 알려주는 전원 램프를 탑재하고 컨트롤러 버튼에 초당 15연사 기

능을 추가했다. 특히 연사기능의 경우 2P 쪽까지 연사되는 제품은 드물었기에, 1·2P에 연사기능을 표준 내장한 후기형은 슈팅 게임을 2인 플레이로 즐기고픈 유저에게 환영받았다.

HARDWARE
1983
1984
1985
1986
1987
1988
1989
1990
1991
1992
1993
1994
INDEX

AN-505-RD (레드)   AN-505-BK (블랙)

CONTROLLER

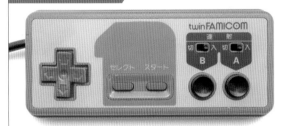
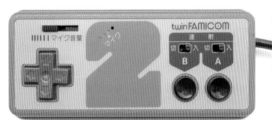

트윈 패미컴의 주변기기

RF 컨버터

샤프   1986년 7월 1일   AN-58C : 2,980엔

트윈 패미컴은 컴포지트(비디오) 단자가 있는 TV에 연결
가능하다는 게 강점인 제품인지라, 트윈 패미컴을 일부러
고른 구매자가 굳이 RF로 연결하는 경우는 적었으리라
여겨진다. 하지만 필요한 유저를 위해, 안테나 단자에 연
결하는 컨버터도 옵션으로 준비했다.

◀ TV를 제조하는 가전회사의 제품답게,
컨버터에도 고품질 부품을 사용했다.

트윈 패미컴 입체 시스템

샤프   1987년   VO-U42S : 6,000엔

닌텐도가 발매한 바 있는 주변기기 '패미컴 3D 시스
템'(52p)의 샤프 버전에 해당한다. 제품 자체는 완전히 동
일하며, 차이점은 스코프 측면에 기재된 메이커·상품명
정도도. 물론 패미컴·트윈 패미컴 어느 쪽과도 문제없이
사용 가능하다.

◀ 애초에 3D 시스템 자체의 개발사가 샤
프인지라, 같은 제품인 것도 당연하다.

HARDWARE

1983
1984
1985
1986
1987
1988
1989
1990
1991
1992
1993
1994
INDEX

그림을 그리자! 글자를 써보자! 산수를 배우자! 게임도 가능한 TV

마이 컴퓨터 TV 'C1'

샤프　1983년　14C-C1F·W·R(14인치 형) : 93,000엔　19C-C1F·W(19인치 형) : 145,000엔

사진은 14C-C1F

패미컴 내장형의 게임 겸용 TV

　마이 컴퓨터 TV 'C1'은 공식 패미컴 호환기 중에선 가장 먼저 발매된 제품이다. 본래의 상품 컨셉은 '그림을 그릴 수도, 글자를 쓸 수도 있는 TV'로서, 패미컴 기능은 이런 부가가치의 구

현을 위한 기반기술이라는 포지션이었다. TV라는 상품의 특성상 컨트롤러 케이블은 분리가 가능해야 하므로, 독자규격의 커넥터로 연결하도록 했다.

　사이즈로는 14인치·19인치의 2종류를 마련했고, 본체 컬러로는 골드·화이트·레드(레드는 14인치 한정)의 3색 바리에이션이 존재했다.

　잘 알려지지 않은 특징으로서, 패미컴 기능이 TV 내부적으로는 RGB 신호로 연결돼 있어 색번짐이 없는 고화질 영상으로 나온다는 점이 있었다. 덕분에 게임화면 사진을 빈번히 촬영해야 했던 당시 일본의 게임잡지 편집부 내에서 이 TV가 업무기자재로 애용되었다고 한다.

LEFT SIDE VIEW

REAR VIEW

RIGHT SIDE VIEW

HARDWARE

1983
1984
1985
1986
1987
1988
1989
1990
1991
1992
1993
1994

INDEX

CATALOGUE

반면 카세트에 확장음원 칩을 내장한 소프트가 동작하지 않거나, 카세트 형태 문제로 삽입되지 않는 게임이 있는 등의 호환성 문제가 있다보니, '샤프 C1에서는 사용할 수 없습니다'라는 경고문을 기재해놓은 게임 소프트가 나오기도 했다.

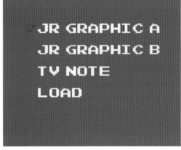

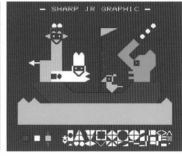

▲ C1 내장 소프트의 타이틀 화면 및 'JR GRAPHIC'의 화면. 도트 단위로 그래픽을 그리는 방식이 아니라, 어디까지나 미리 내장된 단순한 도형들을 다닥다닥 배치해 만드는 '캐릭터 그래픽' 방식이다.

C1의 부록 카세트

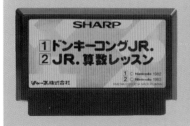

마이 컴퓨터 TV 'C1'의 주변기기

마이 컴퓨터 키보드

샤프　1984년 6월　AN-320 : 15,800엔

패밀리 베이직과 거의 동일한 구성의 샤프 버전. 동봉된 카세트 「PLAYBOX BASIC」은 패밀리 베이직에서 '메시지 보드'를 삭제하고 그 대신 '바이오리듬 보드'를 추가한 소프트다. 세련된 컬러의 키보드가 멋지다.

HARDWARE

1983
1984
1985
1986
1987
1988
1989
1990
1991
1992
1993
1994
INDEX

비디오 영상에 자막을 입힐 수 있는 슈퍼임포즈 기능 탑재기

편집용 패미컴

샤프   1989년   43,000엔

패미컴을 응용한 가정용 영상편집기

편집용 패미컴('패미컴 타이틀러'라는 별명도 패키지에 표기돼 있다)은, 당시 샤프가 발매했던 여러 패미컴 호환기 중에서도 제일 이채로운 성격의 제품이다.

편집용 패미컴은 본체에 내장된 ROM 내의 프리셋 타이틀 화면이나 유저가 직접 입력한 문자를 외부입력 비디오 영상과 합성하는 슈퍼임포즈 기능을 탑재하여, 자신만의 오리지널 비디오 앨범을 제작할 수 있는 기기다. 즉, 패미컴이라기보다는 오히려 '패미컴의 아키텍처를 응용해 개발한 가정용 영상편집기'라는 기자재에 더 가깝다. 게다가 PC를 이용하는 현대의 동

영상 편집과는 달리 기기 내에서 영상 그 자체를 캡처해 편집할 수는 없으며, 어디까지나 '입력받은 비디오 영상에 타이틀과 자막을 추가로 넣어 출력하는 기기'일 뿐이므로 주의해야 한다.

75종류의 프리셋 타이틀 화면(애니메이션이 들어간 것도 있다) 중 하나를 띄운 후, 기기 중앙에 있는 터치패널에 동봉품인 펜으로 일본어 문자를 직

편집용 패미컴의 사양

형식번호	AN-510
CPU	리코 RP2A03 (MOS 6502 호환 8비트 CPU) 1.79MHz
메모리	RAM : 2KB SRAM (메인용) VRAM : 2KB SRAM
그래픽	리코 RP2C02 (PPU) 5.37MHz 화면해상도 : 256×240 컬러 : 52색 (최대 25색 동시표시) 스프라이트 표시 : 1화면 내 64개(가로방향 8개) 8×8~8×16픽셀 4색 BG 표시 : 1장 (VRAM은 2화면 분량이며, 상하 혹은 좌우로 연결 가능) 화면표시처리기능 : 수평·수직반전 표시, 상하·좌우 스크롤 기능
사운드	pAPU (CPU에 내장) 구형파 2음 + 삼각파 1음 + 노이즈 1음 + DPCM 1음(모노럴)
입출력 단자	카세트 삽입구, RF 컨버터 연결단자, 15PIN 확장단자, S영상 입출력 단자, 영상·음성 입출력 단자
전원 / 소비전력	전용 AC 어댑터 (DC 7.6V 0.7A, DC 14V 0.12A) / 16W
외형 치수	378(가로) × 296(세로) × 106(높이) mm
본체 중량	약 1.9kg (본체)

▲ 완구보다는 AV기기에 가까운 포지션 탓인지, 세련되고 고급감이 넘치는 외장 패키지.

HARDWARE

1983
1984
1985
1986
1987
1988
1989
1990
1991
1992
1993
1994
INDEX

TOP VIEW

BOTTOM VIEW

FRONT VIEW

REAR VIEW

LEFT SIDE VIEW

CONTROLLER

접 적어(한자·그림문자도 인식 가능) 만드는 식이며, 제작한 타이틀 화면은 5개까지 저장 가능하다. 타이틀·자막 출현시의 스크롤 방향·속도도 지정할 수 있다. 편집과 게임을 원터치로 전환할 수 있는 등 다채로운 처리가 가능하지만, 그만큼 매우 고가이기도 하고 상품 컨셉도 극히 이질적이었던 마이너한 제품이었다 하겠다.

■ S단자 출력이 가능한 고화질 패미컴

편집용 패미컴은 영상편집 기능이 있다는 특성상, 영상의 열화가 비교적 적은 S-VHS 비디오테이프레코더를 사용하는 유저를 상정해 컴포지트 입출력 외에 S단자도 내장했다. 덕분에 마이 컴퓨터 TV 'C1'을 제외하면 최고급 화질로 패미컴 게임을 즐길 수 있는 기기이기에, 요즘의 레트로 중고품 시장에서는 비싼 시가에 거래되고 있다. 원래부터 고가였던데다 출하수도 적은 기종이었던지라, 프리미엄화는 어쩌면 당연한 일인지도 모른다.

HARDWARE

1983
1984
1985
1986
1987
1988
1989
1990
1991
1992
1993
1994
INDEX

붉은색 캐비닛이 인상적인, 패미컴 기반의 아케이드 시스템

닌텐도 VS. 시스템

닌텐도　1984년

■ 컨트롤 패널

■ 닌텐도 테니스를 최대 4명이 동시에

닌텐도 VS. 시스템은 닌텐도가 1984년 업소용으로 발매한 아케이드용 게임 기기 시스템이다. 캐비닛은 테이블형·업라이트형의 2종류로 보급했으며, 양쪽 모두 모니터 2개를 내장하여 대전 플레이가 가능하도록 제작한 점이 최대의 특징이다.

하드웨어가 패미컴 기반이기 때문에, 이 시스템용 타이틀은 「테니스」·「골프」·「벌룬 파이트」 등 패미컴 초기의 게임 중에서 비교적 대전 플레이에 적합한 작품을 골라 이식한 경우가 많으나, 「테니스」는 4인 동시 플레이 기능을 추가하고, 원래 대전 플레이 요소가 없었던 「레킹 크루」는 스테이지를 양면으로 나눠 대전시키는 등, VS. 시스템의 특성을 살려 독자적으로 개량했다.

닌텐도는 이 시스템을 끝으로 아케이드 게임 시장에서 철수했지만, 패미컴용 게임을 간편하게 업무용으로 서비스할 수 있는 시스템이었기에 서드 파티의 소프트 공급은 지속되었다.

CATALOGUE

호텔·숙박업소 등에 설치되었던 업무용 패미컴

패미컴박스

교통공사 트래블랜드 흥업   1986년

일정 시간동안 마음껏 게임을

　패미컴박스는 호텔·숙박업소·공공시설 등에 설치해 서비스할 목적으로 제작된 업무용 패미컴이다. 일본의 여행서비스 회사인 트래블랜드 흥업(현 JTB)이 신청을 받아 임대 형식으로 제공해 설치했다. 컨트롤러·광선총 등은 NES(서양판 패미컴)용을 유용했으며, 아예 본체의 로고 하단에도 'Nintendo Entertainment System'이라 표기돼 있다.

　본체 내에 15종류까지 게임 카세트를 장착 가능하며, 동전 투입 후 제한 시간동안은 얼마든지 리셋하며 게임을 전환해 즐길 수 있다. 지원 카세트도 NES판과 동일 형태이지만, 서양 소프트와의 호환성은 없으며 본 기기 전용 카세트만 구동이 가능하다.

▲ 본체 후면. 사용목적이 알려지지 않은 각종 커넥터가 보인다.

▲ 타이틀 화면과 메뉴 화면. 특별한 설명이 거의 없는 심플한 구성이다.

샤프가 발매한 동일목적 기기 '패미컴스테이션'

위에 소개한 패미컴박스와 완전히 동일한 제품을, '패미컴스테이션'이란 명칭으로 샤프도 발매한 적이 있다. 차이점은 상품명과 제조사 로고 정도로서, 소프트도 패미컴박스와 동일하며 상호 호환된다. 양사 간에 어떤 사업관계가 얽혀 나오게 되었는지는 알려지지 않았다.

HARDWARE

1983
1984
1985
1986
1987
1988
1989
1990
1991
1992
1993
1994
INDEX

HARDWARE

1983
1984
1985
1986
1987
1988
1989
1990
1991
1992
1993
1994
INDEX

패밀리 컴퓨터의 주변기기

광선총 시리즈 건

HVC-005　닌텐도
1984년 2월 18일　3,000엔

닌텐도가 당시 전자완구·유희시설 사업 과정에서 갈고닦은 '광선총' 기술을 패미컴에 응용한 제품. 후일 타사 게임기로도 발매된 건 컨트롤러 류의 개척자라 할 수 있다. 참고로 브라운관 TV의 주사선을 검출해 명중을 판단하는 원리이므로, 현재의 LCD TV에선 사용 불가능하다.

▲「와일드 건맨」과 건, 홀스터를 합본한 '와일드 건맨 세트'도 발매되었다.

▲ 공이치기가 실제 총처럼 작동한다. 고전적인 리볼버식 디자인이 그야말로 멋지다.

■ 지원 타이틀

- 「와일드 건맨」
- 「호건즈 앨리」
- 「덕 헌트」
- 「오퍼레이션 울프」
- 「매드 시티」

※ 붉은색 글자는 광선총 전용 타이틀

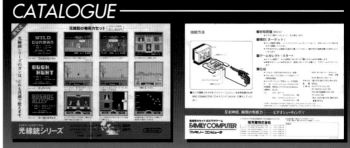

CATALOGUE

광선총 시리즈 홀스터

HVC-006　닌텐도
1984년 2월 18일　1,000엔

「와일드 건맨」에서 퀵 드로우(속사)를 즐기기 위한 본격적인 홀스터(권총집).

패밀리 컴퓨터 통신 어댑터

HVC-050 닌텐도
1988년 7월 19,800엔

패미컴에 전화선을 연결해 데이터
통신 서비스를 이용할 수 있었던 주
변기기. 온라인 주식거래와 마권 구
입 등이 주 용도였으나, 패미컴 피
트니스 시스템 및 대전 게임 등에
서도 사용 가능할 만큼 범용성 높
은 제품으로 개발했다. 전용 컨트롤
러(HVC-051)는 일반 게임용으로도
사용 가능할 만큼 조작성이 좋았기
에 은근히 인기 아이템이었다.

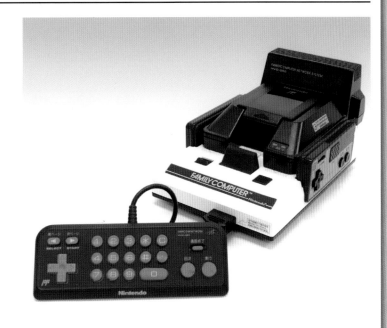

▲ 어댑터 중앙의 상부에 지원 서비스용 카드를 세팅
한다. 사진은 마권 구입 서비스인 'JRA-PAT'용 카드.

▲ 거대한 크기 탓에 상당히 존재감이 강한 통신 어댑터. 이 기기를 지원하는 주식거래 서비스로는 노무라 증권의
'패미컴 트레이드'가 있었다.

TV-NET

MC-1200A 마이크로코어
1988년 3월 19,500엔

통신기기 제조사인 마이크로코어가
개발한 패미컴용 모뎀으로서, 위의
통신 어댑터와 동일한 컨셉의 상품
이다. 다만 상호 호환성은 없고, 카
드도 형태가 다르다. 컨트롤러는 조
그마한 TV 리모컨을 닮은 디자인
이다.

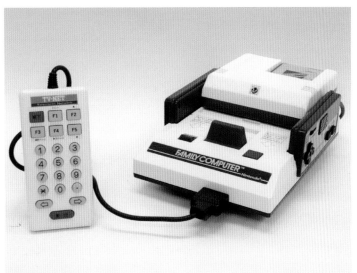

▲ 주식거래 서비스로는 다이와 증권의 '마이 트레이드', 야마이치 증권의 '선라인 F-Ⅲ', 닛코 증권의 '홈트레이드 원
FC'를 지원했다.

스터디박스

후쿠타케쇼텐
18,500엔

당시 첨삭제 통신교육강좌 '신켄제미'로 유명했던 교재출판사 후쿠타케쇼텐(현 베넷세)이 개발한 패미컴용 CAI(컴퓨터를 활용한 교육) 시스템. 초3~5학년용 과학 코스와 초4~6학년용 영어 코스가 있었으며, 소프트 매체가 카세트테이프였기에 발음·음성을 그대로 재생 가능한 것이 장점이었다.

▲ 기자재는 초기엔 렌탈제였으나, 후기형은 구입제로 바뀌었다. 위에 적힌 가격은 후기형 기준.

▲ 사진은 후기형 모델. 초기형은 패미컴 디스크 시스템과 유사한 디자인이었다.

CATALOGUE

패미컴 CAI 학습 어댑터 Q타

코나미
1989년 4월   10,000엔

코나미가 통신교육 서비스 'NHK학원 스페이스 스쿨'용으로 개발한 전용 학습교재 어댑터. 교재용 소프트는 코나미·도쿄 서적·NHK학원이 공동 개발했으며, 초등학교 4~6학년 상·하권이 각 18,000엔으로 발매되었고, NHK학원 측에 학습이 끝난 카세트를 발송해 채점을 받는 시스템이었다. 학교·교육기관을 통해 구입해야 했기에 출하수가 매우 적었던 제품이다.

▶ Q타는 어디까지나 어댑터이며, 별매품인 학습 카세트가 필요하다. 학습 카세트는 교재 책자와 함께 우편으로 받는 식이었다.

패미컴 3D 시스템

HVC-3DS　닌텐도
1987년 10월 21일　6,000엔

패미컴으로 3D 게임 영상을 즐기는 주변기기로서, 샤프 사가 개발한 액정 셔터 방식(좌우 눈의 셔터를 번갈아 고속 개폐하는 원리)을 채용했다. 스코프(HVC-031)와 어댑터(HVC-032)로 구성돼 있으며, 7종류의 지원 소프트가 발매되었다.

CATALOGUE

■ 지원 타이틀

- 「어택 애니멀 학교」
- 「코즈믹 입실론」
- 「제이 제이」
- 「하이웨이 스타」
- 「패미컴 그랑프리 II : 3D 핫 랠리」
- 「팔시온」
- 「풍운 소림권 : 암흑의 마왕」

패미컴 피트니스 시스템

브리지스톤 사이클
1988년　오픈 프라이스

브리지스톤 사이클 사가 닌텐도·후쿠다 전자·후쿠오카 대학교와 공동 개발한 건강기구. 에르고미터·이어센서·패미컴 통신 어댑터·인스트럭터 카드의 4가지 기기로 이루어져 있으며, 인스트럭터 카드는 전속 트레이너 역할로서 측정결과와 트레이닝 이력이 저장된다. 전화선을 통해 의료기관·피트니스 클럽 등의 지도를 받을 수 있었으며, 화면에 표시되는 데이터를 보면서 트레이닝하는 식이었다. 당시엔 피트니스 클럽에서 업무용 설비로 도입했으며, 15만 엔 전후로 일반판매도 했었다.

▲ 가정의 패미컴을 그대로 이용 가능해, 비교적 염가로 시스템을 도입할 수 있었던 것이 특징. 전자 피트니스 기기 시장의 개척자라고도 할 수 있다.

HARDWARE

1983
1984
1985
1986
1987
1988
1989
1990
1991
1992
1993
1994
INDEX

카드 클리너 세트

HVC-027/HVC-028　닌텐도
1986년 2월 21일　3,000엔

디스크 카드에 묻은 지문 등의 오염을 제거해주는 건식 클리너 세트. 사진 오른쪽의 카트리지와 클리닝할 디스크 카드를 카드 클리너 본체에 설치한 후, 상단의 다이얼을 손으로 돌려 클리닝한다. 하나로 약 50회 사용 가능하다.

▶ 제품 내에 카드 클리너 본체와 카트리지가 각각 1개씩 들어있다.

헤드 클리너 세트

HVC-029/HVC-030　닌텐도
1986년 2월 21일　2,000엔

디스크 시스템의 드라이브 내부 헤드를 청소하기 위한 습식 클리너 세트. 클리닝 카드 뒤편의 주입구 3군데로 스프레이를 분사한 후, 디스크 시스템을 구동중인 상태에 삽입하여 클리닝한다. 스프레이는 15ml 용량이며, 약 50회분 사용 가능하다.

◀ 사용 상황에 따라 다르나, 매달 1회 빈도로 클리닝을 권장한다.

데이타크

반다이
1992년 12월 29일　7,800엔

바코드를 사용하는 카드 게임 류를 패미컴으로 즐길 수 있는 주변기기. 본체 상단에는 카드 리더가, 후면에는 전용 미니 카세트의 삽입구가 있다. 지원 소프트는 총 7종류가 발매되었다.

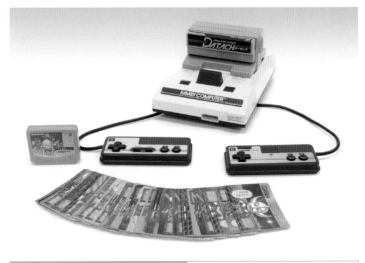

CATALOGUE

■ 지원 타이틀

- 「드래곤볼 Z : 격투 천하제일무도회」
- 「SD건담 GUNDAM WARS」
- 「울트라맨 클럽 : 근성으로 파이트!」
- 「짱구는 못 말려 : 나와 포이포이」
- 「유☆유☆백서 : 폭투 암흑무술대회」
- 「배틀 러시 : Build Up Robot Tournament」
- 「J리그 슈퍼 톱 플레이어즈」

FAMILY COMPUTER PERIPHERAL

HARDWARE

1983
1984
1985
1986
1987
1988
1989
1990
1991
1992
1993
1994
INDEX

컨트롤러

닌텐도　1983년 7월 15일
Ⅰ컨트롤러 : 1,200엔 ‖ Ⅱ컨트롤러 : 1,500엔

본체 장착품과 동일한 컨트롤러. Ⅰ컨
트롤러와 Ⅱ컨트롤러가 별도 품목이
므로, 구입할 때 착오하지 않도록 주의
하자.

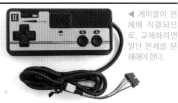

◀ 케이블이 본
체에 직결되므
로, 교체하려면
일단 본체를 분
해해야 한다.

AC 어댑터

HVC-002　닌텐도
1983년 7월 15일　1,500엔

패미컴 본체에 동봉된 AC 어댑터의 별
매품. AV사양 패미컴은 물론, 슈퍼 패미
컴과 버추얼보이 등 당시 닌텐도의 여
러 게임기에서 공통 사용 가능하다.

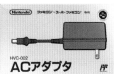

◀ 발매시기
별로 외장 패
키지 디자인
이 여러 종류
존재한다.

RF 스위치

HVC-003　닌텐도
1983년 7월 15일　1,500엔

아날로그 지상파 방송 수신용 TV 안테나
에 접속하기 위해 필요한 기기. 현재는 아
날로그 방송이 종료되었고 연결이 가능한
TV도 적기 때문에, 사용할 기회가 없다.

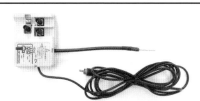

▲ 패미컴 본체에 동봉된 것과 동일하다.

75Ω/300Ω 변환기

HVC-004　닌텐도
1983년 7월 15일　300엔

단면이 둥근 동축 케이블이 아닌, 평평
한 피더 선으로 단자형태를 변환하기 위
한 어댑터. RF 스위치와 조합해 사용한다.
패미컴 본체에도 동봉돼 있다.

◀ 피더 선은 동축 케이블보
다 더 오래된 규격이라, 상
당히 낡은 TV가 아닌 한 지
금은 볼 기회조차 없을 듯.

AC 어댑터

HVC-025　닌텐도
1986년 2월 11일　1,500엔

디스크 시스템에 가정용 전원을 공급하
기 위한 AC 어댑터. 패미컴의 AC 어댑터
와 혼동하지 않도록 단자 색깔을 차별화
했다.

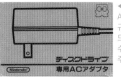

◀ 패미컴의
AC 어댑터와
규격이 다르
므로 혼용할
수는 없으니
주의하도록.

HARDWARE

1983
1984
1985
1986
1987
1988
1989
1990
1991
1992
1993
1994
INDEX

RF 연장 케이블

HVC-026   닌텐도
디스크 시스템에 동봉

RF 스위치의 케이블을 연장시켜 TV 시
청거리가 가까워지지 않도록 하기 위한
케이블. 후기형 디스크 시스템에 동봉되
었다.

◀ 디스크 시스템의 동봉품이지
만, 일반 패미컴에 사용할 수도 있
어 편리하다.

RF 모듈레이터

HVC-103   닌텐도
1993년 12월 1일   1,500엔

AV사양 패미컴 전용 주변기기. 본체의
음성/영상 출력단자에 장착해 RF 신호를
생성하는 주변기기로서, 앞 페이지의 RF
스위치와 조합해 사용한다.

◀ 원래는 AV 패미컴
용 주변기기이지만,
슈퍼 패미컴 주니어
에도 사용 가능하다.

RF 스위치 UV

NUS-009   닌텐도
1996년 6월 23일   1,500엔

앞 페이지의 RF 스위치와 마찬가지로, 아
날로그 지상파 방송 수신용 TV 안테나에
접속하기 위한 기기. 기본 기능은 동일하
므로, 어느 쪽을 골라도 상관없다.

 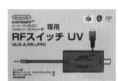

◀ 패키지에도 닌텐
도 64 이외의 구 기
종까지 지원한다고
표기돼 있다.

모노럴 AV 케이블

SHVC-007   닌텐도
1990년 11월 21일   1,200엔

AV사양 패미컴 전용품. 컴포지트(비
디오) 단자와 모노럴 음성단자가 있
는 TV에 접속하기 위한 케이블이다.

▲ 패키지 디자인이 조금씩 변경되면서도 꾸준
히 판매되었다. 사진은 닌텐도 64 시절의 포장.

스테레오 AV 케이블

SHVC-008   닌텐도
1990년 11월 21일   1,500엔

AV사양 패미컴 전용품. 컴포지트
(비디오) 단자와 스테레오 음성단자
가 있는 TV에 접속하기 위한 케이블
이다.

▲ 여담인데, 이 규격의 영상 케이블들은 게임큐
브에서도 그대로 사용 가능하다.

세계 각국에 발매되었던 패밀리 컴퓨터

패미컴은 일본 내는 물론 일본 외 타국에서도 적극적으로 판매되었으며, 특히 북미에서는 일본을 훨씬 능가하는 규모의 시장을 구축했다. 일본 외 타국의 상품명은 일본명인 '패밀리 컴퓨터'가 아니라, 'Nintendo Entertainment System'(통칭 NES)으로 대부분 통일했다.

장난감 느낌이 강한 디자인이었던 일본의 패미컴에 비해, NES는 완전히 정반대의 방향성인 회색 기조의 사무기기 느낌이 강한 디자인으로 구성했다. 일본 외 국가에서는 거의 대부분이 NES가 유통되었으므로, 이들 나라에서 갖는 패미컴에 대한 인상은 사실상 NES가 기준이라고 해도 무방하다. 게다가 디스크 시스템 등 일본에서만 발매된 주변기기도 많다 보니, 서양권 수집가들 사이에선 오히려 일본판 패미컴이 인기가 많다고 한다.

영상출력 방식은 크게 나누면 세계에서 가장 널리 사용된 PAL 방식과, 일본·북미에서 주로 사용된 NTSC 방식의 2종류가 존재한다. 본 지면에서 소개한 북미·유럽·아시아 외에 남미에서도 정규 발매되었으며, 그 외 지역에서도 북미판·유럽판 중 영상출력 방식이 현지와 맞는 모델이 병행수입품 형태로 소량이나마 유통되었다고 한다.

HARDWARE
1983
1984
1985
1986
1987
1988
1989
1990
1991
1992
1993
1994
INDEX

북미

북미의 경우 아타리 2600 시장이 붕괴한 이른바 '아타리 쇼크'의 영향 탓에 한동안 가정용 게임기가 경원시되던 분위기였기에, 1980년대 중반까지의 북미 컴퓨터 엔터테인먼트 산업은 코모도어 64로 대표되는 1천 달러 미만의 홈 컴퓨터들이 주도하고 있었다. 그런 탓에, 닌텐도는 1983년경엔 'Nintendo Advanced Video System'(통칭 AVS)이라는 상품명으로 패미컴 기반의 홈 컴퓨터를 출시한다는 노선을 모색하며 시장 투입 기회를 노리고 있었다. 하지만 최종적으로는 이 계획이 백지화되고, 결국 가정용 게임기로서의 기능을 우선시한 'Nintendo Entertainment System'으로 발매하기로 결정했다.

이 과정에서, 앞서 언급한 아타리 쇼크의 영향을 우려하여 게임기를 직접 연상시키지 않도록 상품명을 정했고, 본체 디자인도 카세트를 앞면에서 수평으로 삽입하도록 설계했다. 또한 AVS 프로젝트였을 때 결정한 그레이를 이미지 컬러로 유지하는 등, 얼핏 보기엔 게임기 같지 않도록 의도적으로 디자인했다.

이런 우여곡절을 거쳐, NES는 1985년 10월 18일 179달러로 출시되었다. 「와일드 건맨」·「아이스 클라이머」·「익사이트바이크」 등 일본에서 이미 히트한 바 있는 소프트가 연이어 곧바로 발매되었고, 특히 「슈퍼 마리오브라더스」는 일본 시장을 훨씬 능가하는 판매량을 기록했다. 이 게임은 NES의 보급에 크게 공헌했을 뿐만 아니라, '마리오'를 닌텐도를 대표하는 캐릭터로 성장시키는 원동력이 되었다.

NES의 성공은 미국 시장에 아타리 쇼크의 암운이 걷히고 가정용 게임 시장이 재건되는 효과도 가져왔다. 닌텐도는 모든 NES용 게임 패키지에 일일이 게임의 내용·장르·화면 사진을 명시했고, 닌텐도의 공식 라이선스품임을 알리는 품질보증 마크를 붙였다. 고객의 신뢰를 얻기 위해 이만큼이나 온갖 방도를 다한 시장 개척 활동이 오늘날의 북미 게임시장을 만들어냈다고 해도 과언은 아니리라.

▲ 본체도 카세트도, 일본의 패미컴에 비해 큼직하다. 후일, 일본의 AV사양 패미컴과 거의 동일한 디자인의 후기형 NES도 발매되었다.

ADVERTISING

JAPAN has a word for the ultimate video game...

HARDWARE

1983
1984
1985
1986
1987
1988
1989
1990
1991
1992
1993
1994
INDEX

유럽

유럽 각국에서는, 북미와 동일한 디자인의 NES(단, 영상규격은 PAL)가 북미보다 1년 늦은 1986년 9월 1일 발매되었다.

유럽은 국가별로 유통구조와 판매 풍토가 다르기 때문에 하드웨어 판매 및 서비스를 각국의 현지 판매 대행사에 위탁했으며, 바비 인형으로 유명한 마텔 사도 당시 NES의 판매대행사로 활동했다. 이는 닌텐도

가 과거 발매했던 휴대용 게임기 '게임&워치'에서도 행했던 사업방식으로서, 유럽 시장의 특성에 맞추려면 이 방식이 합리적이라고 판단한 결과로 보인다. 다만 대행사를 끼운 사업방식은 하드웨어에 한정했으며, 전용 소프트 쪽은 유럽 닌텐도가 직접 공급했다.

NES가 발매될 당시의 유럽은 아직 EU 창설 이전이었던 데다 세계가

동·서로 나뉘어 대립하던 냉전시대였기에, 동독·루마니아·유고슬라비아 등의 동구권 국가에선 발매되지 않았다.

유럽 각국의 개별 판매대수는 불분명하나, 닌텐도의 발표에 따르면 아래의 아시아를 포함해 총 856만 대였다 하니, 시장규모는 대략 일본의 반절 미만 정도가 아니었을까 싶다.

아시아

아시아 지역(특히 중국어권)에서는 일본판 패미컴이 '적백기(赤白機)', NES가 '회기(灰機)'라 불렸으며(양쪽을 합쳐 '임천당(任天堂)'으로 총칭했고, 이쪽이 일반적이었다고), 이런저런 판매경로를 통해 1986년경부터 뒤섞여 유통되었다. 이후부터는 국가별로 개별 서술한다.

홍콩

1997년 중국 반환 전까지는 영국령이었으므로, PAL판 NES가 수입 판매되었다. 하지만 디스크 시스템 장착 불가능 등의 문제가 있었다보니, 일본판 패미컴을 수입해 PAL 변

환기를 끼워 플레이하기도 하였다.

대만

정규 판매되지는 않았으며, 일본판 패미컴이 병행수입으로 유통되었다. 다만 매우 고가였기에 대여업이 횡행했던 듯하다.

중국 본토

패미컴이 현역이던 시대에는 시장 개방 전이었기에 정규 판매되지 않았으며 병행수입품도 매우 고가였기에, 해적판 중심으로 시장이 형성됐다. 해적판 종류가 실로 천차만별이었기에, 전체 시장규모는 불명확하다.

한국

현대전자가 닌텐도의 라이선스를 취득해 '현대 컴보이'라는 상품명으로 판매했다. 외관은 NES와 동일하며, '현대 컴보이' 마크를 실크 인쇄로 추가한 점이 최대 특징이다. 내부는 북미판 NES와 동등한 NTSC 사양이므로 북미판 소프트가 그대로 구동되며, 일본 패미컴용 소프트도 어댑터를 사용하면 즐길 수 있었다. 실제로도, 당시엔 일본에서 병행수입된 한국 미발매 패미컴 소프트가 전자상가에서 흔하게 판매되었다. 해적판 기기 역시 다수 유통되었다.

▶ 한국판 NES인 '현대 컴보이'. 본체 앞면의 실크 인쇄 외에는 NES와 똑같다.

CHAPTER 2

패밀리 컴퓨터
일본 소프트 올 카탈로그

FAMILY COMPUTER SOFTWARE ALL CATALOGUE

HARDWARE

1983

1984

1985

1986

1987

1988

1989

1990

1991

1992

1993

1994

INDEX

HARDWARE

1983
1984
1985
1986
1987
1988
1989
1990
1991
1992
1993
1994
INDEX

해설 패밀리 컴퓨터의 소프트 이야기
COMMENTARY OF FAMILY COMPUTER #2

「슈퍼 마리오브라더스」가 패미컴에 끼친 영향

패미컴이라는 하드웨어의 개발 컨셉이 '닌텐도 자사 아케이드용 게임의 이식'이었다는 점은 앞서의 해설에서 설명한 바 있다. 당시의 아케이드 게임을 뛰어난 수준으로 이식할 수 있었던 패미컴이라는 게임기의 등장은, 아케이드 게임 팬들 및 개발사들에게 커다란 충격을 가져다주었다. 이로 인해 남코, 코나미, 타이토, 잘레코…… 등, 세가 이외(세가는 자사 가정용 게임기가 이미 있었던 입장이라, 패미컴에 서드파티로 직접 참가하지는 않았다)의 주요 아케이드 개발사들이 차례차례 참가하여, 자사의 타이틀을 속속 이식해 발매하는 흐름이 형성되었다. 굳이 극단적으로 표현해보자면, 초기의 패미컴은 '아케이드 게임 이식작들 덕에 팔려나간 게임기'였던 것이다.

이런 흐름을 일거에 뒤바꿔버린 타이틀이, 1985년 발매된 초히트 게임 「슈퍼 마리오브라더스」였다. 패미컴을 논할 때 반드시 함께 언급되다시피 하는 스크롤 점프 액션 게임 장르의 원조이자, '역사상 가장 큰 영향을 끼친 게임 100선'(미국 IGN)과 '독자들이 뽑은, 미래에 남겨야 할 게임'(일본 패미통) 양대 순위에서 모두 1위를 수상하는 등, 누구도 이의를 제기하지 않는 명작이다. 일본 내에서만 681만 장 이상, 세계적으로는 4,024만 장 이상의 판매량을 기록해, '세계에서 가장 많이 팔린 게임'으로 기네스북에 기록되기

까지도 했다.

지상·지하·해저·공중·성채 등 다양한 분위기의 맵으로 이루어진 8개 월드의 총 32스테이지로 구성되어 그야말로 온갖 장소에서의 모험을 만끽하는, 당시로서는 그야말로 장대한 스케일의 게임인지라, 당시 닌텐도의 사장이었던 고(故) 야마우치 히로시는 "이 게임은 대단하군. 지상에 공중에 수중까지도 갈 수 있어. 이건 뭐 다들 깜짝 놀라겠구먼."이라고, 이 작품의 프로듀서(현 닌텐도 대표이사 펠로우)인 미야모토 시게루에게 감상을 말했다고 한다.

사실, 당시의 게이머들 앞에 모습을 드러낸 「슈퍼 마리오브라더스」는 팬들의 다양한 예상을 좋은 의미로 멋지게 배반한 게임이었다. 타이틀명에 「마리오브라더스」가 들어가긴 하나, 까만 배경의 고정화면에서 배관을 통해 나타나는 거북이와 게를 쳐내고 밟는 게임(좀 거칠게 축약한 면이 있으나, 이 게임도 이 게임대로 명작이다)이었던 같은 이름의 전작과는 차별화된 작품으로서, 푸른 하늘 아래 드넓게 펼쳐진 세계를 점프와 대시로 종횡무진 달려 나갈 수 있었다. 점프·차내기·코인·토관 등 전작의 중요 요소들이 여전히 등장하면서도, 완전히 차원이 다른 게임이라 할 만한 수준으로까지 진화했던 것이다.

「슈퍼 마리오브라더스」의 등장이 당대에 준 영향은 그야말로 엄청났다. 한 시대의 개막을 상징하는 히트

작 게임 하나가 발매된 이후 아류작들이 무수히 출시되는 현상은 흔한 일이나 「슈퍼 마리오브라더스」의 경우 그런 경향이 한층 더 심했기에, 이 작품 이후 패미컴으로 발매된 액션 게임 중 태반이 스크롤 점프 액션 게임 류였다는 이상사태로까지 발전했다.

특히 패미컴이 사회적으로 큰 인지도를 얻게 되자 동시에 늘어난 것이 '인기 있는 만화·탤런트 등의 유명세를 안이하게 이용한 게임' — 이른바 '판권물'이란 장르인데, 특성상 개발력이 부족한 중소 개발사가 하청을 받아 제작하는 경우가 많았던 데다, 극히 일부의 예외를 제외하고는 거의 대부분이 횡스크롤 점프 액션 게임 형태였다. 무엇보다 「슈퍼 마리오브라더스」가 히트한 이유는 닌텐도의 풍부한 게임 개발 노하우가 뒷받침된 치밀한 게임 디자인이었음에도 불구하고, 애초에 안이한 발상으로 만들어진 게임인데다 납기를 우선시해 허투루 마무리하기 일쑤였으니 치밀한 밸런스 조정 등이 이루어졌을 리도 없다. 「슈퍼 마리오브라더스」의 발끝에도 못 미치는 열화 모방작들이, 그렇게 양산되어 쏟아져 나왔다. 그 결과, 시장에 조악한 게임 타이틀이 범람하게 되어 '악화가 양화를 구축하는' 문제가 발생한다. '판권물=망작'이라는 불명예스러운 낙인의 이미지가 만들어진 것은 여기에서 기인한다.

「드래곤 퀘스트」가 열어젖힌, 가정용 RPG의 여명기

「슈퍼 마리오브라더스」와 함께 패미컴 붐을 상징하는 쌍벽이나 다름없는 타이틀이, 바로 「드래곤 퀘스트」다. 패미컴 최초의 RPG이기도 했다보니,

유저가 이 작품으로 RPG라는 장르를 처음 접할 것이라고 상정하여 '초보자가 혼란스러워하지 않고 계속 즐기게끔' 철저하게 배려와 배려를 거듭해 제

작한 게임이다.

예를 들어, 당시의 PC용 RPG는 냅다 필드 위에서 게임이 시작되는 경우가 많아, 시작하자마자 갑자기 적과의

전투로 들어가 그대로 게임 오버되는 일이 흔했다. 이에 대한 대책으로서 출구가 잠겨 있는 국왕의 방을 시작지점으로 설정하고, 이 방에서 나가려면 ① 보물상자를 열어 열쇠를 얻고, ②열쇠로 출구를 열어, ③계단을 내려가도록 만듦으로써, 게임의 기본 조작을 자연스럽게 익히도록 하였다.

또한 레벨 업이 주는 성장의 쾌감을 맛볼 수 있도록 의도적으로 레벨 1 → 2로의 필요 경험치량을 낮췄고, 전투에서 쓰러지더라도 게임 오버 없이 소지금만 반으로 깎고 그대로 되살려주는 등, 초보자를 위한 배려를 도처에 빈틈없이 깔아놓았다. 게임의 최종 목적인 '용왕에게 사로잡힌 공주를 구하러 간다'라는 얼핏 평범하기 이를 데 없는 설정도, 실은 '복잡한 스토리와 시스템은 처음 플레이하는 유저에게 부담을 준다'라는 점을 배려해 심플하게 가다듬은 결과였다고 한다.

「드래곤 퀘스트」는 점차 입소문이 퍼져나가면서 150만 장에 달하는 히트작이 되었고, 패미컴으로는 4편까지 꾸준히 발매되었다. 다만 이 작품 역시도, 대히트 타이틀의 숙명이라 할 '히트작의 떡고물을 노리는 회사들의 대거 출현'에선 예외가 아니었다. 「슈퍼 마리오브라더스」 때에는 '판권 캐릭터를 스크롤 점프 액션 장르의 시스템에 집어넣기'라는 패턴이 많았으나, RPG는 개발하는 데 어느 정도의 노하우와 개발규모가 필요했다보니, 단기간에 게임을 제작해 잽싸게 벌기보다는 '차세대 「드래곤 퀘스트」를 만들어 한탕 거하게 벌기'를 노리는 투기꾼 패턴이 많았다.

결과적으로 겉보기로만 「드래곤 퀘스트」를 흉내 낸 조악한 게임이 넘쳐난 건 마찬가지이나, 그래도 그중에서 「드래곤 퀘스트」가 당초 목표로 삼았던 「울티마」와 「위저드리」를 나름

대로 잘 소화해내 가정용 게임으로 재구축하기'라는 본질에 당도하는 데 성공한 회사들도 여럿 나와, 「마더」(닌텐도)·「헤라클레스의 영광」(데이터 이스트)·「미넬바톤 사가」(타이토) 등의 명작들을 낳았다. 특히 「드래곤 퀘스트」를 아예 라이벌로 삼고 개발했던 「파이널 판타지」(스퀘어)는 새로운 발상과 영화적 연출이라는 접근방식에 힘입어 「드래곤 퀘스트」와 쌍벽을 이루는 데 성공해, 일본을 대표하는 RPG로까지 성장했다.

이렇게 형성된 일본 가정용 게임기 시장에서의 'RPG'는, 하드웨어의 구입 의욕을 견인할 뿐만 아니라 심지어 하드웨어의 운명마저 좌우하는 중요 장르로까지 발돋움했다. 지금의 일본에서도 이런 구도는 기본적으로 바뀌지 않았으니, RPG라는 장르가 얼마나 일본인들 사이에 깊이 뿌리내려 있는지를 실감하지 않을 수 없다.

HARDWARE
1983
1984
1985
1986
1987
1988
1989
1990
1991
1992
1993
1994
INDEX

이 책에 게재된 카탈로그의 범례

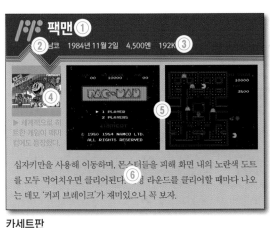

카세트판

십자키만을 사용해 이동하며, 몬스터들을 피해 화면 내의 노란색 도트를 모두 먹어치우면 클리어된다. 각 라운드를 클리어할 때마다 나오는 데모 '커피 브레이크'가 재미있으니 꼭 보자.

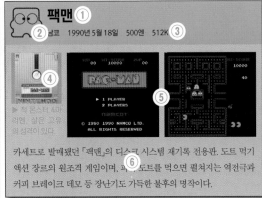

디스크 시스템판

카세트로 발매됐던 「팩맨」의 디스크 시스템 재기록 전용판. 도트 먹기 액션 장르의 원조격 게임이며, 화면의 도트를 먹으면 펼쳐지는 역전극과 커피 브레이크 데모 등 장난기도 가득한 불후의 명작이다.

① **게임 타이틀명**

② **기본 스펙 표기란**

발매 회사, 발매일, 가격(소비세 포함 가격일 경우엔 (세금 포함)이라고 표기). 지원 주변기기 순이다.

③ **게임 용량 표기**

게임 용량을 비트 단위로 표기했다. 카세트판의 경우 프로그램 ROM과 캐릭터 ROM 용량의 합산이다. 디스크 시스템판의 경우 '512K'는 단면 소프트, '1M'는 양면 소프트임을 의미한다.

④ **패키지 사진**　　　⑤ **게임 화면**　　　⑥ **내용 설명**

HARDWARE
1983
1984
1985
1986
1987
1988
1989
1990
1991
1992
1993
1994
INDEX

FAMILY COMPUTER
SOFTWARE ALL CATALOGUE

1983년에 발매된 타이틀 수는 총 9종으로서, 모두 닌텐도가 직접 개발·발매한 작품들이다. 본체 동시 발매작은 「동키 콩」·「동키 콩 JR.」·「뽀빠이」 3종으로서, 모두 자사 인기 아케이드 게임의 이식작이었다. 용량 한계 상 일부 스테이지나 연출을 삭제한 등의 차이는 있으나, 거의 원작과 차이가 없는 그래픽과 플레이 감각을 구현해 패미컴의 성능을 제대로 어필했다.

뒤이어 발매된 「마리오브라더스」 역시 아케이드 이식작이며, 이쪽은 두 명이 동시에 즐길 수 있는 게임이었기에 형제가 있는 가정의 필수품 소프트로 자리 잡았다.

동키 콩

닌텐도　1983년 7월 15일　3,800엔　192K

기념할 만한 패미컴의 런칭 타이틀. 마리오를 조작해 동키 콩에게서 레이디를 구출하는 것이 목적이다. 아케이드용 게임의 이식작으로서, 원작을 매우 훌륭한 재현도로 이식해냈다. '이 게임을 가정에서 즐기는 것'을 목표로 삼아 패미컴의 스펙이 결정됐다고 해도 과언은 아니다. 마리오 시리즈의 원전이기도 하며, 전 세계에 비디오 게임 문화를 탄생시킨 역사적인 타이틀이다.

▲ 마리오의 데뷔작일 뿐만 아니라, 점프 액션이 핵심인 최초의 게임 타이틀이기도 하다.

동키 콩 JR.

닌텐도　1983년 7월 15일　3,800엔　192K

패미컴의 런칭 타이틀 중 하나이자, 「동키 콩」의 속편. 동키 콩의 아들 '주니어'를 조작해, 마리오에게서 아빠 콩을 구출하는 게 목적이다. 4종류의 스테이지가 있으며, 4스테이지 단위로 마리오와 대결한다. 점프 액션은 물론 덩굴을 타고 오르내리거나 좌우로도 이동하는 것이 특징이며, 스테이지별로 변화무쌍한 장치가 있어 플레이어가 싫증나지 않도록 제작했다.

▲ 닌텐도의 상징 '마리오'가 악역으로 나오는 작품. 재미를 위해 동키 콩 아들에게 명령을 내린다.

뽀빠이

닌텐도　1983년 7월 15일　3,800엔　192K

미국의 같은 제목 애니메이션을 게임화했다. 시금치를 먹으면 파워 업하는 주인공 '뽀빠이'가, 숙적 '브루터스'의 방해를 피해가며 애인 '올리브'가 던지는 하트와 음표를 획득하는 게임이다. 총 3스테이지 구성이며, 하트·음표를 놓치거나 방해물에 맞으면 목숨이 줄어든다. 시금치를 얻으면 음악이 바뀌고 뽀빠이가 무적 상태가 되며, 하트 등도 얻기 쉬워진다.

▲ 뽀빠이가 시금치를 먹으면 무적이 되어 브루터스를 때릴 수 있으며 하트 음표도 얻기 쉬워진다.

오목 렌쥬

닌텐도　1983년 8월 27일　3,800엔　192K

▶ CPU 난이도는 초급·중급·상급이 있다.

오목을 즐기는 소프트. 난이도별로 '컴퓨터와 대국'·'2명끼리 대국' 모드를 탑재했다. 착수 제한과 금수가 있는 '렌쥬' 룰로 진행한다. 첫 3수의 돌은 컴퓨터가 무작위로 배치하는 시스템이다.

마작

닌텐도　1983년 8월 27일　3,800엔　192K

▶ 이 게임으로 마작을 처음 배운 아이도 많을 듯.

패미컴 최초의 마작 게임. 2인 대국식이며, CPU와의 대전만 가능하다. 난이도는 초급·중급·상급 3종류를 선택 가능해, 마작을 막 배운 사람부터 실력자까지 폭넓게 즐길 수 있도록 하였다.

마리오브라더스

닌텐도　1983년 9월 9일　3,800엔　192K

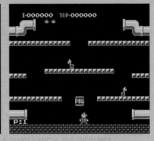

아케이드용 게임의 이식작. 배관공이 된 '마리오'와 '루이지'를 조작해, 하수도에 살고 있는 게·거북이·파리를 물리치는 게임이다. 토관을 나와 돌아다니는 적을 발판 아래에서 점프로 쳐내 기절시키고, 위로 올라가 발로 차서 퇴치하자. 한 번에 여러 마리를 차내면 보너스 점수가 가산된다. 2인 동시 플레이일 때는 서로를 밀어낼 수 있어, 상대의 플레이를 방해하는 것도 가능하다.

▲ 심플하고 알기 쉬운 룰 덕에 누구나 쉽게 즐길 수 있지만, 난이도는 결코 만만치 않다.

뽀빠이의 영어놀이

닌텐도　1983년 11월 22일　3,800엔　192K

「뽀빠이」를 기반으로 삼아 제작한 교육용 소프트. 뽀빠이를 조작해 영어단어를 입력하는 게임이다. 게임 모드로는 가타카나를 힌트삼아 알파벳을 배열하는 'WORD PUZZLE A'와, 표시된 문자수와 장르를 힌트삼아 영어단어를 만드는 'WORD PUZZLE B'가 있다. 장르는 'ANIMAL'(생물)과 'COUNTRY'(나라 이름) 등 6종류. 각 모드별로 10문제가 출제된다.

▲ 여러 번 반복 플레이하며 영어단어를 배우는 구조다. 패미컴의 가능성을 모색한 타이틀.

베이스볼

닌텐도　1983년 12월 7일　3,800엔　192K

▶ 기념할 만한 패미컴 최초의 야구 게임이다.

탑뷰 시점, 십자키가 4개 루에 대응되는 조작계 등, 게임기용 야구 게임의 기초를 다진 타이틀. 수비가 자동이라 포구 후 송구만 조작하며, 선수간 개인차가 없고 타자·투수의 좌·우수 여부도 무작위다.

동키 콩 JR.의 산수놀이

닌텐도　1983년 12월 12일　3,800엔　192K

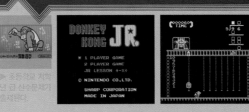

▶ 조작하고 체험하며 산수문제가 출제된다.

패미컴의 교육용 소프트 제 2탄. 「동키 콩 JR.」 기반의 사칙연산 학습 게임이다. 당초엔 3편격인 「동키 콩의 음악놀이」도 나올 예정이었지만 발매중지되어, 이 작품으로 시리즈가 끝났다.

HARDWARE
1983
1984
1985
1986
1987
1988
1989
1990
1991
1992
1993
1994
INDEX

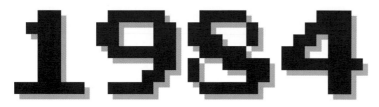

1984년에 발매된 타이틀은 총 19종. 패미컴 초기의 대히트 타이틀 「골프」와 광선총 시리즈 3연작이 발매되는 등, 화제가 많았던 해였다.

이 해 최대의 화제는, 허드슨과 남코라는 첫 서드파티 참여사의 등장이었다. 「로드 러너」·「제비우스」의 이식 발매가 팬들은 물론 게임업계에까지 충격을 주어, 이전까지는 닌텐도의 단독 사업이었던 패미컴에 수많은 게임 제

작사들이 모여드는 계기가 된다.

닌텐도 스스로도 「데빌 월드」·「F1 레이스」·「뱅글뱅글 랜드」 등 양질의 액션 게임을 속속 발매해, 아이들을 만족시킬 만한 라인업을 확충했다.

테니스

닌텐도　1984년 1월 14일　3,800엔　192K

▶ CPU의 서브 색깔은 레벨에 따라 달라진다.

패미컴 최초의 테니스 게임. 1인·2인 플레이 모드가 있으며, 2인 플레이를 고르면 복식전이 된다. 볼의 속도는 5단계로 선택 가능하다. A 버튼으로 일반 샷, B 버튼으로 롱 샷을 친다.

핀볼

닌텐도　1984년 2월 2일　3,800엔　192K

▶ GAME A·B는 볼 스피드와 반응 속도가 다르다.

훗날 정착되는 '디지털 핀볼' 장르의 원점에 해당하는 수작. 상하 화면과 보너스 스테이지 등, 실제 핀볼에 없는 연출을 넣은 것이 특징이다. 상 화면 중앙의 업 포스트와 스토퍼 등으로 초보자도 배려했다.

와일드 건맨

닌텐도　1984년 2월 18일　3,800엔　192K　광선총 전용

▶ 설명서에서는 홀스터 사용을 추천하고 있다.

개척시대의 미국 서부를 배경으로 총격전을 펼치는 게임. 게임 모드는 1 : 1로 싸우는 'GAME A'와 적이 좌우에서 나타나는 'GAME B', 창가에 나타나는 적을 쏘는 'GAME C'로 총 3가지다.

덕 헌트

닌텐도　1984년 4월 21일　3,800엔　192K　광선총 전용

▶ 오리를 놓쳐버리면 사냥개가 비웃기도 한다.

광선총 시리즈의 제 2탄. 교외에서 오리사냥을 즐기는 게임이다. 제한된 탄환으로 오리를 쏘아 맞혀야 하며, 난이도가 다른 'GAME A'·'GAME B'가 있다. 'GAME C'는 클레이 사격 게임이다.

골프

닌텐도　1984년 5월 1일　3,800엔　192K

패미컴으로 발매된 최초의 골프 게임. 클럽 선택부터 풍향 및 잔디 상태 관찰까지 가능한 본격적인 골프를 총 18홀 규모로 즐긴다. 버튼을 총 3번 눌러 비거리와 좌우 커브 각도를 순차적으로 결정하는 샷 조작계를 채택했는데, 이 조작계는 이 작품 이후의 게임기용 골프 게임 대부분에 채용되는 표준이 되었다. 2인 대전 시에는 스트로크 플레이는 물론 매치 플레이도 가능하다.

▲ 홀아웃 타수를 겨루는 1인용 모드도 재미있지만, 역시 2인 대전 플레이가 이 게임의 진수다.

호건즈 앨리

닌텐도　1984년 6월 12일　3,800엔　192K　광선총 전용

광선총 시리즈의 마지막 타이틀. 속속 출현하는 패널들 중에서 적을 잽싸게 찾아내 사격하는 'GAME A', 건물 창가에 나타나는 적을 쏘는 'GAME B', 화면 우측에서 날아오는 깡통을 잘 쏴맞추며 원쪽의 득점지점까지 옮기는 'GAME C'의 3가지 게임 모드가 있다. 'A'와 'B'는 갱단 외에 경찰관·민간인 패널도 섞여 나온다. 'GAME C'는 깡통이 바닥에 닿으면 실패한다.

▲ 실제 미국 경찰의 사격훈련을 재현한 게임으로서, 신속 집단력과 정확성을 요구된다.

동키 콩 3

닌텐도　1984년 7월 4일　3,800엔　192K

「동키 콩」 시리즈의 3번째 작품으로서, 이전 두 작품과는 달리 고정화면식 슈팅 게임이다. 주인공 '스탠리'를 조작해, 식물원에 나타난 동키 콩을 쫓아내야 한다. 동키 콩을 화면 맨 위까지 밀어 올리거나, 벌레를 모두 퇴치하면 클리어. 동키 콩이 바닥에 떨어지거나, 스탠리가 벌레에 닿으면 목숨이 줄어든다. '파워 스프레이' 아이템의 적절한 활용이 공략의 키포인트.

▲ 이 작품엔 마리오가 나오지 않는다. 마리오가 장난기 심한 동키 콩을 풀어버렸으라고.

너츠 & 밀크

허드슨　1984년 7월 20일　4,500엔　192K

패미컴 최초의 서드파티 발매 소프트. 고정화면 액션 게임으로서, 귀여운 캐릭터가 특징이다. 주인공 '밀크'가 되어 애인 '요구르'를 구출하자. 화면 내의 과일을 먹다 보면 요구르가 출현하며, 방해꾼인 '너츠'를 피해 요구르와 접촉하면 스테이지 클리어. 난이도는 'A'·'B' 중에서 선택 가능하며, 'B'를 선택하면 방해 캐릭터와 보너스 캐릭터가 추가된다.

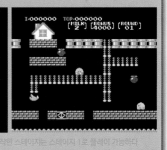

▲ 총 50스테이지이며, 에디트 기능도 있다. 제작한 스테이지는 스테이지 1로 플레이 가능하다.

로드 러너

허드슨　1984년 7월 20일　4,500엔　192K

PC용 게임의 이식작. 브로더번드 사의 '번겔링 제국' 시리즈 중 하나로서, 쫓아오는 적들을 함정에 빠뜨리며 금괴를 모으는 퍼즐 액션 게임이다. 패미컴 판은 좌우로 스크롤되는 2화면 구성으로 변경했고, 캐릭터에도 '러너 군'·'로봇' 등 원작에 없던 오리지널 설정을 붙였다. 1화면 분량의 스테이지를 제작하는 에디트 모드가 있고, 제작한 맵은 데이터레코더로 저장 가능하다.

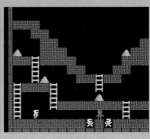

▲ 스테이지 셀렉트와 이동속도 변경 등, 훗날 '버그'로 불리게 되는 여러 버그가 존재한다.

HARDWARE
1983
1984
1985
1986
1987
1988
1989
1990
1991
1992
1993
1994
INDEX

갤럭시안

남코　1984년 9월 7일　4,500엔　192K

닌텐도·허드슨 2개 회사만이 소프트를 공급하던 1984년, 드디어 남코가 「갤럭시안」으로 패미컴 시장에 참가하여 카세트부터 외장 패키지까지 독특한 디자인으로 유저들에게 놀라움을 주었다. 우주공간에 나타난 에일리언들을 좌우 이동만 가능한 우주선으로 공격하는 심플한 슈팅 게임이지만, 남코의 인기 아케이드 게임을 집에서 즐길 수 있다는 점에 많은 유저들이 기뻐했다.

▲ '대형 제작사가 직접 이식한 고품질 게임'의 진가를 유저에게 체감시킨 귀중한 작품이다.

데빌 월드

닌텐도　1984년 10월 5일　4,500엔　192K

미로 타입의 도트 먹기 액션 게임. 화면 맨 위에 있는 '데빌'이 제멋대로 스크롤 방향을 바꾸므로, 벽에 깃눌리지 않도록 잘 움직여야 한다. 룰이 다른 스테이지 2종과 보너스 스테이지까지 3스테이지 단위로 게임이 진행되며, 2인 동시 플레이도 가능하다. 아이템을 얻으면 불을 쏘아 적을 물리칠 수 있지만, 아군이 불에 맞으면 마비돼 버리니 잘못 쏘지 않도록 주의하자.

▲ 화면 상단 '데빌'의 모션이 매우 코믹해. 코미디언 '버튼 타케사'의 유행어 '코마네치'도 들어 있다.

F1 레이스

닌텐도　1984년 11월 2일　4,500엔　192K

포퓰러 카를 조종해, 다른 차를 피하며 제한시간 내에 규정된 횟수만큼 랩을 도는 레이싱 게임. 슬립스트림·드리프트 등의 개념은 전혀 없고, 오로지 적 차량을 오버테이크하는 게 전부이다. 난이도는 3단계로 나뉘며, 최대 10코스를 플레이한다. 플레이어 차량이 코스 아웃하면 실속하고, 적 차량에 충돌하면 폭발해 타임 로스가 된다. 제한시간을 넘기면 게임 오버다.

▲ 안쪽에서 바깥으로 스크롤하는 화면 디자인이 훗날의 레이싱 게임의 전형을 확립했다.

팩맨

남코　1984년 11월 2일　4,500엔　192K

십자키만을 사용해 이동하며, 몬스터들을 피해 화면 내의 노란색 도트를 모두 먹어치우면 클리어된다. 일정 라운드를 클리어할 때마다 나오는 데모 '커피 브레이크'가 재미있으니 꼭 보자.

4인 대국 마작

닌텐도　1984년 11월 2일　4,500엔　192K

원작은 허드슨 사가 개발한 컴퓨터용 게임 「마작광」으로서, 4인 대국 마작의 게임화는 당시로선 매우 혁신적이었다. 쿠이탕 유무를 선택 가능하며, SELECT 버튼으로 타인의 손패도 볼 수 있다.

제비우스

남코　1984년 11월 8일　4,900엔　320K

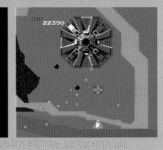

아케이드에서 대히트했던 슈팅 게임의 이식작. 배경을 단순한 원색으로 채우는 게임이 많았던 시대에 의문투성이 세계관과 지상 지형물 개념, 온갖 숨겨진 요소들, 난이도 자동 조정 등의 혁신적인 시스템들로 플레이어의 호기심을 자극했다. 용량과 레이어 부족 탓에 지상 배경그림을 삭제하고 대형 보스 '안도어 제네시스'를 배경과 융합시킨 등의 변경점이 있으나, 이식도는 높다.

▲ 캐이터필은 플레이어의 최신예 전투기 '솔발루우'가 우적이 되는 오리지널 병기가 있다.

어번 챔피언

닌텐도　1984년 11월 14일　4,500엔　192K

밤의 뒷골목을 무대삼아 1：1로 스트리트 파이트를 펼치는 대전격투 게임. 강·약 펀치를 상·하로 구사하는 시스템이며 방어도 바디·스웨이 2종류뿐이라, 심플하면서도 전략성이 높은 작품이다. 상대를 화면 끝까지 몰아붙이면 1라운드를 따내고, 3회 몰아붙여 상대를 맨홀에 빠뜨리면 승리한다. 머리 위로 화분이 떨어지는 돌발 상황도 있어, 방심할 수 없다.

▲ 후의 '스파콜투 X'와 함께 대전격투 게임의 선구자로 꼽힌다. 2인 대전 플레이도 가능하다.

매피

남코　1984년 11월 14일　4,500엔　192K

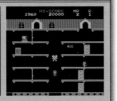

▶ 동일한 도난품 2개를 연속 획득 하면 보너스

열혈 경찰관 쥐 '매피'를 조작해, 냠코 저택의 도난품을 모두 탈환하자. 트램폴린으로 각 층을 이동하며, 적들이 몰려오면 파워 도어로 일망타진! 시간을 너무 끌면 '조상님'이 나타나니 주의하도록.

뱅글뱅글 랜드

닌텐도　1984년 11월 22일　4,500엔　192K

▶ 2인 동시 플레이 이하면 협력 또 대마자이먼럭.

필드에 숨겨진 금괴를 전부 발견해내 그림을 완성하는 액션 게임. 조작방법이 특수해, 십자키를 누르면 그 방향으로 팔을 뻗는다. 기둥을 잡고 뱅글뱅글 돌며, 원하는 장소로 향하자.

익사이트바이크

닌텐도　1984년 11월 30일　5,500엔　192K

오프로드 코스에서 실력을 겨루는 모터크로스 바이크 레이싱 게임. 크고 작은 다양한 장애물을 점프와 윌리 주행으로 타고 넘으며 달리자. A 버튼으로 액셀, B 버튼으로 터보가 발동되며, 터보는 일정시간 계속 사용하면 오버히트돼 버린다. 점프 시의 각도와 착지를 잘 조절해 타임을 단축하여, 코스별로 규정된 시간 이내에 골인하는 것이 목표다.

▲ '디자인'은 코스를 직접 짜맞추어 즐기는 모드로서, 캐릭터 배치나 에디터로 컬러를 저장도 가능하다.

HARDWARE
1983
1984
1985
1986
1987
1988
1989
1990
1991
1992
1993
1994
INDEX

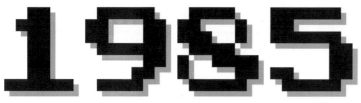

1985년에 발매된 패미컴용 타이틀은 총 67종. 초기 서드파티인 허드슨·남코의 뒤를 이어, 잘레코·코나미·타이토 등의 아케이드용 게임 제작사들이 패미컴을 통해 모조리 가정용 게임

기 시장으로 발을 넓힌 해다. 디비 소프트·아스키 등의 PC 게임 제작사들도 잇달아 참여해, 닌텐도만으로는 한계가 있었던 소프트 라인업의 폭이 단숨에 넓어진 것도 1985년의 특징이다.

또한, 9월 13일에는 역사적인 거작 「슈퍼 마리오브라더스」가 발매되었다. 이 작품의 등장을 기점으로 이전까지 게임을 몰랐던 대중에게도 패미컴이 유명해져, 패미컴 붐의 기폭제가 되었다.

벌룬 파이트

닌텐도　1985년 1월 22일　4,500엔　192K

풍선에 매달려 하늘을 날아 이동하면서 적의 풍선을 터뜨려 물에 빠뜨리는 게 목적인, 같은 제목 아케이드 게임의 이식작. 1인 플레이(GAME A) 및 2인 협력 플레이(GAME B)와, 강제 스크롤 화면 내에서 최대한 오래 살아남아야 하는 패미컴판 오리지널 모드 '벌룬 트립'(GAME C)을 수록했다. 두둥실 움직이는 독특한 조작감각이 불안정하면서도 코믹한 게임이다.

▲ 플레이어의 풍선이 터지거나, 수면의 물고기에 물리거나, 물에 빠지면 목숨이 줄어든다.

아이스 클라이머

닌텐도　1985년 1월 30일　4,500엔　192K

패미컴 초기에 상당한 인기를 누렸던 액션 게임. 에스키모 '포포'와 '나나'를 조작해, 나무망치로 블록을 부숴 적·얼음 등의 장애물에 대처하며 설산을 오르는 게임이다. 화면 최하단에서 스크롤에 끼인 플레이어는 목숨이 줄어들며, 게임성은 단순하나 2인 플레이만큼은 협력도 방해·경쟁도 가능해 심오한 면이 있다. 워낙 인기가 많았던지라, 후일 아케이드로 역이식되기도 했다.

▲ 산은 총 32종류이며, 중단부터 상단까지는 모두 아케이드 아이템만 주는 보너스 스테이지다.

엑세리온

잘레코　1985년 2월 11일　4,500엔　192K

▶ 보너스 스테이지 지하면 싱글 빔이 무한이다.

고정화면 슈팅 게임. 플레이어의 조작에 맞춰 지평선과 배경이 입체적으로 움직이는 유사 3D와, 관성이 붙는 독특한 조작감·부유감이 특징. 연사되지만 탄수제한이 있는 싱글 빔의 활용이 중요하다.

갤러그

남코　1985년 2월 15일　4,500엔　192K

▶ 잔기가 없을 때 사로잡히면 끝오버되어 버린다.

「갤럭시안」의 속편으로 발매된 게임. 플레이어의 샷은 2연사가 가능하고, 특정한 적이 발사하는 '트랙터 빔'에 사로잡힌 아군기를 탈환하면 합체하여 공격력이 2배로 오르는 '듀얼 파이터'가 된다!

번겔링 베이

허드슨　1985년 2월 22일　4,900엔　192K

▶ 헬기는 피해를 입으면 조작감이 둔해진다.

'번겔링 제국' 시리즈 중 하나로서, 「심시티」의 디자이너가 되는 윌 라이트가 제작한 타이틀. 헬기를 조작해 번겔링 제국의 공장을 모두 파괴하는 게 목적이다. 헬기는 16방향으로 자유 이동 가능하다.

포메이션 Z

잘레코　1985년 4월 4일　4,500엔　192K

▶ 전차·보스 등의 대형 적은 모두 아성기로 격퇴.

비행기와 로봇으로 변신 가능한 슈팅 게임. 바다에서는 비행기 변신이 필수이나, 비행기 상태일 때는 에너지가 계속 소모되므로 도중에 추락하지 않도록 사전에 에너지를 충분히 모아두자.

축구

닌텐도　1985년 4월 9일　4,900엔　320K

▶ 오프사이드 반칙도 제대로 넣어, 빈틈이 없다.

패미컴 최초의 축구 게임. 7개국의 대표팀이 있으며, 한 팀은 5명+골키퍼로 총 6명이다. 각 팀 및 선수들의 개인의 능력치는 모두 동일하다. CPU의 레벨 및 시합시간은 조절할 수 있다.

스페이스 인베이더

타이토　1985년 4월 17일　4,500엔　192K

▶ 캐릭터에 색을 넣어, 원작보다 약간 화려해졌다.

사회현상을 일으켰던 고정화면 슈팅 게임의 이식판. 적을 근접사격으로 물리치는 테크닉 '나고야 샷'은 이 작품에서도 가능하나, 의도치 않은 원작의 버그 현상이었던 속칭 '레인보우'는 재현되지 않는다.

챔피언십 로드 러너

허드슨　1985년 4월 17일　4,900엔　192K

▶ 완전 클리어 인증서를 받았던 유저도 많을 듯?

「로드 러너」의 속편. 맵은 4화면분이 되었고, 난이도도 한층 더 올라갔다. 총 50스테이지로서, 움직이는 적의 머리를 밟고 이동하거나 시간차로 블록을 파 금괴를 얻어야 하는 등, 퍼즐 요소가 다분하다.

이얼 쿵푸

코나미　1985년 4월 22일　4,500엔　192K

▶ 무기와 공격법이 다채로운 적 5명과 싸운다.

십자키와 버튼을 조합한 7종류의 기술을 구사하며 싸우는 격투 게임. 아케이드판의 이식작이지만, 기술 종류·스테이지·적들의 수 등이 대폭 변경됐다. 2인 대전 플레이는 불가능.

남극탐험

코나미　1985년 4월 22일　4,500엔　192K

▶ BGM 스케이터 왈츠가 게임과 찰떡궁합.

주인공 펭귄이 남극대륙 내의 각국 기지들을 차례로 돌아, 끝으로 일본의 쇼와 기지에 도착하면 골인하는 액션 게임. 크레바스에 빠지지 않도록 잘 점프하며, 바닥의 깃발도 모아보자!

닌자 군 : 마성의 모험

잘레코　1985년 5월 10일　4,500엔　192K

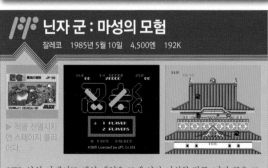

▶ 적을 전멸시키면 스테이지 클리어다.

UPL 사의 아케이드 액션 게임을 토세 사가 이식한 작품. 닌자 군을 조작해 다단 구조의 산을 오르내리며 수리검으로 싸운다. 당시론 드물게 적에 AI를 탑재한 작품이라, 적을 잘 유인해가며 전투해야 한다.

HARDWARE
1983
1984
1985
1986
1987
1988
1989
1990
1991
1992
1993
1994
INDEX

HARDWARE
1983
1984
1985
1986
1987
1988
1989
1990
1991
1992
1993
1994
INDEX

챠큰 팝

타이토　1985년 5월 24일　4,500엔　192K

▶ 천정의 알은 일정 시간 후 몬스터가 된다.

미로 내의 모든 하트를 해방시키고 골인해야 하는 액션 게임. 다리를 쭈~욱 늘려 천정에 붙을 수 있는 주인공 '챠큰'의 움직임이 매우 독특하다. 원작은 아케이드로 출시되었던 티이토의 캐릭터 게임이다.

디그더그

남코　1985년 6월 4일　4,500엔　192K

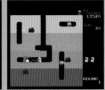

▶ 녹색 공룡은 좌우에서 터뜨리면 점수가 2배.

전략적으로 땅굴을 파야 하는 고정화면식 액션 게임. 적을 모두 물리치면 클리어. 적은 펌프로 터뜨리거나 바위를 떨어뜨려 깔아뭉개자. 바위로 여러 적을 한번에 없애면 고득점을 얻는다.

플래피

디비 소프트　1985년 6월 14일　5,500엔　320K

▶ 최면 버섯은 던전 무대에 컨트... 이 가능하다.

플래피를 조작하여, 방해하는 적을 잘 유도해 브라운 스톤을 떨어뜨려 물리치며, 발판을 만들어 블루 스톤을 골 지점까지 운반하는 액션 퍼즐 게임. 최면 버섯을 잘 활용하는 것이 공략의 키포인트다.

레킹 크루

닌텐도　1985년 6월 18일　5,500엔　320K

▶ 공중부양이 가능한 '골드 해머'가 최강이다!

마리오가 빌딩 철거업자가 되어, 적을 피하며 모든 벽과 사다리를 파괴해야 하는 액션 퍼즐 게임. 부술 순서를 잘 계산해야만 클리어가 가능하다. 스테이지를 편집하는 '디자인 모드'도 있다.

스파르탄 X

닌텐도　1985년 6월 21일　4,900엔　320K

아케이드용 게임의 이식작. 아이렘 사의 패미컴 참가 제 1탄이 될 예정이었으나, 미야모토 시게루가 강하게 요청하여 닌텐도가 직접 이식·발매했다. 성룡 주연의 같은 제목 쿵푸 영화가 소재인 액션 게임으로서, 펀치·킥을 구사하며 5층 구조의 탑을 제패한다. 목적은 애인 '실비아' 구출이다. 심플한 조작과 적을 일격에 물리치는 경쾌한 템포 덕에, 원작을 웃도는 대인기를 누렸다.

▲ 패미컴 초기에 음성출력을 지원해, "아효-" 소리와 함께 적을 물리치는 쾌감이 상쾌했다.

하이퍼 올림픽

코나미　1985년 6월 21일　6,500엔　192K

▶ 공동 1위·특정 기록 등을 세우면... 히든 캐릭터가!

100m 달리기, 멀리뛰기, 110m 허들, 창던지기까지의 육상 4종목을 게임화했다. 아케이드판의 재미를 맛보여주는 전용 컨트롤러 '하이퍼 샷' 전용 게임이라, 기본 컨트롤러로는 즐길 수 없다.

엘리베이터 액션

타이토　1985년 6월 28일　4,900엔　320K

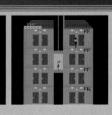

▶ 엘리베이터·... 을 크러쉬로 활용... 한 공방이 일품.

아케이드용 게임의 이식작. 목적은 붉은 문의 방에서 기밀서류를 훔쳐내 탈출하는 것이다. 옥상에서 침입한 후 일정 시간이 경과하면 적의 공격이 치열해지는데, 패미컴판은 이 타이밍이 원작보다 빨라졌다.

스타 포스

허드슨 1985년 6월 25일 4,900엔 192K

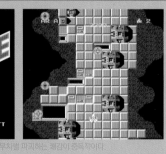

아케이드판 원작을 이식한 종스크롤 슈팅 게임. 허드슨의 '제1회 전국 캐러밴' 대회 공식 소프트로서, 일본 전역에서 이 게임의 실력을 겨루는 대회가 치러졌을 만큼 인기가 많았다. 합체하기 전에 8발을 맞히면 파괴되는 '라리오스'와, 아군기 '필서'와 합체하면 연사가 가능해지는 등의 독특한 장치도 많았다. 숨겨진 캐릭터인 클레오파트라, 속칭 '고데스'를 획득하면 보너스 100만 점!

▲ 공중의 작은 지상 물체든, 샷을 연사해 무차별 파괴하는 쾌감이 중독적이다.

필드 컴뱃

잘레코 1985년 7월 9일 4,500엔 192K

▶ 4군의 포대가 있는 게임기가 골인 지점이다.

세로 방향으로 진행하는 자유 스크롤 슈팅 게임. 공격모함을 조종해, 캡처 빔으로 적 유닛을 포획하고 세너를 풀어 아군으로 삼아 필드에 소환하면 플레이어와 함께 싸워준다.

로드 파이터

코나미 1985년 7월 11일 4,500엔 192K

▶ 셀프 캐릭터 '코나미맨'이 날아가기도 한다.

탑뷰 시점으로 진행하는 카 레이싱 게임. 시속 400km에 달하는 스피드 카를 조종하지만, 라이벌 차량에 닿아도 문제없다. 코스 가장자리에만 충돌하지 않도록 주의하며 골인하자.

워프맨

남코 1985년 7월 12일 4,500엔 192K

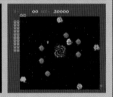

▶ 두 세계는 무기가 달라, 속도 해지기가 어렵다.

원작은 1981년 가동된 아케이드 게임 「워프 & 워프」. '스페이스 월드'와 '메이즈 월드'를 워프로 오가며 이차원생물 '뱀'을 물리치자. 총 48스테이지이며, 세계별로 공격법이 다르다.

지피 레이스

아이렘 1985년 7월 18일 4,500엔 192K

▶ 도로상엔 장애물·오일드럼이 교묘히 배치되어.

1983년 가동된 아케이드용 게임의 이식판. 오토바이로 미국을 횡단해, 로스앤젤레스부터 뉴욕까지 완주하는 것이 목적이다. 아이렘의 패미컴 참가 제1탄이며, 카트리지에 LED 램프를 부착한 것이 특징이다.

도어도어

에닉스 1985년 7월 18일 4,900엔 192K

▶ 몬스터들 중 '오타콘'의 움직임에는 특히 주의.

다음해 「드래곤 퀘스트」의 핵심 프로그래머로서 유명해지는 나카무라 코이치의 작품 중 하나. 모자를 쓴 '춘 군'을 조작해, 몬스터를 각층의 도어로 유인하여 모두 가둬 클리어하는 귀여운 액션 게임이다.

슈퍼 아라비안

선 소프트 1985년 7월 25일 4,500엔 192K

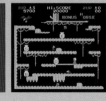

▶ 아라비아의 왕자가 되어, 납치된 공주를 구하자.

아케이드용 게임 「아라비안」의 이식판. 스테이지 내의 알파벳이 적힌 항아리를 전부 획득하자. 정확한 순서대로 얻어 단어를 완성시키면 보너스를 얻는다. 패미컴판은 원작보다 단어 종류를 늘렸다.

프론트 라인

타이토 1985년 8월 1일 4,500엔 192K

아케이드용 게임의 이식작. 원작은 플레이어의 공격방향 조작이 다이얼 식이었지만, 패미컴판은 플레이어 캐릭터의 방향에 맞춰 탄이 발사되도록 바꿨다. 필드에 방치된 탱크·장갑차를 타고 싸울 수도 있다.

아스트로 로보 SASA

아스키 1985년 8월 9일 5,500엔 320K

장비하고 있는 샷을 쏴서 그 반동으로 이동한다는 독특한 조작법의 게임으로서, 하늘로 뜨려면 커서를 아래로 향하고 샷을 연사해야 한다. 화면상의 에너지를 모두 입수하도록 하자!

드루아가의 탑

남코 1985년 8월 6일 4,900엔 320K

주인공인 기사 '길'을 조작해, 60층 규모의 탑에 사는 악마 '드루아가'를 물리치고 최상층에 사로잡혀 있는 무녀 '카이'를 구출하는 액션 게임. 각층에 숨겨진 보물상자를 출현시키는 퍼즐을 풀어야만 다음 층을 공략할 수 있다. 보물상자 출현조건은 층별로 천차만별인데다, 개중에는 오히려 얻지 않는 게 나은 경우도 있고 아예 보물상자 자체가 없는 층도 있어 난이도가 만만치 않다.

▲ 31층의 보물상자 출현조건인 'SELECT 버튼 누르기' 등, 발견하기 어려운 트랩도 있다.

혼쇼기 : 나이토 9단 쇼기 비전

세타 1985년 8월 10일 4,500엔 320K

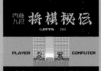

나이토 쿠니오 9단이 감수한, 패미컴 최초의 쇼기(일본 장기) 게임. 사고시간이 짧고 착수가 신속한 게 특징. 둘 수 없는 곳은 표시·경고음으로 알려준다. 선·후수 지정과 비차떼기 등의 핸디캡도 지원한다.

게이모스

아스키 1985년 8월 28일 5,500엔 320K

전투기를 조작해 적을 물리치며 전진해 보스인 '포보스'를 격추하는, 박력의 유사 3D 슈팅 게임. 기체 조작감이 다른 2종류의 게임 모드가 있다. 포보스의 약점에 5발을 맞추면 스테이지 클리어.

10야드 파이트

아이렘 1985년 8월 30일 4,900엔 192K

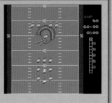

아케이드용 게임의 이식작. 미식축구의 규칙을 매우 간략화해 공격에 특화시킨 게임으로서, 미식축구를 모르는 사람이라도 상대팀을 피하며 전진하다 보면 득점이 가능하도록 시스템을 제작했다.

배틀 시티

남코 1985년 9월 9일 4,500엔 192K

「탱크 버탤리언」으로 발매됐던 아케이드용 게임의 패미컴판. 탱크를 조작해 사령탑을 방위하며 라이벌 탱크를 전멸시키자. 탱크의 주행에 영향을 주는 여러 스테이지를 마련했다.

슈퍼 마리오브라더스

닌텐도　1985년 9월 13일　4,900엔　320K

횡스크롤 액션 장르의 기초를 확립시킨 금자탑이라 할만한 대히트 타이틀. 그래픽·효과음을 최소화해 용량을 절약하면서도, 어느새 조작법이 익혀지도록 계산적으로 제작한 게임 디자인, 지하·해저 등에 따라 조작까지 달라지는 다채로운 스테이지 구성, 코인과 골깃대를 이용한 점수벌이, 스테이지별로 바뀌는 BGM 등등 플레이어를 즐겁게 하는 요소를 대거 농축했다.

▲ 당시엔 개발기간이 3개월인 게임이 많았으나, 2배의 기간을 들여 철저하게 제작했다고 한다.

푸얀

허드슨　1985년 9월 20일　4,900엔　192K

▶ BGM에 유명한 클래식 곡을 사용했다.

아기돼지를 습격해오는 늑대들을 엄마돼지가 활로 쏴 떨어뜨리는, 심플하면서도 귀여운 일면이 있는 작품. 상하 이동하며 화살을 쏘자. 고기를 던져 늑대들을 일망타진할 수도 있다.

시티 커넥션

잘레코　1985년 9월 27일　4,900엔　256K

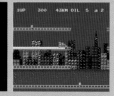

▶ 차이코프스키의 곡을 변주한 BGM이 일품.

클라리스가 운전하는 애차 '시티'를 조작해, 코스 내의 발판을 전부 칠해가며 세계를 여행하자! 코스에 떨어져있는 오일 드럼을 획득해 발사하면 경찰차의 추격을 저지할 수 있다.

하이퍼 스포츠

코나미　1985년 9월 27일　4,500엔　192K

▶ 클레이를 모두 쏴 맞히면 UFO가 출현한다.

하이퍼 샷 전용 소프트의 제 2탄. 클레이 사격, 세단뛰기, 양궁, 장대높이뛰기의 4종목을 게임화했다. 타이밍이 중요한 경기도 많아, 연사가 서툰 사람이라도 재미있게 즐길 수 있다.

루트 16 터보

선 소프트　1985년 10월 4일　4,900엔　320K

▶ 난이도를 3단계로 선택 가능. BGM도 달라진다.

아케이드용 원작의 개변 이식판. 맵 상에서 플레이어 차량을 조작해, 미로 내의 아이템을 모두 얻는 게임이다. 맵 내 1블록 안을 이동하는 '메이즈 모드'와, 16블록을 전부 보여주는 '레이더 모드'로 나뉜다.

챌린저

허드슨　1985년 10월 15일　4,900엔　320K

▶ 인디아나 존스풍의 분위기가 재미있는 게임.

컴퓨터용 게임 「폭주특급 SOS」에 스테이지를 추가해 개변 이식한 액션 어드벤처 게임. 탑뷰 및 사이드뷰 스테이지로 구성된 100화면 규모의 광대한 맵을 모험한다.

스카이 디스트로이어

타이토　1985년 11월 14일　4,500엔　192K

▶ 기존과 어려는 무제한으로 사용 가능하다.

당시엔 매우 드물었던 3D 시점의 슈팅 게임. 제로센 전투기를 조작해 적기를 물리치며 공격목표인 요새를 폭격하자. 보너스 스테이지에서는 모든 적을 격추하면 보너스 점수를 얻는다.

근육맨 머슬 태그매치

반다이 1985년 11월 8일 4,900엔 192K

인기 만화 '근육맨'이 원작인 대전 액션 게임. 8명의 초인 중 2명을 골라 태그를 짠 후, 상대 팀과 3회전으로 대전한다. 미트 군이 던져주는 '생명의 구슬'을 얻으면 일정 시간동안 각 캐릭터의 고유 필살기를 발동 가능하다. 스테이지도 일반적인 링부터 얼음 링, 로프에 전류가 흐르는 전기 링 등 다양하게 준비하여 플레이 감각에 변화를 주었다.

▲ '근육버스터'와 '타워 브리지' 등, 원작 만화의 유명 필살기를 직접 뿜놀릴 수 있다.

닌자 쟈쟈마루 군

잘레코 1985년 11월 15일 4,900엔 256K

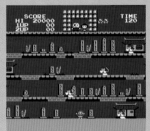

잘레코 사가 이식을 맡았던 UPL 사의 「닌자 군」(55p)의 파생작에 해당하는 총 21스테이지 규모의 액션 게임이며, 실제 개발은 토세 사가 담당했다. 닌자 군의 동생이 주인공이며, '나마즈다유'로부터 사쿠라히메를 구출해야 한다. 각 스테이지의 요괴를 전멸시키면 스테이지 클리어. 사쿠라히메가 던진 꽃잎을 3개 모으면, 보너스 스테이지로 돌입해 나마즈다유와 대결하게 된다.

▲ 천정에 숨겨져 있는 아이템, 수리검을 아껴야 얻을 수 있는 점수 등의 잔재미도 많다.

하이퍼 올림픽 : 영주님 판

코나미 1985년 11월 16일 4,500엔 384K

▶ 1P 캐릭터를 '바보 영주님'으로 변경했다.

「하이퍼 올림픽」의 특별판. 당시 코나미가 협찬사였던 일본의 인기 TV 예능프로 '8시다! 전원집합'의 개그 코너 '바보 영주님'의 소품용으로 제작했던 게임이지만, 후일 일반 판매되었다.

야옹이 TOWN

포니 캔년 1985년 11월 21일 4,900엔 320K

▶ 생선을 뺏으면 생선가게 아저씨가 쫓아온다.

엄마고양이를 조작해, 미로형 맵 위를 방황하는 새끼고양이를 찾아 데려와야 하는 액션 게임. 계속 쫓아오는 나쁜 개는 곳곳의 맨홀로 유도해 빠뜨리거나, 생선으로 파워 업해 직접 부딪쳐 없애버리자.

파치컴

도시바 EMI 1985년 11월 21일 4,900엔 320K

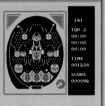

▶ 제한시간 카운트가 다른 2가지 모드가 있다.

패미컴 최초의 파친코 시뮬레이터. 명기 '브라보 10'과 '킹 타이거'를 플레이할 수 있다. 방향키로 구슬 발사강도를 조정해, A 버튼으로 발사하자. 파친코대는 200종 이상이며, 무작위 선택된다.

팩 랜드

남코 1985년 11월 21일 4,500엔 320K

▶ 2P는 십자키로 이름다운 버드로 점프한다.

'팩맨'이 주인공인 횡스크롤 액션 게임. A 버튼(오른쪽)·B 버튼(왼쪽)으로 이동하고, 연타하면 속도가 오르며, 점프는 십자키 ↑라는 독특한 조작법이라 익히기가 어려우나, 익숙해지면 재미있는 작품이다.

마하 라이더

닌텐도　1985년 11월 21일　4,900엔　320K

▶ 총 20스테이지이며, 40종류의 코스가 있다.

1km를 3초에 주파하는 근미래의 바이크를 타고, 방해해오는 폭주족 차량을 기관총으로 파괴하며 골인하는 레이싱 게임. 화면 상단의 백미러로 후방에 위치한 적을 확인할 수 있다.

버거 타임

남코　1985년 11월 27일　4,500엔　192K

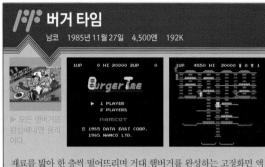

▶ 모든 햄버거를 완성해내면 클리어다.

재료를 밟아 한 층씩 떨어뜨리며 거대 햄버거를 완성하는 고정화면 액션 게임. 재료와 적을 함께 떨어뜨리면 중량에 의해 연쇄도 일어난다. 원작은 데이터 이스트 사의 아케이드 게임으로서, 이식도가 높다.

민란

선 소프트　1985년 11월 28일　4,900엔　192K

▶ 1985년 당시 꽤나 잘 팔렸던 히트작 중 하나.

농민 '곤베'·'타고'를 조작해 탐관오리를 물리치러 가는 액션 게임. 몰려드는 적에 낫을 던지거나 죽창으로 공격하며 금화를 모은다. 보너스 스테이지에서는 신선 할아버지가 던지는 주먹밥을 획득하자.

카라테카

소프트 프로　1985년 12월 5일　4,900엔　192K

▶ 거리 재기·공보 연구 등, 나름의 전략성이 있다.

미국 PC용 게임의 이식작. 캐릭터의 부드러운 모션이 특징이며, 속속 나타나는 적과 1 : 1 대결한다. 펀치와 킥에 각각 상·중·하단 개념이 있어 적과 동일하게 공격하면 상쇄되는 등, 시스템이 독자적이다.

포토피아 연쇄살인사건

에닉스　1985년 11월 29일　5,500엔　320K

호리이 유지가 개발한 PC용 어드벤처 게임을 춘 소프트 사가 이식했다. 플레이어는 형사가 되어, 부하 '야스'와 함께 고베에서 일어난 연쇄살인사건의 진상을 쫓는다. 패미컴판은 원작의 문장 입력식 시스템을 커맨드 선택식으로 바꾸고 용량 탓에 대사량도 줄였지만, 대신 첫 피해자 '야마카와'의 심정이 적힌 일기와, 진상을 알고 후회와 죄책감을 품은 범인의 묘사를 추가했다.

▲ 일본에서 전범의 여름으로도 유명. 허나 밀실살인 트릭, 복수극에 이르는 과정 등은 역시 일품이다.

루나 볼

포니 캐년　1985년 12월 5일　4,900엔　192K

▶ 도처의 반력을 주로 공을을 멋지게 유도해보자.

루나(큐볼을 말함)의 방향과 세기를 잘 컨트롤해, 번호가 붙은 공을 스테이지 구석의 블랙홀로 모두 넣으면 스테이지 클리어! 당구가 모티브인 게임이라, 심플하지만 제법 쉽다.

고기동 전투메카 볼가드 II

디비 소프트　1985년 12월 7일　4,900엔　320K

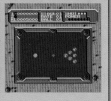

▶ BGM에 '연사 연사♪' 등의 음식 가사가 있다.

PC로 발매되었던 슈팅 게임 「볼가드」의 속편. 2호기와 합체하면 로봇으로 변신할 수 있다. 4종류의 장비와 합체를 잘 활용하여, 인류를 지배하는 거대 컴퓨터를 파괴하라!

HARDWARE
1983
1984
1985
1986
1987
1988
1989
1990
1991
1992
1993
1994
INDEX

스타 러스터

남코　1985년 12월 6일　4,900엔　320K

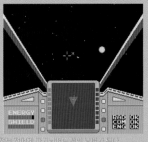

PC용 시뮬레이션 게임 「스타 트렉」을 대폭 개변시킨 작품. 고기동 전투기를 조종해, '바투라'라는 적 세력을 섬멸하여 그들의 야망을 저지하는 게 목적인 3D 슈팅 게임이다. 조종석 시점으로 우주를 자유 비행하며 적과 전투한다. 화면 하단의 맵에는 적·기지·행성 등의 정보가 표시되며, 커서를 특정 지점에 맞추고 A 버튼을 누르면 그 지점으로 워프할 수 있다.

▲ 기체가 파괴될수록 기동성이 떨어지며, 거점이 전부 적에게 파괴되어도 게임 오버가 된다.

스펠렁커

아이렘　1985년 12월 7일　4,900엔　320K

▶ 난이도가 상당해, 피라미드까지 가기도 어렵다.

온갖 함정과 유령들을 넘어, 전설의 피라미드에 잠든 보물을 찾아 모험하는 사이드뷰 액션 게임. 최대 특징은 연약하기 이를 데 없는 주인공으로서, 약간만 높이 떨어져도 죽는 허약체질 덕에 유명해졌다.

초시공요새 마크로스

반다이　1985년 12월 10일　4,500엔　192K

▶ 메인 BGM은 린 민메이의 '사 랑·오바이옹'.

같은 제목 애니메이션의 극장판을 기반으로 남코가 개발한 슈팅 게임. 제한시간 내에 적 전함을 파괴하는 게 목적이다. 플레이어 기체인 '발키리'는 3단변신이 가능해, 형태별로 히트 판정·스피드 등이 다르다.

1942

캡콤　1985년 12월 11일　4,900엔　320K

▶ 대형 전투기 '아야코'에 압도 된 사람도 많다.

플레이어가 전투기를 조종해 구 일본군을 격파하는 종스크롤 슈팅 게임. 적탄에 맞을 것 같으면 횟수제한이 있는 공중제비돌기를 사용하고, 아군 호위기를 잘 이용해 총 32스테이지를 공략하자.

도우 보이

켐코　1985년 12월 11일　5,300엔　320K

▶ 2인 협력 플레이에선 유도미사일도 사용 가능.

2차대전이 무대인 액션 게임으로서, 적 진지 최심부까지 진입해 중요 인물을 구출하는 게 목적이다. 기본 무기는 머신건이지만, TNT 폭탄 등의 아이템도 사용할 수 있어 전략성이 높다.

두뇌전함 갈

디비 소프트　1985년 12월 14일　4,900엔　320K

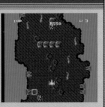

▶ 부품은 에리어 당 1개라, 4주차 까지 돌아야 한다.

'스크롤 RPG'를 표방한, 성장 시스템이 있는 종스크롤 슈팅 게임. 지하·우주·코어 3종류의 총 30에리어에서 100개의 부품을 모으면 출현하는 '드래그'를 파괴하는 게 게임의 목적이다.

보코스카 워즈

아스키　1985년 12월 14일　5,500엔　320K

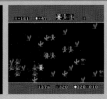

▶ 파워틈 최대한 아끼며 오골레스에 도전하자.

국왕 '슬렌'을 조작해, 병사·기사들과 함께 최후에 기다리는 오골레스를 물리치는 것이 목적이다. 게임 BGM에 붙은 인상적인 가사 '오골레스 무찔러보자~'를 입으로 불러보며 플레이하던 사람도 많을 듯?

유령 Q타로 : 멍멍 패닉

반다이 1985년 12월 16일 4,900엔 320K

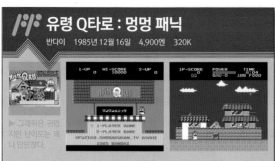

▶ 그래픽은 귀엽 지인 난이도는 꽤 나 만만치

개에 약한 유령 'Q타로'를 조작해, 진행 도중 분실물을 주위 골인지점 에서 기다리는 캐릭터에 돌려주자. 먹보 Q타로는 위장 게이지가 줄면 날 수 없게 되고, 게이지가 비면 목숨이 줄어든다.

텍스더

스퀘어 1985년 12월 19일 5,500엔 320K

▶ 변신 로봇을 초콩색 미로형 맵 을 공략하자

로봇 형태에서 전투기로 변신할 수 있는 '텍스더'의 모션과 자동 호밍 탄이 특징인 슈팅 액션 게임. 대량 출현하는 적들의 파상공격과 독특 한 조작감 탓에, 난이도가 꽤나 높은 편이다.

봄버맨

허드슨 1985년 12월 19일 4,900엔 192K

PC용 게임 「폭탄남자」의 리메이크작. 지하왕국의 사이보그 '봄버맨'이, 인간 이 되기 위해 지상으로 탈출한다는 스 토리다. 이후 시리즈와는 스토리가 단 절되는 등 어색한 부분이 있으나, 폭염 이 십자 형태로 퍼지는 폭탄, 리모컨, 관통 폭탄 등등 시리즈의 기초는 제대로 닦아놓은 작품. 대전 요소가 없는 총 50스테이지 의 1인용 액션 게임이며, 패스워드 시스템이 있다.

▲ 「로드 러너」에서 이어지는 스토리라는 설정이 있었으나, 다음 작품부터는 없어졌다.

바이너리 랜드

허드슨 1985년 12월 19일 4,900엔 192K

▶ 애럭 사티의 곡을 BGM으로 사용했다

플레이어의 조작과는 좌우대칭으로 움직이는 '애인'과 함께 성공적으 로 골인하는 액션 퍼즐 게임. 도중 거미줄에 걸리면 상대를 도와주자. 벽을 잘 사용해 상하로 유도하는 과정이 재미있다.

엑제드 엑제스

토쿠마쇼텐 1985년 12월 21일 5,200엔 320K

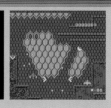

▶ 심플하면서도 인상적인 BGM이 많다!

최종 보스 '엑제드 엑제스'를 물리치는 게 목적인 종스크롤 슈팅 게임. 샷이 대지·대공 공통이라 경쾌하게 진행된다. 화면 내의 적을 모두 과 일로 바꿔주는 아이템을 적시에 획득하자.

로트 로트

토쿠마쇼텐 1985년 12월 21일 5,200엔 320K

▶ 볼을 가두는 벽은 무작위로 개 패된다

커서를 조작해 볼을 옮기는 두뇌파 퍼즐 게임. 푸른 커서와, 이를 따 라오는 붉은 커서 각각이 가리키는 장소의 볼을 교환하며 진행하자. OUT 이외의 하단 칸에 볼을 넣으면 그만큼 득점한다.

펭귄 군 WARS

아스키 1985년 12월 25일 5,500엔 320K

▶ BGM에 당시 아이들의 인기곡 을 썼다

상대 진지에 모든 볼을 던져 넣는다는 심플한 규칙의 게임. 서로 던진 볼끼리 충돌하면 멈추고, 상대에 볼을 맞히면 기절시킬 수 있다. 이 틈 을 노려 모든 볼을 상대 진지로 마구 밀어 넣자!

HARDWARE 1983 1984 1985 1986 1987 1988 1989 1990 1991 1992 1993 1994 INDEX

1986

FAMILY COMPUTER
SOFTWARE ALL CATALOGUE

1986년에 발매된 패미컴용 타이틀은 총 120종으로서, 전년의 「슈퍼 마리오브라더스」 히트를 기폭제 삼아 패미컴 붐에 불이 붙은 해다. 이 즈음부터의 패미컴은 타사 게임기들을 멀찍이 따돌린 선두 독주 상태가 되었기에 여러 회사들이 차례차례 서드파티로 참가하는 선순환이 형성되어, 그야말로 다양성 넘치는 타이틀들이 발매된 해가 되었다.

또한 디스크 시스템이 드디어 발매된 해로서, 특히 런칭 타이틀인 「젤다의 전설」은 기존의 패미컴 게임에 없었던 '오랫동안 진득하게 즐기는, 가정용다운 게임'만의 재미를 패미컴 유저들에게 제공했다.

트윈비
코나미　1986년 1월 4일　4,900엔　384K

▶ 2인 동시 플레이에선 가로·세로 합체공격도 가능.

귀여운 그래픽이 특징인 종스크롤 슈팅 게임. 구름을 맞추면 출현하는 벨을 쏴서 획득하면 다양한 형태로 파워 업한다. 적탄에 맞으면 팔이 없어지지만, 1회 한정으로 구급차로 복구 가능.

손손
캡콤　1986년 2월 8일　4,900엔　320K

▶ 떨어지는 아이템을 얻어가며 천장까지 가자.

'서유기'를 모티브로 삼은 액션 슈팅 게임. 손오공 '손손'과 저팔계를 닮은 '톤톤'으로 협력 플레이한다. 화면이 세로 6단으로 나뉘어 있으며, 상하 이동은 단 단위로만 가능하다.

구니스
코나미　1986년 2월 21일　4,900엔　384K

▶ BGM은 영화 주제가인 'Good Enough'다.

같은 제목의 영화가 원작인 액션 게임으로서, 사로잡힌 친구를 구하러 전설의 해적 '애꾸눈 윌리'가 남긴 보물을 찾아야 한다. 숨겨진 아이템을 찾아내며 트랩과 퍼즐을 공략하는 재미가 있다.

골프
닌텐도　1986년 2월 21일　2,500엔　512K

▶ 일본 스포츠 게임 역대 2위인 246만 장을 판매.

ROM 카세트판을 이식한 본격 골프 게임. 패미컴 초기 스포츠 게임 시리즈의 명작으로서, 이후의 골프 게임 장르에 기초를 마련했다. 디스크판이 된 덕에 부담없이 재기록이 가능해졌다.

축구
닌텐도　1986년 2월 21일　2,500엔　512K

▶ 시간 내에 골 많이 넣어 승부가 나면 승부차기전이 된다.

패미컴 초기의 스포츠 게임 시리즈 중 하나를 이식한 작품. 한 팀이 필드 선수 5명과 골키퍼까지 합쳐 6명으로 구성된다. 일본·미국·브라질 등 7개국 팀이 있으나, 컬러만 다를 뿐 능력차는 없다.

슈퍼 마리오브라더스
닌텐도　1986년 2월 21일　2,500엔　512K

▶ 일본에 게임붐을 일으킨 전설적인 타이틀이라 할 만.

1985년 발매했던 같은 제목 타이틀의 디스크 시스템판. 기본적으로는 카세트판 원작과 동일하나, 구동시 닌텐도 로고가 나오고 '언더커버' 스테이지의 내용이 다른 등, 약간의 차이가 있다.

젤다의 전설

닌텐도 1986년 2월 21일 2,600엔 1M

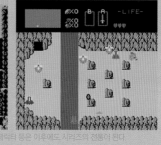

디스크 시스템용 소프트 제 1탄으로 발매된, 지금까지도 이어지는 「젤다의 전설」 시리즈의 기념비적인 첫 작품. 8조각으로 나뉘어 각각에 흩어진 '지혜의 트라이포스'를 모두 모아, 힘의 트라이포스를 지닌 마수 '가논'을 물리치자. 필드와 던전으로 이루어진 광대한 맵을 탐험해, 적을 물리치며 다채로운 함정과 퍼즐을 풀면서 전진한다. 런칭 타이틀다운 방대한 볼륨으로 유저를 매료시켰다.

▲ 폭탄·화살·부메랑 등의 아이템과 지명·적 캐릭터 등은 이후에도 시리즈의 전통이 된다.

테니스

닌텐도 1986년 2월 21일 2,500엔 512K

▶ 2연승하면 화면에 우승컵이 표시된다.

2가지 모드를 수록한 1~2인용 테니스 게임. 단식·복식 모드가 있으며, 양쪽 모두 CPU와의 대전이다. 서브와 샷은 타이밍 및 공과 플레이어의 위치에 따라 속도와 구질이 변화한다.

베이스볼

닌텐도 1986년 2월 21일 2,500엔 512K

▶ 친구와의 뜨거운 대전의 추억이 되살아난다.

패미컴 최초의 야구 게임을 카세트판에서 이식한 작품. 선수의 좌타·우타 여부가 무작위이고 수비시 포구가 자동인 등의 차이는 있으나, 기본 시스템은 이후의 야구 게임과 다름없을 만큼 완성도가 높다.

마작

닌텐도 1986년 2월 21일 2,500엔 512K

▶ 일본에서 가장 많이 팔린 마작 게임일 듯.

1983년 발매된 패미컴 최초의 마작 게임을 디스크 시스템으로 이식했다. 카세트판 원작과 동일한 2인 대국 마작으로서, 난이도는 3단계다. 마작패 무늬를 디테일하게 잘 재현한 게 특징.

서커스 찰리

소프트 프로 1986년 3월 4일 4,900엔 192K

▶ 그네타기는 곡자신보다 낮은 위치를 노리자.

피에로 '찰리'가 되어 불타는 고리 넘기, 외줄타기, 공타기, 승마 곡예, 공중 그네타기의 5가지 곡예를 성공시키자. 룰이 단순해 알기 쉬우나, 타이밍이 극히 빡빡해 난이도가 만만찮다.

꾸러기 닌자토리 : 닌자는 수행이올시다 편

허드슨 1986년 3월 5일 4,900엔 320K

▶ 닌술 사용법을 모르면 공략이 어려운 경우도 있다.

인기 만화가 소재인 액션 게임. 적을 물리쳐 얻는 두루마리로 12종의 닌술을 사용하여 적과 지형을 공략해야 해, 전략성이 높다. 골인 지점인 토리이에선 아버지가 보너스 아이템인 오뎅과 야령을 마구 뿌린다.

자이로다인

타이토 1986년 3월 13일 4,900엔 320K

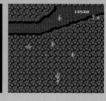

▶ 당시 유행했던 '숨겨진 캐릭터'도 등장한다.

전투헬기를 조작해 싸우는 종스크롤 슈팅 게임. 아케이드용 게임의 이식판이며, 공중·지상용 샷이 나뉘는 시스템이 특징이다. 사용 가능한 무기는 3종류. 컨티뉴가 없어 난이도가 높다.

하이드라이드 스페셜

도시바 EMI ｜ 1986년 3월 18일 ｜ 4,900엔 ｜ 320K

PC에서 대히트했던 「하이드라이드」를 기반으로, 마법을 추가하여 개변 이식한 RPG. 공격·방어를 전환해 적에 대미지를 주고, 때로는 적 선별과 퍼즐 풀이를 위해 마법을 사용해보자!

발트론

토에이 동화 ｜ 1986년 3월 19일 ｜ 4,900엔 ｜ 320K

우주 배경의 횡스크롤 슈팅 게임. 전투기 '지스트리어스'를 조작해, 최강 병기 '발트론'을 파괴하라. 화면 상단에 레이더와 에너지 잔량을 보여준다. B 버튼+방향키로 위프하거나 기체 방향 변경이 가능하다.

매그맥스

일본물산 ｜ 1986년 3월 19일 ｜ 4,900엔 ｜ 320K

아케이드용 게임의 이식작. 합체 메카닉 '매그맥스'를 조작해 적을 물리치는 횡스크롤 슈팅 게임이다. 합체 후엔 피탄 판정이 커지지만, 적탄을 맞아도 파츠가 파괴될 뿐 목숨이 줄진 않는다.

태그 팀 프로레슬링

남코 ｜ 1986년 4월 2일 ｜ 4,500엔 ｜ 320K

데이터 이스트의 아케이드용 게임 「더 빅 프로레슬링」의 이식판. 태그 팀끼리 대전하는 프로레슬링 게임이며, 시간제한이 있는 단판승부 룰이다. 타격기·관절기를 구사해 챔피언이 되자.

수수께끼의 무라사메 성

닌텐도 ｜ 1986년 4월 14일 ｜ 2,600엔 ｜ 1M

무라사메 성과 4개 성을 지배하는 의문의 생명체 '무라사메'의 정체를 밝히기 위해 '타카마루'가 싸우는 액션 게임. 아이템으로 캐릭터를 강화하고 필살기를 얻는다. 성 외곽·내부의 총 9스테이지로 구성된다.

아거스

잘레코 ｜ 1986년 4월 17일 ｜ 4,900엔 ｜ 384K

  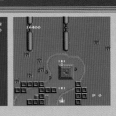

플레이어 기체 '윌 아그'를 조작해 부유요새 '메가 아거스'를 격파하라. 총 16스테이지이며, 홀·짝수 스테이지별로 대응 공격이 변화한다. 지상 구조물을 파괴하면 배리어 등의 파워 업이 가능해진다.

아틀란티스의 수수께끼

선 소프트 ｜ 1986년 4월 17일 ｜ 4,900엔 ｜ 384K

애송이 모험가 '윈'이, 아틀란티스에서 행방불명된 스승을 찾아 여행을 떠난다. 100스테이지에 달하는 볼륨, 워프·아이템 등의 퍼즐 요소, 적의 치열한 공격 등으로 난이도가 매우 높다.

게게게의 키타로 : 요괴대마경

반다이 ｜ 1986년 4월 17일 ｜ 4,900엔 ｜ 512K

스테이지를 이동하는 맵 화면과 사이드뷰 스테이지로 구성된 액션 게임. 머리카락 침과 리모컨 나막신, 동인 응애할아버지·무명명필 도 등장하는 등, 원작 팬이라면 좋아할 만한 작품이다.

HARDWARE
1983
1984
1985
1986
1987
1988
1989
1990
1991
1992
1993
1994
INDEX

카게의 전설

타이토 1986년 4월 18일 4,900엔 384K

아케이드판을 이식한, 종·횡스크롤 사이드뷰 액션 게임. 고대 일본풍 세계관이 특징이며, 패미컴판은 능력이 2단계 올라가는 '수정옥'과 득점 아이템, 목숨 증가 아이템을 새로 추가했다.

디그더그 II

남코 1986년 4월 18일 4,500엔 320K

아케이드용 게임의 이식작. 디그더그가 섬 지면에 균열을 내 침몰시켜 적을 물리치는 게임이다. 중간 데모와 숨겨진 캐릭터를 추가했고 지면 색 일부를 바꾸는 등, 원작보다 즐기기 편하도록 개량했다.

마이티 봄 잭

테크모 1986년 4월 24일 4,980엔 320K

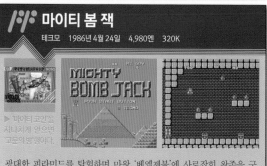

광대한 피라미드를 탐험하며 마왕 '베엘제불'에 사로잡힌 왕족을 구출하는 액션 게임. 하늘로 두둥실 뜨는 점프와 공중 부유를 잘 이용해, 적을 피하며 왕가의 방에서 폭탄을 되찾아야 한다.

그라디우스

코나미 1986년 4월 25일 4,900엔 512K

파워 업 캡슐을 축적하여 원하는 게이지에 도달하면 장비를 입수한다! 참신한 시스템과 옵션·레이저 등의 화려한 공격이 매력인 횡스크롤 슈팅 게임. 스테이지별로 달라지는 BGM도 인상적이다.

계산 게임 : 산수 1학년

도쿄 서적 1986년 4월 25일 4,900엔 320K

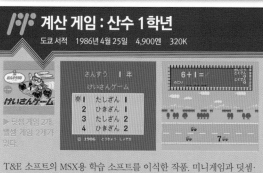

T&E 소프트의 MSX용 학습 소프트를 이식한 작품. 미니게임과 덧셈·뺄셈 학습을 섞은 내용으로서, 정답과 같은 숫자가 적힌 차에 부딪혀야 하는 레이싱 게임 '덧셈 1' 등 4개 게임을 수록했다.

계산 게임 : 산수 2학년

도쿄 서적 1986년 4월 25일 4,900엔 320K

T&E 소프트가 개발한 학습 소프트 이식작 제 2탄. 미로 내에서 계산 문제가 출제되는 '덧셈·뺄셈 1', 구구단 문제를 풀며 로봇을 조립하는 '곱셈 1' 등으로, 게임을 즐기며 사칙계산을 배운다.

계산 게임 : 산수 3학년

도쿄 서적 1986년 4월 25일 4,900엔 320K

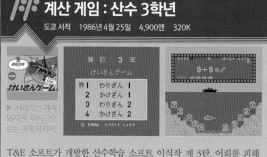

T&E 소프트가 개발한 산수학습 소프트 이식작 제 3탄. 어뢰를 피해 문제 정답까지 잠수함을 이동시키는 '나눗셈 1' 등, 곱셈·나눗셈을 재미있게 배우는 4가지 미니게임을 수록했다.

스파이 vs. 스파이

켐코 1986년 4월 26일 4,900엔 320K

두 스파이의 정보쟁탈전이 소재인 대전 액션 게임. 원작처럼 흑·백 스파이로 대전하며, 가방·설계도·여권·돈·열쇠를 모두 찾아내 먼저 탈출하는 쪽이 이긴다. 함정을 이용한 발목잡기가 코믹한 작품이다.

세크로스
일본물산　1986년 5월 19일　4,900엔　320K

▶ 아케이드용 게임 「테라 크로스」의 이식판.

장애물이 있는 코스를 호버 바이크로 고속 주행하며 골인을 노리는 슈팅 게임. 목적은 주인공의 동포인 페트라 인의 구출이지만, 구출자 수가 많을수록 바이크의 에너지가 빨리 닳게 된다.

슈퍼 마리오브라더스 2
닌텐도　1986년 6월 3일　2,500엔　512K

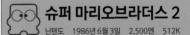

▶ 전작을 완전 정복한 상급자들을 위해 만든 게임.

대히트한 전작의 스테이지를 전부 리뉴얼한 게임으로서, 시리즈 최고의 고난이도를 자랑한다. 루이지는 점프력이 높지만 대시의 가·감속이 느리고 잘 미끄러진다. 바람·독버섯 등의 신 요소도 추가했다.

드래곤 퀘스트
에닉스　1986년 5월 27일　5,500엔　512K

「포토피아 연쇄살인사건」을 개발했던 호리이 유지와 춘 소프트의 나카무라 코이치 콤비가 제작한 오리지널 RPG. RPG 초보자와 어린이라도 알기 쉽도록, 용사가 용왕을 물리친다는 쉽고 고전적인 설정과 스토리를 택했다. 귀여운 캐릭터 디자인과 숨겨진 요소들, 독특한 맛이 있는 대사 등으로 인기작이 되어, 일본에서 RPG를 인기 장르로 만들고 국민적 시리즈로 발돋움했다.

▲ 발매 초기엔 주목도가 낮았지만, 서서히 입소문이 퍼지며 호평이 확산되어 대히트했다.

버드 위크
도시바 EMI　1986년 6월 3일　4,900엔　192K

▶ 계속 먹이를 찾아내야만 새끼를 살릴 수 있다.

어미새가 되어, 새끼를 먹여 살리는 게임. 겉보기와는 다른 야생의 혹독함을 묘사했다. 방해하는 적 캐릭터는 버섯으로 저지할 수 있다. 총 99스테이지로서, 진행할수록 새끼 수도 늘어난다.

B-윙
데이터 이스트　1986년 6월 3일　4,900엔　320K

▶ 특정한 윙이 아니면 고전하게 되는 보스도 있다.

아케이드용 게임의 이식작으로서, 윙을 다양하게 교체하는 시스템이 특징인 슈팅 게임. 패미컴에만 등장하는 윙, 일시정지 도중 윙을 변경 가능한 아이템 등의 오리지널 시스템도 있다.

스타 솔저
허드슨　1986년 6월 13일　4,900엔　512K

▶ 레이저로 보이는 고득점아이템은 반드시 획득하자.

타카하시 명인의 화려한 플레이로도 유명했던 작품. 연사로 적을 파괴하며 전진해, 전 스테이지의 보스를 물리쳐라! 여름 캐러밴 행사에서는 규정시간 내의 득점을 겨루는 치열한 대결이 일본 전국을 달궜다.

마계촌
캡콤　1986년 6월 13일　5,500엔　1M

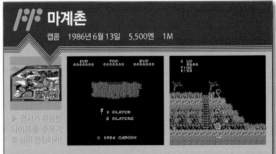

▶ 연사가 유용한 나이프를 주무기로 삼아 전진하자.

납치당한 공주를 구하러, 주인공 '아더'가 마계를 탐험하는 횡스크롤 액션 게임. 갑옷을 입고 있으면 딱 한 번 사망을 막아준다. 각종 무기를 적절히 사용해, 마지막 스테이지의 대마왕을 물리쳐라!

HARDWARE
1983
1984
1985
1986
1987
1988
1989
1990
1991
1992
1993
1994
INDEX

슈퍼 차이니즈

남코　1986년 6월 20일　3,900엔　384K

▶ 캐릭터의 능력은 아이템으로 성장시킨다.

니혼 게임 사가 개발한 아케이드용 게임 「차이니즈 히어로」의 이식판. 플레이어는 '재키'(1P)와 '리'(2P)를 조작해 쿵푸로 싸운다. 화면 내의 적을 모두 물리치면 스테이지 클리어다.

스쿤

아이렘　1986년 6월 26일　4,900엔　320K

▶ '스쿤'이 뭐지? 정답은 카세트 뒷면에 있다.

오토토 성인이 수몰시킨 세계에서, 해저 돔 내에 갇혀버린 사람들을 구하라! 플레이어 기체가 독특하게도 '잠수함'인 슈팅 게임. 상어는 플레이어엔 무해하나, 구조할 사람들을 먹어치운다.

차플리프터

잘레코　1986년 6월 26일　4,900엔　384K

▶ 헬기에 태울 수 있는 인원수는 한정돼 있다.

APPLE Ⅱ용 슈팅 게임의 아케이드판 기반 이식작. 번젤링 제국의 수용소를 파괴하고, 운송헬기로 아군 포로를 기지까지 실어오는 게 목적이다. 일정 수의 포로를 구출하면 스테이지 클리어다.

폭죽을 던지는 칸타로의 도카이도 53차

선 소프트　1986년 7월 3일　4,900엔　384K

▶ 옛 도카이도 역참 53곳을 재현한 배경에도 주목.

불꽃놀이 장인 '칸타로'가 악덕상인 곤자에몬 일당을 물리치며 교토에서 에도까지를 주파한다. 유일한 무기인 '폭죽'은 던지면 포물선을 그리면서 폭발하며, 지면에 설치할 수도 있다.

바벨 탑

남코　1986년 7월 18일　3,900엔　512K

▶ 8층 단위로 나오는 '빅 패스워드'엔 비밀이?!

구약성서에 등장하는 '바벨 탑'이 모티브인 퍼즐 게임. 주인공 '인디'를 조작해, L자형 블록을 활용해 발판을 만들며 각층의 출구로 탈출하자. 난이도가 올라가는 엑스트라 스테이지도 있다.

배구

닌텐도　1986년 7월 21일　2,500엔　512K

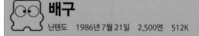

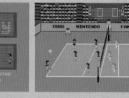

▶ 조작에 익숙해지면 다양한 작전 구사가 가능하다.

패미컴 최초의 배구 게임으로서, 남녀별로 각 8개국 팀이 등장한다. B속공, 백어택, 크로스 스파이크에 페인트까지 다채로운 전술을 구사하며 본격적인 시합을 펼칠 수 있다.

힘내라 고에몽! 꼭두각시 여행길

코나미　1986년 7월 30일　5,300엔　2M

▶ 의적 '고에몽'이 탐관오리를 징벌하러 여행한다.

아케이드용 게임 「Mr.고에몽」을 개변 이식한, 「고에몽」 시리즈의 첫 작품. 다채로운 아이템·상점·적이 출현하는 광대한 맵과 3D 미로를 탐험하며 통행증을 찾아내 관문을 통과하자.

솔로몬의 열쇠

테크모　1986년 7월 30일　4,900엔　512K

▶ 사고력은 물론, 절묘 테크닉도 매우 중요하다.

바위를 마법으로 만들어내 발판으로 삼거나 부숴가면서, 열쇠를 획득해 문을 열고 탈출하는 액션 퍼즐 게임. 빈 공간인데도 바위를 만들거나 부쉈더니 요정이나 아이템이 나오기도 한다.

눈물의 창고지기 스페셜

아스키　1986년 7월 30일　2,980엔　1M

PC로 인기였던 퍼즐 게임 「창고지기」가 업그레이드되어 패미컴으로 등장했다. 창고 내의 지정된 장소로 모든 화물을 밀어 위치시키면 클리어다. 총 150스테이지라는 어마어마한 볼륨을 자랑한다.

왈큐레의 모험 : 시간의 열쇠 전설

남코　1986년 8월 1일　3,900엔　512K

주인공 '왈큐레'가 검과 마법으로 적을 물리치며 레벨 업해, 악의 화신 '조나'를 쓰러뜨려야 하는 액션 RPG. 게임 시작 시에 별자리·혈액형을 입력하면 초기 능력치와 성장속도가 결정된다.

메트로이드

닌텐도　1986년 8월 6일　2,600엔　1M

  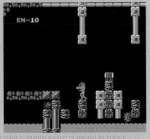

하드 SF풍 세계관의 점프 액션 게임. 요새행성 제베스의 거대 던전을 공략해, 마더 브레인을 파괴하고 탈출하는 것이 목적이다. 일반적인 액션 게임처럼 스테이지 단위로 진행하는 식이 아니라, 파워 업이나 부서지는 벽의 발견 등으로 플레이어가 직접 행동하며 이동범위를 넓혀가는 리얼한 탐색 시스템이 특징이다. 주인공 '사무스'의 정체가 당시 유저들의 예상을 벗어나는 놀라움을 안겨줬기에, 큰 화제를 낳았다.

▲ 마그마가 별밑에서 끓는 곳 등, 총 5개 지역을 공략한다. 클리어 타임으로 엔딩이 분기된다.

무사시의 검 : 지금은 수행중

타이토　1986년 8월 8일　4,900엔　512K

▶ 아이템을 모아 파워 업해, 전국 대회에 도전하자!

같은 제목의 검도 소재 만화가 원작인 액션 게임. 1스테이지 '특훈 편', 2스테이지 '고원 수행 편', 3스테이지 '도장깨기 편'까지는 횡스크롤 액션이며, 4스테이지 '전국대회 편'만 검도 토너먼트 형식이다.

북두의 권

토에이동화　1986년 8월 10일　4,900엔　512K

▶ 워프 후의 스테이지 맵은 의외로 복잡하다.

같은 제목 만화·애니메이션 소재의 액션 게임. 비공을 찔러 적을 물리치면 폭발하는 연출과 '아베시' 등의 단말마, 보스전에서 북두신권 기술명이 나오는 등의 '원작다운' 연출이 재미있다.

쟈쟈마루의 대모험

잘레코　1986년 8월 22일　4,900엔　512K

 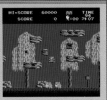

▶ 인법 두꺼비술과 수리검으로 적에 맞서자.

전작(76p)과 달리, 당시의 유행인 횡스크롤 액션 장르가 되었다. 총 20스테이지를 클리어한 후엔 난이도가 올라가 재시작된다. 사천왕과 요괴군단을 물리치고 공주를 구하는 게 목적이다.

스카이키드

남코　1986년 8월 22일　3,900엔　512K

▶ 공중재비 버튼을 잘 활용해 적의 공격을 잘 피하자.

2인 동시 플레이가 가능한 횡스크롤 슈팅 게임. 대각선 방향으로도 샷이 나가니 잘 활용하자. 적탄을 맞고 추락할 때 버튼을 연타하면 부활하기도 한다! 경쾌한 BGM이 인상적인 작품.

아이 앰 어 티처 : 슈퍼 마리오의 스웨터

로열 공업　1986년 8월 27일　2,900엔　1M

▶ 앞·뒤·소매를
따로따로 짜서 한
데 시킨다

슈퍼 마리오 캐릭터를 수놓은 총 15종류의 스웨터 도안을 수록한 뜨개질 소프트. 착용자의 키·소매길이·가슴둘레를 넣어 사이즈를 조정할 수 있다. 기본 뜨개질법 해설이 없어, 중~상급자용이다.

기동전사 Z건담 : 핫 스크램블

반다이　1986년 8월 28일　5,300엔　1.25M

▶ 엔도 마사노부
가 다작인한 게임
오토도 유명하다

같은 제목의 인기 TV 애니메이션이 모티브인 슈팅 게임. Z건담을 조작해, 티탄즈와 액시즈의 모빌슈트를 격추시키자. 3D 시점과 2D 액션으로 구성했으며, 다양한 모빌슈트가 등장한다.

ASO

SNK　1986년 9월 3일　4,900엔　512K

▶ 파워 다운 아
이템도 있다는 게
좀 심술궂다

핵탄두와 초강력 전체공격 등, 총 8종류의 아머를 장착할 수 있는 슈팅 게임. 아케이드판은 패널 3개를 얻어야 강화되었지만 패미컴판에선 1개로 줄여주는 등으로, 난이도를 적절히 낮췄다.

슈퍼 핏폴

포니 캐년　1986년 9월 5일　5,500엔　1M

▶ 워프 점을 타
해야만 갈 수 있
는 지도도 있다.

Atari 2600으로 발매되었던 「핏폴 2」의 개변 이식판. 주인공 '해리'를 조작해 동굴을 탐험하는 액션 게임이다. 목적은 보물 '라지 다이아' 발견과, 지저인에 납치된 조카·애완고양이의 구출이다.

바나나

빅터음악산업　1986년 9월 8일　4,900엔　320K

▶ 작 캐릭터가 전
혀 없어, 차분히
공략 가능하다

두더지 '몰'을 조작해 지하를 파 들어가는 액션 퍼즐 게임. 맵 상의 먹을 것을 모두 입수하고 아내 '키코'를 구출하자. 키코를 데리고 출구까지 도착하면 스테이지가 클리어된다.

킹스 나이트

스퀘어　1986년 9월 18일　4,900엔　512K

▶ 4명이 모두 모
여야만 드래곤 퇴
처가 가능하다

캐릭터 4명이 각자의 스테이지에서 레벨을 올리고 아이템을 모아 합류하여, 최후에 드래곤을 퇴치하는 종스크롤 슈팅 게임. 개발사는 게임의 장르를 '포메이션 RPG'라고 이름 붙였다.

타카하시 명인의 모험도

허드슨　1986년 9월 12일　4,900엔　512K

애인을 구하기 위해 돌도끼와 스케이트보드로 진행하는 횡스크롤 액션 게임. 아케이드용 게임 「원더 보이」에서 캐릭터를 타카하시 명인 등으로 교체한 개변 이식작이다. 이식하면서 그래픽 일부를 간략화했지만, 보너스 스테이지 추가와 BGM 전체 리뉴얼 등의 추가요소도 있다. 이식작임에도 독자적으로 큰 인기를 누려, 「원더 보이」와는 별개로 시리즈화되었다.

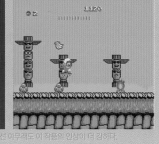

▲ 「원더 보이」 자체도 시리즈화됐지만, 일본에선 아무래도 이 작품의 인상이 더 강하다.

새끼고양이 이야기
포니 캐년　1986년 9월 19일　2,900엔　1M

▶ 계절에 따라, 잘 미끄러지는 등의 변화를 줬다.

같은 제목의 영화가 모티브인 횡스크롤 액션 게임. 주인공 '차트란'을 조작해, 아이템을 활용하며 오른쪽 끝의 골까지 도달해야 한다. 스테이지별로 춘하추동 4계절과 밤낮 개념을 도입했다.

 ## 슈퍼 제비우스 : 감프의 수수께끼
남코　1986년 9월 19일　4,900엔　1.25M

▶ 호화 케이스에 황금색 카세트를 수납했다.

기본 시스템은 「제비우스」와 동일하지만, 대지·대공 무기의 파워 업이 가능해진 슈팅 게임. 각 스테이지에 넣은 퍼즐 요소가 매력적이며, 게임 시작시의 BGM에 원작을 연상시키는 곡조를 넣었다.

 ## 고스트버스터즈
토쿠마쇼텐　1986년 9월 22일　4,500엔　512K

 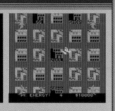

▶ 돈이 중요하나, 쇼핑으로 쉽게 벌릴 수 있다.

같은 제목의 영화가 기반인 액션 게임. 필요한 도구를 상점에서 구입해, 마시멜로우 맨을 물리치자. 이동은 레이싱 게임식이고 빌딩을 오를 때 버튼을 연타하는 등, 타 게임에 없는 독특한 시스템이 많다.

 ## 스페이스 헌터
켐코　1986년 9월 25일　4,900엔　512K

▶ 주인공의 조작성이 좋아 진행템포가 빠르다.

사이보그 소녀 '알티아나'를 조작해, 반란을 일으킨 7명의 사이보그를 물리치는 액션 게임. 전략성에 중점을 둔 작품으로서, 행성의 공략 순서와 입수한 무기가 진행과정에 영향을 끼친다.

 ## 아이 앰 어 티처 : 뜨개질의 기초
로열 공업　1986년 9월 26일　2,900엔　1M

▶ 뜨개질의 기초와 '스웨터 만들기'가 있다.

여러 도안을 수록한 코바늘뜨기 보조용 소프트. 키·가슴둘레·소매길이를 설정하면 도안이 자동으로 조정된다. 전작(87p)과 달리 실 꿰는 법 등의 뜨개질 해설도 수록해 초보자도 배려했다.

 ## 전장의 이리
캡콤　1986년 9월 27일　5,500엔　1M

▶ 머신건과 수류탄으로 전장을 단독 돌파한다.

아케이드에서 인기였던 자유이동형 종스크롤 슈팅 게임의 이식작. 패미컴판은 폭탄으로 지하를 뚫어 아이템을 잔뜩 얻거나 무기를 업그레이드시킬 수 있는 등의 추가 요소도 있다.

 ## 악마성 드라큘라
코나미　1986년 9월 26일　2,980엔　1M

부활한 흡혈귀 '드라큘라 백작'을 토벌하기 위해, 뱀파이어 헌터인 벨몬드 일족의 피를 이어받은 '시몬'이 아버지의 유품인 신비한 힘을 지닌 채찍을 무기 삼아 드라큘라 성에 뛰어든다. 고딕 호러풍의 횡스크롤 액션 게임으로서, 채찍과 도중에 얻는 다양한 서브웨폰을 이용해 싸워야 한다. 이후에도 계속 속편이 이어지는 인기 시리즈의 기념비적인 첫 작품이다.

▲ 캐릭터·배경 그래픽이 디테일하고 맵에 다양한 장치가 있는 등, 완성도가 뛰어난 작품이다.

테라 크레스타

일본물산　1986년 9월 27일　4,900엔　1M

▶ 포메이션은 자
유롭게 편집할 수
있다.

격납고를 파괴하여 아군기를 탈환해 합체하라! 모든 아군기와 합체하면 불새로 변신하여 일정 시간동안 무적이 된다. 합체중일 때는 F마크 개수만큼 광범위 포메이션 공격을 할 수 있다.

버기 파퍼

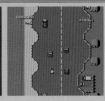

데이터 이스트　1986년 10월 8일　4,900엔　512K

▶ 납치당한 애인
을 구하러 긴다는
스토리.

아케이드용 게임 「버닝 러버」의 이식판. 경쟁 차량을 벽으로 밀어붙이거나 점프로 밟아 파괴하는 호전적인 레이싱 게임이다. 좌우가 이어져 있어, 점프로 벽을 뛰어넘으면 반대쪽 끝에 착지하게 된다.

오델로

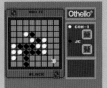

카와다　1986년 10월 13일　2,980엔　512K

▶ B면이 비어 있
으므로, 다른 게
임을 넣을 수 있다.

심플한 1~2인용 오델로 게임. 시작 전에 제한시간과 선·후수, 난이도, 플레이어 이름을 설정한다. 난이도는 기본적으로 레벨 1~4까지 있으며, 레벨 4를 이기면 레벨 5에 도전할 수 있다.

프로레슬링

닌텐도　1986년 10월 21일　2,500엔　512K

▶ 실존인물을 연
상시키는 레슬러
도 등장한다.

개성 넘치는 레슬러 6명을 조작해, 10종류 이상의 다채로운 기술과 캐릭터별 필살기로 싸운다. 챔피언이 된 후 방어전을 10회 넘기면 '그레이트 푸마'와의 더블 타이틀매치가 열린다.

시끌별 녀석들 : 라무의 웨딩 벨

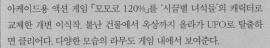

잘레코　1986년 10월 23일　4,900엔　512K

▶ 타이틀 화면에
서도 원작의 곡이
나온다.

아케이드용 액션 게임 「모모코 120%」를 '시끌별 녀석들'의 캐릭터로 교체한 개변 이식작. 불난 건물에서 옥상까지 올라가 UFO로 탈출하면 클리어. 다양한 모습의 라무도 게임 내에서 보여준다.

계산 게임 : 산수 4학년

도쿄 서적　1986년 10월 30일　4,900엔　512K

▶ 미니게임은 기
존작보다 적은 2
종류뿐이다.

미니게임을 즐기며 산수를 배우는 학습용 소프트. '나눗셈', '소수 덧셈·뺄셈', '소수 곱셈·나눗셈'을 배우는 액션 게임과, '분수 덧셈·뺄셈'을 배우는 레이싱 게임이 있다.

계산 게임 : 산수 5·6학년

도쿄 서적　1986년 10월 30일　4,900엔　512K

▶ 모든 게임은 2
명이 함께 플레이
가능하다.

재미있게 당시 일본 초등학교 5·6학년 수준의 산수를 배우는 학습용 게임. '소수 곱셈'·'소수 나눗셈'을 배우는 슈팅 게임과, '분수 덧셈·뺄셈'·'분수 곱셈·나눗셈'을 배우는 액션 게임을 수록했다.

미시시피 살인사건

잘레코　1986년 10월 31일　5,200엔　1.25M

▶ 부조리한 함정
이 많아 시작하자
마자 죽기도 한다.

PC용 추리 어드벤처 게임의 이식작. 플레이어는 미시시피 강의 유람선에서 일어난 살인사건을 접하게 된 탐정 '찰스 폭스워스 경'이 되어, 조수 왓슨과 함께 진상을 규명해야 한다.

은하전승

이매지니어 1986년 11월 6일 5,000엔 1M

▶ 각 행성을 돌며 아이템 입수로 묘를 발견하자.

만화가 오카자키 츠구오가 비주얼을 담당한 게임. 종스크롤 슈팅과 액션 RPG를 조합한 게임으로서, 퍼즐 풀이 요소가 강하다. 카세트테이프·설정자료집과 '감성교육 입문서'를 동봉했다.

슈퍼 스타 포스 : 시공력의 비밀

테크모 1986년 11월 11일 5,300엔 1M

  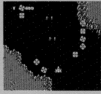

▶ 전작의 무대인 암흑성 '고데스'의 비밀로 문자.

종스크롤 슈팅과 던전 탐색형 액션 RPG로 구성된 오리지널 속편. 과거에서 특정 조건을 만족시켜 미래를 개변해 가며, 전작 「스타 포스」의 세계와 그 역사 '시공력'의 비밀에 접근한다.

패밀리 트레이너 : 애슬레틱 월드

반다이 1986년 11월 12일 8,500엔 512K

▶ 한 번 하면 녹초가 될 만큼 운동량이 본격적이다.

매트형 컨트롤러를 밟는 등으로 몸을 직접 움직이며 조작하는 '패밀리 트레이너' 전용 소프트의 제 1탄. 3가지 모드가 있으며, 육상경기를 모티브로 삼은 5가지 스테이지를 즐길 수 있다.

오델로

카와다 1986년 11월 13일 4,900엔 512K

▶ 대전 도중에 BGM이 없는 심플한 게임이다.

「오델로」(89p)의 카세트판. 내용상 차이는 없으나, 카세트판 쪽의 가격이 비싸다. 난이도별로, 선택할 수 있는 제한시간과 일종의 수 물리기 기능인 '캔슬'의 가능 여부가 달라진다.

미궁조곡 : 미론의 대모험

허드슨 1986년 11월 13일 4,900엔 512K

▶ 타이틀 화면에서 버튼을 연사하면 연사측정 가능.

눌러쓴 모자가 인상적인 주인공 '미론'을 조작해, 비누방울을 쏘아 벽속의 아이템을 발견해가며 성에 갇힌 공주를 구출하자. 보너스 스테이지에선 음표를 모아 음악을 완성시켜야 한다.

GALL FORCE

HAL 연구소 1986년 11월 19일 2,980엔 1M

▶ 슈팅 게임에 미소녀 그래픽을 가미했다.

같은 제목의 애니메이션이 원작인, 주인공 '라비'가 되어 동료 6명을 구출하는 슈팅 게임. 동료를 구출하면 그 캐릭터의 전투기를 쓸 수 있다. 라스트 보스 '파라노이드 요새'를 공략하자.

데드 존

선 소프트 1986년 11월 20일 2,980엔 1M

▶ 캐릭터 보스의 음성합성 연출이 참신했다.

우주공간을 부유하는 스페이스 콜로니를 무대로 삼은 SF 어드벤처 게임. 파트너 로봇 '캐리'와 함께 콜로니를 탐색하여 약혼자 '마리'를 구출해내자. 애절하면서도 수려한 엔딩은 놓치지 말도록.

아이기나의 예언

빅 토카이 1986년 11월 21일 5,300엔 1M

▶ 독특한 조작감과 난해한 퍼즐로 유명한 게임이다.

맵 상의 지역들을 돌며 퍼즐을 푸는 액션 게임. 주인공 '제이슨'을 조작해 예언서에 기록된 5개의 돌을 모두 모으자. 아우라 스톤을 완성시켜 암흑혜성으로부터 지구를 구하는 게 목적이다.

HARDWARE
1983
1984
1985
1986
1987
1988
1989
1990
1991
1992
1993
1994
INDEX

원조 서유기 : 슈퍼 몽키 대모험

바프　1986년 11월 21일　4,900엔　512K

▶ 캐릭터가 성장하지 않기에, RPG성은 낮다.

중국의 전기소설 '서유기'를 모티브로 삼은 액션 RPG. 필드를 돌아다니며 중국을 시작으로 천축까지 가보자. 도중에 저팔계와 사오정을 동료로 삼아 가며, 워프 포인트를 찾아내야 한다.

장화 신은 고양이 : 세계일주 80일 대모험

토에이동화　1986년 11월 21일　4,900엔　512K

▶ 제한시간은 80일. 잔여일은 오른쪽 위를 보자.

같은 제목의 장편 애니메이션이 모티브인 횡스크롤 액션 게임. 고양이 '페로'를 조작해 80일 내로 세계를 일주해야 한다. 총 8스테이지로서, 특정 스테이지에서는 차량·열기구 등의 탈것도 나온다.

불타라 트윈비 : 시나몬 박사를 구하라!

코나미　1986년 11월 21일　3,100엔　1M

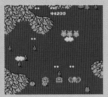

▶ 스테이지에 따라 종·횡스크롤 식으로 바뀐다.

패미컴용 오리지널 「트윈비」 시리즈 제 2탄. 본체에 조이스틱을 연결하면 녹색 '그윈비'가 등장해, 시리즈 유일의 3인 동시 플레이가 가능해진다. 시리즈의 특징인 합체기술도 여전하다.

이카리

케이 어뮤즈먼트 리스　1986년 11월 26일　5,500엔　1M

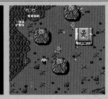

▶ 탄수제한이 있는 총. 수류탄과 차량으로 싸우자.

SNK 사의 아케이드용 액션 슈팅 게임의 이식작. 원작과 달리 루프 레버식이 아니므로 탱크 탑승시의 포탑 방향과 이동방향이 항상 같으며, 헬기에도 탈 수 있는 등 원작의 내용을 크게 개변했다.

매피 랜드

남코　1986년 11월 26일　3,900엔　1.25M

▶ 출구는 목표 아이템을 모두 획득해야만 열린다.

「매피」의 속편격인 횡스크롤 액션 게임. 방해하는 고양이들을 피하며 스테이지에 흩어져 있는 목표 아이템을 모두 얻고 출구로 나가는 게 목적이다. 전작과 달리, 스테이지를 야외로 표현했다.

드래곤볼 : 신룡의 수수께끼

반다이　1986년 11월 27일　4,500엔　1.25M

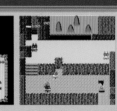

▶ 7개 모으면 소원을 이뤄준다는 드래곤볼을 찾자.

만화 '드래곤볼'이 원작인 액션 게임. 원작의 초반을 소재로 삼았지만, 오리지널 스토리로 전개된다. 제 3부에서는 원작자인 토리야마 아키라가 새로 디자인한 오리지널 캐릭터도 등장한다.

키네코

아이렘　1986년 11월 28일　3,300엔　1M

▶ 그림을 10장 완성하면 엔딩이 나온다.

일정 패턴대로 계속 움직이는 조각그림을 조립해 큰 그림을 완성하는 무빙 퍼즐 게임. 16·24·48조각 중에서 선택한다. 상하·좌우 구별이 없는 그림은 정위치가 아니어도 정답으로 인정한다.

캐슬 엑설런트

아스키　1986년 11월 28일　4,900엔　512K

▶ 퍼즐성도 강해, 잘못 행동하면 바로 막혀버린다.

플레이어인 '라파엘 왕자'가 100곳의 방에 흩어진 아이템들과 여러 색깔의 열쇠를 찾아 문을 열어 진행하며 사로잡힌 공주를 구출해야 하는 액션 게임. 점프의 체공시간이 길다는 특성을 잘 이용하자.

자낙

포니 캐넌　1986년 11월 28일　2,900엔　512K

플레이 과정에 따라 난이도가 동적으로 변화하는, 당시로서는 참신한
시스템을 도입한 컴파일 사 제작의 명작 슈팅 게임. 8종류의 서브웨폰
은 같은 숫자끼리 계속 얻으면 더욱 강화된다.

타이거 헬리

포니 캐넌　1986년 12월 5일　4,900엔　512K

 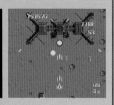 

후일 「구극 타이거」 등의 작품으로 명맥이 이어지는 종스크롤 슈팅 게
임. 샷, 호위 헬기의 파워 업, 플레이어 기체 좌우에 탑재되는 폭탄 2개
를 잘 사용하여 돌파해 보스를 공략해야 한다.

디바 : 나사티아의 옥좌

도시바 EMI　1986년 12월 5일　5,500엔　1M

성간국가가 무대인 시뮬레이션 게임. 심플한 워 게임형 함대전과, 행
성을 제압하는 액션 게임을 결합시켰다. 일본 내 PC 6개 기종으로도
병행 발매되어, 기종별로 다른 주인공의 스토리가 펼쳐진다.

트랜스포머 : 콘보이의 수수께끼

타카라　1986년 12월 5일　4,900엔　512K

같은 이름의 완구·TV 애니메이션이 원작인 액션 슈팅 게임. 사이버트
론 전사 '울트라 매그너스'를 조작하여 테스트론과 싸우자. 풍부한 아
이템, 워프 포인트, 숨겨진 맵 등 당시 게임계의 유행을 잘 담아냈다.

홋타맨의 지하탐험

유스　1986년 12월 6일　4,900엔　512K

  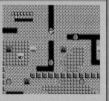

채굴의 명인 '홋타맨'을 조작해 대지진의 의문을 푸는 액션 게임. 땅을
파며 전진해 보물상자를 찾자. 적은 레이저포로 물리칠 수 있다. 총 14
스테이지를 클리어하면 파이널 스테이지가 나온다.

타케시의 도전장

타이토　1986년 12월 10일　5,300엔　1M

코미디언 비트 타케시(키타노 타케시)가 감수한 액션 어드벤처 게임. 자
유도가 높기로 유명하며, 진행 힌트를 매뉴얼 외엔 일절 주지 않는다.
커맨드를 있는 대로 눌러도 클리어할 수 없는 고난이도 게임.

프로야구 패밀리 스타디움

남코　1986년 12월 10일　3,900엔　768K

패미컴으로는 최초로, 선수 개인별로
고유 이름을 붙이고 각자의 능력치를
차별화시킨 본격 야구 게임. 일본의 당
시 실존 구단과 선수를 모델로 삼은 9
개 팀과 '남코 스타즈'까지 총 10개 구
단을 준비했고, 발매 당시인 1986년 시즌의 성적을 데이터에 반
영했다. 인기 시리즈화되어, 이후에도 매년마다 데이터·시스템
등을 바꿔 계속 신작을 내놓게 된다.

셜록 홈즈 : 백작 영애 유괴사건

토와 치키　1986년 12월 11일　5,000엔　1M

▶ 홈즈 탄생
100주년 작전에
발매된 소프트.

코난 도일의 소설이 모티브인 액션 어드벤처 게임. 백작의 의뢰를 받은 홈즈가, 유괴당한 백작 영애를 구출한다는 스토리. 영국 전토를 돌아다니며, 등장 캐릭터를 킥으로 물리쳐 정보를 캐낸다.

아디안의 지팡이

선 소프트　1986년 12월 12일　4,900엔　1M

▶ 착실히 돈을
모아 무기·방어
구를 갖추자.

던전 탐색형 액션 게임과 초등학교 산수 계산연습을 결합시킨 교육용 게임. 무기로 문을 때리면 계산문제가 표시되며, 벽에 나온 숫자로 답을 입력한다. 정답이면 다음 방으로 넘어간다.

도라에몽

허드슨　1986년 12월 13일　5,500엔　1.25M

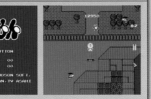

▶ 원작의 친숙한
비밀도구도 많이
나온다.

극장판 도라에몽 시리즈 중 '우주여행'·'아프리카 모험'·'해저성' 편을 모티브로 삼은 게임으로서, 각 스테이지마다 액션·슈팅 등으로 장르가 달라진다. 각 스테이지에 있는 친구들을 구해내자.

수수께끼의 벽 : 블록깨기

코나미　1986년 12월 13일　2,980엔　1M

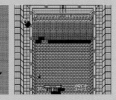

▶ 키워드를 틀리
면 첫 스테이지로
되돌아간다.

다채로운 아이템과 적 캐릭터가 등장하고 보스 캐릭터까지 물리치는 등, 구성을 다양화한 블록깨기 게임. 숨겨진 알파벳을 모아 컴퓨터의 자폭장치를 해제하면 엔딩이 나온다.

수정의 용

스퀘어　1986년 12월 15일　3,400엔　1M

▶ 장면에 따라서
는 커맨드 입력이
제한되기도 한다.

우주가 무대인 SF 어드벤처 게임. 2D 텍스트 화면 위에 늘어선 아이콘 9개로 행동을 선택한다. 캐릭터 디자인은 애니메이터 사토 젠이 맡았고, 비주얼 신에 선라이즈가 협력한 애니메이션을 다수 활용했다.

브리더

소프트 프로　1986년 12월 15일　2,980엔　1M

▶ 직접 만든 로
봇으로 대전하는
것도 재미있다.

능력치에 포인트를 배분해 로봇을 디자인하여 전투시키는 게임. 로봇은 능력치에 기반해 자동으로 움직이는 시스템이라 직접 조작할 수 없기에, 사전에 철저히 궁리해 만드는 재미가 있는 작품이다.

마종

아이렘　1986년 12월 15일　5,300엔　1M

▶ 마종 7개를 부
수면 마왕의 방
입구가 열린다.

미궁 탐색형 액션 RPG. '마이어 왕자'를 조작해 마왕 루부스를 물리치자. 마왕의 숨겨진 방으로 가는 입구는 잠겨 있다. 입구를 열려면 7곳의 탑 최상층까지 올라가 마종을 파괴해야 한다.

메트로크로스

남코　1986년 12월 16일　3,900엔　512K

▶ 푸른 활동을
받으면 타임이 일
시적으로 멈춘다.

골인을 목표로, 수수께끼의 지하통로를 고독하게 달리는 주인공. 허들지대나 슬립 존은 피하고, 점프대를 잘 사용할 것. 스케이트보드에 타면 고속 이동한다. 총 32라운드를 돌파하자.

HARDWARE
1983
1984
1985
1986
1987
1988
1989
1990
1991
1992
1993
1994
INDEX

킹콩 2 : 분노의 메가톤 펀치

코나미　1986년 12월 18일　5,300엔　2M

▶ 킹콩의 공격은 펀치와 발기, 바위 던지기의 3종류.

일본에서 같은 해 개봉됐던 영화 '킹콩 2'의 게임판. 화면 전환식 탐뷰 액션 게임이다. 킹콩을 조작해, 적에게 사로잡힌 레이디 콩을 구출하자. 다음 스테이지보는 워프 문을 통해 이동한다.

마둘라의 날개

선 소프트　1986년 12월 18일　4,900엔　512K

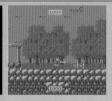

▶ 총 16스테이지를 액션으로 공략하자.

아이템으로 파워 업하는 RPG 요소를 가미한 액션 게임. 여검사 '루시아'를 조작해 마둘라의 날개를 탈환하고 일족의 배신자 '다르토스'를 물리치는 게 목적. 컨티뉴로 스테이지 선택도 가능하다.

딥 던전 : 마동전기

스퀘어　1986년 12월 19일　3,400엔　1M

▶ 먼저 지하로 간 용사 '루우'도 최후에 재등장?

패미컴 최초의 3D 던전 RPG. 돌 가 지하에 서식하는 마물들이 빼앗아 간 에트나 공주의 혼을 되찾기 위해, 지하 깊숙한 곳의 마왕을 물리치러 가자. 왕도적인 전개의 하드코어 3D 던전 RPG다.

나이트 로어 : 마성의 늑대인간

잘레코　1986년 12월 19일　3,200엔　1M

▶ 시점이 개성적인 자라 조작에 익숙해지기 어렵다.

영국산 PC 게임의 이식작. 유사 3D 쿼터뷰 시점의 액션 게임이다. 마법사 노인이 지시하는 아이템을 획득해 지정된 장소에 배치하자. 주인공은 낮엔 인간이며, 밤엔 늑대인간으로 변신한다.

빛의 신화 파르테나의 거울

닌텐도　1986년 12월 19일　2,600엔　1M

▶ 어둡고 으스스한 느낌이지만, 코믹한 연출도 있다.

메두사를 물리치고 엔젤랜드의 평화를 되찾아라! 성장 시스템이 있는 액션 게임. 초반은 종스크롤이라 죽기 쉬워 꽤 어렵지만, 거기만 어떻게 잘 넘어가면 한결 진행이 편해지는 작품이다.

사라진 프린세스

이매지니어　1986년 12월 20일　5,000엔　1M

▶ 30일 내로, 실종된 키라라 공주를 찾아라!

미디어믹스 시리즈 'WAVE JACK' 제 2탄인 어드벤처 게임. 가이드북·카세트테이프·수사수첩·지도를 동봉했다. 동봉엔 진행 힌트가 숨겨져 있고, 토미타 야스코의 주제가·미니 드라마 등등도 수록했다.

레일라

디비 소프트　1986년 12월 20일　5,300엔　1M

▶ 적마다 무기의 유·무효를 디테 일하게 설정했다.

미소녀 게임 장르의 개척자로 꼽히는 하드코어 횡스크롤 액션 게임. 특수부대원 '레일라'로 악의 과학자 마니토카 박사의 야망을 분쇄하자. 5스테이지에서 동료 '이리스'를 구출하면 레일라와 함께 싸워준다.

코스모 제네시스

아스키　1986년 12월 23일　4,900엔　512K

▶ 행성에 착륙하면 장벽을 강화할 수도 있다.

우주가 무대인 3D 슈팅 게임. 모함을 수비하며 적 함대를 전멸시키자. 기본은 조종석 시점의 3D 화면이며, SELECT 버튼을 눌러 맵 화면으로 전환할 수 있다. 오프닝 등에 SF적 연출을 넣었다.

패밀리 트레이너 : 러닝 스타디움

반다이 1986년 12월 23일 4,900엔 512K

▶ 전작과 달리, 실제로 달리는 기분을 연출한다.

'패밀리 트레이너' 시리즈 중 하나. 3인칭 시점으로 육상경기인 '100m 달리기'·'110m 허들'·'멀리뛰기'·'세단뛰기'를 즐기는 게임으로서, 일부 게임은 2인 동시 플레이도 지원한다.

싸움의 만가

캡콤 1986년 12월 24일 5,500엔 1M

▶ 아르마딜로처럼 몸 굴러오는 적은 점프로 피하자.

검으로 공격하고 방패로 방어하며, 점프와 웅크리기 동작도 취할 수 있는 등 액션 게임의 기본에 충실한 작품. 핵전쟁 후의 세계답게 거친 그래픽이 인상적인, 캡콤 초기의 하드코어 게임이다.

세이키마츠 : 악마의 역습

CBS 소니 1986년 12월 25일 4,900엔 512K

▶ 진 엔딩을 보려면 각 스테이지에서 악기를 얻자.

실존인물인 일본의 헤비메탈 밴드 '세이키마츠'의 리더 '데몬 코구레 각하'를 조작해, 숨겨진 열쇠를 찾아내 갇혀있는 멤버들을 구출하자. 대 흑미사(콘서트)를 개최하는 게 최종 목적인 액션 게임이다.

프로페셔널 마작 오공

아스키 1986년 12월 25일 2,980엔 1M

▶ 창파남사의 종자 문자요괴와 싸우는 4인 대국 마작게임.

중국 소설 '서유기'가 모티브인 마작 게임. 캐릭터 12명이 등장하며, 저마다 마작풍과 난이도가 다르다. 게임 모드는 실전 모드·연구 모드의 2가지. 룰 설정 화면에선 로컬 룰도 적용 가능하다.

알카노이드

타이토 1986년 12월 26일 5,400엔 384K

▶ '이 재미만은 깰 수 없다'란 선전문구도 인상적.

전용 패들 컨트롤러로 볼을 쳐내, 화면상에 늘어선 블록들을 파괴하고 아이템을 얻으며 게임을 유리하게 이끌어가자. 패들이 길어지거나 볼이 느려지는 등, 다양한 효과의 아이템이 등장한다.

일렉트리션

켐코 1986년 12월 26일 2,980엔 1M

▶ 액션 순서를 연구하는 퍼즐적 요소도 재미있다.

미국산 PC 게임의 이식작. 대지진으로 정전이 엄습한 대도시를 무대로, 쥐나 거미를 잘 피하며 각 방들에 전선을 연결해 전력을 복구하자. 빈집털이 도둑을 잡으면 아이템을 얻는다.

크레이지 클라이머

일본물산 1986년 12월 26일 5,300엔 1M

▶ 컨트롤러 2개를 동시에 쓰는 조작에 익숙해지자.

초고층 빌딩의 창에 붙어 양손양발을 잘 이용해 올라가는, 타이틀명대로 크레이지한 주인공. 창가 주민의 화분부터 무려 거대 간판까지도 떨어져 내려오는 황당무계한 빌딩을 계속 올라가야 한다.

시공의 여행자

켐코 1986년 12월 26일 4,900엔 1M

▶ 역사를 바꾸는 선택이 주인공의 결단에 맡겨진다.

같은 제목 극장판 애니메이션 기반의 어드벤처 게임. 주인공 '쿠타지마 토시토'를 조작해 핵전쟁이 없는 역사로 바꿔야 한다. 10가지 시대를 여행하며 역사적 인물들과 만나 사상을 이상적인 방향으로 유도하자.

1987

FAMILY COMPUTER
SOFTWARE ALL CATALOGUE

1987년에 발매된 패미컴용 소프트는 총 186종. 초기의 패미컴은 아케이드·타 기종 이식작 중심이었지만, 이즈음부터는 패미컴용으로 신규 개발된 오리지널 타이틀이 주류가 되었다.

특히 「젤다의 전설」·「드래곤 퀘스트」 등의 영향으로, 디스크 시스템과 대용량 ROM 덕에 구현이 가능해진 신흥 장르인 RPG 및 시뮬레이션계 작품이 다수 등장한 것도 1987년의 특징

으로서, 단시간 플레이 위주의 액션 장르에서 꾸준히 시간을 들여 진득하게 플레이하는 장르 쪽으로 게임 스타일 유행이 변화하는 흐름이 뚜렷해진 해라고도 할 수 있으리라.

불새 : 봉황 편 - 아왕의 모험

코나미　1987년 1월 4일　5,300엔　1M

▶ 원작과의 연관성은 일의 설정을 즐어낸 정도다.

테즈카 오사무 원작의 극장판 애니메이션 '불새 : 봉황 편'을 게임화했다. 귀와(鬼瓦)를 만들어 발판 삼아 전진하는 액션 게임이다. 야마토·내세·태고 시대를 왕래하며 '불새' 그림을 완성하자.

드래곤 버스터

남코　1987년 1월 7일　4,900엔　1.25M

▶ 푸른 악은 체력 회복이고 노랑 악은 독이니 주의.

아케이드의 히트작 「드래곤 버스터」를 이식한 작품. 사로잡힌 공주를 구출하러 모험을 떠나, 스테이지 최후의 드래곤을 물리치자. 원작은 레버로 점프했으나, 패미컴판은 A 버튼으로 바뀌었다.

라비린스

토쿠마쇼텐　1987년 1월 7일　4,900엔　1M

▶ BGM에 원작인 영화의 음악을 사용했다.

조지 루카스가 제작한 판타지 영화의 게임판. 탐색형 액션 게임이며, 마왕 자레스에 납치된 동생의 구출이 목적이다. 제한시간은 13시간. 13곳의 미궁을 탐색해 라비린스의 열쇠를 찾아내자.

링크의 모험

닌텐도　1987년 1월 14일　2,600엔　1M

▶ 방패 받아·아래 찌르기 등, 액션이 다채롭다.

「젤다의 전설」의 속편. 탑뷰 식의 필드 이동과 사이드뷰 식의 심볼 인카운트형 전투 및 던전으로 구성된 액션 RPG. 경험치로 레벨 업하는 시스템도 채용했다.

드래곤 퀘스트 II : 악령의 신들

에닉스　1987년 1월 26일　5,500엔　1M

▶ 맵·적·주문 등, 모든 면에서 업그레이드됐다.

전작의 100년 후를 무대로, 용사의 자손들이 사교의 대신관 하곤 토벌을 위한 여행에 나선다. 3인 파티제가 되었고, 선박을 이용한 이동과 '여행의 문'을 통한 워프도 추가됐다. 맵도 더욱 광대해졌다.

울트라맨 : 괴수제국의 역습

반다이　1987년 1월 29일　3,300엔　1M

▶ 패키지판과 재기록판은 일부 BGM이 다르다.

패미컴 최초의 울트라맨 소재 타이틀. 하야타 대원이 광선총을 들고 적을 물리치는 횡스크롤 액션 게임이다. 에너지를 모아 화면 우상단의 미터를 가득 채우면 울트라맨으로 변신할 수 있다.

에거랜드

HAL 연구소　1987년 1월 29일　2,900엔　1M

▶ 입구를 헷갈리면 클리어 불가능한 방도 있다.

시리즈 제 2탄. 주인공 '로로'를 조작해 에거 대왕에 납치당한 '라라'를 구하자. 각 방은 11×11칸 크기로 구성돼 있다. 실내의 모든 '하트 프레이머'를 얻고 보물상자 내용물을 획득하면 스테이지 클리어다.

더 블랙배스

HOT·B　1987년 2월 6일　5,300엔　1M

▶ 수온에 맞춰 적절한 로드·루어를 선택하자.

당시 일본에서 유행하던 배스 낚시를 소재로 다룬 게임. 전국 토너먼트 우승이 목적이다. 호수 전체를 보여주는 맵 화면과, 루어를 조작하는 사이드뷰 화면으로 나뉜다. 상황에 맞춰 낚시장소를 고르자.

퀴즈러 랜드 창간호

선 소프트　1987년 2월 6일　2,980엔　1M

▶ 만화가 난키이 그린 캐릭터로 표지를 장식했다.

선 전자가 퍼즐잡지 '퍼즐러' 편집부와 공동 제작한 디스크 매거진의 창간호. 점술 코너와 3D 미로, 일본 일주 울트라 퀴즈 등 8종의 미니게임을 수록했다. 제 3호까지 발매되었다.

신인류

리코 엘리멕스　1987년 2월 10일　4,900엔　512K

▶ 화면상의 장애물을 공격하면 아이템이 나온다.

인류의 선조 '맥스'를 조작해 공룡과 싸우는 종스크롤 슈팅 게임. 프로레슬러인 쵸슈 리키와 제휴한 게 특징으로서, 도우미 캐릭터 '리키'로 변신하면 '리키 래리어트'를 날릴 수 있다.

비룡의 권 : 오의서

니혼 게임　1987년 2월 14일　5,500엔　1M

▶ '심안 시스템'으로 자신과 상대의 약점을 보여준다.

타이토의 아케이드용 게임 '북파소림 비룡의 권'을 개변 이식했다. 대전형 격투 게임에 횡스크롤 액션을 섞은 작품으로서, 상·중·하단 공격에 점프·방어 등 훗날의 격투 게임 장르의 주요 요소가 모두 있다.

에스퍼 드림

코나미　1987년 2월 20일　2,980엔　1M

▶ 초능력을 구사해, 다섯 월드의 보스를 물리쳐라.

초능력을 지닌 주인공이 책 속의 세계에서 납치된 촌장의 딸을 구하러 모험하는 액션 RPG. 5곳의 월드와 마을이 있고, 탑뷰형 필드를 이동하며, 전투는 고정화면 액션 게임 식이다.

골프 : JAPAN 코스

닌텐도　1987년 2월 21일　3,500엔　1M

▶ 『마리오 골프』 시리즈의 첫 작품에 해당한다.

디스크 팩스를 지원하는 청색 디스크를 사용하며, 저장한 스코어를 닌텐도 쪽에 송신하는 형태로 전국 토너먼트가 개최되었던 골프 게임. 랭킹의 상위 입상자에게는 골든 디스크를 증정했다.

패밀리 트레이너 : 에어로빅 스튜디오

반다이　1987년 2월 26일　5,800엔　512K

▶ 매트를 손과 발로 조작해 전신 운동을 즐긴다.

패밀리 트레이너를 사용해 즐기는 제 3탄 작품으로 발매되었다. '우리 집이 에어로빅 스튜디오로!'라는 선전문구를 내세운 TV 광고로 대히트했다. 모녀가 함께 즐기는 가정도 있었다고.

HARDWARE
1983
1984
1985
1986
1987
1988
1989
1990
1991
1992
1993
1994
INDEX

HARDWARE
1983
1984
1985
1986
1987
1988
1989
1990
1991
1992
1993
1994
INDEX

포켓 자우루스 : 십왕검의 수수께끼

반다이 1987년 2월 27일 5,500엔 2M

▶ 화면 하단의 윈도우에 대사와 힌트가 표시된다.

당시 반다이 소속이었던 하시모토 명인을 모티브로 삼은 '하시모토 자우루스'가 주인공인 횡스크롤 액션 게임. 잡지로 일반인 아이디어를 공모했으며, 반다이의 캐릭터 문구 '포켓 자우루스'가 적으로 나온다.

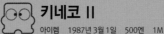

키네코 II

아이렘 1987년 3월 1일 500엔 1M

▶ 상하나 좌우가 반전된 조각도 나온다.

움직이는 그림 조각들을 맞춰 완성시키는 무빙 퍼즐 게임의 제 2탄. 플레이 도중엔 그림 분위기에 맞춘 음악으로 분위기를 낸다. II 컨트롤러로 그림 속의 게임을 실제로 즐기는 2인 플레이도 가능하다.

메르헨 베일

선 소프트 1987년 3월 3일 3,200엔 1M

▶ 버추얼 신의 셰르머 스테이지 공략의 힌트다.

PC용 게임의 이식작. 마법사에 의해 인간이 아닌 종족 '베일'로 변한 주인공 왕자가 원래 세계로 돌아가기 위해 모험하는 액션 RPG. 온화한 그래픽이 특징이며, 비주얼과 액션으로 구성돼 있다.

느닷없이 뮤지션

도쿄 서적 1987년 3월 5일 4,900엔 384K

▶ 록·재즈·삼바 등의 리듬도 선택 가능하다.

'패미컴의 내장음원은 게임음악만 가능한 게 아니다'라는 컨셉으로 탄생한 의욕작. 컨트롤러로 커서를 이동시켜 건반을 눌러 소리를 내는 식으로, 자신만의 음악을 만들어보자.

슈퍼 로드 러너

아이렘 1987년 3월 5일 3,100엔 1M

▶ 디스크라이터로 레코더 저장이나 이어 저장이 가능.

아케이드판 「로드 러너」를 제작했던 아이렘 사의 작품. 캐릭터 등은 아케이드판을 따라가나, 1화면이 아니라 좌우 스크롤 형태로 바꿨다. 전용 스테이지에서 2P 동시 플레이도 가능하다.

미키 마우스 : 이상한 나라의 대모험

허드슨 1987년 3월 6일 4,900엔 512K

▶ '이상한 나라'를 헤매는 앨리스를 구출하자.

'이상한 나라의 앨리스'의 세계를 무대로 삼아, 미키가 지우개를 던지며 싸운다. 미키와 모션이 동일한 미니는 기본적으로 무적이지만, 사로잡히면 구출해야 한다. 독특한 전략성이 있는 게임.

로 오브 더 웨스트

포니 캐년 1987년 3월 6일 5,500엔 1M

▶ 대화 도중 암살자가 나타나 뒤에서 습격하기도.

미국산 PC 게임의 이식작. 보안관이 되어 마을의 치안을 지키자. 무법자들과의 대화 모드에서는 심리전을 도입해, 상황에 따라서는 상대가 총을 뽑기도 한다. 대화로 잘 마무리하면 고득점을 얻는다.

입체 대작전

스퀘어 1987년 3월 12일 3,400엔 1M

▶ 부츠 아이템을 얻으면 천지접의 적을 밟을 수 있다.

적청식 안경을 이용한 입체영상을 지원하는 3D 액션 슈팅 게임. 기둥과 적을 피하며 함정을 적절한 타이밍의 점프로 뛰어넘어, 스테이지 최후에 있는 보스를 미사일로 물리치자.

시티 어드벤처 터치 : 미스터리 오브 트라이앵글

토호　1987년 3월 14일　4,900엔　1M

▶ 스테이지의 다양성이 돋보여, 제법 깊이가 있다.

아다치 미츠루 원작 야구 러브코미디 만화의 게임판. 이차원에 떨어진 애완견 펀치의 새끼를 구하려 타츠야·카즈야·미나미가 평행세계를 모험한다. 건물에서 얻은 힌트에 따라 아이템을 모으자.

스타로 가는 길

빅터음악산업　1987년 3월 17일　5,900엔　1M

▶ 2명을 동시에 조작하는 감각이 당시엔 신선했다.

각각 하카타·히로시마 출신인 두 주인공이 상경해 스타가 되는 액션 게임. 행인을 카리스마 파로 멈춰 세우고 둘 사이에 끼우면 CD를 얻는다. 일정량의 CD를 모아 건물 최심부로 가면 스테이지 클리어다.

구니스 2 : 프라텔리 최후의 도전

코나미　1987년 3월 18일　4,900엔　1M

▶ 친구가 갇힌 감옥은 무작위로 위치가 바뀐다.

1986년 발매되었던 「구니스」의 속편. 마이키를 조작해 갱들에게 납치된 친구들을 구하자. 전작과 시스템은 동일하지만 스테이지가 넓어졌다. 3D 맵과 수중 등, 무대도 다양해졌다.

로스트 워드 오브 제니 : 잃어버린 메시지

타카라　1987년 3월 25일　5,500엔　1M

▶ 총 6스테이지로서, 화면이 상하로 스크롤된다.

타카라 사의 인형놀이 완구 '제니'가 주인공인 액션 게임. 빼앗긴 대본을 되찾자. 각 스테이지에 배치된 보물상자를 10개 이상 열면 출구가 등장한다. 적을 물리쳐 열쇠를 얻으면 보스전으로 넘어간다.

윈터 게임즈

포니 캐년　1987년 3월 27일　2,900엔　1M

▶ 적절한 타이밍에 십자키를 누르면 기술이 펼쳐진다.

미국산 게임의 이식작. 동계올림픽을 모티브로 삼은 스포츠 게임이다. 스피드스케이팅·피겨스케이팅·봅슬레이·핫도그(모굴)의 4종목을 즐길 수 있다. 버튼을 누르는 타이밍에 특화시킨 작품이다.

오토키

아스키　1987년 3월 27일　3,500엔　1M

▶ 샷에 연사 기능이 없어, 난이도가 높은 편이다.

소리를 테마로 삼은 횡스크롤 슈팅 게임. 무기인 8방향 샷에는 고유의 음계가 있어, BGM에 맞춰 쏘면 멜로디를 연주하는 기분이 난다. 미디어 아티스트인 이와이 토시오가 개발에 참여했다.

슈퍼 보이 앨런

선 소프트　1987년 3월 27일　4,900엔　1M

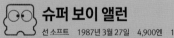

▶ 이동 가능한 통나무 수는 서서히 증가한다.

선 소프트의 교육용 게임 제 2탄. 주인공 '앨런'을 조작해 몸져누운 여동생 리라를 구해내자. 분수 계산을 배울 수 있는 미로 탐색형 액션 게임이다. 적을 피하며 통나무를 굴려 문제에 답하자.

지하대륙 올도라

선 소프트　1987년 3월 27일　4,900엔　1M

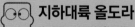

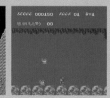

▶ 무기인 시한폭탄은 좌우에 포물선으로 던진다.

선 소프트의 교육용 게임 제 3탄. 지하를 탐험하며 초등학교 수준의 소수점 계산과 도량형을 배우자. 사이드뷰 횡스크롤 액션 게임이며, 무기인 폭탄으로 적을 물리치면 출제되는 문제를 풀며 진행한다.

HARDWARE
1983
1984
1985
1986
1987
1988
1989
1990
1991
1992
1993
1994
INDEX

HARDWARE
1983
1984
1985
1986
1987
1988
1989
1990
1991
1992
1993
1994
INDEX

남국 지령!! 스파이 vs. 스파이

켐코　1987년 3월 27일　4,900엔　1M

▶ 남국의 섬에서 다양한 장애물로 상대를 저지하자.

86년 발매된 「스파이 vs. 스파이」의 속편. 남태평양 외딴섬에서 두 스파이가 섬에 숨겨진 미사일을 두고 싸운다. 장애물·난이도가 다른 총 6스테이지 구성이나. 미사일을 완성해 잠수함에 실은 쪽이 승리한디.

더티 페어 : 프로젝트 에덴

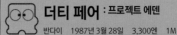

반다이　1987년 3월 28일　3,300엔　1M

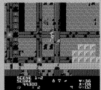

▶ 1인 플레이 시 앤 케이가 에어가로 원호해준다.

같은 제목 애니메이션의 게임판. 트러블 컨설턴트인 유리·케이를 조작해 와츠먼 교수의 음모를 저지하자. 총 4스테이지로서, 1·3스테이지는 힝스크롤 액션, 2·4스테이지는 실내 탐색 모드로 구성했다.

산마의 명탐정

남코　1987년 4월 2일　4,900엔　1.5M

▶ '후려치기'란 커맨드가 있는 개 딱이 게임답다.

탐정 역인 아카시야 산마가 카츠라 분친 살해현장에서 다이아몬드를 훔친 범인을 찾는 어드벤처 게임. 플레이어는 산마의 조수가 된다. 당시 요시모토 흥업의 인기 코미디언 다수가 실명으로 출연했다.

애플 타운 이야기

스퀘어　1987년 4월 3일　3,400엔　1M

▶ 집을 보는 소녀의 행동을 화면 밖에서 관찰하자.

미국산 PC 게임 「리틀 컴퓨터 피플」의 개변 이식판. 거주중인 한 소녀의 생활을 관찰하자. 그녀는 집안에서 다양한 행동을 취한다. 표시되는 아이콘을 이용해 리액션을 걸 수도 있다.

그린베레

코나미　1987년 4월 10일　2,980엔　1M

▶ 패미컴판은 2인 동시 플레이가 가능해졌다.

미군의 특수부대 '그린베레'를 소재로 삼은 아케이드용 게임의 이식작. 스테이지 수가 늘어났고, 목적이 포로 구출에서 미사일 파괴로 변경됐으며, BGM도 전부 리뉴얼했고 엔딩도 새로 만들어 넣었다.

코코나 월드

소프엘　1987년 4월 10일　2,980엔　1M

▶ 코코나는 파인 별의 공주님, 마법을 쓰는 소녀다.

동화틱한 세계가 배경인 어드벤처 게임. 딱히 확고한 스토리는 없으며, 주인공인 소녀 '코코나'의 요구에 맞춰 그녀의 일상을 따라가면 된다. 요구대로 행동하지 않으면 코코나의 기분이 나빠진다.

렐릭스 : 암흑요새

보스텍　1987년 4월 10일　4,200엔　1M

▶ 적의 내성별로 유리한 전사가 달라지기도 한다.

어둠의 지배자가 점거한 완전무결의 요새에 침입하는 액션 게임. 주인공은 '혼'이기 때문에, 물리친 전사에 빙의해 옮겨가면서 요새 안으로 진행한다. 빙의 가능한 전사는 검 전문, 격투 전문 등 6가지 타입이다.

바둑 : 9줄판 대국

BPS　1987년 4월 14일　3,500엔　1M

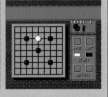

▶ 대국 도중 커맨드를 입력하면 저장도 가능하다.

9×9줄짜리 소형 바둑판을 사용하는 바둑 게임. 대 CPU전과 대인전 모드는 물론, 저장된 대국을 재현하는 리플레이 모드, 초보자용 레슨 모드도 있다. 대국시 핸디캡 설정도 가능하다.

마계도 : 일곱 섬 대모험

캡콤　1987년 4월 14일　4,980엔　1M

▶ 대해적 '캡틴 바이어드'의 보물을 찾아내야 한다.

아케이드용 게임 「히게마루」가 원작인 액션 어드벤처 게임. '모모타루'를 조작해 나무통을 던져 적과 싸운다. 해적선 선장을 물리치고 일곱 섬에 상륙해, 각 섬을 공략하여 수수께끼의 대륙을 출현시키자.

모리타 쇼기

세타　1987년 4월 14일　5,500엔　1008K

▶ 패미컴 최초의 배터리 백업 내장 소프트다.

전설의 프로그래머로 칭송받았던 모리타 카즈로가 개발한 PC용 쇼기 게임의 패미컴판. 컴퓨터의 사고루틴이 강력해, 성인 쇼기 팬들 사이에서 화제를 모아 히트작이 되었다.

아르고스의 전사 : 좌충우돌 대진격

테크모　1987년 4월 17일　4,980엔　1M

▶ 인드라의 5신기를 모아 수왕과 이기를 물리치자.

'디스크 아머'라 불리는 요요형 무기를 이용해 싸우는 아케이드용 액션 게임의 개변 이식작. 원작에 없었던 성장 요소와 탐뷰형 맵 이동 시스템을 추가해, 탐색형 액션 RPG풍의 작품이 되었다.

열혈경파 쿠니오 군

테크노스 재팬　1987년 4월 17일　5,300엔　1M

▶ 다채로운 공격으로 적 캐릭터를 날려버려라!

열혈고교에 다니는 주인공 '쿠니오'가 친구 히로시를 구하러 싸움에 뛰어드는 벨트스크롤 액션 게임. 개성이 풍부한 라이벌이 많고, 특히 여깡패 '미스즈'의 기술 '왕복 따귀'는 위력이 정말 강력하다!

풍운 소림권

잘레코　1987년 4월 17일　3,200엔　1M

▶ 회복 아이템 '라면'은 보통 화면 끝단에 있다.

독특한 조작계의 격투 게임. 설명서에 초반 스토리를 만화로 실었다. 거인·마왕 등과 싸우는 총 26스테이지 구성이다. 라면을 얻으면 체력이 회복되고, 호리병을 얻으면 컨티뉴가 1회 가능해진다.

북두의 권 2 : 세기말 구세주 전설

토에이 동화　1987년 4월 17일　5,300엔　1M

▶ 전작의 왼쪽 스크롤을, 오른쪽 스크롤로 바꿨다.

「북두의 권」의 속편이며, 원작의 '천제 편'이 배경이다. 펀치로 적을 물리치면 나오는 단말마 아이템 '아베시'나 '히데부'를 얻으면 파워 업한다. 보스로 애니메이션판의 캐릭터나 게임 오리지널 캐릭터도 나온다.

애전사 니콜

코나미　1987년 4월 24일　2,980엔　1M

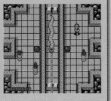

▶ 아이템으로 사정거리 등 각종 능력을 강화한다.

우마왕에 납치된 애인을 구하려, 천재 과학자 '니콜'이 일곱 세계를 넘나드는 액션 게임. 부품을 모아 이차원 공간이동장치를 작동시키면 해당 스테이지가 클리어되고, 다음 스테이지로 넘어간다.

패밀리 자키

남코　1987년 4월 24일　3,900엔　512K

▶ 채찍과 점프로 말을 잘 조종해 승리를 노리자.

플레이어는 기수가 되어, 텐노상을 목표로 총 16레이스를 뛰게 된다. '온리 레이스'와 경마예상 시스템을 가미한 '패밀리 게임'이 있다. 레이스는 2명, 예상은 4명까지 참가 가능하다.

HARDWARE
1983
1984
1985
1986
1987
1988
1989
1990
1991
1992
1993
1994
INDEX

탐정 진구지 사부로 : 신주쿠 중앙공원 살인사건

데이터 이스트　1987년 4월 24일　3,300엔　1M

▶ 하드보일드풍의 그래픽으로 인기를 얻었다.

'진구지 사부로' 시리즈의 첫 작품. 커맨드식 어드벤처 게임이지만, 신주쿠 중앙공원 내를 이동하는 필드 맵도 있다. '조사 종료' 커맨드를 고르면 하루가 경과하며, 조사기간 내에 사건을 해결해야만 한다.

근육맨 : 근육별 왕위쟁탈전

반다이　1987년 5월 1일　3,300엔　1M

▶ 모든 팀을 물리쳐, 천수각의 보스전에 임하자.

만화가 유데타마고의 대표작인, 같은 이름 만화의 게임판. 원작의 '근육별 왕위쟁탈 편'이 원작인 횡스크롤 액션 게임이다. 근육맨 등의 정의초인 팀을 조작해 마리포사·제브라·피닉스 팀과 싸워야 한다.

파오 군의 신비한 여행

스퀘어　1987년 5월 1일　3,400엔　1M

▶ 파워 업 아이템이 충분히 나오는 편이다.

훈훈한 분위기의 액션 어드벤처 게임. 파오 군을 조작해 '세상에서 가장 소중한 것'을 찾아 떠나자. 나무를 오르거나 블록을 부수면 아이템이 나오기도 한다. 특별한 아이템은 영어로 설명이 나온다.

성검 사이코칼리버 : 마수의 숲 전설

이매지니어　1987년 5월 19일　4,900엔　1M

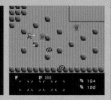

▶ 카세트테이프에 공략 힌트를 숨겨두었다.

미로 탐색형 액션 RPG. 멀티미디어 수법을 도입한 작품으로서, 게임 본체에 카세트테이프와 일러스트 카드를 동봉했다. 게임은 8곳의 지역으로 구성돼 있고, 사전에 트레이닝 스테이지도 나온다.

요괴 클럽

잘레코　1987년 5월 19일　4,900엔　1.25M

▶ 스타트 직후와 화면 전환시에는 무적시간이 있다.

요괴물에 SF 요소를 가미한 액션 게임. 초능력 소년 '아키라'를 조작해 요제 '가루스'를 타도하자. 무기인 사이코 기술은 경험치로 파워 업 한다. 아이템은 다량 소지가 가능하며, 편리한 것이 많다.

다이너마이트 보울

도시바 EMI　1987년 5월 24일　4,900엔　512K

▶ 투구 위치 및 각도 등도 세밀하게 조작할 수 있다.

패미컴 최초의 볼링 게임. 캐릭터 5명 중에서 하나를 골라 플레이한다. 등장하는 레인은 30종류로서, 컨디션이 조금씩 다르다. 볼도 무게별로 5종류나 제공된다. 동시 플레이는 5명까지 가능하다.

섹션 Z

캡콤　1987년 5월 25일　2,980엔　1M

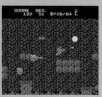

▶ 무적상태와, 에너지가 줄어드는 상태를 번갈아간다.

아케이드용 게임을 개변 이식한 사이드뷰 슈팅 게임. A·B 버튼으로 좌·우 공격이 가능하며, 적도 화면 양쪽에서 습격해온다. 루트 분기와 파워 업 시스템을 추가했다.

프로 골퍼 사루 : 그림자 토너먼트

반다이　1987년 5월 25일　3,300엔　1M

▶ 절벽에 빌딩 등이 코스로 이 인공장치의 등장한다.

클럽 3자루만으로 타구를 조작하는 개성적인 골프 게임. 원작의 '깃발 맞추기'·'고공 수직꽂기' 등의 필살기는 물론, 두더지가 출몰하거나 까마귀가 볼을 물어가는 등의 돌발사태도 나온다.

패밀리 트레이너 : 조깅 레이스

반다이　1987년 5월 28일　4,900엔　1.25M

▶ 한 스테이지가 긴 편이나. 너무 무리하지 말도록.

풍경의 변화나 코스를 산보하는 사람들의 모습을 즐기며 장거리를 느 긋하게 달리는, '패밀리 트레이너' 시리즈 작품 중 하나. 게임 도중에 플레이어가 소비한 칼로리량도 표시해 준다.

미궁사원 다바바

 코나미　1987년 5월 29일　2,980엔　1M

▶ 시바와 적이 간 단위로 이동하 는 게 특징이다.

인도풍 세계관이 독특한 탑뷰 액션 슈팅 게임. 수도승 '시바'를 조작해 사신 다바바에 납치당한 히로인 '타냐'를 구출하자. 각 지역의 특정 장 소에는 다양한 아이템이 숨겨져 있다.

딥 던전 II : 용사의 문장

스퀘어　1987년 5월 30일　3,400엔　1M

▶ 멀티 엔딩이라 여러 번 플레이 가능하다.

86년 발매했던 「딥 던전」의 속편. 전작의 수백 년 후를 무대로, 용사 '랄'의 후예가 부활한 마왕 '루우'를 토벌하러 떠난다. 기본 시스템은 전작과 동일하며, 지하뿐만 아니라 지상 모험도 가능해졌다.

스매시 핑퐁

닌텐도　1987년 5월 31일　2,500엔　512K

▶ 치는 타이밍에 따라 공이 하나 위로 나간다.

아케이드·MSX용 게임 「코나미의 핑퐁」의 이식작. 손과 라켓만 화면 에 표시되며, 좌우 이동은 자동이다. 치는 타이밍과 샷·스핀의 선택, 포어핸드·백핸드 전환으로 타구를 조절하는 시스템이다.

리플렉트 월드

이스트 큐브　1987년 6월 2일　3,200엔　1M

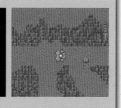

▶ 적을 물리쳐 얻은 돈으로 방어 구를 살 수 있다.

특수전투차량 'MFV'를 운전해 적을 물리치는 시뮬레이션 RPG. 액션 게임처럼 차량을 조작해 적을 물리친다. 등장하는 무기를 잘 활용해, 미러 월드에 있는 거대요새 '다이버스트'를 공략하자.

아테나

SNK　1987년 6월 5일　5,500엔　1M

▶ 검을 휘두르는 비키니 미소녀가 실로 인상적이다.

아케이드용 게임의 이식작. 공주 '아테나'를 조작해, 환상계의 제왕 단 테를 타도하자. 성장 요소가 있는 횡스크롤 액션 게임이며, 스테이지 별로 제한시간이 있다. 「사이코 솔저」의 주제가 테이프를 동봉했다.

타카하시 명인의 BUG는 허니

허드슨　1987년 6월 5일　5,500엔　1.25M

▶ 실은 블록깨기 장르 기반의 게임이다.

「타카하시 명인의 모험도」 원작의 같은 제목 TV 애니메이션을 게임화 했다. 심플한 액션 게임이며, 스테이지 1은 허니로 '타카하시 원인'을 구하고, 스테이지 2부터는 원인으로 큐라 대왕을 타도한다.

투인 마경전 : 헤라클레스의 영광

데이터 이스트　1987년 6월 12일　5,300엔　1M

▶ 독창적인 시스 템을 다수 넣은 의욕작이다.

그리스 신화의 영웅 헤라클레스가 주인공인 RPG. 용사 헤라클레스를 조작해 마왕 하테스를 물리치고 여신 비너스를 구출하라. 몬스터·무기 에 상성 개념이 있는 것이 특징이며, 전투중 무기 교환도 가능하다.

퀴즈러 랜드 제 2호

선 소프트　1987년 6월 12일　2,980엔　1M

▶ 디스크 카드의 저렴함을 활용한 염가 타이틀이다.

같은 해 2월 발매했던 같은 제목 타이틀의 제 2탄. 5종의 게임에 '퀴즈러 BOX'를 새로 추가했다. 시뮬레이션·퍼즐 등 수록 게임이 다양하다. 퀴즈러 BOX는 독자 의견을 소개하는 코너.

골프 : US 코스

닌텐도　1987년 6월 14일　3,500엔　1M

▶ 샷 시의 3D 부가 대화면 표시로 진화했다.

「골프 : JAPAN 코스」의 속편. 기본적인 시스템은 전작을 답습했으며, 그래픽 등은 향상됐다. 전작처럼 전국대회도 개최하여, 상품으로 「펀치 아웃」의 금딱 카세트를 증정했다.

닥터 카오스 : 지옥의 문

포니 캐년　1987년 6월 19일　2,900엔　1M

▶ 벽을 치면 아이템이나 비밀통로가 나오기도 한다.

기괴한 괴물들이 배회하는 연구소가 무대인 액션 어드벤처 게임. 주인공 '마이클'이 형 '닥터 카오스'를 구하려 연구소 내부를 조사한다. 방별로 동서남북 시점이 별도로 나뉘어 있어, 조사가 만만찮다.

패밀리 복싱

남코　1987년 6월 19일　4,900엔　1M

▶ 신인부터 시작해 세계 챔피언까지 노린다.

'패밀리 시리즈' 제 3탄인 권투 게임. 펀치·스태미너·스피드로 능력치가 나뉘며, 경험치를 쌓아 캐릭터를 성장시킨다. '회오리 훅' 등의 독특한 필살기도 있어 재미있다.

마이클 English 대모험

스코피온 소프트　1987년 6월 19일　2,980엔　1M

▶ 틀린 알파벳을 얻으면 적이 출현한다.

고바야시 마코토의 만화 'What's Michael?'의 캐릭터를 사용한 영어학습 소프트. 주인공인 고양이 '마이클'을 조작해, 하늘에 떠다니는 알파벳을 차례로 획득하여 영어단어를 완성시키는 게임이다.

우디 포코

디비 소프트　1987년 6월 20일　5,500엔　1M

▶ 캐릭터가 귀엽지만, 난이도는 꽤 높은 게임이다.

PC용 게임의 이식작. 횡스크롤 액션 게임에 퍼즐·RPG 요소를 가미했다. 인형 '포코'가 인간이 되려 여행한다는 스토리로서, 훈훈하고 코믹한 디자인이 특징. 시행착오하며 아이템을 찾아내자.

익사이팅 빌리어드

코나미　1987년 6월 26일　2,980엔　1M

▶ 영화 '허슬러'의 주인공이 된 듯한 기분이다.

내기당구로 각지를 전전하는 모드와 프리 대전 모드가 있는 게임. CPU의 사고시간이 꽤 길지만, 세계관과 분위기가 그럴싸하다. 나인볼 외에, 로테이션과 랙 게임도 즐길 수 있다.

불타라!! 프로야구

잘레코　1987년 6월 26일　5,500엔　1.5M

▶ TV중계풍의 시점 연출을 최초로 시도했다.

투수를 등뒤 시점으로 묘사한, 현장감 넘치는 야구 게임. 특수 음원 칩을 내장해, 각종 보이스가 게임 도중에 재생된다. 번트 자세로 홈런을 터뜨릴 수 있는 엉뚱한 버그로도 유명한 게임이다.

토코로 씨의 공격도 방어도

에픽 소니   1987년 6월 27일   4,900엔   512K

▶ 물총은 물의 잔량에 따라 위력·비거리가 바뀐다.

연예인 토코로 죠지가 BGM·캐릭터 디자인을 맡은, 주인공 '토코로 씨'가 물총을 무기로 활약하는 횡스크롤 액션 게임이다. 치요다 구에서 자택까지 가는 게 목적이며, 각 스테이지 최후엔 보스전도 있다.

홋카이도 연쇄살인 : 오호츠크에 사라지다

아스키   1987년 6월 27일   5,800엔   2M

▶ 패스워드로 게임의 중단·재개가 가능하다.

홋카이도, 타카다노바바의 사카에 거리 등에서 벌어지는 사건을 해결해가는 커맨드식 어드벤처 게임. PC용 게임의 이식작이지만 패미컴판의 팬도 많으며, 각 장면을 수놓는 BGM도 호평 받았다.

미래신화 자바스

타이토   1987년 6월 30일   5,500엔   2M

▶ 당시의 최신 기술을 사용한 빅스케일의 RPG였다.

패미컴용 RPG로는 최초로 배터리 백업 기능을 내장한 액션 RPG. 황폐해진 지구를 무대로, 막 귀환한 우주비행사가 새로운 지구의 왕이 되기 위해 일곱 폭군을 물리친다. 광대한 맵에서 모험을 즐기자.

자계소년 메트 마그

스퀘어   1987년 7월 3일   3,400엔   1M

▶ 막혔을 때는 1+SELECT로 가브업하자.

자석의 특성을 도입한 퍼즐 게임. 자기력을 지닌 소년 '마그'나 소녀 '메그'를 조작해, 전자계에서 귀환시키자. 마그·메그는 타이틀 화면에서 선택 가능. 3색의 칩은 각각 자력이 역전되는 등의 효과가 있다.

좀비 헌터

하이스코어 미디어워크   1987년 7월 3일   4,900엔   1.25M

▶ 타이틀명 등이 음성합성 사운드로 출력된다.

게임잡지 '하이스코어'에서 기획한 게임 소프트. 원래는 이름이 같은 아이스크림의 경품용 소프트였다. 난이도가 높고 컨티뉴도 없지만, 제한시간도 없어 차분히 즐기다보면 클리어 가능하다.

월풍마전

코나미   1987년 7월 7일   4,900엔   2M

▶ 큼직한 사이즈로 움직이는 캐릭터가 박력만점.

머나먼 미래가 무대인 고대 일본풍 액션 게임. 월풍마가 빼앗긴 파동검을 되찾아, 형을 죽인 자의 원수를 갚는다는 스토리다. 다채로운 스토리와 다양한 그래픽 연출 덕에 플레이어가 질릴 틈이 없다.

부비 키즈

일본물산   1987년 7월 10일   4,900엔   1M

▶ 스테이지의 시대설정에 따라 아이템도 진화한다.

원작은 아케이드용 게임 「키드의 파라파라 대작전」. 다만 스테이지 구성은 대폭 개변됐다. 구멍을 파 적을 빠뜨리거나 벽을 파괴하며, 스테이지 상의 목표를 모두 회수하고 골인해야 하는 게임이다.

꿈공장 두근두근 패닉

후지 텔레비전   1987년 7월 10일   2,980엔   1M

▶ 후일 「슈퍼 마리오 USA」로 재발매된다.

후지 TV가 개최했던 박람회 '꿈공장 '87'의 이미지 캐릭터들이 주인공인 액션 게임. 4명의 캐릭터는 저마다 특징이 다르므로, 클리어 후에도 다른 캐릭터로 파고들며 오래 즐길 수 있다.

HARDWARE
1983
1984
1985
1986
1987
1988
1989
1990
1991
1992
1993
1994
INDEX

헥터 '87

허드슨 1987년 7월 16일 5,000엔 1M

> 스타 솔저와 BGM 작곡자가 동일하다.

1987년도 캐러밴 행사용 작품으로서 발매된 게임. 지상·공중을 공격하는 종스크롤 슈팅 장르와 던전 내 등을 탐색하는 횡스크롤 슈팅 장르로 구성돼 있다. 기체 파워 업이 없고, 연사 중심으로 공격한다.

드래곤 슬레이어 IV : 드래슬레 패밀리

남코 1987년 7월 17일 4,900엔 1.5M

> 정밀히 특화된 캐릭터를 골라 공략하자.

5종류의 캐릭터를 조작해 던전 내의 크라운 4개를 입수하여 드래곤을 토벌해야 하는 액션 RPG. PC에서 인기였던 「드래곤 슬레이어」 시리즈의 세 4탄으로서, 패미컴과 MSX로 발매됐다.

쟝보우

케이 어뮤즈먼트 리스 1987년 7월 18일 4,980엔 1M

> 저 속도를 봉하는 베리어가 있으면 패 쌓이진다.

마작과 블록깨기 장르를 합체시켰다. 뒤집힌 마작패가 블록이며, 볼을 맞히면 앞면이 보이고 다시 맞히면 떨어진다. 떨어지는 패를 받으면 손패와 교체할 수 있으니, 이를 이용해 좋은 역을 만들어보자.

판타지 존

선 소프트 1987년 7월 20일 5,300엔 1M

> 돈을 모으면 목숨까지도 구입할 수 있다.

좌우로의 자유 스크롤이 특징인 슈팅 게임. 파워 업은 돈을 모아 구입한다. 각 스테이지의 개성적인 보스와 경쾌한 BGM이 재현도가 높아, 선 소프트의 명 이식작으로서 지금도 인기가 많다.

배트 & 테리 : 마경의 철인 레이스

유스 1987년 7월 22일 5,300엔 1M

> 타이틀 화면에서 A+START로 컨티뉴 가능하다.

야구만화 '배트 & 테리'의 게임판. 야구 요소는 전혀 없고, 슈퍼 마리오를 의식한 액션 게임이다. 장애물과 단차를 뛰어넘으며 적 캐릭터를 무기로 물리치면서 골인해야 한다.

익사이팅 바스켓

코나미 1987년 7월 24일 2,980엔 1M

> 당시에 농구 게임은 매우 희귀했었다.

패미컴 최초의 농구 게임. 점프 등, 선수의 디테일한 모션 묘사가 특징이다. 특히 사운드에 심혈을 기울여, 방향전환시 농구화가 마찰되는 소리나 드리블시 농구공 튀는 소리까지도 제대로 재현했다.

클레오파트라의 마보

스퀘어 1987년 7월 24일 3,300엔 1M

> 플러 커서로 화면 내의 수상한 장소를 조사하자

이집트가 무대인 커맨드 선택식 어드벤처 게임. 적을 물리쳐 경험치를 버는 RPG 시스템과 퍼즐 풀이를 결합시켰다. 주인공 '쿠사노 다이스케'가 되어 클레오파트라를 부활시키고 악령 카라도를 물리치자.

타이타닉 미스터리 : 푸른 전율

가켄 1987년 7월 24일 3,200엔 1M

> 마치 영화를 보는 듯한 현장감이 특징인 게임

거대 프로젝트의 사장이 되어 타이타닉 호를 인양하는 어드벤처 게임. 모모코·마린·레일라 세 여성 중 하나를 골라, 자금이 바닥나지 않도록 원조를 잘 받아가며 타이타닉 호의 침몰원인을 조사하자.

HARDWARE
1983
1984
1985
1986
1987
1988
1989
1990
1991
1992
1993
1994
INDEX

노래방 스튜디오

반다이　1987년 7월 30일　7,500엔　1M

▶ 노래방 애니메이션은 곡에 맞춰 나온다.

패미컴 최초의 노래방 소프트. 별매품인 마이크를 추가하면 듀엣 플레이도 가능하다. 게임 모드는 노래를 연습하는 '레슨 모드'를 비롯해 모두 4가지가 있다. 애니메이션·팝 등의 총 15곡을 수록했다.

체스터 필드 : 암흑신에 도전

빅 토카이　1987년 7월 30일　5,300엔　1M

▶ 복잡기괴한 미궁에서 보물을 모아 보스전에 나서자.

검을 무기삼아 싸우는 사이드뷰 액션 RPG. 청년 검사 '케인'을 조작해, 공포정치를 일삼는 게몬 장군을 물리치고 카렌 공주를 구하자. 경험치·돈 시스템이 있으므로, 이를 활용하면 능력치 향상이 가능하다.

패밀리 트레이너 : 미로 대작전

반다이　1987년 7월 31일　4,900엔　2M

▶ 함정에 빠지지 않도록 적절한 타이밍에 점프하자.

패밀리 트레이너 제 5탄. '패밀리 트레이너로 미로에 도전!'이라는 TV 광고의 선전문구로 화제가 되었다. 몬스터와 조우하는 등, 액션 요소가 강한 체감형 미로 탈출 게임을 즐기는 작품.

몬티의 두근두근 대탈주

잘레코　1987년 7월 31일　3,200엔　1M

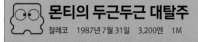

▶ 스테이지 곳곳에 흩어진 사진조각을 회수하자.

탈주한 '몬티 군'이 자신의 결백과 진범 체포를 위해 증거를 모으는 액션 어드벤처 게임. 각 스테이지 시작시 무기를 고르는 게 특징이며, 최후엔 보스전도 있다. 4스테이지 종료 후에는 재판이 열린다.

마작 가족

아이렘　1987년 8월 4일　2,980엔　1M

▶ 마작패를 입체적으로 묘사해, 알아보기 쉽다.

초보자부터 상급자까지 커버하는 심플한 마작 게임. 매번 역만을 노릴 수 있는 '일발마작'을 비롯해 '동남마작', 초보자용인 '마작선생', 상급자용인 '상급마작'까지 4가지 모드를 탑재했다.

하이웨이 스타

스퀘어　1987년 8월 7일　4,500엔　1M

▶ 제한시간 내에 골인하면 스테이지 클리어.

후일 「파이널 판타지」 시리즈를 내놓게 되는 스퀘어 사가 개발한 3D 시점의 레이싱 게임. 속도감 넘치는 화면묘사가 일품이다. 업다운이 시종일관 격렬해 도전하는 맛이 있는 총 8코스를 주파하자.

봄버 킹

허드슨　1987년 8월 7일　5,500엔　1M

▶ 전작보다 적의 공격이 다채롭고, 보스전도 있다.

「봄버맨」의 속편격인 타이틀. 전투용 안드로이드 '나이트'를 조작해 이차원 생물과 싸우는 면클리어식 액션 게임이다. 폭탄으로 장애물을 파괴하며 숨겨진 열쇠를 찾아내 골인해야 한다.

미라클 로핏 : 2100년의 대모험

킹 레코드　1987년 8월 7일　4,900엔　1M

▶ 퍼즐과 다채로운 액션어가 가득한 게임이다.

신비한 로봇 '로핏'과 함께, 행방불명돼 버린 오빠를 찾으러 가자. 로핏이 망가져도, 안에서 나타나는 소녀를 조작해 게임을 계속 진행할 수 있다. 30초 내에 소녀가 아이템을 얻어 로핏에게 가져가면 부활한다.

107

엘나크의 보물

토와 치키　1987년 8월 10일　5,300엔　1M

▶ '성격 게이지' 등의 오리지널 시스템을 넣었다.

퍼즐성이 있는 탑뷰 액션 게임. 나이프를 쥐고 보물과 행방불명된 친구를 찾자. 성격 게이지에 따라 주인공 캐릭터의 특성이 변화하는 게 특징인데, '다크'는 전투에 강해지고 '라이트'는 퍼즐 풀이에 유리해진다.

 ## 세인트 세이야 : 황금전설

반다이　1987년 8월 10일　5,500엔　2M

▶ 성의의 디자인은 애니메이션판 기반이다.

같은 제목 대히트 애니메이션의 게임판. 원작의 초두부터 12궁 편 도중까지를 재현했다. 시스템은 사이드뷰 액션 게임과 턴제 배틀 2가지로 구성돼 있으며, 원작의 캐릭터도 대거 등장한다.

 ## 아르마나의 기적

코나미　1987년 8월 11일　2,980엔　1M

▶ 스테이지가 넓고, 숨겨진 아이템도 풍부하다.

로프를 사용하는 액션 게임. 이름 없는 마을에서 도난된 '아르마나'란 보석을 되찾자. 특징은 이동하려면 반드시 익혀야 하는 '와이어 액션'. 로프로 이동·탐색은 물론, 적을 통과해 지나갈 수도 있다.

 ## 바둑 : 9줄판 대국

BPS　1987년 8월 11일　5,500엔　384K

 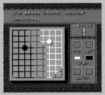

▶ 상급자용으로, 집바둑 핸디캡을 줄 수도 있다.

일본기원의 추천을 받은 바둑 소프트. 일반 바둑의 19줄판이 아니라, 훨씬 작은 9줄판을 쓰는 게 특징이다. 튜토리얼에서는 바둑 특유의 전문용어와 점수 계산법 등, 바둑을 기초부터 가르쳐준다.

 ## 천하의 조언가 : 미토코몬

선 소프트　1987년 8월 11일　5,300엔　2M

▶ 적의 밀군 아이템으로 토우미 캐릭터를 불러내자.

일본의 유명 TV 사극 '미토코몬'이 소재인 탑뷰 시점 액션 게임. '스케'·'카쿠'를 조작해 증거를 모아 악당들을 응징하자. 드라마의 명대사와 삽입곡 '아아 인생은 눈물이려니'가 음성합성으로 재생된다.

 ## 패밀리 마작

남코　1987년 8월 11일　3,900엔　1.5M

▶ 배운 용어·규칙을 퀴즈로 확인할 수도 있다.

일본물산이 개발하고 남코가 판매한 마작 게임. 철저히 초보자용으로 디자인했다. 4가지 게임 모드 중 3가지가 레슨 모드로서, 마작을 기초부터 해설해준다. 실전편에선 캐릭터 6명과 대전도 가능하다.

 ## 마성전설 II : 대마사교 갈리우스

코나미　1987년 8월 11일　4,900엔　1M

▶ 포포론과 아프로디테는 언제든 교체할 수 있다.

MSX용 게임 「마성전설」의 속편. 기사 포포론과 아프로디테 공주를 조작해, 미래에 태어날 자식을 구해내자. 다양한 비밀이 숨겨진 마성과 다섯 월드를 오가며, 4명의 대악마와 대마사교 갈리우스를 물리쳐라.

 ## 에어 포트리스

HAL 연구소　1987년 8월 17일　5,300엔　2M

 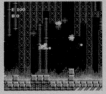

▶ 슈팅 스테이지에선 에너지와 폭탄을 모아라.

후일 「별의 커비」로 유명해지는 HAL 연구소의 타이틀. 횡스크롤 슈팅과 액션이 교대로 펼쳐지는 시스템이다. 슈팅 스테이지에서 아이템을 잘 모아두면 액션 스테이지의 공략이 편해진다.

몽환전사 바리스

토쿠마쇼텐 1987년 8월 21일 5,500엔 1M

▶ 엔딩이 다수 있으니 전부 플레이해 보자!

PC로 발매됐던 작품의 패미컴 이식판. 평범한 생활을 보내던 여고생 '아소 유코'가 바리스의 전사가 되어 악의 화신과 싸우는 액션 게임이다. PC판과는 전개가 달라져, 신선한 느낌을 주었다.

슈퍼 로드 러너 II

아이렘 1987년 8월 25일 500엔 1M

▶ 시리즈 집대성격 작품이라, 초고난이도다.

「슈퍼 로드 러너」의 속편. 기본 시스템은 동일하며, 적과 맵은 모두 리뉴얼했다. 전작의 스테이지 에디트 모드로 제작된 유저 맵을 모집해 수록했으며, 2P 모드로는 클리어 불가능한 맵이 2개 있다.

기기괴계 : 노도 편

타이토 1987년 8월 28일 3,800엔 1M

▶ 근접공격인 액막이 체와 원거리용 부적이 무기다.

무녀 '사요'가 요괴에 납치된 칠복신을 구하러 가는 아케이드용 액션 슈팅 게임을 이식했다. 필드 탐색형 게임으로 개편되었고, 목숨제와 아이템 구입 시스템 등 RPG적인 신규 요소도 추가했다.

드라큘라 II : 저주의 봉인

코나미 1987년 8월 28일 2,980엔 1M

▶ 탐색형 액션게임에 RPG 요소를 섞은 작품이다.

86년 발매했던 「악마성 드라큘라」의 속편(통산 3번째 작품). 죽음의 저주가 걸린 주인공 '시몬'이 저주를 풀러 여행한다는 스토리다. 기본은 전작을 답습한 액션 게임이며, 퍼즐·성장 요소를 새로 추가했다.

트랜스포머 : 더 헤드마스터즈

타카라 1987년 8월 28일 3,300엔 1M

▶ 동료를 구출하면 업체든 캐릭터 체인지가 가능.

같은 제목 로봇 애니메이션의 게임판. 4곳의 행성에서 붙잡힌 동료를 구출하여 데스트론 군과 싸우는 액션 슈팅 게임이다. 각 행성은 지상·지하 3개 스테이지로 나뉘며, 각각 적절한 형태로 변신해 싸운다.

빛의 전사 포톤

타카라 1987년 8월 28일 5,500엔 1M

▶ 탐색형 액션게임을 3D로 구현한 선구작이다.

3D 던전을 탐색하는 액션 게임. 바이오 솔저를 조작해 어둠의 생명체 '다그라'를 타도하자. 던전은 한 화면 단위로 전환하며 이동하는 식이며, 함정이나 숨겨진 문도 많다. 공격은 전방으로만 가능하다.

패밀리 트레이너 : 맨해튼 폴리스

반다이 1987년 8월 31일 4,900엔 2M

▶ 플레이어의 내구력과 순발력을 시험하는 게임.

패밀리 트레이너 전용 소프트 제 6탄. 신참 경찰관 '리틀 벤'을 조작하여 맨해튼의 평화를 지키는 총 6스테이지의 액션 어드벤처 게임. 화면 하단의 배치도를 살피면서 제한시간 내에 악당을 체포하자.

아라비안 드림 : 셰에라자드

컬처 브레인 1987년 9월 3일 5,500엔 2M

▶ 과거와 미래를 오가며 세에라자드 공주를 구하자.

이슬람풍 세계관의 액션 RPG. 전설의 마법사 '이스파'의 환생인 주인공이 사악한 마법사를 물리친다는 스토리다. 보통은 액션 모드로 전투하지만, '마법 대결'이라는 RPG 스타일의 전투도 있다.

HARDWARE
1983
1984
1985
1986
1987
1988
1989
1990
1991
1992
1993
1994
INDEX

패미컴 옛날이야기 : 신 오니가시마 전편

닌텐도　1987년 9월 4일　2,600엔　1M

▶ 텍스트가 세트로 나오며, 그림책처럼 구성했다.

일본의 전래동화 '오니가시마'를 각색한 세계에서, 주인공인 소년·소녀가 개·원숭이·꿩의 힘을 빌려 도깨비가 빼앗아간 할아버지·할머니의 혼을 되찾으러 간다. 2명을 전환해, 각자의 개성을 살려 진행하자.

조이드 : 중앙대륙의 싸움

도시바 EMI　1987년 9월 5일　5,300엔　1M

▶ 심볼 인카운트 시스템이라, 전투 회피도 가능하다.

공룡이 모티브인 완구 '메카생체 조이드'의 게임판. 공화국의 조이드 '고쥬라스'를 조작해 제네바스 제국과 싸우자. 2D 맵을 이동하다, 3D 슈팅 스타일로 전투한다. 등장 조이드는 20종류 이상이다.

디지털 데빌 스토리 : 여신전생

남코　1987년 9월 11일　4,900엔　2M

니시타니 아야의 SF소설 '디지털 데빌 스토리'가 원작인 3D 던전 RPG. 대마왕 루시퍼에 사로잡힌 여신 이자나미를 구출하는 게 목적이다. 적 악마를 아군으로 삼는 '악마 동료 시스템', 더욱 강한 악마를 만들어내는 '악마합체' 등 참신한 시스템이 많아, 당시의 플레이어들을 사로잡았다. 한편 맵이 매우 광대하다보니 난이도가 지독하게 높기로도 유명했다.

▲ 악마를 데리고 다니면 MAG가 소모된다. 자원들을 어떻게 관리하느냐가 매우 중요하다.

SWAT

토에이 동화　1987년 9월 11일　5,300엔　1M

▶ 설정 등이 제법 디테일해 매니아들을 자극한다.

미국 경찰 소속의 특수부대 SWAT가 모티브인 타이틀. 대원 5명을 조작해 빌딩에 잠입, 테러리스트들을 소탕하고 인질을 확보하자. 포획한 테러리스트는 자백제를 투여하는 등의 고문도 가능하다.

스펠렁커 II : 용사에게 도전

아이렘　1987년 9월 18일　5,300엔　1M

 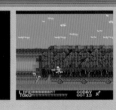

▶ 라이프제를 채용해 적작판이란 쉽게 측전하지 않는다.

85년 발매했던 「스펠렁커」의 속편. 캐릭터는 탐험가·초능력자·성직자 3종류 중에서 선택 가능하며, '라이프'와 '덕(德)'이란 능력치도 설정했다. 초보자라도 가볍게 즐길 수 있는, 완성도 높은 작품이다.

밀어붙이기 오오즈모

테크모　1987년 9월 18일　4,900엔　512K

자신만의 리키시(스모 선수)에 이름을 붙이고, 바닥부터 시작해 요코즈나(천하장사)까지 노리는 액션 게임. 밀기·당기기·메치기와 밀어붙이기로 상대의 체력을 줄이고 자신의 체력을 올려, '결정타'로 끝내자.

바이오 전사 DAN : 인크리저와의 싸움

잘레코　1987년 9월 22일　4,900엔　2M

▶ 도중에 여러 특수능력이 있는 무기를 입수한다.

하드코어한 설정에 개그 요소를 깨알같이 섞은 횡스크롤 액션 게임. 바이오 수술을 받은 청년 '단'을 조작해 외계의 생명체 인크리저와 싸우자. 총 6스테이지이며, 각 스테이지의 최후에는 보스전이 있다.

이데 요스케 명인의 실전마작

캡콤　1987년 9월 24일　6,500엔　1M

 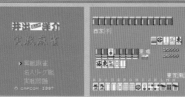

▶ 초보자라도 마작의 다양한 지식을 배울 수 있다.

도쿄대 출신으로 명인위를 5번이나 획득한 이데 요스케가 감수한 마작 게임. 전용 컨트롤러를 동봉해, 아케이드와 유사한 느낌으로 즐길 수 있다. 2인 대국식이며, CPU와의 대전 등 6개 모드가 있다.

스타 게이트

HAL 연구소　1987년 9월 24일　3,900엔　192K

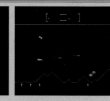

▶ 이후의 일본 슈팅 게임들에게 영향을 끼친 타이틀.

미국산 아케이드 게임의 이식판. 화면이 좌우로 스크롤되는 슈팅 게임이다. 지상의 인간들을 지키며 스테이지의 적을 전멸시키자. 레이더로 현재 위치를 파악하며 싸워야 하는, 전략성이 높은 작품이다.

강시즈 2

타이토　1987년 9월 25일　5,500엔　2M

  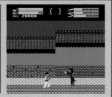

▶ 원작의 주인공 '텐텐'이 파트너로 등장한다.

영화 '영환도사' 이후의 오리지널 스토리를 게임화한 액션 RPG. 캐릭터 하나를 골라 강시를 퇴치하자. 기본은 2D 맵 진행이지만 건물 내에선 어드벤처로, 전투는 액션 형식으로 전환된다.

사라만다

코나미　1987년 9월 25일　4,900엔　1M

▶ 카트리지가 청색 반투명 재질이라, 정말 멋지다!

아케이드용 인기 슈팅 게임의 이식작. 삭제된 요소도 있으나 대신 오리지널 스테이지와 보스 등도 추가했고, 파워 업 시스템도 「그라디우스」 식으로 바꿨다. 옵션은 총 3개까지 장착 가능하다.

패미컴 옛날이야기: 신 오니가시마 후편

닌텐도　1987년 9월 30일　2,500엔　1M

▶ 일본 전래동화의 인물들이 나오나 재미를 준다.

전작에서 이어지는 이야기로서, 두 어린아이가 소년소녀로 성장하기까지를 잘 그려냈다. 클리어한 전편 디스크가 있어야만 이어 즐길 수 있다. 개그와 유머가 가득한 스토리도 훌륭하다.

밀리피드 : 거대 곤충의 역습

HAL 연구소　1987년 10월 1일　3,900엔　192K

▶ DDT 폭탄을 쓰면 다수의 적을 날려버릴 수 있다.

아타리 사의 게임 「센티피드」의 속편격 작품. 플레이어 기체를 조작해, 버섯밭에서 불어나는 곤충 무리를 쓸어버리자. 고정화면 슈팅 게임이며, 전작의 시스템에 투구벌레·잠자리 등 여러 적을 추가했다.

쾌걸 얀차마루

아이렘　1987년 10월 2일　5,500엔　2M

▶ 스테이지가 길어가 진행이 시원시원하다.

아케이드용 게임의 이식작. 닌자 '얀차마루'가 회전도를 휘두르며 후린 성에 납치돼 있는 쿠루미 공주를 구출한다. 총 8스테이지이며, 각 스테이지 최후의 보스전에서 승리해 두루마리를 얻으면 클리어다.

칼린의 검

스퀘어　1987년 10월 2일　3,300엔　1M

▶ 필드 상이라면 어디서든 적 세이브가 가능하다.

2D 맵을 이동하는 판타지 RPG. 왕의 의뢰를 받은 용사가 되어, 행방불명된 마술사 레드클리프를 찾아나서자. 전투시엔 액션 화면으로 전환되어 몸통박치기로 공격한다. MP 소비로 마법공격도 가능하다.

HARDWARE
1983
1984
1985
1986
1987
1988
1989
1990
1991
1992
1993
1994
INDEX

HARDWARE

1983
1984
1985
1986
1987
1988
1989
1990
1991
1992
1993
1994
INDEX

펄서의 빛

소프트 프로　1987년 10월 2일　2,980엔　1M

  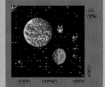

▶ 모든 적을 파괴하고 거지도 들어가면 판 완료!

광대한 우주에서 싸우는 SF 시뮬레이션 게임. 요격전투기 '인터셉터'를 지휘해 필드를 탐색하여, 적 세력을 전멸시키는 게 목적이다. 인터셉터에 탑재된 2종류의 무기는 각각 사정거리가 다르다.

토플 집

보스텍　1987년 10월 9일　4,200엔　1M

▶ 라이벌을 공격하면 아이템을 흘리기도 한다.

PC용 원작을 이식한 레이싱 어드벤처 게임. 총 8개 월드를 오가며 라이벌보다 먼저 골인하자. 각 월드를 이동하려면 워프 존을, 최종 스테이지를 돌파하려면 전용 아이템을 찾아내야만 한다.

패사의 봉인

아스키　1987년 10월 13일　5,800엔　2M

▶ 동봉된 손수건 지도로 자신의 위치를 파악하자.

PC용 RPG의 이식작. 검과 마법이 지배하는 이차원 세계를 여행하는 용사 '아거스'가 되어 '반두라의 통로'를 재봉인하자. 장비품에 내구력 수치가 있고 '유명세'라는 개념이 있는 등, 독자적인 요소가 많다.

팔시온

코나미　1987년 10월 21일　2,980엔　1M

 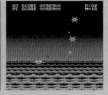

▶ 호밍탄은 마이 핑크(처색)을 입수하면 보충된다.

패미컴 3D 시스템을 지원하는 슈팅 게임. 안쪽으로 계속 전진하는 전형적인 시스템으로서, 무기로는 일반 샷과 함께 아이템으로 보충되는 호밍탄이 있다. 10만 점 단위로 목숨이 1UP된다.

울티마 : 공포의 엑소더스

포니 캐년　1987년 10월 9일　5,900엔　2M

  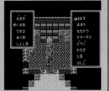

▶ 시나리오 감수를 불러 아키모토 아스키가 맡았다.

PC의 인기 RPG 「울티마 III」의 이식판. 여러 직업 중에서 골라 4인 파티를 제작해, 필드와 3D 던전을 모험한다. 히다카 노리코가 이미지 송을 불렀으며, 게임 내에서도 연주된다. 음악은 고토 츠구토시가 작곡했다.

에스퍼 모험대

잘레코　1987년 10월 13일　5,300엔　2M

▶ 주인공의 엄청난 점프력이 공략의 키포인트다.

아케이드용 게임 「사이킥 5」의 개변 이식판. 성에 사로잡힌 동료를 구하고 대마왕을 물리치는 액션 RPG다. 조작도 쉽고 직관적이며, 해머로 적을 공격할 수 있다. 패스워드로 컨티뉴도 가능하다.

인드라의 빛

켐코　1987년 10월 20일　5,300엔　1M

▶ 광대한 세계를 다니며 사람들의 고민을 해결하자.

대화·시스템이 매우 개성적인 RPG. 중세 유럽과 비슷한 세계에서 이런저런 사건을 해결하자. 최종 목적은 성스러운 아이템 '인드라의 빛'의 입수다. 배터리 백업 기능을 내장해 플레이가 쾌적하다.

미넬바톤 사가 : 라곤의 부활

타이토　1987년 10월 23일　5,500엔　2M

  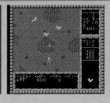

▶ 최종보스 포함, 모든 전투는 100% 도망 가능.

왕도적인 전개의 판타지 RPG. 망국의 왕자가 원수에게 복수하려 여행한다는 스토리다. 탑뷰 형태의 2D 맵으로 이동하고, 전투시엔 액션 화면으로 전환된다. 용병을 고용해 전투시킬 수도 있다.

요괴의 집

아이렘   1987년 10월 23일   3,100엔   1M

▶ 우물끼리는 연 결돼 있어, 워프 기능을 한다.

MSX용 게임의 이식작. 주인공 '코지 군'을 조작해, 요괴에 납치된 리카루를 구하자. 한 스테이지 내에서 부적 5장을 모두 모으면 보스와 싸우게 된다. 무기인 손전등으로 제등 등을 맞히면 아이템이 나온다.

별을 보는 사람

HOT·B   1987년 10월 27일   5,300엔   1M

▶ 순간이동·악 조합 등의 선구적 인 시스템이 많다.

고난이도로 유명한 RPG. 황폐한 미래를 무대로, 주인공 '미나미'가 세계의 비밀에 도전한다. SF로서의 설정이 탄탄하고, 초능력으로 일반 대사와는 다른 '마음의 소리'를 들을 수 있는 등 시스템에 공을 들였다.

모모타로 전설

허드슨   1987년 10월 26일   5,800엔   2M

일본의 전래동화 '모모타로' 기반의 스토리에 '긴타로'·'꽃 피우는 할아버지'·'우라시마 타로' 등등도 등장하는 옛날 일본풍의 왕도 RPG. 사쿠마 아키라가 감독을, 도이 타카유키가 일러스트를 맡았기에, 당시 두 사람이 담당하던 주간 '소년 점프'의 코너 '점프 방송국'에서도 자주 소재가 되었다. 서던 올스타즈의 세키구치 카즈유키가 음악을 담당한 것으로도 유명하다.

▲ 그래픽도 귀엽고, 전반에 걸쳐 개그·패러디가 잔뜩 버무려져 있는 유머러스한 게임이다.

사이드 포켓

남코   1987년 10월 30일   3,900엔   1.25M

▶ 조작에 능숙해 지면 슈퍼 트릭도 쓸 수 있다.

86년 데이터 이스트가 출시한 아케이드용 게임의 이식판. 고전적인 스타일의 당구 게임이다. 1P 플레이인 '포켓 게임'은 총 5라운드이며, 라운드별로 도시명과 클리어 조건인 득점 커트라인이 설정돼 있다.

자우스트

HAL 연구소   1987년 10월 30일   3,900엔   192K

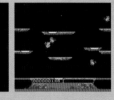

▶ 타조의 움직임 이 빨라, 조작하 기가 쉽지 않다.

미국의 유명 아케이드용 게임의 이식작이자, 「벌룬 파이트」에 큰 영향을 준 작품. 타조에 탄 주인공이 창을 들고 다른 타조와 맞서 승패를 겨루는 게임으로서, 시스템은 심플하지만 2인 플레이가 치열하다.

버블 보블

타이토   1987년 10월 30일   3,500엔   1M

▶ 주인공이 쏘는 거품은 공격 외에 이동 용도로도 있다.

86년 가동했던 아케이드용 게임의 이식작. '거품을 쏘는 드래곤'으로 화면 내의 적을 물리치는 액션 게임이다. 거품을 활용하는 심오한 게임성과 귀여운 캐릭터가 특징이며, 2인 동시 협력 플레이도 재미있다.

패미컴 그랑프리 : F1 레이스

닌텐도   1987년 10월 30일   3,500엔   1M

▶ 차의 방향전환 이 독특하니, 조 작에 익숙해지자.

F1 경기를 테마로 삼은 레이싱 게임. 탑뷰 화면에서 차량을 조작해 상위 입상을 노린다. 그랑프리 모드와 타임 트라이얼 모드가 있으며, 그랑프리 모드에선 타낸 상금으로 차량을 교체할 수도 있다.

HARDWARE
1983
1984
1985
1986
1987
1988
1989
1990
1991
1992
1993
1994
INDEX

113

HARDWARE
1983
1984
1985
1986
1987
1988
1989
1990
1991
1992
1993
1994
INDEX

패밀리 컴포저

도쿄 서적　1987년 10월 30일　2,980엔　1M

▶ 반주에 맞춰 멜로디를 만들 수 있어서 편리하다.

패미컴으로 작곡을 할 수 있는 시퀀서 소프트. 미리 준비된 24종류의 반주를 어레인지하면서, 이에 맞춰 멜로디를 작곡하자. 만든 곡은 저장한 후 나중에 다시 들어볼 수 있다.

로맨시아

도쿄 서적　1987년 10월 30일　5,300엔　1M

▶ 최후의 적 '샤트 벤 바이데스'는 끈기가 필요하다.

PC판 「로맨시아」의 이식작. 팔콤의 「드래곤 슬레이어」 시리즈 작품 중 하나로서, 퍼즐의 난이도가 높아 당시의 유저들을 좌절시킨 것으로 유명하다. 패미컴판에는 추가요소와 신곡도 있다.

우주선 코스모캐리어

잘레코　1987년 11월 6일　4,900엔　2M

▶ 멋진 그래픽으로 넓은 우주를 묘사한 게임이다.

우주를 무대로 삼은 시뮬레이션 게임. 행성간을 이동하여 적과 싸우며 광자 미사일을 만들어내, 완성된 미사일로 적 요새를 파괴하자. 적과 꼭 싸우기만 하지는 않으며, 유익한 정보를 얻어내는 경우도 있다.

루팡 3세 : 판도라의 유산

남코　1987년 11월 6일　3,900엔　1.5M

▶ 난이도는 높지만, 원작의 특징을 잘 담아냈다.

극장판 애니메이션 '칼리오스트로의 성'의 속편격 타이틀. 탐색 요소가 강한 총 4스테이지의 액션 게임이다. 루팡·지겐·고에몽 중 하나를 골라, 납치된 클라리스를 구하자. 제니가타 경위도 적으로 나온다.

아르텔리오스

일본물산　1987년 11월 13일　5,500엔　1.25M

▶ 황폐된 우주에서 행성 아르텔리오스를 구하자.

슈팅과 RPG를 융합시킨 의욕작. 사이보그 전사가 되어 라도 박사와 딸 레티시아를 구해내고 제왕 사벨라를 물리쳐야 한다. 기본적으로는 탑뷰 맵 상에서 이동하며, 전투시엔 1인칭 시점으로 전환된다.

타니가와 코지의 쇼기 학습 II : 명인으로 가는 길

포니 캐년　1987년 11월 13일　3,000엔　1M

▶ '박보장기'와 '다음 한 수'는 고난이도 문제들뿐.

타니가와 코지 명인 감수의 쇼기 소프트 제 2탄. 기본적으로 카세트판과 동일 내용이며, A면에 대국 모드, B면에 박보장기·다음 한 수가 있다. 타니가와와 대전하려면 대국 모드에서 강적 4명을 이기자.

파재너두

허드슨　1987년 11월 16일　5,900엔　2M

▶ 원작과는 거리가 머나, 게임 자체는 수작이다.

일본 PC 게임의 역사에 남을 걸작 「재너두」에 대담한 개변을 가한 이식작. 원작의 퍼즐성과 지하미궁 탐색 등의 요소를 없애고, 순수한 액션 RPG로 제작했다. 진행과정은 패스워드로 저장 가능하다.

SD건담 월드 가챠퐁 전사 : 스크램블 워즈

반다이　1987년 11월 20일　3,300엔　1M

 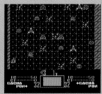

▶ 적 본거지를 점령하거나 적군을 전멸시키면 승리.

'기동전사 건담' 시리즈의 캐릭터를 2등신으로 데포르메한 'SD건담' 설정을 활용하여 제작한 워 시뮬레이션 게임. 전투시에는 사이드뷰 격투 액션 장르가 된다.

킥 챌린저 에어풋 : 야채 나라의 다리 전사

바프　1987년 11월 20일　3,300엔　1M

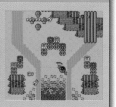

▶ 4종류의 에어 슈즈를 잘 활용하며 공략하자.

신발을 신은 토마토가 킥을 날려 벌레를 퇴치하는 액션 게임. 토마토 용사 '포와맨'을 조작해 니키타 공주를 구하자. 몸과 왼발·오른발을 별 개의 스프라이트로 묘사해, 생동감 넘치는 액션을 구현했다.

마이크 타이슨 : 펀치 아웃!!

닌텐도　1987년 11월 21일　5,500엔　2M

▶ 개성적인 필살기를 지닌 복서들과 대전한다.

아케이드용 원작을 개변 이식한 권투 게임. 주인공 '리틀 맥'을 조작해 챔피언 벨트를 노려보자. 최종 대전 상대로, 당시 헤비급 챔피언이었던 실존 선수 마이크 타이슨이 등장한다.

시공용전 데비아스

남코　1987년 11월 27일　4,900엔　1.5M

▶ 아론의 부적이 없으면 난이도가 급격히 올라간다.

고전적인 시스템의 액션 RPG. 수호신 아론에게 선택받은 용사가 되어 아르마다 왕국을 구해내자. 특징은 패키지 내에 동봉된 '아론의 부적' 으로서, 이것을 사용하면 공략에 유용한 힌트를 얻게 된다.

패밀리 트레이너 : 대운동회

반다이　1987년 11월 27일　4,900엔　512K

▶ 게임 모드 중에는 최대 6인까지 지원하는 것도 있다.

패밀리 트레이너 전용 소프트 제 7탄. 혼자서도 운동회를 즐길 수 있다. 패밀리 트레이너의 매트 면을 사용한다. 장애물 레이스, 지네발 달리기, 스케이트보드, 줄다리기 등 총 7종목을 고를 수 있다.

나카야마 미호의 두근두근 하이스쿨

닌텐도　1987년 12월 1일　3,500엔　1M

▶ 전화기로 들려오던 미호의 음성은 그야말로 충격.

당시 일본의 인기 아이돌, 나카야마 미호가 주인공인 어드벤처 게임. '보다'·'말하다' 등의 커맨드 외에, 주인공의 표정도 고를 수 있다. 도중 표시되는 번호로 전화하면 나카야마 미호의 목소리로 힌트도 주었다.

아웃랜더즈

빅터음악산업　1987년 12월 4일　5,300엔　1M

▶ 전투에서 적을 격파해, 경험치를 획득하게 된다.

같은 제목 OVA의 게임판. 우주전쟁을 정면으로 헤쳐나가는 주인공 '와카츠키 테츠야'와 은하제국의 공주 '캄'이 결혼하기까지를 그린 액션 RPG다. 무대인 행성은 3중구조라, 워프하며 진행한다.

산타클로스의 보물상자

데이터 이스트　1987년 12월 4일　3,300엔　1M

 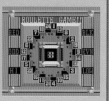 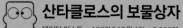

▶ 어린이와 함께 즐기는, 팬시한 분위기의 소프트.

크리스마스에 딱 어울리는 게임 및 툴들을 모은 미니게임 모음집. 메인인 크리스마스 카드 제작 기능으로는 메시지에 BGM·배경을 넣을 수 있다. 그 외에도 빙고·룰렛 등 4가지 모드가 있다.

상하이

선 소프트　1987년 12월 4일　5,300엔　1M

▶ 커서를 움직여 각종 패를 체크해 보자.

배치돼 있는 마작패를 일정 규칙에 따라 뽑아내가며, 모든 패를 빼내면 클리어한다는 단순명쾌한 퍼즐 게임. 흥겨운 BGM과 함께 화면을 차분히 살피며, 빼낼 수 있는 패를 찾아내자.

HARDWARE
1983
1984
1985
1986
1987
1988
1989
1990
1991
1992
1993
1994
INDEX

스타워즈

남코 1987년 12월 4일 4,900엔 2M

▶ 이 게임 덕에 당신도 '절대메이' 더 팬이 뭔지요?

SF의 명작을 게임화했다. 기본적으로는 액션 게임이며, 행성간 이동시에는 조종석 시점이 되고, 최종 스테이지는 종스크롤 슈팅 게임이다. 남코의 센스가 가미되어 독특한 세계관이 된 것이 특징이다.

드래곤 스크롤 : 부활한 마룡

코나미 1987년 12월 4일 5,300엔 2M

▶ '은 빛자를 일으면 주인공의 속도가 올라진다.

인간 모습이 된 골드 드래곤을 조작해 악의 마룡을 물리치는 액션 RPG. 8권의 '봉인서'와 '용의 비늘'을 찾아낸 뒤 마룡의 소굴로 가자. 장대한 세계관과 광대한 맵, 난해한 퍼즐이 재미있는 게임이다.

도레밋코

코나미 1987년 12월 4일 8,980엔 1M

▶ 사용 악기는 피아노 · 기타 · 코토 등 14종류.

패미컴의 내장음원을 이용해 작곡을 즐기는 소프트. 동봉된 컨트롤러 '도레밋코 키보드'를 사용하며, 초보자라도 즐길 수 있는 '마법의 숲'부터 매니아용인 '콘서트 홀'까지 5가지 모드가 있다.

람보

팩 인 비디오 1987년 12월 4일 5,300엔 1M

▶ 초기엔 나이프뿐 다른 무기는 적에게서 빼앗아라.

영화 '람보 2 : 분노의 탈출'을 소재로, '남자의 분노가 폭발하는 지옥의 배틀 게임'이란 선전문구 하에 적들을 물리치는 게릴라 액션 게임. '분노 게이지'가 차면 람보가 레벨 업되어 강화된다.

제이 제이

스퀘어 1987년 12월 7일 4,500엔 1M

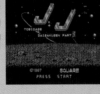

▶ 스테이지 상의 기둥에서 아이템이 나오기도 한다.

「입체 대작전」의 속편. 3D 시스템 지원 작품으로서, 전작의 밝은 이미지를 뒤집어 어둡고 하드한 이미지로 바꾸었다. 행성 토키다기어를 주파하며 드래곤을 물리치자. 고속 스크롤이 재미있다.

익사이팅 베이스볼

코나미 1987년 12월 8일 2,980엔 1M

▶ 디스크를 가져가 자작 팀끼리 대전할 수도 있다.

코나미의 스포츠 게임인 '익사이팅' 시리즈의 제 3탄. 팀 에디트 기능이 있어, 만든 선수를 시합에 계속 출장시켜 성장시킬 수 있는 것은 물론 다른 디스크 내 선수와의 트레이드까지도 가능하다.

골프 클럽 : 버디 러시

데이터 이스트 1987년 12월 9일 5,500엔 2M

▶ SELECT+십자키로 코스 전체를 확인할 수 있다.

심플한 조작의 골프 게임. 18홀로 스코어를 겨루는 '스트로크', 순위를 겨루는 '토너먼트', 홀별로 승패를 따지는 '매치'의 3가지 모드가 있다. 클럽은 자동으로 선택되며, 파워 게이지만 조작한다.

탑건

코나미 1987년 12월 11일 5,300엔 1M

▶ 적이 쏜 미사일은 발칸포로 격추할 수 있다.

미션 클리어형 3D 슈팅 게임. 같은 제목의 인기 영화가 모티브로서, F-14를 실기 감각으로 조종할 수 있다. 총 4스테이지로서, 차례차례 나타나는 적기를 발칸포와 호밍 미사일로 격추시키며 진행한다.

패밀리 테니스

남코　1987년 12월 11일　3,900엔　1M

▶ 등장 캐릭터들은 실존 선수들을 모델로 삼았다.

엑시비션·토너먼트·투어 등의 다양한 패턴으로 즐기는 테니스 게임. 캐릭터 16명에 각각 개별적인 능력치를 설정했다. 기본적으로 1인용 이지만, 최대 8인까지의 토너먼트전 개최와 대전도 가능하다.

야마무라 미사 서스펜스 : 교토 용의 절 살인사건

타이토　1987년 12월 11일　5,500엔　2M

▶ 여종의 인간 드라마와 일상 트릭을 맛보자.

일본 추리소설계의 거장, 야마무라 미사가 제작에 참여한 본격 추리 어드벤처 게임. 자신의 인기작 '캐서린 시리즈'가 기반이라, 시리즈의 등장인물들이 조역으로 나온다. 소설을 방불케 하는 트릭을 즐겨보자.

극락유희 : 게임 천국

소프엘　1987년 12월 12일　3,300엔　1M

▶ 룰이 간단해 가볍게 즐길 수 있는 게임이다.

파티용 미니게임 모음집. 여럿이 즐기는 게임 8종을 수록했다. 빙고·룰렛은 복잡한 세팅도 가능하고, 트럼프 게임은 혼자 즐길 수 없도록 시스템을 구성했다. CPU가 주사위를 대신 굴려주는 기능도 있다.

철도왕

디비 소프트　1987년 12월 12일　4,900엔　512K

▶ 현금은 물렛과 경마로 별 수도 있다.

룰렛을 돌려 나온 숫자에 따라 열차를 전진시키는 보드 게임. 유럽을 무대로 삼아, 지정된 목적지로 향하며 노선 매매 등으로 자산 1위를 노려보자. 상대와 거래도 하면서 자신의 자산을 불려야 한다.

은하의 3인

닌텐도　1987년 12월 15일　5,000엔　1M

▶ SF적인 세계관과 중후한 스토리가 재미있는 게임.

PC용 게임 '지구전사 라이자'의 개변 이식판. 인간형 병기 '라이자'를 조작해, 수수께끼의 문명 가룸의 지구 침략을 막자. 캐릭터·패키지를 인기 만화가 나가이 고가 디자인해, PC판과는 인상이 꽤 달라졌다.

매그넘 위기일발 : 엠파이어 시티 1931

도시바 EMI　1987년 12월 15일　5,500엔　1M

▶ 방탕조끼를 입수하면 공략이 쉬워진다.

아케이드용 게임의 이식작인, 1인칭 시점의 건 슈팅 게임. 건물에서 나타나는 적을 조준하여 사살하자. 적에게 조준당하면 카운트가 시작되며, 맞기 전에 먼저 물리치거나 B 버튼으로 회피해야 한다.

익사이팅 복싱

코나미　1987년 12월 16일　7,980엔　2M

▶ 에어백을 적절히 때려 상대에게 대미지를 주자.

동봉된 에어백형 컨트롤러를 직접 때려 플레이하는 '체감(体感)'형 권투 게임. 트레이닝 모드로 조작법을 익힌 다음, VS 모드로 대전하자. 상대 복서는 플라이급부터 헤비급까지의 개성적인 7명이다.

록맨

캡콤　1987년 12월 17일　5,300엔　1M

▶ 보스의 약점 무기에 맞춰 다음 스테이지를 선택.

「록맨」 시리즈의 첫 작품. 이후의 액션 게임들에 다대한 영향을 끼쳤다. 미래 세계를 무대로, 록맨과 Dr.와일리의 싸움이 펼쳐진다. 스테이지를 임의로 선택해 진행하며, 물리친 보스의 무기는 장비 가능하다.

HARDWARE
1983
1984
1985
1986
1987
1988
1989
1990
1991
1992
1993
1994
INDEX

HARDWARE
1983
1984
1985
1986
1987
1988
1989
1990
1991
1992
1993
1994
INDEX

울트라맨 2 : 출격, 과학특수대!!

반다이　1987년 12월 18일　3,300엔　1M

▶ 각 스테이지 필드엔 중요 아이템이 숨겨져 있다.

「울트라맨 : 괴수제국의 역습」의 속편. 과학특수대 대원이 되어, 도시에 출현한 괴수와 싸우자. 대원 5명은 각각 공격력·이동속도가 다르나. 아이템을 찾아내 괴수와 전투하고, 울트라맨으로 마무리를 짓는다.

카르노프

남코　1987년 12월 18일　4,900엔　1.5M

▶ 주인공은 검보기와 달리 무려 신의 사자다.

중세 중동풍의 세계에다 대머리 중년 아저씨가 주인공이라는, 그야말로 독특한 세계관의 액션 게임. 패미컴판은 한 번 맞아도 목숨이 줄지 않는 라이프제가 되어 플레이가 한결 쉬워졌다.

스틱 헌터

케이 어뮤즈먼트 리스　1987년 12월 18일　5,500엔　1M

▶ '빙상의 격투가'라 불리는 경기를 게임화했다.

패미컴용 소프트 중에선 매우 드문 아이스하키 게임. 탑뷰 시점의 심플한 시스템으로, 스피드·스릴·액션을 겸비한 과격한 경기를 즐길 수 있다. 일본을 포함해, 세계의 강호 8개국 팀이 준비돼 있다.

타이토 그랑프리 : 영광으로의 라이선스

타이토　1987년 12월 18일　5,500엔　2M

▶ 랭크가 오르면 F1 출전권도 획득 가능하다!

RPG성이 있는 레이싱 게임. 각지의 레이스에 참가해 상금을 벌어 차량을 업그레이드하자. 레이스에 참가하면 포인트가 쌓여 드라이버 랭크도 오른다. 랭크별로 참가 가능한 레이스가 다르다.

퀴즈러 랜드 스페셜!! : 퀴즈왕을 찾아라

선 소프트　1987년 12월 18일　2,980엔　1M

▶ 정답을 맞히면 상금을 받고, 틀리면 벌금이다.

디스크 매거진 「퀴즈러 랜드 창간호」에 수록됐던 '일본 일주 울트라 퀴즈 여행'의 독립 확장판. 일본의 4개 블록을 돌며 퀴즈 마스터 8명을 물리치고 퀴즈왕을 찾아내자. 출제되는 문제는 3지선다형이다.

노려라 파치프로 : 파치오 군

코코너츠 재팬　1987년 12월 18일　5,500엔　1M

▶ 특수 아이템 '돋보기'는 팀 상태를 보여준다.

후일 이 회사의 대표작이 되는 파친코 시뮬레이션 게임의 제 1탄. 머나먼 행성에서 온 파치오 군을 조작해, 전국 7개점 440대를 공략하여 파치슬로의 프로가 되자. 점원이 비전을 알려주기도 한다.

파이널 판타지

스퀘어　1987년 12월 18일　5,900엔　2M

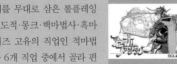

판타지 세계를 무대로 삼은 롤플레잉 게임. 전사·도적·몽크·백마법사·흑마법사에 시리즈 고유의 직업인 적마법사까지의 총 6개 직업 중에서 골라 편성한 빛의 전사 4명은, 4마리의 카오스를 물리치고 흙·불·물·바람의 크리스탈에 빛을 되돌려주어야 한다. 초반 스토리를 진행해야만 비로소 펼쳐지는 오프닝과 상급 직업으로의 클래스 체인지, 비공정 등 인상적인 요소도 많다.

▶ 지금도 계속되는 '드래곤 퀘스트' 시리즈와 쌍벽을 이루는 대인기 시리즈의 첫번째 작품이다.

위저드리

아스키　1987년 12월 22일　5,800엔　2M

세계적으로 히트한 명작 RPG 「위저드리」의 패미컴판. 이전까지는 PC의 전유물로만 여겨졌던 RPG를 패미컴으로 가져온 기념비적 작품으로서, 수많은 패미컴 유저들을 흥분시켰다. 게임을 진행하는 데 중요한 요소인 음악을 신규 작곡해 도처에 삽입한 것은 물론, 모험할 캐릭터를 제작하고 지도를 그리는 작업(매핑) 또한 재미있어 많은 팬들에게 사랑받은 작품이다.

▲ 음악을 유명 작곡가 하네다 켄타로가 맡았고, 2019년 말엔 오케스트라 콘서트가 열리기도 했다.

게게게의 키타로 2 : 요괴 군단의 도전

반다이　1987년 12월 22일　5,500엔　2M

▶ 일본은 7개 지역으로 나뉘어 결계가 쳐져 있다.

인기 만화·애니메이션 '게게게의 키타로'를 소재로 삼은 롤플레잉 게임. 일본이 구미호 '치'가 이끄는 요괴군단의 지배 하에 들어가 버렸다. 일본을 구하기 위해, 빼앗긴 무기를 탈환하고 친구들을 구출하자.

슈퍼맨

켐코　1987년 12월 22일　5,500엔　2M

▶ 대미지를 너무 많이 입으면 클라크로 되돌아간다.

같은 제목의 영화가 원작인 액션 게임. 주인공 '클라크 켄트'는 신문기자로서 취재를 나갔다가 사건에 휘말려버린다. 전화 부스에 들어가 슈퍼맨으로 변신해 사건을 해결하자.

프로야구 패밀리 스타디움 '87

남코　1987년 12월 22일　3,900엔　768K

  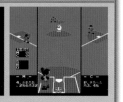

▶ 투수가 유리해져, 긴박한 투수전이 자주 나온다.

전년에 발매됐던 전작의 선수 데이터를 87년도 기준으로 갱신한 마이너 체인지판. 구단 수도 12개 구단으로 늘었고, '메이저리그즈'가 등장한다. 타구의 비거리는 전작보다 짧게 조정했다.

메탈기어

코나미　1987년 12월 22일　5,300엔　1M

▶ 메탈기어를 제어하는 컴퓨터를 파괴하라.

은신하여 적지에 잠입해, 최종병기 '메탈기어'를 파괴해야 하는 MSX2용 스텔스 액션 게임을 이식한 작품. 패미컴판은 원작과는 잠입방법·맵 등이 달라졌고, 메탈기어도 이름밖에 나오지 않는다.

어택 애니멀 고교

포니 캐년　1987년 12월 26일　5,500엔　1M

▶ 스테이지별로 노코의 코스튬이 변화한다.

여고생 '노코'가 자유롭게 하늘을 날며 머신건을 연사하는 3D 슈팅 게임. 애니멀 고교 연합에 납치당한 친구를 구출하는 게 목적이다. 전용 스코프를 착용하면 화면이 입체로 보인다.

패밀리 트레이너 : 돌격! 풍운 타케시 성

반다이　1987년 12월 28일　4,900엔　512K

▶ 클리어하려면 체력이 상당히 필요하다.

같은 제목의 대인기 TV 예능프로를 소재로 삼은 체감 게임. 패밀리 트레이너 전용 소프트로서, 운동하며 게임을 즐길 수 있다. 원작 프로처럼 타케시 성의 '성주님'을 물리치는 게 목적이다.

1988

1988년에 발매된 패미컴용 소프트는 195종으로서, 전년을 잇는 증가추세가 지속되어 패미컴 붐의 정점이 된 해다. 「드래곤 퀘스트 Ⅲ : 전설의 시작」을 사러 철야하는 장사진의 모습이 사회현상으로 보도되고, 패미컴에 빠진 어린이들이 문제시된 것도 이 시기다.

한편 어린이뿐만 아니라 어른들조차 침식을 잊고 빠져든 명작 「슈퍼 마리오브라더스 3」 「파이널 판타지 Ⅱ」 등의 히트로 패미컴용 오리지널 타이틀이 시리즈화되어 가는 경향도 이 시기부터 뚜렷해져, 게임이 단순한 어린이용 오락에서 독립적인 문화로 진화하기 시작한 시대라고도 할 수 있다.

패밀리 서킷

남코   1988년 1월 6일   3,900엔   1.25M

▶ 기본 차체는 6종류. 머신 트러블 개념도 있다.

「제비우스」, 「드루아가의 탑」의 기획자, 엔도 마사노부가 디자인한 탑뷰형 레이싱 게임. 적 차량과의 충돌판정을 없애버리고, 시스템을 세팅과 스피드에 특화시켰다. 프리 주행 등 3종류의 레이스가 있다.

살의의 계층 : 소프트 개발사 연쇄살인사건

HAL 연구소   1988년 1월 7일   5,900엔   2M

▶ 어떤 모 경우는 다시 골라도 사건이 경과된다

가상의 소프트 개발사 '파워 소프트'에서 일어난 연쇄살인사건의 진상을 쫓는 어드벤처 게임. 어떤 커맨드든 실행할 때마다 무조건 3분씩 경과하기 때문에, 신중하게 선택해야 타임 오버가 되지 않는다.

코나미 와글와글 월드

코나미   1988년 1월 14일   5,500엔   2M

▶ 각 스테이지는 원작 게임의 세계관을 반영했다.

코나미의 인기 캐릭터들이 게임의 벽을 넘어 집결하여, 사로잡힌 히어로들을 구출하고 힘을 합쳐 '와더'를 물리치는 액션 어드벤처 게임. 주인공은 당시 코나미 게임들의 히든 캐릭터였던 '코나미맨'이다.

SD건담 월드 가챠퐁 전사 : **스크램블 워즈**

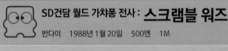

반다이   1988년 1월 20일   500엔   1M

▶ 카세트판에 없었던 맵도 플레이할 수 있다.

2개월 전에 발매됐던 같은 제목의 카세트판에서 10종의 맵 중 반절인 5종을 새 맵으로 교체하여 디스크 라이터를 통해 제공했던 '재기록판'. 오토 배틀로 진행할 수 있는 비기도 있다.

아이스하키

닌텐도   1988년 1월 21일   2,500엔   512K

▶ B 버튼을 오래 누르면 강력한 차지 슛이 나간다.

재빠르지만 허약한 '빼빼형'과 느리지만 힘이 있는 '비만형', 밸런스가 잡힌 '만능형'까지 3종류의 캐릭터를 조합해 4인 1팀제로 대전하는 게임. 퍽을 쟁탈하다 보면 난투도 일어난다.

불량소녀 형사 Ⅲ

토에이 동화   1988년 1월 22일   5,300엔   1M

▶ 일단 처음에 공중전화 박스에서 전화를 걸어보자.

같은 제목의 TV 드라마가 소재인 액션 게임. 사람들에 저주를 걸어 마음대로 지배하려 하는 '그림자'를 물리치려, 유카·유미·유이 세 소녀가 적진으로 향한다. 세 사람은 진행 도중 자유롭게 교체할 수 있다.

리플 아일랜드

선 소프트 1988년 1월 23일 4,900엔 1M

▶ 엔딩은 4종류로서, 행동에 따라 분기된다.

'리플 아일랜드'라는 세계에서 어둠의 황제 '게로게일'에게 납치당한 나사렐 공주를 구출하는 게 목적인 어드벤처 게임. 둥글둥글한 그림체와 캐릭터들로 인기가 많았던, 귀여운 작품이다.

건 스모크

캡콤 1988년 1월 27일 3,300엔 1M

▶ 주인공 '빌리'는 쌍권총이 무기인 보안관이다.

아케이드용 게임의 이식작인 종스크롤 슈팅 게임. 원작보다 버튼 수가 줄었다 보니, 플레이어의 공격방향은 정면과 대각선 좌상·우상의 3방향뿐이다. 커맨드 입력으로 컨티뉴가 가능하다.

도날드 랜드

데이터 이스트 1988년 1월 29일 5,500엔 2M

▶ 동화풍의 그래픽과는 달리, 꽤 고난이도다.

맥도날드의 이미지 캐릭터 '도날드'가 '도날드 랜드'의 평화를 위해 모험하는 액션 게임. 사과 폭탄을 무기 삼아 잡혀간 친구들을 구해내고, 구몬 일족으로부터 도날드 랜드의 평화를 되찾자.

점보 오자키의 홀인원 프로페셔널

HAL 연구소 1988년 2월 1일 5,600엔 1.25M

▶ 어드바이스는 계속 듣다보면 평범해진다.

실존 프로 골퍼인 점보 오자키가 감수한 골프 게임. 이스트 코스와 웨스트 코스의 2코스 36홀을 수록했다. '스트로크 플레이'에서는 점보 오자키가 어드바이스를 해주기도 한다.

파리 다카르 랠리 스페셜

CBS 소니 1988년 2월 1일 5,300엔 1.25M

▶ 여러 요소를 섞다보니 정작 레이싱 측면은 약하다.

파리 다카르 랠리를 소재로 삼은 게임이지만, 일단 일본에서 스폰서를 물색해 차를 입수해야 하며, 이후에도 해저나 전장에서 액션·슈팅 등의 다양한 스테이지를 공략하게 된다.

파이어 뱀

HAL 연구소 1988년 2월 1일 3,300엔 1M

▶ 적을 물리쳐 얻는 '불'로 아이템 구입이 가능.

불을 쓰는 자의 일족인 소년 '뱀'이 주인공인 횡스크롤 액션 롤플레잉 게임. 마물로 변해버린 부모님을 원래대로 되돌리기 위해, 마물 '도메스'가 있는 탑을 공략해야 한다.

가면라이더 클럽 : 격돌 쇼커 랜드

반다이 1988년 2월 3일 5,500엔 2M

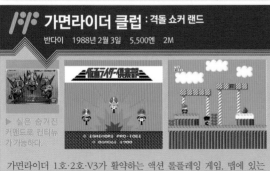

▶ 실은 숨겨진 커맨드로 컨티뉴가 가능하다.

가면라이더 1호·2호·V3가 활약하는 액션 롤플레잉 게임. 맵에 있는 전투원과 접촉하면 커맨드 전투로 넘어간다. 각 에어리어를 클리어하려면 일정량 이상의 돈을 벌어야 한다.

가딕 외전

아이렘 1988년 2월 5일 5,500엔 1M

▶ 액션 스테이지와 슈팅 스테이지로 구성돼 있다.

'나듀'라 불리는 용도 불명의 거대 캡슐 안에서 번식하는 흉악 생물로부터 지구를 지키기 위해, 전장용 안드로이드 '밀리아'가 파견된다. 그녀의 목적은 안전장치 10기를 파괴해 나듀를 자폭시키는 것이다.

HARDWARE
1983
1984
1985
1986
1987
1988
1989
1990
1991
1992
1993
1994
INDEX

HARDWARE
1983
1984
1985
1986
1987
1988
1989
1990
1991
1992
1993
1994
INDEX

혼두라

코나미　1988년 2월 9일　5,300엔　2M

특수부대 '혼두라'의 빌과 랜스를 조작해, 수수께끼의 군단 '레드 팔콘'에 도전하라. 원작인 아케이드판과는 2인 플레이 시 목숨 양도 가능, 스테이지 길이의 차이, 막간 데모 추가 등의 변경점이 있다.

익사이팅 사커 : 코나미 컵

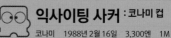

코나미　1988년 2월 16일　3,300엔　1M

「익사이팅」 시리즈 중 한 작품. 등록된 클럽 중 하나를 골라 좋은 성적을 거두자. 선수별로 킥력·질주력 등이 설정돼 있어, 육성시키면 강화된다. 강한한 팀으로 다른 플레이어와 대전도 가능하다.

드래곤 퀘스트 III : 전설의 시작

에닉스　1988년 2월 10일　5,900엔　2M

시리즈 제 3탄으로서, 1편부터 이어진 '용사 로토'를 둘러싼 스토리인 '로토 3부작'의 완결편. 죽은 아버지 '오르테가'의 뜻을 이어, 마왕 '바라모스'를 타도해야 한다. 4인 파티제가 되었고 동료의 직업·성별을 자유롭게 선택 가능하며, 레벨을 올려 다른 직업으로 전직할 수도 있다. 밤낮 개념과, 하늘을 나는 새 '라미아'도 추가됐다. 배터리 백업 기능 덕에, 세이브도 가능해졌다.

▲ 발매일에 아이들이 학교를 결석하고 줄을 서거나 끼어들기가 횡행하는 등으로 사회문제가 됐다.

마츠모토 토오루의 주식필승학

이매지니어　1988년 2월 18일　9,800엔　2M

경제평론가 마츠모토 토오루가 감수한 주식투자 시뮬레이션 게임. 제한시간 2년 내에 밑천 100만 엔을 1억 엔으로 불리자. 주식뿐만 아니라 부동산·중국 펀드 등도 금융상품으로 등장한다.

우주소년 아톰

코나미　1988년 2월 26일　5,500엔　2M

테즈카 오사무의 대표작(원제는 '철완 아톰')을 게임화했다. 총 10스테이지이며, 스테이지별로 퍼즐·아이템 수집 등 클리어 조건이 다르다. 적을 물리치면 얻는 코인은, 컨티뉴·쇼핑 등 다양한 용도로 쓰인다.

탐정 진구지 사부로 : 요코하마 항 연쇄살인사건

데이터 이스트　1988년 2월 26일　5,500엔　2M

「탐정 진구지 사부로」 시리즈의 2번째 작품. 영사관에 근무하던 여성의 실종 사건을 쫓던 중에, 마약조직의 암약과 살인사건과의 연결점을 발견해간다는 스토리다. 전작의 RPG풍 필드 수사 시스템과 배드 엔딩 개념을 없애, 전형적인 어드벤처 게임이 되었다. 다만 담배에 불을 붙이며 정보를 정리하는 독특한 커맨드의 존재와 하드보일드한 분위기는, 전작을 계승했다.

▲ 팬들 사이에서 BGM이 호평 받았을 만큼, 주옥같은 곡들이 게임 전반에 걸쳐 배경음악으로 나온다.

레플리카트

타이토　1988년 2월 26일　3,500엔　1M

▶ 100스테이지로, 10스테이지마다 보스전이 있다.

MSX2용 게임의 이식작. 몸이 긴 드래곤을 조작해 화면 내의 먹이를 먹는 액션 퍼즐 게임이다. 모든 먹이를 먹고 골인하면 스테이지 클리어. 외벽·장애물이나 자기 몸에 충돌하면 죽는다.

드루이드 : 공포의 문

잘레코　1988년 3월 3일　3,200엔　1M

▶ 마법엔 상성이 있으니, 적에 맞춰 선택하자.

켈트의 사제 '드루이드'가 주인공인 액션 게임. 드루이드를 조작해 적 '스컬 군단'을 몰아내자. 보물상자를 열면 마법을 골라 획득할 수 있다. 소환한 골렘은 적을 공격케 하거나 방패처럼 써 보자.

19 (노인첸)

소프트 프로　1988년 3월 4일　2,980엔　1M

▶ 밤낮 개념이 있어, 밤이 되면 시야가 좁아진다.

각각 특징이 다른 용사 4명 중 하나를 골라, 다른 진영과 싸우는 시뮬레이션 게임. 자신 외의 모든 진영을 물리치는 게 목적이다. 특징은 실시간 전투 시스템으로서, 적 행동의 예측이 매우 중요하다.

볼블레이저

포니 캐논　1988년 3월 4일　5,500엔　1M

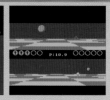

▶ 슛의 거리에 따라 득점이 바뀌는 시스템이다.

원작은 85년 미국에서 발매된 아타리판. 축구와 비슷한 룰로서, 상대와 1 : 1로 싸워 시간 내의 득점을 겨룬다. 상하 분할화면 상의 플레이어를 조작해 볼을 상대 골대에 쳐 넣자. CPU 난이도는 총 9단계다.

알카노이드 II : 리벤지 오브 두

타이토　1988년 3월 8일　5,900엔　1.5M

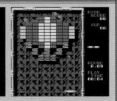

▶ 벽에 맞아 반사되는 볼의 궤적을 예측하라!

전작 「알카노이드」의 최종 스테이지부터 냅다 시작되며, 이를 클리어하면 본격적인 게임이 펼쳐진다. 아이템 증가와 클리어 후의 스테이지를 선택 가능하며, 패들 조작도 개선해 즐기기 더욱 쉬워졌다.

슈워츠네거의 프레데터

팩 인 비디오　1988년 3월 10일　5,500엔　2M

▶ 노멀 모드는 줄거리에 따라 스테이지가 분기된다.

87년 개봉된 인기 액션 영화의 게임판. 오프닝과 스테이지 막간 데모에 영화의 장면을 디지털화해 삽입했다. 졸개들과 싸우는 '노멀 모드', 프레데터와 싸우는 '빅 모드'의 2가지 모드가 있다.

트윈비

코나미　1988년 3월 11일　500엔　512K

▶ 2인 동시 플레이에선 특수한 공격이 가능하다.

1986년 발매된 「트윈비」의 디스크 시스템판. 기본적으로는 카세트판과 동일하지만, 가격이 매우 저렴하다. 우주력 2081년을 무대로, 트윈비와 윈비가 스파이스 대왕을 물리치는 슈팅 게임이다.

퀴즈러 랜드 제 3호

선 소프트　1988년 3월 11일　2,980엔　1M

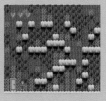

▶ 말판놀이·퀴즈러 탐험단은 두 눈싸움 게임이다.

시리즈의 실질적인 최종호. 이 작품도 가족끼리 즐기는 게임 위주다. 말판놀이와 퀴즈를 조합한 게임과 액션 게임, 이전 호에서 모집한 픽셀그림의 당선작을 발표하는 '미스 퀴즈러 콘테스트'가 있다.

HARDWARE
1983
1984
1985
1986
1987
1988
1989
1990
1991
1992
1993
1994
INDEX

HARDWARE

1983
1984
1985
1986
1987
1988
1989
1990
1991
1992
1993
1994
INDEX

소년 낚시왕 : 블루 말린 편

빅터음악산업　1988년 3월 17일　5,500엔　1M

▶ 데빌 소드를
낚아야만 대회에
서 이길수 있다.

같은 제목 만화의 세계 청새치 낚시대회를 그린 '블루 말린 편'이 소재
인 낚시 게임. 원작대로, 순위가 크게 뒤떨어져버린 산페이는 '데빌 소
드'라 불리는 청새치에 모든 운명을 걸고 일발역전을 노린다.

타니가와 코지의 쇼기 학습 II : 명인으로 가는 길

포니 캐년　1988년 3월 18일　5,500엔　1M

▶ 자신의 기력
증강을 물론 평가
도 해주는 추천보.

타니가와 코지 9단이 감수한 쇼기 소프트. 기사 5명과 대전하는 '대
국', 40문제가 준비된 '박보장기', 사지선다식의 '다음 한 수' 등을 추가
했고, '다음 한 수'에서는 플레이어의 기력도 진단해준다.

나폴레옹 전기

아이렘　1988년 3월 18일　5,500엔　1.25M

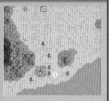

▶ 부대·병사를
움직여 상황을 유
리하게 만들자.

멀티 컨트롤을 채용한 전술 시뮬레이션 게임. 나폴레옹 대신 유럽을
정복해보자. 시나리오는 모두 8종이며, 패배하면 1회 한정으로 패자부
활전이 진행된다. 적 사령관을 물리치면 시나리오 클리어다.

노부나가의 야망 : 전국판

코에이　1988년 3월 18일　9,800엔　2M

▶ PC용 인기 역
사 시뮬레이션 게
임의 이식판.

오와리 국을 중심으로 17개국을 제패하는 모드와, 일본 전국의 다이
묘를 선택하는 50개국 모드가 있다. 전국시대가 무대로서, 개간·치수
등의 내정으로 국력을 강화하고 전투로 영토를 넓혀 일본을 통일하자.

파이팅 골프

SNK　1988년 3월 24일　5,500엔　2M

▶ 게이지를 잘
노려 과감하게 나
이스 샷을 치자.

일본·미국의 코스를 18홀 순번에 따라 도는 골프 게임. 준비된 4명 중
에서 캐릭터를 골라 플레이한다. 어떤 캐릭터를 골랐느냐로 난이도가
변화한다. 대전 모드에선 4인까지 동시 플레이도 가능하다.

맘대로 탐정단 하도구미 : 마텐로의 도전장

반다이　1988년 3월 25일　3,300엔　1M

▶ 하도시바로 하
도구미로부터 정
보를 얻자.

같은 제목의 특촬 TV드라마의 게임판. '하도구미' 견습단원이 되어, 괴
인 마텐로가 훔쳐간 황금상을 되찾자. 액션 게임에 퍼즐 풀이 요소를
가미했으며, 드라마에 등장했던 하도구미 아이템도 사용한다.

와드너의 숲

타이토　1988년 3월 25일　3,300엔　1M

▶ 막판에서 저장
하면 A면만으로
플레이 가능하다.

프린 공주를 구하기 위해 와드너의 숲으로 가자. 쇼핑 시스템도 있는
횡스크롤 액션 게임. 입수한 무기는 일시정지 상태에서 교체할 수도
있다. 패미컴판은 라이프제가 되어 플레이가 쉬워졌다.

고르고 13 : 제 1장 – 신들의 황혼

빅 토카이　1988년 3월 26일　5,700엔　2M

▶ 원작의 분위기
를 살린 중후한
스토리의 게임.

원작자인 사이토 타카오가 직접 프로듀스한, 같은 제목 만화의 게임
판. 주인공 '고르고 13'이 의문의 조직과 싸운다는 스토리. 기본적으
로는 어드벤처 게임이며, 건 슈팅과 액션 시스템을 조합했다.

올림포스의 싸움 : 사랑의 전설

이매지니어 1988년 3월 28일 5,300엔 1M

▶ 무기·아이템은 올리브와 교환해 입수해야 한다.

그리스신화 기반의 액션 어드벤처 게임. 시작시 주인공과 애인의 이름을 입력한다. 다양한 신·인간과 대화해 각 도시의 사건을 해결하자. 그들의 협력을 받아 하데스에게서 애인을 구출해내야 한다.

다케다 신겐

HOT·B 1988년 3월 28일 5,800엔 1M

▶ 영지를 경영해 국력을 키워, 병력을 증강하자.

같은 제목의 NHK 대하드라마 방영에 맞춰 발매한 역사 시뮬레이션 게임. 다케다 신겐이 되어 천하를 통일하자. 시나리오는 3종으로서, 각각 코신 지방 통일·카와나카지마 전투·오다 노부나가와의 결전이다.

부동명왕전

타이토 1988년 3월 29일 5,900엔 3M

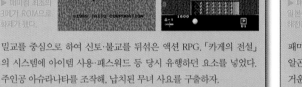

▶ 패미컴 최초의 3M가 ROM으로 화제가 됐다.

밀교를 중심으로 하여 신토·불교를 뒤섞은 액션 RPG. 「카게의 전설」의 시스템에 아이템 사용·패스워드 등 당시 유행하던 요소를 넣었다. 주인공 아슈라나타를 조작해, 납치된 무녀 사요를 구출하자.

플리트 커맨더

아스키 1988년 3월 29일 5,500엔 512K

▶ 패미컴으로 구 일본군과 미군의 해전을 즐긴다.

패미컴 최초의 해전 시뮬레이션 게임. 프로톤 제국의 사령관이 되어 알곤 공화국을 격멸하자. 2차대전에서 활약했던 군함들이 등장해 뜨거운 함대전을 펼친다. 패키지에 해전 맵과 함대모형을 동봉했다.

비밥 하이스쿨 : 고교생 극락전설

데이터 이스트 1988년 3월 30일 5,800엔 2M

▶ 거리를 이동하며 정보를 모아 사건을 해결하자.

키우치 카즈히로 원작의 인기 만화를 어드벤처 게임화했다. '토오루'나 '히로시'를 선택해, 누군가에게 납치된 '신고'를 찾아 나서자. '기력'·'운세' 능력치의 변화가 게임의 진행에 큰 영향을 준다.

아스픽 : 마사왕의 저주

보스텍 1988년 3월 31일 3,300엔 1M

▶ 피타는 주인공과 NPC 2명으로 구성된다.

일본 PC용 게임의 이식작. 원 개발사인 크리스탈소프트의 RPG 「리저드」의 속편격이다. 모험에서 돌아온 주인공이 공주를 구하려 다시 여행에 나선다. 시스템은 2D 필드 맵과 3D 던전을 조합해 구성했다.

독안룡 마사무네

남코 1988년 4월 5일 5,500엔 2M

▶ 가신 '코슈로'와 대화하며 게임을 진행한다.

전국시대 오슈의 다이묘 '다테 마사무네'가 되어 오슈·우슈 11개국 통일을 노린다. 커맨드의 아이콘화와 전투 간략화 등으로 초보자를 배려했다. 사다리게임 금괭찾기와 기마궁술 등의 미니게임도 있다.

구니스

코나미 1988년 4월 8일 500엔 512K

▶ 영화판의 주제가를 편곡해 BGM으로 썼다.

같은 제목의 영화가 원작인 액션 게임. 마이키를 조작해 프라텔리 갱단에 납치된 친구들을 구출하고 애꾸눈 윌리의 보물을 찾아내는 게 목적이다. 정교하고 절묘한 밸런스가 일품인 명작이다.

HARDWARE
1983
1984
1985
1986
1987
1988
1989
1990
1991
1992
1993
1994
INDEX

HARDWARE
1983
1984
1985
1986
1987
1988
1989
1990
1991
1992
1993
1994
INDEX

지킬 박사의 악마가 노니는 밤

토호　1988년 4월 8일　5,300엔　1M

▶어느 쪽 인건으로 클릭어려려나느냐로 결말이 바뀐다.

소설 '지킬 박사와 하이드 씨'가 모티브인 액션 게임. 지킬 박사를 조작해, 약혼자가 기다리는 교회까지 도착하는 게 목적이다. 스트레스가 가득 차면 박사가 하이드 씨로 변신해버린다.

더블 드래곤

테크노스 재팬　1988년 4월 8일　5,800엔　2M

▶신규 캐릭과 참치콩 끼리끼리 대전 모드도 추가했다.

쌍절권을 쓰는 쌍둥이 형제가 납치된 마리안을 구출하는 아케이드용 벨트스크롤 액션 게임을 개변 이식한 작품. 1인 플레이 전용으로 바꼈고, 경험치로 레벨 업하는 시스템 등을 도입했다.

동키 콩

닌텐도　1988년 4월 8일　500엔　512K

▶카세트판과의 차이는 로딩 시간이 있다는 것뿐.

아케이드판 원작을 뛰어난 이식도로 재현해 큰 인기를 누렸던 카세트판의 디스크 시스템용 이식작. 재기록 전용 타이틀로 출시됐기에, 카세트판과 완전 동일한 게임을 단돈 500엔으로 즐길 수 있었다.

가면라이더 BLACK : 대결 섀도우 문

반다이　1988년 4월 15일　3,300엔　1M

▶바이크로 보스마저 물리치는 스테이지도 있다.

같은 제목의 특촬 TV드라마가 소재인 액션 게임. 가면라이더 BLACK을 조작해 고르곰의 음모를 분쇄하자. 발매 당시엔 아직 드라마에 섀도우 문이 나오지 않았기에, 섀도우 문의 컬러가 원작과는 다르다.

패미컴 그랑프리 II : 3D 핫 랠리

닌텐도　1988년 4월 14일　3,500엔　1M

각자 특징이 다른 3종류의 랠리 카 중 한 대를 골라 3종류의 코스를 도는 레이싱 게임. 코스는 각 구간별로 제한시간이 있어 이를 오버하면 타임 뱅크가 줄어들고, 타임 뱅크마저 바닥나면 게임 오버가 된다. 타임 트라이얼 모드에서는 디스크 팩스를 지원하여, 이 기기로 자신의 세이브데이터를 송신하는 형태로 대회에 참가할 수 있었다. 트라이얼 상위 입상자에겐 특제 문구 세트를 증정했다.

▲ 패미컴 3D 시스템의 입체영상을 지원하므로 입체감있는 그래픽으로 플레이할 수 있다.

불타라!! 프로 테니스

잘레코　1988년 4월 15일　5,500엔　2M

▶선수는 남녀 각 8명씩이 준비돼 있다.

잘레코 사의 스포츠 게임인 「불타라!!」 시리즈 작품 중 하나. 프로 테니스를 소재로 삼은 게임으로서, 리얼한 모션으로 현장감을 배가했다. 타구음이나 선수의 음성 등이 리얼한 것도 작품의 매력이다.

이카리 II : DOGOSOKEN

케이 어뮤즈먼트 리스　1988년 4월 16일　5,500엔　2M

▶SELECT 버튼으로 무기 교체가 가능하다.

아케이드로 가동했던 「이카리」의 속편, 「DOGOSOKEN」을 개변 이식한 작품. 주인공 '랄프'와 '클라크'가 전작에서의 싸움 이후 휴가 중에 돌연 이차원으로 빨려 들어가, 이세계에서 마물과 싸운다.

바이오 미라클 : 나는 우파
코나미　1988년 4월 22일　3,300엔　1M

아기가 주인공인 액션 게임. 손에 든 딸랑이로 공격하면 일정 시간동안 적이 부풀어 오르며, 이를 날려 공격에 쓰거나 위에 올라타 높은 곳으로 이동하는 등으로 이용한다. 음악도 꽤 훌륭한 작품이다.

풍운 소림권 : 암흑의 마왕
잘레코　1988년 4월 22일　3,200엔　1M

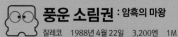

▶ 패미컴 3D 시스템의 입체영상을 지원한다.

'신'이 3마왕을 물리친 지 수년 후, 다시 괴사건이 발생했다. 마을사람들을 죽인 악의 정체를 밝히기 위해 신이 다시 일어선다. 전작과 마찬가지로, 1 : 1 대전격투 게임 형태로 진행된다.

패미컴 탐정 클럽 : 사라진 후계자 전편
닌텐도　1988년 4월 27일　2,600엔　1M

탐정 조수이자 기억상실 상태가 돼버린 주인공이 되어, 조사중이었던 재벌 당주의 의문스러운 죽음에 얽힌 자신의 기억과 사건의 진상을 찾아 조사를 재개해, 죽은 자가 소생한다는 전설이 있는 묘진 마을에서 일어나는 연쇄살인사건의 비밀을 쫓는다. '추리로 수수께끼를 푸는' 것보다 '스토리를 즐기는' 것을 중시해, 불필요한 커맨드를 없애는 등으로 유저를 배려했다.

▲ 뛰어난 시나리오와 함께, BGM·효과음도 적절히 사용해 호러·서스펜스 요소를 연출했다.

엘뤼시온
도쿄 서적　1988년 4월 28일　5,900엔　2M

▶ 음악과 스토리의 분위기가 독특한 작품이다.

PC-9801로 발매됐던 같은 제목의 RPG를 이식한 작품. 캐릭터 디자인에 '파타리로!'의 만화가 마야 미네오를 기용했다. 4가지 종족 중 하나를 골라 게임을 플레이하며, 종족에 따라 엔딩이 분기된다.

전차전략 : 사막의 여우
켐코　1988년 4월 28일　5,500엔　2M

▶ 독일군과 영국군으로 나뉘어 대전도 가능하다.

플레이어가 '사막의 여우'라는 별명으로 유명한 에르빈 롬멜 장군이 되어, 독일군 아프리카 군단을 이끌고 영국군을 물리치는 게 목적인 시뮬레이션 게임. 시나리오는 5종이 준비되어 있다.

캡틴 츠바사
테크모　1988년 4월 28일　5,500엔　2M

같은 제목의 인기 축구만화를, 커맨드 선택식으로 시합을 진행하는 실시간 시뮬레이션 스타일의 참신한 시스템으로 게임화한 타이틀. '근성'을 소비해, 개성이 풍부한 필살기를 구사해보자. 원작의 '중학생 편'과 '주니어 유스 편' 스토리에 기반해 진행되는 어드벤처 파트도 있어, 파리에서 미사키를 수색해 무사히 발견하는 데 성공하면 팀메이트로 삼을 수 있다.

▲ 필살 슛과 콤비네이션 등 원작의 명장면을, 멋지게 묘사한 그래픽으로 훌륭히 재현했다.

파이널 커맨드 : 붉은 요새

코나미　1988년 5월 2일　3,300엔　1M

 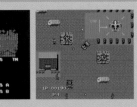

▶ 아케이드판과 달리, 프로를 얼마든 태울수있다

아케이드용 게임 「특수부대 재칼」을 개변 이식한 작품. 적의 포로가 된 사람들을 구출하면서 적군을 격파하자. 이식하면서 각 스테이지에 보스를 배치했고, 오리지널 최종보스도 등장한다.

딥 던전 III : 용사를 향한 여행

스퀘어　1988년 5월 13일　5,900엔　2M

▶ 이 작품은 타 기종에 전혀 이식 되지 않았다.

전작까지와는 다른 세계와 다른 시스템이 되어 등장한 작품. 마물에 사로잡혀버린 왕과 공주를 구하기 위해 던전에 도전한다. 4인 파티제를 도입했고, 미법 개념도 들어갔다.

명탐정 홈즈 : 안개 낀 런던 살인사건

토와 치키　1988년 5월 13일　5,800엔　2M

▶ 소지금이 바닥 나면 막혀버리니 돈 관리에 유의.

패미컴용 셜록 홈즈 시리즈의 제 2탄. 액션 파트를 없애고, 순수한 커맨드 선택식 어드벤처 게임이 되었다. 그래픽과 BGM도 작품 분위기와 잘 맞아, 원작의 팬에게 특히 추천하는 작품이다.

가면닌자 아카카게

토에이 동화　1988년 5월 20일　5,300엔　1M

 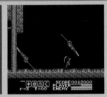

▶ 두루마리 3개를 모으면 라스트 던전에 돌입한다.

같은 제목의 애니메이션이 원작인 액션 게임. 천하를 지배하려 하는 코가의 겐요사이를 물리치는 게 목적이다. 무기를 입수하고 동료와 협력하여, 겐요사이가 있는 환마성으로 가야 한다.

샐러드 나라의 토마토 공주

허드슨　1988년 5월 27일　5,900엔　2M

▶ 의인화된 채소 들의 세계에서 벌어지는 스토리다.

일본 PC 어드벤처 장르 초기의 히트작을 개변 이식했다. 오이 전사가 되어 호박 대왕에 사로잡힌 토마토 공주를 구해내자. 3D 미로와 참참참 게임식 전투 등, 원작에 없던 신규 요소도 많이 들어갔다.

쇼군

헥트　1988년 5월 27일　5,800엔　1M

▶ 승부와 매수·설득 등으로 가신을 모은다.

온갖 수단을 활용해 쇼군이 되는 게 목적인 시뮬레이션 게임. 40명의 캐릭터 중에서 하나를 골라 진행한다. 쇼군이 되려면 등장 캐릭터 중 20명 이상을 가신으로 삼고, 3곳의 성에서 두루마리를 입수해야 한다.

남코 클래식

남코　1988년 5월 27일　5,900엔　4M

▶ 라운드 플레이 액션 친구와의 대 전도 가능하다.

CPU가 조작하는 프로 골퍼 11명과 총 30전의 투어를 거쳐 상금을 겨루는 골프 게임. 이중 1위와 2위 캐릭터끼리는 정상을 놓고 '남코 클래식'에서 다시 대전한다. 패스워드 컨티뉴를 지원한다.

닌자 군 : 아수라의 장

UPL　1988년 5월 27일　5,300엔　1M

 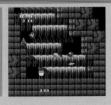

▶ BGM도 뛰어 나며, 특히 동굴 BGM의 팬이 많다.

귀여운 캐릭터 '닌자 군'이 지상·바다·동굴 등 다양한 장소를 모험하는 액션 게임. 사용 가능한 무기도 늘어났고 공략할 요소도 많다. 동굴 벽에서 턴 점프를 충분히 연습한 후, 보스 아수라를 물리쳐라.

HARDWARE
1983
1984
1985
1986
1987
1988
1989
1990
1991
1992
1993
1994
INDEX

세인트 세이야 : 황금전설 완결편

반다이　1988년 5월 30일　5,800엔　2M

▶ 성의의 디자인 일부는 원작 기준 으로 사용했다.

전년 발매했던 「세인트 세이야 : 황금전설」의 속편. 액션 파트와 황금 성투사와의 전투 파트로 구성했다. 능력치는 코스모·라이프 등 3종으 로 통합했고, 액션 파트에선 세이야 외의 청동 성투사도 조작 가능하다.

코스모 폴리스 갤리번

일본물산　1988년 6월 3일　5,900엔　2M

▶ 번쩍이면 광선 총·레이저 블레이 드 사용이 가능.

일본의 특촬 TV드라마 '우주형사' 시리즈를 오마쥬한 액션 RPG. 주인 공 '갤리번'을 조작해 적 기지 내부를 수색하여, 적 수령을 물리치는 게 목적이다. GP 게이지를 채우면 컴뱃 슈츠를 장착 가능하다.

패미컴 탐정 클럽 : 사라진 후계자 후편

닌텐도　1988년 6월 14일　2,600엔　1M

▶ 주인공이 기억 을 찾을수록 수수 께끼가 풀려간다.

아야시로 재벌가 당주의 수상한 죽음을 파헤치는 서스펜스 어드벤처 게임. 전편에서 이어지는 스토리로서, 사건의 진상과 잃어버린 주인공 의 기억에 접근한다. 절정부인 3D 미로에선 충격의 전개가 기다린다!

초행성전기 메타파이트

선 소프트　1988년 6월 17일　5,300엔　2M

▶ 메탈 어태커에 서 내려 이동하는 장면도 있다.

만능 탱크 '메탈 어태커'를 조작해 적과 싸우는 액션 게임. 행성전사 '케인'이 되어 행성의 총 8스테이지를 탐색하자. 탑뷰와 사이드뷰를 오 가며 적을 물리쳐, 강화부품을 입수해야 한다.

파이어 락

유스　1988년 6월 20일　3,400엔　1M

▶ 고기를 연으면 점프력이 올라 공 략이 쉬워진다.

몰려오는 적들과 싸우며 긴 동굴을 계속 오르는 액션 게임. 버튼을 연 타해 벽을 재빨리 오르자. 관성이 잘 붙는 독특한 조작감이 특징이다. 총 6스테이지로서, 도중에 심볼 4개를 모으면 다음 스테이지로 간다.

리사의 요정전설

코나미　1988년 6월 21일　3,500엔　1M

▶ 같은 제목의 싱글 곡 관련 퍼 즐도 나온다.

아이돌 가수가 실명으로 나오는 어드벤처 게임의 2탄. 타치바나 리사 와 함께 날아간 이차원에서 암흑의 마녀를 물리쳐 평화로운 세계로 돌 아가자. 도중엔 힌트를 알려주는 전화번호도 나온다.

요괴도중기

남코　1988년 6월 24일　4,900엔　2M

▶ 막판에서 살생 을 삼가고 욕심을 없애면…긴

생전에 나쁜 짓만 일삼던 주인공 '타로스케'를 조작해 천계까지 인도 해야 하는 독특한 횡스크롤 액션 게임. 돈을 주워 물건을 사거나 노름 을 하고, 용궁성도 들러보는 등, 스토리 연출도 다채로워 재미있다.

사나다 십용사

켐코　1988년 6월 27일　5,800엔　2M

▶ 무기·병종은 시기에 따라 가격 이 바뀐다.

레벨·HP 개념이 없는 역사 RPG. 사나다 유키무라가 되어 각지를 여 행하며 용사 10명을 모으자. 목적은 도쿠가와 토벌. 십용사는 각자 특 기병과와 고유기술이 있다. 적병 설득에 성공하면 병력이 는다.

궁극 아슬아슬 스타디움

타이토　1988년 6월 28일　5,500엔　2M

▶ 난투시 우수기
각나 쓰러지인 캐
제펴버렸다.

선수간의 난투나 주정뱅이 난입 등, 기발한 요소를 도입한 야구 게임. 페넌트레이스에서 승리하면 선수가 강화되고, 투수는 마구를 익힐 수 있다. 파인플레이를 최대한 유도해내는 '줌 모드'도 특징이다.

아공전기 라이진

스퀘어　1988년 7월 12일　500엔　1M

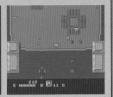

▶ 스테이지 막간
에는 무기·실드
구입도 가능하다.

기동병기 라이진을 조작해 기계생명체 가렘과 싸우는 액션 슈팅 게임. 라이진은 비행형태와 인간형태로 변신할 수 있다. 각기 역할이 있어 인간형태로는 탐색을, 비행형태로는 광역이동을 한다.

문 볼 매직

스퀘어　1988년 7월 12일　500엔　1M

▶ 워프 홀을 통
해 다른 스테이지
로 이동한다.

PC용 게임을 이식한 핀볼 게임. 총 11스테이지이며, 볼을 조작해 아이템을 모으거나 적 캐릭터와 싸우는 등 득점경쟁 이외의 놀이법도 마련했다. 핀볼 게임 치고는 볼이 불규칙적으로 움직이는 게 특징이다.

슈퍼 블랙 오닉스

BPS　1988년 7월 14일　5,900엔　2M

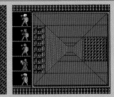

▶ 디자인과 세계
관이 원작과는 꽤
달라진 편이다.

최초의 일본산 오리지널 RPG를 개변 이식했다. 지상 44층, 지하 18층으로 구성된 거대한 미궁 '오닉스 타워'를 탐색해 블랙 오닉스를 획득하자. 마법 개념을 도입했고, 직업도 4종류 중에서 고를 수 있다.

말썽꾸러기 치에 : 폭탄소녀의 행복찾기

코나미　1988년 7월 15일　5,800엔　3M

▶ 짙은 색조로
오사카 서민가의
분위기를 살렸다.

하루키 에츠미 원작 인기 만화의 게임판. 오사카의 하숙집 거리 분위기를 잘 그려낸 어드벤처 게임. 총 3장으로 구성된 스토리는 각자 다른 주인공의 시점으로 진행된다. 미니게임 외엔 난이도가 낮다.

전설의 기사 엘론드

잘레코　1988년 7월 15일　5,500엔　1M

▶ 아이템은 효과
시간이 다른 3종
류로 구분된다.

용감한 청년 '엘론드'를 조작해, 사로잡힌 공주 7명을 구해내자. 영국산 게임의 개변 이식판으로서, 검을 휘둘러 적을 물리치는 게임. 각 스테이지에서 젬(보석)을 모으는 탐색 요소가 있다.

베스트 플레이 프로야구

아스키　1988년 7월 15일　5,800엔　1.25M

▶ 시험during BGM
도 각 구단의 실제
곡물 사용했다.

PC용 야구 게임 「베스트 나인 프로야구」의 개변 이식작. 일본 프로야구 자체를 시뮬레이션 게임화했다. 각 선수의 능력치를 세부까지 데이터화한 게 특징. 실존 12구단 중 하나의 감독이 되어 우승하자.

토야마의 긴 씨 스페이스첩 : MR.GOLD

토에이동화　1988년 7월 19일　3,400엔　1M

▶ 미래의 EDO를
'사쿠라후부키'를
가져가야 한다.

유우키 코스케의 SF소설을 게임화한 OVA 연동형 미디어믹스 작품으로서, 시대극 '토야마의 긴 씨'를 오마쥬했다. 미래 세계가 무대인 커맨드 선택식 어드벤처 게임이며, 재판이 벌어지는 모드도 있다.

HARDWARE
1983
1984
1985
1986
1987
1988
1989
1990
1991
1992
1993
1994
INDEX

동키 콩 JR.

닌텐도 　1988년 7월 19일　500엔　512K

▶ 과일을 사용해 적 캐릭터를 퇴치하자.

명작 「동키 콩」의 속편으로서, 카세트판(64p)과 동일한 게임이다. '주니어'를 조작해 아빠 콩을 구출하자. 액션은 덩굴 오르내리기 위주로서, 한손으로 타면 이동이 느리고 양손으로 타면 빨라진다.

히틀러의 부활 : TOP SECRET

캡콤　1988년 7월 20일　5,900엔　2M

▶ 통찰실이나 적과의 대화는 재법 현장감이 난다.

아케이드용 게임의 개변 이식작. 스토리·세계관을 리뉴얼했고, 작품의 특징인 와이어 액션도 개량했다. 액션의 쾌감을 강화했고, 다양한 시추에이션에서 등장하는 적들에게도 풍부한 개성을 부여했다.

메종일각 : 추억의 포토그래프

보스텍　1988년 7월 21일　5,900엔　2M

▶ 그래픽은 애니메이션판을 꽤 충실히 재현했다.

타카하시 루미코의 인기 만화를 게임화했다. PC판의 이식작이며, 원작 초반 기반의 오리지널 스토리다. 쿄코가 숨겨오던 어떤 비밀을 밝혀내 보자. 패미컴판은 오리지널 엔딩이 추가됐다.

카이의 모험

남코　1988년 7월 22일　3,900엔　1.5M

▶ 스테이지 구성이 교묘해, 만만치 않은 작품이다.

「드루아가의 탑」의 히로인이었던 '카이'가 주인공이 된 작품. 아타리사의 아케이드 게임 「메이저 헤이빅」에서 큰 영향을 받았다. 공중 부유를 잘 사용해 각층의 열쇠를 획득한 후 출구로 나가자.

카케후 군의 점프 천국 스피드 지옥

빅 토카이　1988년 7월 22일　5,300엔　1M

▶ 클리어까지의 경과시간에 따라 엔딩이 바뀐다.

한신 타이거즈의 카케후 마사유키 선수를 빼닮아 유명해졌던 아역 탤런트 '카케후 군'이 주인공인 횡스크롤 액션 게임. 카케후 군이 화면을 고속 질주한다. 특정한 풀에선 투척 아이템도 입수 가능하다.

카라테 챔프

데이터 이스트　1988년 7월 22일　3,300엔　1M

▶ 그래픽은 담백하지만 파고드는 재미가 있는 게임.

1984년 가동했던 아케이드용 게임 「공수도」의 이식판. 무대를 도장이 아니라 절벽·황야·도로상 등의 야외로 설정했다. 버튼이 적은 패미컴으로도 제대로 플레이할 수 있도록, 조작도 개변했다.

코나믹 아이스하키

코나미　1988년 7월 22일　3,300엔　1M

▶ 스피디한 모션과 리얼한 가동이 일품이다.

간편하게 플레이할 수 있는 심플한 아이스하키 게임. '엑시비션'·'토너먼트' 2가지 모드가 있고, 각 모드별로 8개 팀을 선택 가능하다. 바디체크가 잦아지면 난투 모드로 돌입하게 된다.

열혈고교 피구부

테크노스 재팬　1988년 7월 26일　5,800엔　2M

▶ 팔팔 숨도 쾌한 연출로 인기작이 되었다.

같은 제목의 아케이드판을 이식한 작품. 열혈고교 피구팀으로 세계 정상을 노리는 '원정시합'과 임의의 팀으로 대전하는 '대항시합', 서바이벌 경기로 생존자를 가리는 '클럽활동' 등 4가지 모드를 탑재했다.

레인보우 아일랜드

타이토　1988년 7월 26일　5,500엔　1M

▶ 고득점 아이템을 효율적으로 얻으며 공략하자.

자사 게임인 「버블 보블」의 인기 주인공들이, 무지개로 발판을 만들고 적을 물리치며 골인을 노리는 액션 게임. 게임 도중 영화 '오즈의 마법사'의 테마곡 'Over The Rainbow'가 나온다.

그레이트 탱크

SNK　1988년 7월 29일　5,500엔　2M

▶ 아케이드판 'T·A·N·K'를 개변 이식한 작품.

제2차 세계대전이 무대인 액션 슈팅 게임. 랄프 존스 대령이 독일군이 개발한 최종병기를 파괴하기 위해, 단신으로 노르망디에 상륙하여 탱크를 타고 적진으로 돌격한다.

삼국지 : 중원의 패자

남코　1988년 7월 29일　6,900엔　2M

▶ 부상에 수명 개념이 없으니, 착실히 육성하자.

중국대륙을 통일하는 것이 목적인 전략 시뮬레이션 게임. 성격진단에서 타입이 같은 군주가 주인공이 되며, 서기 200년부터 행동한다. 성에 군비·학문 등을 지시하는 '명령서'는 확보한 지역 수만큼만 얻는다.

비룡의 권 II : 드래곤의 날개

컬처 브레인　1988년 7월 29일　5,500엔　2M

▶ 암흑계의 적과 싸울 때는 용작사로 변신 가능하다.

87년 발매했던 「비룡의 권」의 속편. 스토리를 강화시켰고 경험치·레벨을 추가하는 등, RPG적 성격이 강해졌다. 전작의 '심안 시스템'은 계승했으며, 대전 모드·RPG 모드 등 4가지 모드가 있다.

래디컬 봄버!! 지뢰 군

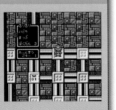

잘레코　1988년 7월 29일　3,200엔　1M

▶ 에디트 기능으로 만든 맵은 3개까지 저장된다.

'술래잡기'를 테마로 삼아 제작한 보드 게임. 플레이어는 쫓는 쪽과 쫓기는 쪽 중 하나를 골라 플레이한다. 맵 상에 설치된 지뢰를 잘 피하며 이동하자. 일정 턴 내에 잡히느냐 마느냐로 승부가 갈린다.

슈퍼 리얼 베이스볼

바프　1988년 7월 30일　5,500엔　2M

▶ '한큐'와 '난카이' 팀이 실명화된 유일한 게임.

니폰TV의 자회사 바프의 발매작이라, 일본프로야구기구가 라이선스를 내준 최초의 게임. 모든 선수·구단이 실명으로 나온다. 백네트 시점으로 고정돼 있으므로, 공격도 수비도 같은 화면으로 플레이한다.

태양의 신전

도쿄 서적　1988년 8월 3일　5,900엔　2M

▶ 커맨드가 독자적이고, RPG적 성장요소도 있다.

고대 마야 문명이 모티브인 PC용 어드벤처 게임을 개변 이식한 작품. 어느 고고학자의 의문사의 진상을, 주인공의 소꿉친구이기도 한 고고학자의 외동딸과 함께 찾는다는 오리지널 스토리로 진행된다.

폭투사 패튼 군

소프트 프로　1988년 8월 5일　2,980엔　1M

▶ 탱크 파괴는 물론, 조종사도 분리처치해야 한다.

패미컴 최초로 최대 4인 동시 플레이를 구현한 탱크 서바이벌 게임. RC카처럼 자신의 탱크를 조작해 나머지 3대를 파괴하자. 수류탄·유도탄 등 9종류의 아이템이 나온다. 탱크 커스터마이징도 가능하다.

HARDWARE
1983
1984
1985
1986
1987
1988
1989
1990
1991
1992
1993
1994
INDEX

에거랜드 : 미궁의 부활

HAL 연구소　1988년 8월 9일　5,600엔　1.25M

▶ 블록으로 적을 막는 등, 퍼즐성이 강한 게임이다.

인기 시리즈의 제 3탄. 주인공 '로로'를 조작해 히로인 '라라'를 구출하는 액션 퍼즐 게임이다. 16×8 형태로 배열된 총 128스테이지로 구성돼 있다. 퍼즐의 난이도는 전작보다 어렵게 설정됐다.

더 머니 게임

소프엘　1988년 8월 10일　5,900엔　1.25M

▶ 공략하려면 스케줄을 치밀하게 잡아야 한다.

주식 거래를 테마로 삼은 시뮬레이션 게임. 주식의 신으로부터 계시를 받아, 100만 엔의 밑천을 10억 엔으로 불리는 게 목적이다. 패키지 내에 입문용 만화와 금융··주식정보지 '사계보'의 특별판을 동봉했다.

실비아나 : 사랑이 가득한 모험가

팩 인 비디오　1988년 8월 10일　3,500엔　1M

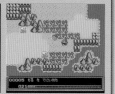

▶ '패미리 세이브'는 디스크 저장이 아니니 주의.

병에 걸린 어머니를 치료하기 위해 모험 여행에 나선 소녀의 이야기. 탑뷰 스타일의 액션 RPG로서, 적과의 전투는 몸통박치기로 진행한다. 경험치 개념이 없기 때문에, 아이템으로 캐릭터를 강화해야 한다.

싸워라!! 라면맨 : 작열초인 102예

반다이　1988년 8월 10일　5,800엔　2M

▶ 원작의 적과 라이벌 캐릭터가 다수 등장한다.

유데타마고 원작의 애니메이션이 기반인 액션 어드벤처 게임. '라면맨'을 조작해 오의를 습득하여, 세 악인인 금룡·백룡·흑룡을 격파하자. 수많은 이벤트와 다채로운 액션, 고전 중화풍 분위기가 재미있다.

타니가와 코지의 쇼기 학습 II : 신판 박보장기·다음 한 수

포니 캐년　1988년 8월 10일　500엔　1M

▶ 플레이한 후의 기력 감정 덕에, 실력도 쑥쑥.

타니가와 코지 명인이 감수한 쇼기 소프트의 제 3탄. 단면 재기록 소프트로 출시되어, A면은 전작과 동일 컨텐츠이며 B면의 박보장기·다음 한 수를 리뉴얼했다. 추가된 문제는 박보장기 20문, 다음 한 수 40문이다.

빅 챌린지! 유도 선수권

잘레코　1988년 8월 10일　3,200엔　1M

▶ 밀고당기기와 굽히기는 버튼 연타가 중요하다.

패미컴으론 희귀한 유도 게임. 상대를 붙잡고 밀기·당기기·다리 기술·메치기로 끝내자. 연습시합에서 6단까지 따내면 전일본선수권에 나가게 되며, 거기서 10전 8승 이상이면 세계선수권대회에 출장한다.

불타라!! 프로야구 : '88 결정판

잘레코　1988년 8월 10일　5,800엔　3M

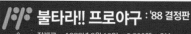

▶ 선수의 특징적인 폼을 제대로 재현했다.

「불타라!! 프로야구」의 속편격 타이틀. 시스템이 리뉴얼돼, 전작의 '번트로 홈런' 등은 불가능해졌다. 바이오리듬 개념을 신규 도입해, 선수의 컨디션을 재현했다. 우타자냐 좌타자냐로 시점도 바뀐다.

미토코몬 II : 세계만유기

선 소프트　1988년 8월 11일　5,500엔　2M

▶ 스테이지 서두 시 스케·카쿠의 선택이 가능하다.

「미토코몬」(108p)의 속편. 국외로 도망친 탐관오리 '안도'를 쫓아, 미토코몬 일행이 세계를 일주한다는 스토리다. 액션과 어드벤처를 융합시켰으며, 괴상하고 얼빠진 분위기가 강한 작품이다.

HARDWARE
1983
1984
1985
1986
1987
1988
1989
1990
1991
1992
1993
1994
INDEX

HARDWARE
1983
1984
1985
1986
1987
1988
1989
1990
1991
1992
1993
1994
INDEX

사커 리그 : 위너즈 컵

데이터 이스트　1988년 8월 12일　5,800엔　2M

▶ 하프타임에는 치어걸도 등장한다.

8개국이 참가하는 국제대회에서 우승하는 것이 목적인 축구 게임. 선수간 능력차가 없고 파울·오프사이드 개념 역시 없으므로, 축구를 몰라도 규칙에 구애받지 않고 즐길 수 있다.

드래곤볼 : 대마왕 부활

반다이　1988년 8월 12일　5,800엔　2M

▶ 피콜로 대마왕 편을 개편한 시나리오가 펼쳐진다.

'드래곤볼' 게임화 2번째 작품으로서, 어드벤처 게임과 보드 게임을 결합시킨 RPG가 되었다. 카드 배틀식 전투에서는 만화의 컷 배치를 흉내 낸 연출로 원작의 분위기를 재현했다.

패미컴 워즈

닌텐도　1988년 8월 12일　5,500엔　2M

'패미컴 워즈가 나온다. 엄마아빠에겐 비밀이다'라는 당시 TV광고 노래로도 유명한 위 시뮬레이션 게임. 「대전략」 등에 비해 병기 데이터 등을 간략화해 즐기기 쉽도록 하여, 초보자나 전략게임을 기피하던 유저에게도 어필했다. 맵은 총 17종류. 초판은 세이브 데이터가 날아가기 쉽다는 문제가 있었으나, 재발매판에선 이 문제를 수정하여 데이터가 안전해졌다.

▲ 코믹한 TV광고와는 정반대로, 게임 자체는 하드코어한 시뮬레이션이고 난이도도 높다.

파이널 랩

남코　1988년 8월 12일　5,200엔　2M

▶ 레이스에서 포인트를 얻어 파워업해보자.

상하 2화면 동시표시로 패미컴 최초의 2인 동시 대전을 구현해낸 F1 레이싱 게임. 1인용일 때는 아래화면의 라이벌보다 먼저 3바퀴를 돌면 승리하고 다음 코스로 넘어간다. 머신 튜닝도 가능하다.

매드 시티

코나미　1988년 8월 12일　5,500엔　2M

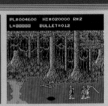

▶ 광선총을 지원하며, 연습용 모드도 있다.

전직 군인 '빌리'가 의문의 조직에 납치된 애인을 구출하러 나선다. 기본적으로는 벨트스크롤 액션 게임이지만, 건 슈팅과 카 레이싱 스테이지도 있어 컨텐츠의 다양성이 풍부하다.

코나믹 테니스

코나미　1988년 8월 19일　3,300엔　1M

▶ 캐릭터를 성장시킬 수 있는 테니스 게임이다.

기본에 충실한 디자인의 테니스 게임. 8개 팀이 있으며, 선호하는 팀을 골라 토너먼트전에서 우승을 노린다. 육성시킨 선수의 데이터를 디스크에 저장하고 가져가 대전할 수도 있다.

두견새

아이렘　1988년 8월 19일　6,500엔　2M

▶ 관위제도, 다이묘 간의 종속화 동도 도입했다.

일본의 전국시대를 소재로 삼은 역사 시뮬레이션 게임. 보드 게임의 시스템을 도입해, 시작시의 능력치 분배가 이후의 전개에 영향을 준다. 전투·내정·이동 페이즈를 순서대로 진행한다.

슈퍼 핀볼

코코너츠 재팬　1988년 8월 23일　5,800엔　1M

▶ 화려한 필드 화면과 공들인 장치가 특징이다.

최대 4명까지 교대 플레이가 가능한 핀볼 게임. 플레이 필드의 배경이 7종류나 있고, 모든 화면의 장치·배치를 차별화해 공을 들였다. 마작을 융합한 요소도 있어, 패를 잘 맞추면 보너스를 얻는다.

이스

빅터음악산업　1988년 8월 26일　6,200엔　2M

▶ 적을 반쯤 걸쳐 밀어붙이면 쉽게 물리친다.

'이제, RPG가 쉬워지는 시대로'라는 선전문구로 대히트한 PC용 게임 「이스」를 이식한 타이틀. 붉은 머리카락의 주인공 '아돌'이 되어 모험하며, 이스의 책을 찾아내 다암의 탑으로 향하자.

은혜 갚은 거북이 : 우라시마 전설

허드슨　1988년 8월 26일　5,500엔　2M

▶ 당시엔 아직 드물었던 멀티 엔딩을 채용했다.

일본 동화 '우라시마 타로'가 모티브인 게임. 근미래 무대의 SF물로서, 주인공 '켄 우라시마'가 기계동물 제국을 물리쳐 오토히메 18세를 구한다는 스토리다. 홀수 스테이지는 액션, 짝수 스테이지는 슈팅이다.

슈퍼 다이내믹스 배드민턴

바프　1988년 8월 26일　4,900엔　320K

▶ 선택한 코트에 따라 셔틀의 궤도가 달라진다.

배드민턴을 소재로 삼은 사이드뷰 스포츠 게임. 색이 다른 코트 4종류 중에서 선택한다. 남녀 선수 중에선 남자 쪽이 빠르고 강하다. 대전 상대로 캐나다·미국·중국 등 강호 5개 팀이 등장한다.

패미컴 명인전

SNK　1988년 9월 2일　5,900엔　2M

▶ '리그전'에선 3단계의 난이도 선택이 가능하다.

전형적인 시스템의 쇼기 소프트. 명인·쇼기를 좋아하는 소녀 등 16명의 대전 상대가 나오는 '혼쇼기'와, 직접 문제 제작이 가능한 '박보장기', 저장된 대국을 복기하는 '재현' 등 4가지 모드가 있다.

마탑의 붕괴

포니 캔언　1988년 9월 2일　3,000엔　1M

▶ 강현치를 모으면 체력·공격력이 올라간다.

구약성서에 등장하는 '바벨 탑'이 모티브인 액션 게임. 주인공을 조작해, 악마 아스모디우스에 납치당한 애인을 구해내자. 탑 안에는 몬스터가 우글대고, 온갖 함정도 장치되어 있다.

킥 앤드 런

타이토　1988년 9월 13일　3,300엔　1M

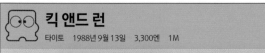

▶ 당시엔 아직 드물었던 2인 협력 플레이도 탑재.

같은 제목의 아케이드용 게임 이식작. 'GAME'과 'PK'의 2가지 게임 모드가 있다. 일본 등, 저마다 특징이 다른 7개국의 팀이 등장한다. 오버헤드 킥 등의 화려한 플레이도 간단 조작으로 펼칠 수 있다.

매니악 맨션

잘레코　1988년 9월 13일　5,500엔　2M

▶ 친구들은 저마다 다른 특기를 갖고 있다.

미국산 PC 게임의 이식작. 주인공과 친구 2명을 조작해, 프레드 박사의 저택에 잠입하여 납치된 여자친구를 구출해내자. 직감적인 조작 시스템이 특징. 시작할 때 고른 친구에 따라 공략법·엔딩이 변화한다.

HARDWARE
1983
1984
1985
1986
1987
1988
1989
1990
1991
1992
1993
1994
INDEX

HARDWARE
1983
1984
1985
1986
1987
1988
1989
1990
1991
1992
1993
1994
INDEX

코나믹 스포츠 인 서울

코나미　1988년 9월 16일　5,500엔　2M

▶ '태권도'가 있는 건 서울 올림픽이기 때문이다.

88년의 서울 올림픽이 소재인 스포츠 게임. 자사의 「하이퍼 올림픽」·「하이퍼 스포츠」와는 달리, 전용 컨트롤러가 필요 없다. 총 12종목을 수록했으며, 트레이닝 모드도 완비했다.

영환도사

포니 캐년　1988년 9월 16일　5,900엔　2M

▶ 입수한 아이템으로 콜라이더를 강화시켜라.

같은 제목의 영화가 모티브인 액션 게임. 제자와 함께 여행하던 도사가, 방문한 마을의 건물에서 강시를 물리치는 게임이다. 해방된 건물·시설은 이용이 가능해지며, 아이템도 구입할 수 있다.

공작왕

포니 캐년　1988년 9월 21일　5,800엔　2M

▶ 컨티뉴는 패스워드 방식으로 제공한다.

OVA '공작왕 : 귀환제'가 원작인 커맨드 선택식 어드벤처 게임. 메인 테마곡을, 록밴드 THE ALFEE의 타카미자와 토시히코가 맡았다. RPG의 시스템도 도입해, 적과 조우하면 커맨드식으로 싸운다.

도널드 덕

켐코　1988년 9월 22일　5,800엔　2M

▶ '자루치기'·'구무럭치기' 등, 경기들이 독특하다.

도널드 덕과 데이지 덕이 다양한 경기로 성적을 겨루는 미니게임 모음집. 총 6종의 경기가 수록돼 있다. '토털 모드'는 모든 경기를 3주차로 진행해, 최종 합계점으로 메달을 겨루는 모드다.

버거 타임

데이터 이스트　1988년 9월 23일　500엔　512K

▶ 아케이드판의 타이틀명은 「햄버거」였다.

요리사 모습의 주인공 '피터 페퍼'를 조작해, 번과 각종 식재료를 아래로 떨어뜨려 햄버거를 완성시키는 게 목적인 액션 게임. 적인 비엔나소시지와 달걀프라이는 식재료로 덮어버리면 물리칠 수 있다.

에이트 아이즈

세타　1988년 9월 27일　5,800엔　2M

▶ 파트너인 매 '커뚜러스'의 활용이 키포인트다.

유적을 발굴하던 학자들이 전원 살해당했다. 이런 악행을 저지른 악마 숭배자 일당의 야망을 부수기 위해, 본드 소령이 파견된다는 스토리다. 저택을 탐색하며 진행하는 액션 게임이다.

에리카와 사토루의 꿈의 모험

남코　1988년 9월 27일　4,900엔　2M

▶ 후일 발견된 개발자의 숨겨진 메시지가 유명.

에리카·사토루 남매가 주인공인 어드벤처 게임으로서, 둘로 나뉜 게임 화면에서 남매 2명이 협력하며 진행하는 독특한 시스템이 최대의 특징이다. 특수 음원 칩을 내장해 연주되는 BGM도 팬이 많다.

전격 Z작전

팩 인 비디오　1988년 9월 30일　5,500엔　1.5M

▶ 스타지오 서장에서 KITT의 성능 강화도 가능하다.

대인기 TV 드라마(원제는 '나이트 라이더')를 게임화한 작품. 육군 무기고에서 P.I.V 폭탄을 훔쳐낸 범인을 찾아내 물리치는 게 목적이다. 원작처럼 부스트 점프나 각종 무기 사용도 가능하다.

비바 라스베가스

에픽 소니 1988년 9월 30일 5,900엔 2M

700달러를 밑천삼아 거금을 버는 게 목적인 카지노 게임. 블랙잭·슬롯머신·룰렛·키노가 수록되어 있다. 스토리 모드에서는 돈을 벌다 보면 이벤트가 발생한다.

파치컴

도시바 EMI 1988년 10월 4일 500엔 512K

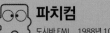

패미컴용 게임으로는 최초로 파친코를 소재로 삼은 같은 제목의 작품이 호평을 받아, 디스크 시스템판 재기록 전용 소프트로 발매되었다. 디스크 시스템판에서는 핀 조정도 가능해졌다.

대전략

보스텍 1988년 10월 11일 5,900엔 1.25M

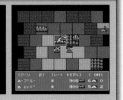

PC용 게임으로 출시되었던 「현대 대전략」의 이식작. 현대전이 소재인 워 시뮬레이션 게임이다. 시스템은 패미컴의 사양에 맞춰 간략화되었다. 수록된 맵은 총 30종류다.

베스트 플레이 프로야구 : 신 데이터

아스키 1988년 10월 11일 5,800엔 1.25M

같은 해 7월 15일에 발매된 같은 제목 작품의 선수 데이터를 1988년 여름 시점으로 교체한 버전. 게임 시스템은 변경점이 없다. 주변기기인 외부기억장치 '터보 파일'을 지원한다.

에거랜드 : 창조를 향한 여행

HAL 연구소 1988년 10월 18일 500엔 1M

「에거랜드」 시리즈의 제 3탄인 액션 퍼즐 게임. 디스크 시스템의 재기록 전용 소프트로 등장했다. 이번엔 퍼즐을 푸는 것뿐만 아니라, 플레이어 자신이 직접 퍼즐을 제작해볼 수도 있도록 했다.

더 블랙배스 II

HOT·B 1988년 10월 18일 5,800엔 1M

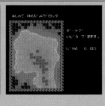

배스 낚시 프로 토너먼트의 1위를 노리는 낚시 게임. 총 12회 개최되는 대회에 참가해, 클래스에서 높은 랭크를 따내자. A·B·C 클래스에서 상위 5위에 들어가면 상위 클래스로 갈 수 있다.

원평토마전

남코 1988년 10월 21일 4,900엔 1.5M

원작인 아케이드판은 주인공 '카게키요'가 3종의 신기를 모아 요리토모를 물리치러 카마쿠라로 가는 명작 액션 게임. 다만 패미컴판은 장르가 달라져, 보드 게임풍 RPG라는 오리지널 작품으로 개변 이식됐다.

코브라 커맨드

데이터 이스트 1988년 10월 21일 5,800엔 2M

헬기를 조작해, 포로를 구출하고 배신자 로버트 대령의 왕국을 파괴하는 임무를 수행하는 전방위 스크롤 슈팅 게임. 포로를 전원 구출해내야만 클리어할 수 있다.

HARDWARE
1983
1984
1985
1986
1987
1988
1989
1990
1991
1992
1993
1994
INDEX

댄디 : 제우온의 부활

포니 캐년　1988년 10월 21일　3,000엔　1M

▶ 밤낮에 따라
도시에서 얻을 정보가 몰라진다

미국 아타리 PC용 게임의 이식작. 환수 '제우온'을 봉인하기 위해, 4개의 옥과 성검을 찾아야 하는 액션 RPG다. 레벨 업이나 봉인옥 획득으로 계급이 오른다. 제우온을 물리쳐 '댄디' 칭호를 얻자.

빅 챌린지! 도그파이트 스피리트

잘레코　1988년 10월 21일　3,200엔　1M

▶ 아이템은 무기
교체일 뿐, 파워
업되진 않는다.

헬기를 조종해 총 7스테이지를 돌파하는 종스크롤 슈팅 게임. 한 스테이지는 보스까지의 파트와 아이템이 잘 나오는 고속 스크롤 파트의 2종으로 구성된다. 가볍게 즐길 수 있는 직관적인 슈팅 게임이다.

울트라맨 클럽 : 지구 탈환작전

반다이　1988년 10월 22일　3,300엔　1M

▶ 5곳의 필드에
서, 난관에 처한
괴수들 도와주자.

괴수군단에 사로잡혀버린 울트라 형제를 구출하면서, 적의 주모자를 물리치는 게 목적인 롤플레잉 게임. 경험치 등의 개념이 없고, 전투시 행동에 따라 능력치가 변화하는 시스템이다.

미국 대통령선거

헥트　1988년 10월 28일　9,800엔　2M

▶ '소련'이 존재
하는 등, 당시 세
계상이 느껴진다.

미합중국 대통령선거를 소재로 삼은 작품으로서, 여러 선거에서 승승장구하며 미합중국 대통령 자리를 노리는 시뮬레이션 게임. 정책결정·여론조사·선거운동을 통해 국민의 지지를 얻어내자.

슈퍼 마리오브라더스 3

닌텐도　1988년 10월 23일　6,500엔　3M

그래픽·음악·조작성 등 모든 면에서 신선해지고 대폭 업그레이드된, 시리즈 3번째 작품. 하늘을 날 수 있는 '꼬리마리오'를 비롯해 개구리·너구리·돌부처 등 다채로운 형태로 변신하며, 언덕을 미끄러져 내려오고 등껍질을 집어올리는 등의 새로운 액션도 추가됐다. 말판놀이풍 월드 맵도 이 작품부터 채용되어, 스테이지의 클리어 순서를 어느 정도는 자유롭게 고를 수 있게 됐다.

▲ 임의 스크롤로 좌우·상하 자유이동이 가능해졌고, 강제 스크롤과 고속 스테이지도 있다.

유메이즈

타이토　1988년 10월 28일　3,300엔　1M

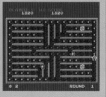

▶ 스테이지 에디
트 기능은 5개까
지 제작가능하다.

아케이드판 「레이메이즈」를 이식한 도트 먹기 게임. 필드 내의 도트를 모두 얻은 후 필드 좌우 끝에 열리는 출구로 나가면 클리어다. 이때 어느 쪽으로 나갔느냐로 다음 스테이지가 결정된다.

삼국지

코에이　1988년 10월 30일　9,800엔　2M

▶ 얼굴 그래픽은
전면적으로 모두
리뉴얼했다.

PC에서 인기였던 같은 제목의 타이틀을 이식한 작품. PC판의 시나리오는 모두 수록했으나, '약탈'이나 인재 등용시의 '편지를 쓰다' 등 일부 커맨드를 없애는 식으로 시스템을 간략화시켰다.

동방견문록

나츠메　1988년 11월 10일　5,800엔　2M

▶ 악 나가는 스토리로 오히려 화제가 된 괴작이다.

'뉴웨이브 사이키델릭 어드벤처'라는 신 장르를 표방한 어드벤처 게임. 주인공은 대학교 4학년생인 '토호켄 분로쿠'. 창업자금을 빌려서 만든 타임머신을 타고, 1275년으로 타임 슬립해 모험한다.

아메리칸 풋볼 : 터치다운 피버

케이 어뮤즈먼트 리스　1988년 11월 11일　5,500엔　1.25M

▶ 런과 패스를 활용해 터치다운을 노리자.

규칙이 복잡한 미식축구를 단순화시켜, 기본적인 규칙만 남겨둠으로써 즐기기 쉽도록 디자인한 스포츠 게임. 토너먼트 우승, 혹은 리그전 제패를 노려보자. 친구들과 대전할 수도 있다.

갬블러 자기중심파

아스믹　1988년 11월 11일　5,900엔　2M

▶ 원작을 알고 있다면 플레이가 유리해진다.

같은 제목의 만화가 원작인 마작 게임. 프리 대전·하수 토벌전·토너먼트전의 3가지 모드가 있다. 게임에 등장하는 원작 캐릭터 24명의 성격 및 플레이스타일도 제대로 재현돼 있다.

서유기 월드

잴레코　1988년 11월 11일　5,500엔　1M

▶ 저팔계와 사오정은 숨겨진 이벤트로 등장한다.

아케이드용 게임 「원더 보이 : 몬스터 랜드」에서 캐릭터·배경 그래픽을 교체한 개변 이식작. 우마왕에 납치된 삼장법사를 구출해내는 것이 게임의 목적이다.

사무라이 소드

캡콤　1988년 11월 15일　3,300엔　1M

▶ 커맨드를 잘못 고르면 게임 오버가 되기도 한다.

암흑의 사제 '솔론'을 물리치고 세계를 구하는 게 목적인 커맨드 선택식 어드벤처 게임. 솔론에 패한 주인공은, 의문의 목소리에 이끌려 전설의 무기 '사무라이 소드'와 빛의 마법사를 찾아 여행하게 된다.

패밀리 퀴즈 : 4명은 라이벌

아테나　1988년 11월 16일　5,800엔　1M

▶ 문제가 아니라, 선택지가 조금씩 표시된다.

다양한 장르로 출제되는 스피드 퀴즈로 대전하며 우승을 노리자. 멀티탭을 사용하면 최대 4명까지 대전 가능하다. '하이 마스터 파크'·'더블 퀴즈' 등, 4가지 룰이 준비돼 있다.

아이스 클라이머

닌텐도　1988년 11월 18일　500엔　512K

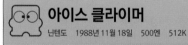

▶ 슈퍼 보너스 스테이지 등의 신 요소가 추가됐다.

카세트판으로 인기가 많던 작품이. 재기록 전용 소프트로서 디스크 시스템으로 다시 등장했다. 컨텐츠는 아케이드판 「VS. 아이스 클라이머」 기반이라, 토피의 그래픽 등이 변경됐다.

자이러스

코나미　1988년 11월 18일　3,300엔　1M

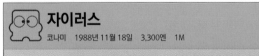

▶ 음원을 멋지게 활용한 BGM을 꼭 들어보자.

아케이드의 같은 제목 타이틀을 이식한 작품. 고정화면 슈팅 게임이다. 이식하면서 스테이지와 보스를 추가했고, 디스크 시스템의 음원에 맞춰 BGM을 완전히 편곡해 변경·추가했다.

패수 이야기

남코　1988년 11월 18일　5,500엔　2M

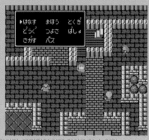

'셸도라도'라는 세계를 무대로 삼아 진행되는 롤플레잉 게임. 4가지 불가사의한 힘을 가진 조개(貝)를 사용해 대마왕을 봉인하는 게 목적이다. 각 조개를 가진 4명의 패수(貝獸)들은 저마다의 장소에서 출발한다. 조작을 전환하며 각자의 모험을 거쳐, 전원을 한 자리에 합류시킨다. 패키지 내에 셸도라도의 지도와 주인공 4명의 피규어, '눈물의 밀서'를 동봉했다.

▶ '장소' 커맨드로 나온 좌표를 동봉된 맵으로 확인하면, 캐릭터의 현재 위치를 알 수 있다.

파친코 GP

데이터 이스트　1988년 11월 18일　3,300엔　1M

▶ 트레이닝에서 연습해, 그랑프리에 도전하자.

대회에 참가하며 일본을 종단하는 파친코 게임. '그랑프리'는 전국 8개 도시의 대회를 제패하여 일본 제일을 노리는 모드다. 초보자용 모드인 '트레이닝'에선 핀을 조정하거나 구슬을 맘대로 설정 가능하다.

데자뷔 : 악몽은 정말로 찾아왔다

켐코　1988년 11월 22일　9,800엔　3M

▶ 텍스트가 타이프라이터로 입력되듯이 표시된다.

미국산 PC 게임의 이식작. 기억상실 상태의 남자가 주인공인 하드보일드 스토리로서, 커맨드는 '조사'·'대화' 등 기본적인 것 위주다. '자신'을 고르면 자신에게 아이템을 쓰는 등, 1인칭임을 강조했다.

불타라!! 주니어 바스켓 : TWO on TWO

잘레코　1988년 11월 22일　5,500엔　2M

▶ 미진은 물론, 협력 플레이도 불타오르는 게임.

야구 외의 「불타라!!」 시리즈로는 제 3탄. 8명의 소년소녀 중에서 플레이어를 골라, 1-on-1이나 2-on-2로 대전하는 길거리 농구 게임이다. 하프코트인데다 스틸이 빈번해, 시합 전개가 매우 빠르다.

타케시의 전국 풍운아

타이토　1988년 11월 25일　5,800엔　2M

▶ 게임의 목적이 명확해, 전작보다는 친절한 편이다.

86년 발매된 「타케시의 도전장」의 속편격 타이틀. '전국 게임'과 '파티 게임'의 두 모드를 탑재했다. 전국 게임은 전국시대 모티브의 보드 게임이며, 파티 게임은 9종의 미니게임이 있다.

패밀리 마작 II : 상하이로 가는 길

남코　1988년 11월 25일　4,900엔　1.5M

▶ 3종의 모드는 모두 파고들기 위해 축로 제작했다.

「패밀리 마작」의 속편. 6명의 상대 중 하나를 골라 대국하는 '실전마작', 퀴즈와 마작으로 세계를 돌아다니는 '세계일주 퀴즈로 마작', 스토리를 즐기는 '마작 그랑프리'까지 3종의 게임을 탑재했다.

저먼 탐정단 마린 팀 : 극비 지고마 조사파일

반다이　1988년 11월 29일　3,300엔　1M

▶ 괴도 '지고마'와의 대결은 액션 게임식이다.

이시노모리 쇼타로 원작 특촬 TV드라마의 게임판. 5인조 '마린 팀'을 조작해 괴도 '지고마'를 찾자. 원작처럼 '마린 팀 아이템'도 쓸 수 있다. 동네 사람들로부터 정보를 모아, 밤까지 지고마를 찾아내도록.

중국 점성술

잘레코 1988년 11월 29일 5,900엔 1M

▶ 점술 결과를 꺾은선 그래프 등으로 보여준다.

중국 점성술로 점을 보는 소프트. 데이터는 남녀 합쳐 10명분까지 등록 가능하다. 제공되는 점술은 상성·결혼·금전·직업·일간·월간·연간·성격의 8종류로서, 슬롯이나 인형극 등의 미니게임도 나온다.

돌아온 마리오브라더스

닌텐도 1988년 11월 30일 400엔 1M

▶ 나가타니엔과의 제휴로 100엔 저렴해졌다.

「마리오브라더스」가 재기록 전용 소프트로 부활. 그래픽·조작성은 아케이드판에 가깝도록 조정되었다. '나가타니엔 월드'에선 음료회사 나가타니엔과 마리오의 재미있는 데모 등 귀중한 콜라보 영상도 있다.

에일리언 신드롬

선 소프트 1988년 12월 2일 5,500엔 2M

▶ SF 호러의 세계관을 패미컴용으로 디자인했다.

세가의 아케이드용 액션 슈팅 게임을 패미컴으로 이식했다. '리키'와 '마리'를 조작해, 에일리언이 침략해온 스페이스십 내에서 시한폭탄이 폭발하기 전까지 동료를 구출하고 보스를 물리쳐야 한다.

돌연! 마쵸맨

빅 토카이 1988년 12월 2일 5,500엔 1M

▶ 마쵸맨 상태라면 적의 공격에도 어느 정도 버틴다.

섬에 불시착한 과학자가 몬스터와 싸우는 액션 게임. 신약 '마쵸맥스 펠레'를 사용하면 '마쵸맨'으로 변신한다. 마쵸맨이 되면 공격력이 증가하며, '마쵸리스 빔'을 방출할 수도 있다.

반숙영웅

스퀘어 1988년 12월 2일 5,800엔 1M

▶ 출전 가능한 에그몬스터는 무려 40종 이상.

심플한 조작으로 즐기는, 개그가 가득한 시뮬레이션 RPG. 능력치는 힘을 의미하는 '전투', 높을수록 축성 정비가 저렴해지는 '내정', 인건비인 '임금' 등으로 단순화했다. 매월 발생하는 이벤트도 풍부하다.

모모타로 전철

허드슨 1988년 12월 2일 5,800엔 2M

▶ 일본 전국의 철도·건물을 경영해 수익을 겨룬다.

자사의 RPG 「모모타로 전설」을 셀프 패러디한 보드 게임 시리즈의 첫 작품. 이후 계속 시리즈화되지만 그 기본은 사실 2편부터 확립된 것으로서, 이 작품에선 목적지 역이 공통이 아니며 가난도도 없다.

킹 오브 킹스

남코 1988년 12월 9일 5,900엔 2M

▶ 이 게임은 특수 음원 칩을 내장해 BGM이 호화롭다.

타이틀명대로, 플레이어 자신이 '킹'(왕)이 되어 상대 '킹'을 물리치는 전략 시뮬레이션 게임이다. 4인 동시 플레이가 가능하며, 유닛을 배치한 장소의 지형에 따라서 다양한 효과나 제약이 발생한다.

고질라

토호 1988년 12월 9일 5,800엔 2M

▶ 기존 고질라 영화에선 미등장한 괴수도 5종 등장.

시뮬레이션 게임과 액션 게임을 융합시킨 타이틀. '괴수대전쟁'을 모티브로, 고질라와 모스라가 X성인이 이끄는 괴수군단을 공격한다는 스토리. 킹기도라·메카고질라 등 인기 괴수가 다수 등장한다.

141

HARDWARE
1983
1984
1985
1986
1987
1988
1989
1990
1991
1992
1993
1994
INDEX

탐정 진구지 사부로 : 위험한 두 사람 전편

데이터 이스트　1988년 12월 9일　3,300엔　1M

▶ 전편의 조사를 끝내야만 후편을 즐길 수 있다.

화려한 레이스 뒤에서 벌어지는 밀수조직의 암약을 쫓는 어드벤처 게임. 스즈카에 온 진구지와 요코는 레이서의 실종과 대타의 사고사, 레이서의 아내이자 요코의 친구인 쿄코의 총살사건에 직면한다.

나카지마 사토루 : F-1 히어로

바리에　1988년 12월 9일　5,900엔　2M

▶ 시프트 조작은 십자키를 이용해 수동으로 한다.

F-1 경기가 소재인 레이싱 게임. 성적에 따라 다음 레벨에 도전하는 '그랑프리'와 '2P 대전' 모드가 있다. 연습용인 '워밍업 모드'에선 각 코스별 브레이킹·시프트 등의 주행법 해설도 볼 수 있다.

난킨의 어드벤치아

선 소프트　1988년 12월 9일　3,200엔　1M

▶ 납다 은하에 들어가는 장면부터 게임이 시작된다.

극단 'WAHAHA 혼포'의 일러스트레이터인 난킨이 그래픽을 맡은 썰렁개그 어드벤처 게임으로서, 디스크 매거진 '퀴즈러 랜드'의 파생작. 자비에르가 쟈포네에 문명을 전하는 여행을 그렸다.

닌자용검전

테크모　1988년 12월 9일　5,500엔　2M

▶ 부친의 원수를 쫓는 류하야부사의 싸움이 시작된다.

벨트스크롤 액션 게임이었던 아케이드판 원작과는 달리, 횡스크롤 액션 게임이 된 이식작. 주인공이 닌자인지라, 벽에 붙는 등의 독특한 액션이 재미있다. 중간데모도 적절히 넣어, 스토리를 잘 전달해준다.

VS. 익사이트바이크

닌텐도　1988년 12월 9일　2,500엔　1M

 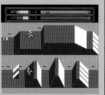

▶ 예선에서 좋은 성적을 낸 본선에서 승리해보자!

롱셀러 「익사이트바이크」의 게임성은 유지하면서도, 모처럼 디스크판으로 다시 나왔으니만큼 새로 레이싱 도중의 경쾌한 BGM을 추가하는 등으로 개선했다. 엔진 고장을 피하려면 B 버튼의 터보를 활용하자.

'89 전뇌 9성점술 by Jingukan

인덕션 프로듀스　1988년 12월 10일　9,800엔　2M

▶ 2000년 이후 출생자는 사용 불가능하니 주의.

UFO를 타고 돌연 나타난 우주인이 9성기학으로 점을 쳐주는 소프트. 생년월일과 성별을 넣으면 적합한 직업과 이성운 등의 데이터를 보여주거나, 연월일별로 1989년 운세를 점쳐준다.

파이팅 로드

토에이 동화　1988년 12월 13일　6,200엔　2M

▶ 스테이지 클리어 후에 패스워드가 표시된다.

총 7스테이지의 격투 액션 게임. 발기술(発気術)의 달인이자 민속학자인 남자가 생이별한 동생을 찾는다는 스토리로서, 스테이지 클리어 시마다 기술 하나의 위력을 1단계 올릴 수 있다.

카구야 공주 전설

빅터음악산업　1988년 12월 16일　5,900엔　2M

▶ '키스하다'를 선택하면 엔딩이 변화한다.

PC용 어드벤처 게임 「신 대나무꾼 이야기」의 이식판. 채찍과 양초를 들고 카구야 공주를 찾아 여행한다는 불가사의한 스토리로서, '꽃 피우는 할아버지'의 개나 '우라시마 타로'의 오토히메 등도 나온다.

캡틴 실버

토쿠마쇼텐　1988년 12월 16일　5,500엔　2M

▶ 캡틴 실버의 보물을 찾는 모험을 그렸다.

데이터 이스트 사의 아케이드용 액션 게임의 이식판. 캐릭터 디자인 등에서 풍겨나오는, 타의 추종을 불허하는 독특함이 일품이다. 이식되면서 주인공의 목소리가 생략됐고, 스테이지와 상점 그래픽이 변경됐다.

궁극 아슬아슬 스타디움 '88

타이토　1988년 12월 16일　5,500엔　2M

▶ 공격시 수비시엔 각각 전용화면이 나온다.

이전 발매했던 「궁극 아슬아슬 스타디움」의 데이터 갱신판. 일본 프로야구 12구단은 물론, 선수 전원이 여성인 'I팀'도 준비했다. 페넌트 모드에선 선수 강화, 선수 체형 변화, 마구 사용 등이 가능하다.

그라디우스 II

코나미　1988년 12월 16일　5,900엔　2M

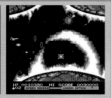

▶ 전방향을 커버해주는 실드를 잘 활용하자.

「그라디우스」의 속편. 파워 업의 종류가 증가한 것은 물론, 옵션도 4개까지 장비 가능해졌다. 다양한 스테이지와 화끈한 연출로 팬들을 매료시킨 작품. 음성합성 보이스도 유저를 놀라게 했다.

더 트라이애슬론

케이 어뮤즈먼트 리스　1988년 12월 16일　5,600엔　2M

▶ 모든 경기는 버튼 연타로 플레이한다.

수영·자전거 경주·마라톤의 3종목으로 겨루는 복합경기 '트라이애슬론'을 재현한 타이틀. 선수 6명 중 하나를 골라 플레이하자. 상어를 피해야 하는 수영, 우주로 날아가는 자전거 등 황당한 연출이 재미있다.

사이클 레이스 로드맨 : 격주!! 일본일주 4000km

도쿄 서적　1988년 12월 17일　5,500엔　2M

▶ 규정시간을 넘기면 게임이 종료돼버린다.

자전거 로드 레이스를 테마로 삼은 게임. 일본 내 18개 레이스에서 우승하자. 한 팀은 5명이며, 세계 4개국이 참가한다. 순위는 타임 합산으로 정해진다. 획득한 포인트로 자전거도 구입할 수 있다.

탑 라이더

바리에　1988년 12월 17일　9,800엔　1.25M

▶ 에어백 식 컨트롤러는 체중제한이 있다.

리얼한 레이스를 즐기는 바이크 게임. 실존하는 서킷 9곳을 돌며 포인트를 벌어 순위를 겨룬다. 동봉된 에어백 식 컨트롤러로 체감 게임처럼 조작할 수 있다. 앞바퀴를 들면 윌리도 가능하다.

파이널 판타지 II

스퀘어　1988년 12월 17일　6,500엔　2M

시리즈 2번째 작품으로서, 당시의 다른 롤플레잉 게임에 없었던 다양한 시스템을 집어넣었다. 경험치 개념을 과감히 폐지했으며, 캐릭터의 능력치 성장은 전투시 공격하면 힘이 올라가고, HP는 줄어든 양에 연동되어 상한치가 올라가는 식으로 바꾸었다. '전사' 등의 직업 개념도 없었으며, 검술과 마법 등에 각각 '숙련도' 개념을 넣어 해당 기술을 사용하다보면 성장해가도록 했다.

▲ 대화 도중 [○○]로 표시되는 단어를 기억한 후 그 단어로 되물어보면, 다양한 정보를 알려준다.

HARDWARE
1983
1984
1985
1986
1987
1988
1989
1990
1991
1992
1993
1994
INDEX

HARDWARE

1983
1984
1985
1986
1987
1988
1989
1990
1991
1992
1993
1994
INDEX

패밀리 트레이너 : 풍운! 타케시 성 2

반다이　1988년 12월 20일　4,900엔　512K

▶ 카드 배틀 외의 라운드는 외출 메뉴로 변경할수있다.

당시 일본의 TV프로 '풍운 타케시 성'의 패밀리 트레이너 게임화 제 2탄. 관문은 새로 제작했으며, '스모로 퐁'·'롤러 게임'·'식인 구멍' 등 총 8종류다. 최후에 플레이어를 가로막는 것은 카드 배틀이다.

판타지 존 II

선 소프트　1988년 12월 20일　5,500엔　2M

▶ 패미컴판은 작은 보스와 전진기지에 이름이 붙었다.

1987년 발매한 세가 마크 III판의 이식작. 오파오파를 조작해, 침략자 메논 인의 계획을 저지하자. 총 8스테이지이며, 목숨+라이프제가 되었고 여러 존을 워프로 왕래하는 시스템으로 바뀌었다.

프로야구 패밀리 스타디움 '88

남코　1988년 12월 20일　4,900엔　1.5M

▶ 선수명을 라이선스 문제로 피하기 위해 적당히 바꿨다.

1988년도 데이터를 채용한 3번째 작품. 구장 선택, 타순 변경, '컨디션이 좋은 선수' 및 '럭키 7' 개념 채용, 팀 에디트 기능, 에러 및 파인플레이 등을 추가했고, 팀 수도 14개 팀으로 늘렸다.

롤러 볼

HAL 연구소　1988년 12월 20일　5,600엔　1.25M

▶ 2인 대전으로 하이스코어를 겨룰 수도 있다.

MSX판의 이식작. 플레이 필드가 여러 화면을 넘나들며, 볼의 움직임에 맞춰 부드럽게 스크롤된다. 일반 모드 '스카이스크래퍼'는 하늘·마천루·바다·해저의 4개 화면으로 구성돼 있다.

테트리스

BPS　1988년 12월 22일　4,900엔　512K

아케이드에서 대인기였던 낙하계 퍼즐 게임을 패밀리 컴퓨터로 이식한 작품. 빈틈없이 가로 한 줄을 채우면 없어진다는 단순한 룰이라 이해하기 쉽지만, 특유의 게임성으로 많은 사람을 사로잡았다. 십자키 ↓로 블록이 90도 좌회전하고, ←→로 이동한다. A 버튼을 누르면 최하단까지 블록을 떨굴 수 있다. 규정 라인수만큼 없애면 다음 스테이지가 되며, 속도도 점점 올라간다.

▲ 10스테이지 단위로 콜리세움 때마다, 코사크 댄스 등의 재미있는 애니메이션을 보여준다.

은하영웅전설

켐코　1988년 12월 21일　5,900엔　2M

▶ 전투함이 많은 제국 쪽이 전황이 유리하게 흐른다.

다나카 요시키 원작 인기 스페이스 오페라 소설의 게임판. 주인공 라인하르트가 되어 동맹 수도 하이네센을 공략하자. 제국군의 우수한 장군들을 맘껏 다룰 수 있다. 원작처럼, 각개격파가 공략의 키포인트다.

타로 점술

스코피온 소프트　1988년 12월 23일　2,980엔　1M

▶ 이 작품에도 메이저 아르카나 카드만 쓴다

타로 카드로 점을 치는 소프트. 복잡하고 어려운 타로 점술을 간단히 즐길 수 있다. 모드는 연애운·직업운·학업운의 3종류가 있다. 카드를 셔플할 땐 잡념을 떨치고 정신을 집중해 진실을 담자.

불타라!! 프로 사커

잘레코　1988년 12월 23일　5,800엔　3M

▶ 골키퍼와 일대
일이 되는 순간을
노려 슛하자.

잘레코의 「불타라!!」 시리즈 중, 축구를 소재로 다룬 작품. 비스듬한 탑
뷰 시점의 독특한 게임화면 디자인은 가정용 게임으로는 당시 매우 드
물었다. 골인 후 필드를 달려 나가는 선수의 영상이 뿌듯하다.

AKIRA

타이토　1988년 12월 24일　6,800엔　3M

▶ 표정과 그래픽
을 디테일하게 묘
사했다.

오토모 카츠히로 원작 애니메이션 영화의 게임판. 신형 폭탄이 작렬해
붕괴돼버린 도쿄를 무대로, 주인공 카네다가 봉인된 아키라의 수수께
끼에 얽히게 되는 근미래 SF물이다. 스토리는 영화판을 따라간다.

에어울프

큐고 무역　1988년 12월 24일　5,900엔　2M

▶ 터보·미사일
등, 드라마의 설
정을 재현했다.

미국에서 제작된 인기 TV 드라마의 게임판. 헬기 '에어울프'를 조작해,
유괴된 형을 구출하고 핵미사일의 폭발을 저지하자. 스테이지별로 대
공·대지무기를 고르는 게 특징. 보스전은 3D 슈팅 모드로 바뀐다.

소공자 세디

후지 텔레비전　1988년 12월 24일　5,900엔　2M

▶ 이동 후, 그도
시에서 일어난 문
제를 해결하자.

애니메이션 '소공자 세디'가 원작인 어드벤처 게임. 생이별한 모친을
찾아내기 위해 정보를 수집한다는 스토리. 이동 시스템은 RPG와 유
사하며, 가정교사와 접촉하면 난해한 퀴즈가 출제된다.

프로야구? 살인사건!

캡콤　1988년 12월 24일　5,900엔　2M

▶ 주인공 '이가
와'가 결백을 증명
한다는 스토리다.

일본 프로야구 계를 모티브로 삼은 추리 어드벤처 게임. 일대일 질의
응답뿐만 아니라, RPG·슈팅 등 다채로운 미니게임도 즐길 수 있다. '변
장 시스템'을 활용하면 경찰의 검문에 걸릴 확률이 낮아진다.

게바라

SNK　1988년 12월 26일　5,500엔　2M

▶ 2P 캐릭터는
훗일 의장이 되는
'카스트로'다.

아케이드용 게임의 이식작. 쿠바 혁명으로 유명한 체 게바라가 주인
공인 액션 게임이다. '게바라'와 '카스트로'를 조작해 정부군과 싸우자.
대통령 바티스타를 물리쳐 쿠바 혁명을 일으키도록.

록맨 2 : Dr.와일리의 수수께끼

캡콤　1988년 12월 24일　5,800엔　2M

「록맨」 시리즈의 2번째 작품으로서, 시
리즈 최고인 151만 장이라는 판매량을
기록한 작품이다. 보스 캐릭터가 8기로
서 전작보다 늘었고, 훗일 '에너지 캔'
으로 불리게 되는 '에너지 팩'이 등장

하는 등, 이후 시리즈의 기초가 되는 시스템이 이 작품에서 거의
완성됐다고 해도 좋을 정도다. 시스템 면에서는, 패스워드 컨티
뉴 등도 이 작품부터 들어갔다.

▲ 로봇 8기와 함께 다시 습격해온 Dr 와일리를, 세계정복의 야망과 함께 분쇄하라.

1989

HARDWARE
1983
1984
1985
1986
1987
1988
1989
1990
1991
1992
1993
1994
INDEX

FAMILY COMPUTER
SOFTWARE ALL CATALOGUE

1989년에 발매된 패미컴용 타이틀 총수는 168종으로서, 처음으로 전년 대비 하향세가 되었다. 이 해는 이미 PC엔진·메가 드라이브라는 타사 라이벌 게임기가 시장에 등장해 있었기에,

이들에 비해 성능 면에서의 열세가 현저해진 점도 원인 중 하나로 꼽는다.

한편, 소프트 쪽은 대부분이 메가 ROM화되는 등 패미컴의 성능을 거의 최대치까지 끌어낸 원숙기에 접어

들어, 「악마성전설」 등의 수작 액션 게임부터 이토이 시게사토의 이색 RPG 「MOTHER」, 이타미 쥬조의 세계를 게임화한 「마루사의 여자」·「스위트 홈」까지 여러 명작이 쏟아진 해였다.

힘내라 고에몽 2

코나미　1989년 1월 4일　5,500엔　2M

▶ 이후 이어지는 고에몽 시리즈의 근간이 된 작품.

대인기 액션 게임의 제 2탄. 고에몽과 에비스마루를 조작해, 보물이 잠들어있다는 '꼭두각시 성'으로 가자. 캐릭터와 스토리를 전면에 내세운 타이틀로서, 각 지역마다 해당 지방의 향토적인 소재를 넣었다.

스페이스 해리어

타카라　1989년 1월 6일　5,500엔　1M

▶ 파괴할수록 각 형체 등은 위에서 피해야 한다.

오락실에서 대히트했던 「스페이스 해리어」의 패미컴 이식작. 심플한 3D 슈팅 게임이지만, 각 스테이지의 다양한 세계관은 물론 개성적인 보스와 싸우는 '해리어'의 모습이 매우 인상적이다.

100만 $ 키드 : 환상의 제왕 편

소프엘　1989년 1월 6일　5,900엔　2M

▶ 카지노 내를 이동해, 붙을 게임을 결정하자.

이시가키 유우키의 인기 갬블 만화를 게임화했다. 주인공인 니카이도 히로시가 카지노에서 군림하는 라이벌들과 갬블로 겨루는 게임이다. 포커·슬롯머신·룰렛 장르로 강적들을 차례차례 물리치자.

핼리 워즈

타이토　1989년 1월 14일　3,300엔　1M

▶ 원작은 핼리 혜성 접근이 화제였던 시절의 게임.

아케이드용 게임 「핼리즈 카미트」의 이식판으로서, 습격해오는 UFO와 혜성을 물리치는 슈팅 게임이다. 적을 놓치면 우하단의 퍼센티지가 상승하며, 100%가 되면 지구가 멸망해 게임 오버된다.

사토미 팔견전

SNK　1989년 1월 20일　5,900엔　2M

▶ 옥 8개를 모아 영웅 '타마즈사'를 타도하자.

타키자와 바킨의 소설이 원작인 RPG. 팔견사 중 하나인 '이누즈카 시노'를 조작해, 일본을 돌며 다른 팔견사와 만나자. 특징인 '양심 시스템'은 적을 물리치면 증감하며, 도구 드롭률과 마을 대화에 영향을 준다.

니시무라 교타로 미스터리 : 블루 트레인 살인사건

아이렘　1989년 1월 20일　6,500엔　3M

▶ 인물 그래픽은 드라마판 기준으로 그려져 있다.

니시무라 교타로의 추리소설, '도쓰가와 경부' 시리즈의 어드벤처 게임판. 시스템은 표준적인 커맨드 선택식이며, 형사 3명의 시점으로 진행한다. 탐문조사와 열차시각표 트릭 등, 원작의 분위기가 물씬하다.

기동경찰 패트레이버 : 제2소대 출동하라!

반다이 1989년 1월 24일 3,300엔 1M

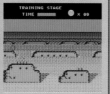

▶ 98식 AV 2대
는 기동력·공격력
에 차이가 있다.

헤드기어 원작의 미디어믹스 작품을 게임화했다. 3D 슈팅식 연습 스테이지를 클리어하면 본편이 시작된다. 근미래의 도쿄가 무대인 횡스크롤 액션 게임으로서, 1호기·2호기 중 하나를 골라 플레이한다.

패밀리 트레이너 : 베이비 강시의 사다리 게임 대모험

반다이 1989년 1월 26일 4,900엔 512K

▶ 길 중에는 도
사와 마주치는 배
드 엔딩도 있다.

중국의 요괴 '강시'가 모티브인 타이틀. 패밀리 트레이너 전용 소프트로는 마지막 작품이다. 매트를 사용하는 4면의 사다리 게임에선 강시처럼 선 자세로 점프하며 전진한다. 3명까지 동시 플레이 가능하다.

조이드 2 : 제네바스의 역습

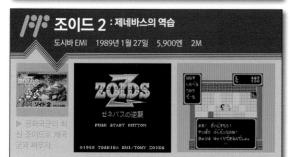

도시바 EMI 1989년 1월 27일 5,900엔 2M

▶ 공화국군의 최
신 초인드로 제국
군과 싸우자

「조이드 : 중앙대륙의 싸움」의 속편. 전작처럼 전투가 FPS 식인 RPG로서, '조이드 배틀 스토리'의 집필인인 쿠보우치 유타카가 시나리오를 맡았다. 반전이 거듭되는 스토리와 다양한 이벤트가 재미있다.

전격 빅뱅!

빅 토카이 1989년 1월 27일 5,800엔 2M

▶ 자유로운 공격
과 동장적인 스토
리가 재미있다.

총 43루트라는 압도적인 볼륨을 자랑하는 액션 게임. 비밀전대의 실력과 '뱅'을 조작해, 지구파괴폭탄을 찾아내자. 상점을 통한 주인공의 성장 시스템, 퍼즐·탐색 요소 등, 당시 게임의 유행을 많이 반영했다.

모토크로스 챔피언

코나미 1989년 1월 27일 5,500엔 2M

▶ 예선 2위 내이
면 결승전, 패자
부활전도 있다.

오토바이 경기인 모토크로스를 테마로 삼은 타이틀. 6대의 라이벌과 비포장 트랙에서 속도를 겨루자. 등장 코스는 8종류. 각 코스별로 예선과 결승전이 있다. 결승전 1위이면 다음 스테이지가 열린다.

파치오 군 2

코코너츠 재팬 1989년 1월 30일 6,500엔 2M

▶ 고성능발 울
액하는 밤치 플레
이도 가능하다.

「노려라 파치프로 : 파치오 군」의 속편. 스토리와 함께 파친코를 즐기는 게임이다. 여러 점포를 돌며 규정 대수만큼을 잭팟으로 마무리하자. 파친코 대왕의 스페셜 기체를 클리어하면 엔딩이다.

월드 그랑프리 : 폴 투 피니시

데이터 이스트 1989년 1월 31일 5,800엔 2M

▶ 세팅과 타임
트라이얼도 파고
들어갈 만하다.

F1 경기를 테마로 삼은 레이싱 게임. 그랑프리 16전을 거쳐 세계 챔피언을 노리자. 피트인과 노면 기복도 재현한, 본격적인 레이스다. 가상 명의이긴 하나, 세나와 프로스트가 같은 팀 소속인 것도 재미있다.

레킹 크루

닌텐도 1989년 2월 3일 500엔 512K

▶ 숨겨진 캐릭터
와 보너스 스테이
지도 있다.

같은 제목 타이틀의 디스크 시스템판. 빌딩 해체업자가 된 마리오와 루이지가, 배회하는 몬스터를 물리치며 빌딩을 철거해야 하는 게임이다. 디자인 모드로 자작한 스테이지는 디스크에 저장 가능하다.

HARDWARE
1983
1984
1985
1986
1987
1988
1989
1990
1991
1992
1993
1994
INDEX

HARDWARE
1983
1984
1985
1986
1987
1988
1989
1990
1991
1992
1993
1994
INDEX

톰 소여의 모험

세타 1989년 2월 6일 5,900엔 2M

▶ 1P는 톰, 2P는 허클베리를 조작해 진행한다.

마크 트웨인 원작의 미국 고전문학을 게임화했다. 주인공 '톰'이 꿈속에서 모험하거나 악인과 싸우는 액션 게임이다. 총 6스테이지 구성으로서, 일부 스테이지의 경우 슈팅 게임도 삽입했다.

와간랜드

남코 1989년 2월 9일 4,900엔 1.5M

▶ Dr.타빔에 점령당한 고향 섬을 탈환하자.

남코의 전동식 놀이기구로 친숙한 캐릭터 '와간'이 주인공인 횡스크롤 액션 게임. "왓"·"가야" 등의 울음소리로 적을 마비시킨다. 카드 맞추기·끝말잇기가 나오는 보스전도 이기지기에, 폭넓은 인기를 끌었다.

적룡왕

선 소프트 1989년 2월 10일 5,500엔 2M

▶ 한량 '유방'이 명장 '한우'를 물리치고 통일한다.

모토미야 히로시 원작 역사 만화의 게임판. 전한의 고조 '유방'의 초한 전쟁 종결까지를 그린 어드벤처 게임. 내용이 원작에 충실해, 원작을 알면 선택지 고르기가 쉬워진다. 사나이의 로망이 가득한 작품.

탐정 진구지 사부로 : 위험한 두 사람 후편

데이터 이스트 1989년 2월 10일 3,300엔 1M

▶ 요코와의 정보 교환 및 협력이 필수다.

전편(142p)에서 일어난 사건의 해결편. 도쿄로 돌아온 요코와, 스즈카에 남아서 계속 수사하던 진구지가 드디어 사건의 진상에 도달한다. 이전작에선 어디까지나 조수였던 요코가 단독 수사하는 국면도 있다.

야마무라 미사 서스펜스 : 교토 꽃의 밀실 살인사건

타이토 1989년 2월 11일 5,900엔 2M

▶ 캐서린이 친절하히 트릭의 해답을 유도해준다.

야마무라 미사 원작 추리 어드벤처 게임의 제 2탄. 전작처럼 교토를 무대로, 게임 디자이너인 주인공이 본격적인 밀실 살인사건에 휘말린다. 자신의 방에 놓여있는 시계는 수사 진척상황과 연동된다.

스페이스 섀도우

반다이 1989년 2월 15일 9,800엔 1.5M

▶ 수류탄은 화면 내의 적들에게 큰 대미지를 준다.

동봉된 전용 건 컨트롤러 '하이퍼 샷'을 사용하는 건 슈팅 게임. 우주 기지를 탐색해, 습격해오는 외계인을 퇴치하는 심플한 작품이다. 초기 소지 탄수는 1,800발. 재장전은 자동으로 이루어진다.

패미컴 점프 : 영웅열전

반다이 1989년 2월 15일 6,500엔 3M

▶ '피콜로 대마왕'에게서 점프 월드를 구하라!

만화잡지인 주간 '소년 점프'의 창간 20주년을 기념해 발매된 RPG. 당시 해당 잡지의 인기 캐릭터들이 등장해, 파티를 이뤄 함께 모험한다. 원작 만화들의 세계관을 살린 다양한 미니게임도 수록했다.

누가 로저 래빗을 모함했나

켐코 1989년 2월 16일 3,500엔 1M

▶ 아이템은 각각 효과가 다르니 잘 알아두자.

같은 제목의 미국 코미디 실사영화에 등장하는 토끼 캐릭터 '로저 래빗'이 주인공인 액션 게임. 하트를 모으며 전진해, 애인을 구출하는 것이 목적이다. 맵 내의 아이템을 잘 활용하도록 하자.

하이드라이드 3 : 어둠에서 온 방문자

남코   1989년 2월 17일   6,900엔   3M

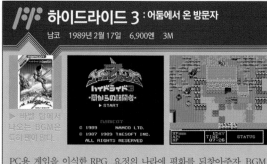

▶ 배틀 팀에서 나오는 BGM은 특히 팬이 많다.

PC용 게임을 이식한 RPG. 요정의 나라에 평화를 되찾아주자. BGM 중에 명곡이 많기로도 유명하며, 소지품 중량제나 동전 무게를 줄일 수 있는 환전기 등 독특한 아이디어를 많이 넣었다.

플라ing 히어로

에픽 소니   1989년 2월 17일   5,500엔   1M

▶ 블록깨기 게임처럼, 소방관을 튕겨보내자.

소방관이 화재현장에 고립돼 있는 생존자들을 제한시간 내에 구출하는 게 목적인 액션 게임. 다만 조작하는 것은 소방관이 아니라, 쿠션을 든 두 사람 쪽이다. 쿠션을 트램폴린처럼 사용해 소방관을 튕겨 올리자.

위저드리 II : 릴가민의 유산

아스키   1989년 2월 21일   6,500엔   2M

▶ 용아 지키는 산비의 보주를 얻는 게 목적이다.

PC판으로는 시리즈 3번째 작품에 해당하는 「Legacy of Llylgamyn」 편을 이식한 게임. 이식하면서 전작처럼 그래픽 강화는 물론, 경험치 증가 등의 밸런스 조정으로 난이도를 낮춰주어 수작이 되었다.

타마 & 프렌즈 : 3번가 대모험

반다이   1989년 2월 23일   3,300엔   1M

▶ 귀여울땐 B 버튼으로 친구들을 부르자.

모르는 장소로 옮겨져버린 고양이 '타마'를 조작해, 주인인 오카모토 군의 집까지 무사히 도착하는 게 목적인 액션 게임. 타마는 적을 밟거나 전봇대에 올라갈 수 있다. 잘 조작해 집까지 당도하자.

백귀야행

유스   1989년 2월 23일   6,200엔   2M

▶ 일단 마을로 가서, 동료부터 모아야 한다.

고대 일본풍 세계관의 RPG. 하늘에서 내려온 불덩이에 의해 도깨비를 봉인한 결계가 파괴되어, 마물이 창궐한다. 플레이어는 성주의 명을 받은 닌자가 되어 정보를 모아, 백귀대왕을 타도해야만 한다.

힘내라 페넌트레이스!

코나미   1989년 2월 28일   5,900엔   2M

▶ 쿠로코 대 에몽 등, 꿈의 야구대결도 가능?!

발매 당시의 일본 프로야구 12개 구단을 모티브로 삼은 팀들이 등장하는 야구 게임. '센트 리그'와 '페니 리그'로 나뉘며, 무소속이고 모든 선수가 고에몽 모습인 '코나미 고에몽대' 등도 등장한다.

SD건담 월드 가챠퐁 전사 : 스크램블 워즈 맵 컬렉션

반다이   1989년 3월 3일   500엔   1M

▶ CPU의 사고시간도 빨라져, 쾌적하게 진행되게 판매되었다.

전작과 시스템이 동일하고, 맵 10종 전체를 신규 맵으로 교체한 재기록 전용 소프트. 전작에서 불만점이던 1턴 당 이동 가능한 유닛 수가 3기에서 6기로 늘어난 등의 개선점도 있다.

돌격!! 남자훈련소 : 질풍 1호생

반다이   1989년 3월 3일   5,800엔   2M

▶ 캐릭터가 죽을 때의 뜨거운 연출은 꼭 봐두도록.

같은 제목의 만화가 소재인 횡스크롤 액션 게임. 스테이지 마지막에는 보스가 나온다. 플레이어는 모모타로 등의 1호생들을 조작해, 최종보스 '다이고인 쟈키'를 물리치는 게 목적이다.

HARDWARE
1983
1984
1985
1986
1987
1988
1989
1990
1991
1992
1993
1994
INDEX

HARDWARE

1983
1984
1985
1986
1987
1988
1989
1990
1991
1992
1993
1994
INDEX

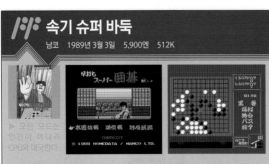

속기 슈퍼 바둑

남코　1989년 3월 3일　5,900엔　512K

▶ 모든 모드는 인간이 아니라 CPU와 대국한다.

CPU의 사고시간이 빠른 게 특징인 바둑 소프트. 초단부터 시작해 본 인방 매치를 노리는 '본인방전', 급수별로 자신의 핸디캡이 조정되는 '순위전'. 조건을 직접 결정하는 '대국 도장' 모드가 있다.

롤링 선더

남코　1989년 3월 17일　5,500엔　3M

▶ 탐색재미가 있어, 바닥나면 탄 발로만 쓰게 된다.

아케이드용 게임인 원작을 이식한 액션 슈팅 게임. 세계정복을 노리는 비밀조직 '겔드라'에 납치당한 여성 공작원 '레일라'를 구출하고, 겔드라의 야망을 저지해야 한다.

지저스 : 공포의 바이오 몬스터

킹 레코드　1989년 3월 17일　5,900엔　2M

▶ 시나리오·음악 등을 면밀하게 재설계했다.

PC용 게임을 이식한 커맨드 선택식 어드벤처 게임. 이식 과정에서 시나리오·텍스트 일부 변경, 미니게임 삭제, 게임 오버로 직행하는 선택지 삭제 등 여러 개변을 가해, 반드시 클리어 가능하도록 했다.

폭소!! 인생극장

타이토　1989년 3월 17일　5,900엔　3M

▶ 디폼스로 플레이어의 얼굴을 만든다.

최대 4명이 동시에 즐길 수 있는 보드 게임. 주사위를 굴려 다양한 이벤트를 경험하며 끝까지 가야 한다. 종료시 가장 돈이 많은 사람이 이긴다. 소재가 다양하고 골탕먹일 수단도 많아 즐거운 게임이다.

히카루 GENJI : 롤러 패닉

포니 캐년　1989년 3월 20일　3,200엔　1M

▶ 패키지를 음악 CD 사이즈에 맞춰 제작했다.

1980년대 후반에 일본을 풍미했던 슈퍼 아이돌 '히카루 GENJI'의 실제 멤버들이 극중에 캐릭터로서 등장하는 어드벤처 게임. 플레이어는 도난당한 롤러스케이트를 그들과 함께 되찾아야 한다.

암흑신화 : 야마토타케루 전설

도쿄 서적　1989년 3월 24일　5,900엔　2M

▶ 액션 게임이지만, 던전 기다리기 꽥 있다.

모로호시 다이지로가 단기 연재했던 같은 제목의 만화를 어드벤처 게임화했다. 야마토타케루가 되어 다양한 신화의 시대를 넘나들며, 각지의 사람들을 괴롭히는 암흑신의 사자를 물리치는 게 목적이다.

패밀리 핀볼

남코　1989년 3월 24일　4,900엔　1.5M

▶ 4가지 모드가 있고, 각각 볼도 다르다.

남코의 게임 캐릭터 6명이 등장하는 핀볼 게임. '왈큐레'는 볼이 변칙적으로 움직이고 '모모'는 볼 속도가 빠른 등 각자 고유한 특징이 있어, 플레이가 단조롭지 않도록 배려했다.

쟈쟈마루 인법첩

잘레코　1989년 3월 28일　5,800엔　2M

▶ 총 4장이며, 1~3장은 자유롭게 선택 가능하다.

「닌자 쟈쟈마루 군」의 속편으로서, 이번엔 롤플레잉 게임이 되었다. 수행의 길에서 돌아온 쟈쟈마루는 주군으로부터 어떤 사건의 해결 의뢰를 받게 되어, 사쿠라히메와 함께 조사에 나선다.

빅 챌린지! 건 파이터

잘레코　1989년 3월 28일　3,200엔　1M

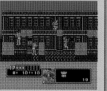

▶ 규정 수만큼 물리치지 못하면 다시 시작한다.

총을 들고 무법자들과 싸워, 아버지의 원수를 물리치는 게 목적인 횡 스크롤 액션 게임. 적을 규정 수만큼 물리쳐 골에 도착하면, 1인칭 3D 슈팅 형식의 보스전에 돌입한다. 보스를 이기면 돈과 무기를 얻는다.

애프터 버너

선 소프트　1989년 3월 30일　6,200엔　3M

▶ 각 스테이지의 BGM도 잘 재현 해, 팬이 많다.

세가의 대히트 작품 「애프터 버너」의 패미컴 이식판. 전투기에 탑승해 전방·후방에서 접근해오는 적 전투기를 록온해 격파하여 임무를 완수 하자. 360도 회전하는 화면의 박력도 볼거리다.

펏펏 골프

팩 인 비디오　1989년 3월 30일　3,500엔　1M

▶ 귀엽지만 고난 이도인 홀을 퍼터 하나로 공략한다.

펏 공주의 약혼자가 되기 위해, 모든 홀을 파 이하로 클리어하는 게 목 적인 퍼터 골프 게임. TOYS 등 4종류의 코스를 통과해, 최종 코스인 CASTLE의 8홀까지 클리어해야 한다.

오퍼레이션 울프

타이토　1989년 3월 31일　5,900엔　2M

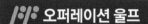

▶ 타이틀 화면에 서 트리거를 당기 면 광선총 모드다.

아케이드에서 인기를 누렸던 건 슈팅 게임이 패미컴으로 등장했다. 이 식하면서 당연히 컨트롤러로 즐기는 게임이 됐지만, 광선총을 사용하 면 아케이드판과 비슷한 느낌으로 즐길 수도 있다.

섀도우게이트

켐코　1989년 3월 31일　6,200엔　2M

▶ 코믹한 텍스트 위주의 코미디풍 게임이다.

매킨토시용 게임의 이식작. '진정한 용사'를 자칭하는 주인공이 활약 하는 판타지 어드벤처 게임이다. 커맨드 선택식 시스템인데다 스토리 도 전형적이지만, 문장이 독특하고 사망 플래그가 많은 게 특징.

페넌트 리그 : 홈런 나이터

데이터 이스트　1989년 3월 31일　5,800엔　2M

▶ 리그전에선 타 율 등이 실시간으 로 변화한다.

코믹한 연출을 도처에 넣은 야구 게임. 일본 프로야구가 모티브인 12 개 구단 중 하나를 골라, 같은 리그에 소속된 5개 팀과 리그전을 펼친다. 우승 후엔 다른 리그의 우승팀과 7시합의 일본 시리즈를 펼친다.

마츠모토 토오루의 주식필승학 II

이매지니어　1989년 3월 31일　9,800엔　2M

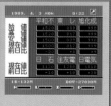

▶ 배터리를 내장 해, 매월 1일에 자 동 저장된다.

88년 발매됐던 「마츠모토 토오루의 주식필승학」의 속편. 이번엔 자금 400만 엔을 70억 엔으로 불리자. 제한시간은 2년간. 당시 도쿄증시 1·2부 상장 기업명들이 그대로 등장한다. 부동산 투자도 가능하다.

가필드의 일주일간

토와 치키　1989년 4월 7일　5,500엔　1.25M

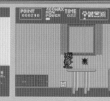

▶ 가필드의 모험 을 그린 액션 게 임이다.

미국의 신문 연재 인기만화를 게임화했다. 주인공인 고양이 '가필드' 를 조작하여, 파트너인 개 '오디'를 구하자. 스테이지는 월~일요일의 1 주일간으로 구성되며, 토·일요일은 오전·오후로도 나뉜다.

HARDWARE 1983 1984 1985 1986 1987 1988 1989 1990 1991 1992 1993 1994 INDEX

HARDWARE
1983
1984
1985
1986
1987
1988
1989
1990
1991
1992
1993
1994
INDEX

드래곤 스피리트 : 새로운 전설

남코 1989년 4월 14일 5,200엔 2M

▶ 드래곤의 목이 많아지면 공격이 찰막하게 된다.

인기 종스크롤 슈팅 게임 「드래곤 스피리트」의 속편으로서, 전작의 최종보스 '자우엘'을 물리친 직후부터 게임이 시작된다. 기본적인 시스템은 전작과 비슷하지만, 곳곳의 난이도를 낮춰 조정했다.

마인드시커

남코 1989년 4월 18일 6,500엔 2M

▶ 컨트롤러를 통해 염력을 전달해야 한다.

자칭 초능력자, 키요타 마스아키가 감수한 초능력 개발 소프트. 초능력을 익히기 위해 특훈하는 어드벤처 게임이며, 투시·염력·예지능력 시험에 합격하면 '에스퍼'로 인정된다. 시험은 운에 크게 좌우된다.

푸른 늑대와 하얀 암사슴 : 징기스칸

코에이 1989년 4월 20일 9,800엔 2M

▶ '오르도'로 자식을 낳아 후계자로 삼는 게 특징.

유라시아 대륙 통일을 노리는 역사 시뮬레이션 게임. 테무진으로 플레이하는 '몽골편'과, 징기스칸·미나모토노 요리토모·알렉시오스·리처드 1세 중 하나를 골라 진행하는 '세계편'의 두 시나리오가 있다.

다운타운 열혈이야기

테크노스 재팬 1989년 4월 25일 5,900엔 2M

▶ 피곤해지면 도중의 다방에서 잠시 쉬어가도록.

히트한 「열혈경파 쿠니오 군」 시리즈의 신작. 리키의 여자친구가 납치당했다. 그녀를 구하러, 쿠니오와 리키가 이번에도 대소동을 펼친다. 최근에도 닌텐도 3DS로 리메이크되어 나왔을 정도의 인기작.

데빌맨

남코 1989년 4월 25일 5,500엔 2M

▶ 데빌맨은 게이지를 소비해 무기를 던질 수 있다.

나가이 고 원작의 만화에 애니메이션판의 요소를 가미한 액션 게임. 시스템은 사이드뷰 횡스크롤 액션으로서, 화면 상단의 '분노' 게이지를 모으면 데빌맨으로 변신한다. 멀티 엔딩을 채용한 것도 특징이다.

드래곤 버스터 II : 어둠의 봉인

남코 1989년 4월 27일 5,200엔 1.5M

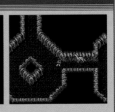

▶ 주인공은 혼이 무거우니, 거리를 벌려 공격하자.

「드래곤 버스터」의 속편으로서, 라운드 맵에서 다음 행선지를 고른 후 던전에서 출구를 찾아 나간다는 룰은 그대로 유지했다. 던전 내부에서는 탑뷰 액션 RPG와 유사한 시스템으로 진행한다.

KEIBA simulation : 유력마

일본물산 1989년 4월 28일 9,800엔 2M

▶ 왕년의 경마들이 모인 꿈의 레이스도 가능하다.

페미컴 최초의 경마 시뮬레이션 소프트. 경마신문 등에서 소프트가 요구하는 데이터를 찾아 입력하면 레이스 결과를 예상해준다. 메뉴는 '코스 데이터 입력', '출주마 데이터 입력', '레이스' 3가지다.

페어리테일

소프트 프로 1989년 4월 28일 3,200엔 1M

▶ 반 실시간제 배틀이라 난이도는 상당히 높다.

「19」(노인챔)의 속편. 동화풍의 세계가 무대인 전쟁 시뮬레이션 게임이다. '돼지'에게 점령당한 놀이터를 되찾기 위해 싸움에 나서는 아이들의 이야기로서, 시스템은 반 실시간제다.

홀리 다이버

아이렘　1989년 4월 28일　5,500엔　2M

▶ 좌의 난이도와 아이템 배치가 절 묘히 치밀하다.

초고난이도로 유명한 액션 게임. 마법력 666년을 무대로, 킹 크림즌의 왕자인 랜디 로즈가 마왕 블랙 슬레이어에 도전한다는 스토리다. 곳곳에 당시의 유명 락 앨범 이름과 밴드명이 등장한다.

명탐정 홈즈 : M에게서 온 도전장

토와 치키　1989년 5월 1일　6,000엔　2M

▶ 각각의 사건을 해결하면 다음 장 으로 넘어간다.

이 회사의 홈즈 시리즈 중 마지막 작품. 저명한 바이올린 연주자가 소속된 악단에서 일어난 살인사건을 홈즈가 해결한다는, 총 5장 구성의 오리지널 스토리다. 3D 던전·암호해독 등의 미니게임도 있다.

주식도장 : 실전 편

헥트　1989년 5월 2일　9,800엔　2M

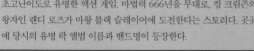

▶ 차트·데이터 를 분석하며 주식 을 매매해 보자.

게임으로 주식투자를 배우는 소프트. 고전적인 시스템의 주식매매 시뮬레이션 게임이다. 정해진 기간 내에 자본금을 목표액까지 불리자. 주식거래를 반복해, 자금이 목표액에 달하면 스테이지 클리어다.

격귀닌자전

코나미　1989년 5월 12일　5,800엔　2M

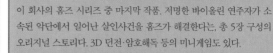

▶ 캐릭터는 메뉴 화면에서 언제든 교체할 수 있다.

코나미의 '닌자 거북이' 시리즈 중 첫 작품. 뉴욕에 사는 거북이 닌자들이 스승의 딸을 구해내려 악의 조직과 싸운다. 무기가 다른 네 캐릭터 중 하나를 골라 플레이하자. 원작의 적 캐릭터들도 다수 등장한다.

천지를 먹다

캡콤　1989년 5월 19일　5,900엔　2M

▶ 적 무장을 동 료로 삼아 최강의 대열을 편성하자.

모토미야 히로시 원작 역사만화의 게임판. 같은 해 가동했던 아케이드 판과는 달리, 이쪽은 시뮬레이션 RPG다. 삼국지를 각색한 스토리로서, 유비 군을 조작해 각지의 역적과 싸우며 중국을 통일하자.

베이스볼 스타 : 노려라 3관왕

SNK　1989년 5월 19일　5,900엔　2M

▶ 심플한 조작성 과 경쾌함 템포가 특징이다.

큼직한 캐릭터와 거대한 경기장이 특징인 다이내믹한 야구 게임. 등장 팀은 기본적으로 모두 가상인지라, 꽤 개성적인 팀뿐이다. 시합으로 돈을 벌어 능력치를 배분하는 등의 오리지널 시스템이 있다.

패미컴 탐정 클럽 PART II : 등 뒤에 선 소녀 전편

닌텐도　1989년 5월 23일　2,600엔(세금 포함)　1M

히트한 전작의 3년 전을 무대로 삼아, 강가에서 발견된 여고생의 시체에 대한 조사를 의뢰받은 탐정 조수인 주인공이 피해자가 다녔던 고교에 전해지는 괴담 '등 뒤의 소녀'에 얽힌 수수께끼를 풀어가며, 동시에 15년 전 행방불명된 여학생과 공소시효 만료 직전의 살인사건까지 복잡하게 얽혀있는 사건의 진상을 쫓아가는 호러 어드벤처 게임. 전작과 마찬가지로 전·후편 2부로 구성되었다.

▲ '등 뒤의 소녀'는, 정말로 당신 뒤에 있는 건지도 모른다라는 의미 진실성을 밝혀내자.

HARDWARE
1983
1984
1985
1986
1987
1988
1989
1990
1991
1992
1993
1994
INDEX

돌아왔다! 군인장기 : 뭔데 그건!?

소프엘　1989년 5월 26일　5,500엔　1M

▶ 말끼리는 상성 관계가 있으므로, 외워둬야 한다.

말끼리 상성관계가 설정돼 있는 보드 게임 '군인장기'를 소재로 삼은 작품. 적을 전멸시키거나 사령부를 점령하면 승리한다. 대전 상대는 5 명이며, 상대의 세계관에 맞춰 필드와 말의 디자인이 바뀐다.

슈퍼 차이니즈 2 : 드래곤 키드

컬처 브레인　1989년 5월 26일　5,900엔　2M

▶ '재미있는 운동회'는 미니게임 묘사집이다.

요마 군단에 사로잡힌 임금님을 구해내기 위해 여행하는 롤플레잉 게임. 전투는 배틀필드에서 액션 게임 스타일로 진행한다. 패러디·개그도 풍부하고, 다양한 행동 패턴이 재미있는 작품이다.

핀볼

닌텐도　1989년 5월 30일　500엔(세금 포함)　512K

▶ 보너스 스테어 저면·마리오·레이디가 등장한다.

1984년 카세트판으로 발매했던 같은 제목의 작품을 디스크 시스템 재기록 전용 소프트로 출시했다. 내용은 카세트판과 완전 동일하다. 후일 닌텐도 64판 「동물의 숲」에 미니게임으로도 수록됐다.

1943

캡콤　1989년 6월 20일　5,300엔　1M

▶ 패스워드 기능 으로 컨티뉴를 지 원한다.

캡콤의 종스크롤 슈팅 게임 「1942」의 속편격 타이틀. 공격해오는 적 국은 구 일본군이 아니라 가상의 국가로 바뀌었다. 전작과 달리 전투 기의 공격을 파워 업 아이템으로 선택 가능해졌다.

빅 챌린지! GO! GO! 볼링

잘레코　1989년 6월 23일　3,200엔　1M

▶ 오로지 볼링하 는 것만이 목적인 게임이다.

「빅 챌린지!」 시리즈 최후의 작품이며, 제목대로 볼링을 소재로 삼은 게임이다. 3가지 모드가 내장되어 있다. 그중 '챌린지'에 등장하는 8명 의 캐릭터들은 한 번 봐둘만한 가치가 있다.

라살르 이시이의 차일즈 퀘스트

남코　1989년 6월 23일　5,500엔　1.5M

▶ 모험이 아니라 영업 때문에 여행 에 나서게 된다.

그다지 인기가 없는 코미디언 아이돌 그룹 '차일즈'를 육성해, 토키오 홀에서 개그 공연을 열어 성공시키는 게 목적인 롤플레잉 게임. 곳곳 에 자학개그와 패러디 등이 잔뜩 들어가 있다.

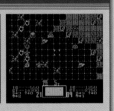

SD건담 월드 가차퐁 전사 2 : 캡슐 전기

반다이　1989년 6월 25일　6,800엔　2M

▶ 맵상의 공장을 점령하면 MS 생 산이 가능해진다.

전작은 디스크 시스템용이었지만, 이 작품은 카세트로 발매되었다. 수 록된 맵 수는 30종으로 늘어났고, 극장판 '역습의 샤아'의 기체도 추가 됐다. 시스템을 세세하게 개선하여 즐기기도 더욱 편해졌다.

퀸티

남코　1989년 6월 27일　4,900엔　2M

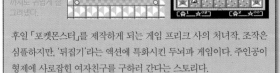

▶ 캐릭터의 표정 까지도 귀엽게 잘 그려낸다.

후일 「포켓몬스터」를 제작하게 되는 게임 프리크 사의 처녀작. 조작은 심플하지만, '뒤집기'라는 액션에 특화시킨 두뇌파 게임이다. 주인공 형제에 사로잡힌 여자친구를 구하러 간다는 스토리다.

154

탈옥

케이 어뮤즈먼트 리스　1989년 6월 30일　5,600엔　2M

▶ 아식자·회복 아이템을 추가해 난이도를 낮췄다.

같은 제목 아케이드용 게임의 이식작. '바트'는 반정부조직 GOD에 잠입하기 위해 일부러 포로로 잡혀 수감되었다. 수용소에서 탈출해, GOD의 간부를 말살하는 게 목적인 벨트스크롤 액션 게임이다.

패미컴 탐정 클럽 PART II : 등 뒤에 선 소녀 후편

닌텐도　1989년 6월 30일　2,600엔(세금 포함)　1M

▶ 전작보다 공포 감을 늘린 뛰어난 스토리가 일품.

고교의 괴담 '등 뒤의 소녀'를 둘러싼 스토리가 진행되는 호러 어드벤처 게임의 후편. 시작하려면 전편을 클리어한 디스크가 필요하다. 사건의 진상과 함께, '등 뒤의 소녀'에 숨겨진 진정한 의미가 밝혀진다.

머더 클럽 : J.B.해럴드의 사건수첩

세타　1989년 6월 30일　6,800엔　2M

▶ 수많은 등장인 물들을 탐문해 진 상을 밝혀내자.

PC용으로 인기였던 시리즈의 첫 작품인 하드보일드 어드벤처 게임. 형사 J.B.해럴드가 미국의 시골에서 일어난 살인사건을 추적한다. 끈질 긴 수사로 증거를 차근차근 모아가야 하는 본격 미스터리물이다.

바둑 강습

헥트　1989년 7월 14일　5,800엔　320K

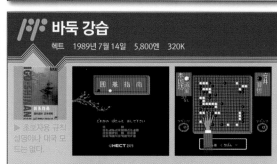

▶ 초보자용 규칙 설명이나 대국 모 드는 없다.

명국의 관전과, 3단계로 구분된 기력판정을 제공하는 바둑 소프트. 수 동·자동을 선택 가능한 관전 모드, 초급·중급·상급의 판정 모드가 있 다. 기력판정은 고전·현대·접바둑 중에서 기보를 골라 진행한다.

드래곤 닌자

남코　1989년 7월 14일　5,800엔　2M

▶ 2인 플레이는 교대제. 동시 플 레이가 아니다.

정체불명의 닌자 군단에 납치당한 미국 대통령을 구출하기 위해, 비밀 경찰관 2명이 맞서는 횡스크롤 액션 게임. 십자키와의 조합으로 다양 한 기술을 발동할 수 있으니, 이를 잘 활용해 전진하자.

화이트 라이온 전설 : 피라미드 저편에

켐코　1989년 7월 14일　5,900엔　2M

▶ 레벨은 '최강', HP는 '용기', MP 는 '꿈'으로 통칭.

같은 제목 영화의 설정을 기반으로 제작한 롤플레잉 게임. 행방불명된 양친을 찾기 위해 여행에 나선 주인공은, 꿈의 세계를 헤매고 요정의 힘을 빌리기도 하며 화이트 라이온을 찾아 모험하게 된다.

윌로우

캡콤　1989년 7월 18일　5,900엔　2M

▶ 검은, 십자키 와 조합하면 찌르 기도 가능하다.

같은 제목의 영화가 소재인 액션 롤플레잉 게임. 진정한 용사로 선택 받은 '윌로우'를 조작해 바브몰다를 물리치는 게 목적이다. 필드에서 검을 휘두르고 마법을 구사해 적을 쓰러뜨리며 전진한다.

필살 도장깨기

시그마 상사　1989년 7월 18일　6,500엔　2M

▶ 가라테·소림 사·대극권 3종류 만 선택 가능하다.

다양한 유파의 도장들이 세력을 다툰 끝에, 12종의 무술만이 남았다. 자기 유파가 최강임을 보여주려, 다른 유파의 도장주를 물리치는 게 목적이다. 부랑자를 물리쳐 강해진 후 도장주에게 도전하자.

HARDWARE
1983
1984
1985
1986
1987
1988
1989
1990
1991
1992
1993
1994
INDEX

궁극 아슬아슬 스타디움 : 헤이세이 원년 판

타이토　1989년 7월 21일　6,800엔　3M

▶ 오리지널 팀에 코미디언 팀이 추가됐다.

시리즈 3번째 작품으로서, 수록 데이터 갱신은 기본이고 선수 에디트, 패스워드를 통한 게스트 선수 추가 등의 다양한 기능도 들어갔다. 물론 시리즈의 특성인 선수 육성은 건재하니, 잘 육성시켜 강화하자.

케르나구르

남코　1989년 7월 21일　4,900엔　1.5M

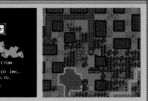

▶ 패스워드로 게임 진행상황을 저장할 수 있다.

작품명의 의미에 여러 설이 있는 듯하나(역주 ※), 일단 설정 상으로는 유서 깊은 중국 권법의 이름이라고 자칭하는 대전 게임. RPG형 필드를 탐험하며 수행과 대전을 반복해, '권사'로서의 실력을 연마하도록.

전미 프로 바스켓

빅 토카이　1989년 7월 21일　5,800엔　2M

▶ 호쾌한 덩크슛을 꽂을 때의 쾌감이 대단하다.

미국의 프로농구를 모티브로 삼은 스포츠 게임. 8가지 오리지널 팀이 등장한다. 덩크슛과 골포스트 근처에서의 공방전 시에는, 퀄리티가 높고 박력이 넘치는 연출 컷이 나온다.

파리아 : 봉인의 검

하이스코어 미디어워크　1989년 7월 21일　6,200엔　2M

▶ 칼과 마법은 떨어지지 않도록 항상 보충하자.

게임잡지 '하이스코어'가 기획·개발한 2번째 작품. 「좀비 헌터」와는 달리 코믹한 분위기의 작품이지만, 난이도는 이번에도 꽤 높다. 전투는 필드에서 탑뷰 액션 게임 스타일로 펼쳐진다.

맛의 달인 : 궁극의 메뉴 3연속 승부

반다이　1989년 7월 25일　5,800엔　2M

▶ 원작 1권의 이 커 같은 요리 에피소드도 나왔다.

같은 제목의 만화가 원작인 커맨드 선택식 어드벤처 게임. 타이틀명대로 3가지 메뉴로 겨룬다. 첫 번째와 두 번째는 원작에서 다뤘던 에피소드 기반으로 펼쳐지며, 세 번째는 오리지널 스토리로 진행된다.

퍼펙트 볼링

톤킨 하우스　1989년 7월 25일　5,500엔　1.25M

▶ 캐릭터 제작사 엔 어느 스냅아인 저까지 실장했다.

상당히 시뮬레이션이 충실한 볼링 게임. 좌우의 볼을 던지는 위치와 볼의 회전 정도, 공을 굴릴 때는 인디케이터를 통해 손목을 휘두르는 강도와 릴리스 타이밍까지도 일일이 결정해야 하는 본격적인 작품이다.

MOTHER

닌텐도　1989년 7월 27일　6,500엔　3M

카피라이터 이토이 시게사토가 게임 디자인을 맡은 RPG로서, 당시 패미컴 게임계의 주류였던 중세 판타지 세계관과는 달리 현대를 무대로 삼았다. 미국의 가상의 마을에 살던 소년이, 괴기 현상의 원인을 밝히기 위해 모험에 나선다. 주인공인 소년 일행은 PSI라 불리는 초능력과 '배트'·'프라이팬' 등의 무기로 싸우며, '공중전화'에서 아빠에게 전화를 걸면 게임이 저장된다.

▲ 마을과 필드가 연속적이고 버스들이 탐험 시절이다. 당시론 드물게 테라친 이동도 가능했다.

(역주 ※) 일본어로 '케루(蹴る)'는 '차다', '나구루(殴る)'는 '때리다'라는 뜻이다. 이를 마치 외래어처럼 표기한 것.

신 불타라!! 프로야구

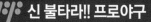

잘레코 1989년 7월 27일 6,300엔 3M

▶ 독특하고도 독 자적인 시점이 신 선한 야구 게임.

「불타라!! 프로야구」시리즈의 제 3탄. 전작의 내야석 시점에서, 독자 적인 입체 탑뷰 식으로 과감히 바꿨다. 선수의 특징적인 타격·투구 폼 도 재현했고, 합성음성 삽입 등으로 현장감 연출에도 공을 들였다.

패미스타 '89 개막판!!

남코 1989년 7월 28일 4,900엔 1.5M

▶ 전작에서 수비 팀 움직임을 대폭 개량했다.

「프로야구 패밀리 스타디움」시리즈 4번째 작품이자, 명칭을 「패미스 타」로 바꾼 첫 타이틀. 전작에서 2개 구단을 추가하고, 각 구단에 플레 이어 에디트로 능력치를 자유 설정한 선수를 파견 가능하도록 했다.

스플래터하우스 : 개구쟁이 그래피티

남코 1989년 7월 31일 4,900엔 2M

▶ 크리스탈 볼을 꼭 입수한 상태로 엔딩을 보자.

호러영화가 인기였던 당시, 아케이드에서 대인기를 끌었던 같은 제목 타이틀을 코믹하게 SD 캐릭터화해 이식한 작품. 다양한 호러영화의 명장면 등을 익살스럽게 재현한, 재미있는 게임이 되었다.

구극 타이거

CBS 소니 1989년 8월 4일 5,900엔 2M

▶ 황색 샷에 유 도성능을 살짝 넣 은 것도 특징이다.

전투헬기를 조작하는 슈팅 게임. 4종류의 샷과, 고위력이지만 탄수제 한이 있는 전멸폭탄을 구사해 적을 쓸어버리자. 패미컴판은 플레이어 기체의 속도가 빨라지고, 미스해도 즉시 부활한다.

코즈믹 워즈

코나미 1989년 8월 4일 6,500엔 2M

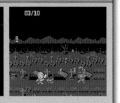

▶ 적인 박테리아 시점으로도 플레 이가 가능하다.

「그라디우스」와 일부 세계관이 공통인 위 시뮬레이션 게임. 중립 행성 과 적의 행성을 점령해 얻은 수입으로 고성능 유닛을 생산하여, 적의 주 행성을 점령하는 것이 목적이다.

명문! 제 3야구부

반다이 1989년 8월 8일 5,800엔 2M

▶ 대전 플레이도 가능. 꽤 즐길만한 야구 게임이다.

무츠 토시유키 원작의 인기 만화·애니메이션을 게임화했다. 등장하는 8개 팀 중 하나를 골라 코시엔 우승을 노리는 야구 게임이다. 드라 믹 모드를 탑재해, 애니메이션풍 연출로 원작의 스토리를 재현한다.

불타는! 오빠

토호 1989년 8월 8일 5,800엔 2M

▶ 원작 캐릭터의 얼굴 그래픽은 재 현력이 상당하다.

사토 타다시 원작 인기 애니메이션의 게임판. 전형적인 횡스크롤 액션 게임이며, 방영 종료 후 무려 1년이나 지나서 나왔다. 주인공 '켄이치' 로, 세계를 정복하려는 '드래 곤'을 물리쳐 여동생 유키를 구하자.

마그마 프로젝트 : 해커

토쿠마쇼텐 1989년 8월 10일 3,500엔 1M

▶ 주인공의 행동 에 따라 걸입이 6 종류로 바뀐다.

3D 던전을 탐색하는, 난이도가 높은 RPG. 의문의 남자가 맡긴 로봇 R-923을 조작해, 악의 비밀결사 마그마단의 야망을 저지하자. 레벨 개념이 없고, 무기·방어구로 강화시켜야 하는 시스템이다.

HARDWARE 1983 1984 1985 1986 1987 1988 1989 1990 1991 1992 1993 1994 INDEX

물랭 루주 전기 : 멜빌의 불꽃

가켄　1989년 8월 11일　5,900엔　2M

▶ 진성한 엔딩을 보려면 멜빌의 불꽃이 필요하다.

루 왕국의 장군 '물랭 루주'가 되어, '멜빌의 불꽃'을 탈환해 피에 굶주린 두마 군을 물리치자. 도시·미궁은 3D 던전 형태로 탐색된다. 전투는 용사 4명에 명력을 분배하는 시뮬레이션 게임 식으로 진행된다.

다케다 신겐 2

HOT·B　1989년 8월 21일　6,800엔　2M

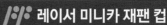

▶ 12종의 아이콘은 역할을 한지 1글자로 표시한다.

88년작 「다케다 신겐」의 속편. 약소 군단을 육성하며 영지를 경영해 세력을 확대하자. 목표는 일본 통일이다. 배터리 백업을 넣었고, 후계자 육성·역사 이벤트 등의 오리지널 요소를 도입했다.

캡틴 ED

CBS 소니　1989년 8월 25일　5,900엔　2M

▶ 패널 색은 시간에 따라 4종류로 바뀐다.

뮤지션 유닛 '쇼후쿠'가 프로듀스한 슈팅 게임. 해머로 지면을 때리는 전투기를 조작해, 칠복신에 납치당한 애인을 구출하자. 목숨제가 아니라 에너지제라, 에너지가 바닥나면 게임 오버다.

레이서 미니카 재팬 컵

코나미　1989년 8월 25일　5,900엔　2M

▶ 아마 레이서에서 득점하여 재팬 컵에 출전하자.

타미야 사의 이벤트 '미니카 재팬 컵'을 모티브로 삼은 게임. 캐릭터 4명 중 하나를 골라, 미니카 대회에서 1위를 노리자. 보드 게임으로 파츠를 갖춰, 머신을 튜닝해 레이스 파트에 도전해야 한다.

로보캅

데이터 이스트　1989년 8월 25일　5,800엔　2M

▶ 무기 사용불가 지역에선 펀치로 싸워야 한다.

같은 제목의 영화가 소재인 횡스크롤 액션 게임. 영화와 마찬가지로, 흑막 '존스'를 처벌하는 게 목적이다. 최대 특징 중 하나는, 총기류 사용불가 지역과 사용가능 지역으로 나뉘어 진행된다는 점이다.

격투 프로레슬링!! 투혼 전설

테크모　1989년 9월 1일　5,800엔　2M

▶ 결정적인 필살기가 터지면 컷신이 연출되어 나온다.

십자키와 버튼의 조합으로 기술을 구사하는 전형적인 프로레슬링 게임이지만, 아나운서가 시합을 실황 해설해준다. 레슬러 10명 중 하나를 골라 우승을 노리자. 2인 대전도 가능하다.

아이돌 팔견전

토와 치키　1989년 9월 14일　6,000엔　2M

▶ 에로모노 대왕의 방해를 이겨내고 톱이 되자.

대재벌 사이온지 가의 상속권 다툼에서 이기기 위하여 아이돌이 되기로 한 막내딸 '에리카'. 점술 결과에 따라 동료 7명을 모아, 여러 방해를 이겨내고 국민적 아이돌 스타가 되는 어드벤처 게임이다.

타니가와 코지의 쇼기 학습 III

포니 캐년　1989년 9월 14일　5,800엔　1M

▶ 슬롯 쇼기에 나온 말을 잘 움직여야 한다.

타니가와 코지 9단의 이름을 빌려온 쇼기 소프트의 제 2탄. '대국'·'명인전'·'하사미 쇼기'·'슬롯 쇼기'·'기보 감상'의 다섯 모드가 있다. 기보 감상은 제 46기 명인전의 기보를 재현했다.

마루사의 여자

캡콤　1989년 9월 19일　5,900엔　2M

▶ 영화엔 없었던 장면도 게임에 나온다.

고 이타미 쥬조 감독의 영화 '마루사의 여자'를 테마로 제작한 어드벤처 게임. 국세국 사찰부, 통칭 '마루사'의 사찰관으로 발탁된 여주인공 이타쿠라 료코가 되어 탈세의혹이 있는 법인 등을 수사해야 한다.

울티마 : 성자가 되는 길

포니 캐년　1989년 9월 20일　5,900엔　2M

▶ 한 「울티마」 시리즈의 원점격 이라 할 작품.

PC용 게임 「울티마 IV」를 이식한 롤플레잉 게임. '어비스'라는 이름의 던전 깊숙한 곳에 있는 경전의 방에서 경전을 가지고 귀환하는 게 목적이다. 이식하면서 시스템을 간략화해, 플레이가 쉬워졌다.

중화대선

타이토　1989년 9월 22일　5,800엔　2M

▶ 지형에 끼치 않도록 주의하며 진행하자.

근두운에 탄 '선인'을 조작해, 최종보스인 용을 토벌하러 가는 횡스크롤 슈팅 게임. 일반 샷 외에 입수 가능한 '법술'은 선인의 서브웨폰 역할을 하므로, 국면에 따라 장비를 바꿔가며 공략하자.

아메리칸 드림

코코너츠 재팬　1989년 9월 23일　5,900엔　2M

▶ 철저히 운에 맡기는 진정한 갬블의 세계다.

카지노를 모티브로 삼은 롤플레잉 게임. 파치오 군이 '아메리칸 드림'이란 거대 카지노 시설에서, 최초 소지금인 $1,000을 밑천으로 삼아 최대한 많은 돈을 버는 게 목적이다. 돈이 바닥나면 게임 오버.

악마의 초대장

켐코　1989년 9월 29일　6,200엔　2M

▶ 전작의 캐릭터가 종미로 나오기도 한다.

같은 회사의 '데자뷔'·'새도우게이트'와 연관성이 있는 어드벤처 게임. 사라진 누나를 찾기 위해 서양식 저택을 탐색한다. 전작들과 마찬가지로, 틀린 선택지를 고르면 바로 죽어버리니 주의하자.

빠뜨리기 퍼즐 : 톤쟝!?

잘레코　1989년 9월 29일　5,600엔　2M

▶ 클리어 후엔 귀여운 여성의 '그림이 등장한다.

귀여운 돼지가 주인공인 고정화면 퍼즐 게임. 미로 내에 배치된 마작 패를 밀고 때로는 구멍에 빠뜨려가며, 지정된 패를 전부 빠뜨리면 클리어한다. 머리를 써서 고평가 클리어에 도전하는 것도 재미있다.

선더버드

팩 인 비디오　1989년 9월 29일　5,500엔　2M

▶ 선호하는 기체로 플 클리어하는 것도 가능하다.

같은 제목의 TV 드라마를 게임화한 작품. 국제 테러리스트와 싸운다. 최종목표는 테러리스트가 운석을 유인하기 위해 에너지를 방출시키는 시설의 파괴다. 기체 선택이 가능하니, 맵에 놓인 기체를 사용하자.

트윈비 3 : 투닥투닥 대마왕

코나미　1989년 9월 29일　5,500엔　2M

▶ 귀여운 그래픽과 밝은 음악이 잘 어울림다.

전작에서 횡스크롤 스테이지와 3인 동시 플레이를 삭제해, 첫 작품의 스타일로 회귀했다. 탄을 맞았더라도 혼을 회수하면 파워 업이 부활하며 난이도·잔기 설정도 있는 등, 초보자도 최대한 배려했다.

HARDWARE
1983
1984
1985
1986
1987
1988
1989
1990
1991
1992
1993
1994
INDEX

마하라쟈

선 소프트　1989년 9월 29일　6,200엔　2M

▶ 힌두교 세계에 오컬트 요소를 가미한 세계관이다.

인도가 무대인 어드벤처 RPG. 일반적으로는 커맨드 선택식 어드벤처 형태로 진행하나, 전투시엔 RPG 시스템으로 전환된다. 레벨이 올라가면 만트라(마법)도 획득하게 된다.

메이지 유신

유스　1989년 9월 29일　6,200엔　2M

▶ 마을의 집집에 들르면 진행 힌트를 알려준다.

메이지 유신이 테마인 작품. 전반은 어드벤처, 후반은 시뮬레이션 장르로 진행된다. 주인공인 사카모토 료마가 되어 에도 막부를 타도하자. 멀티 엔딩이라, 료마가 살아남았을 경우의 미래도 볼 수 있다.

코시엔

케이 어뮤즈먼트 리스　1989년 10월 6일　5,900엔　2M

▶ 등록된 선수 중엔 훗날 프로 데뷔 한 사람도 있다.

일본 고교야구를 소재로 삼은 게임의 제 1탄. 1988년 개최된 제 70회 대회가 모델로서, 당시 참가한 49개교·선수 전원을 실명 수록했다. 표준적인 시스템의 야구 게임이며, 최대 6시합으로 우승을 겨룬다.

월드 슈퍼 테니스

아스믹　1989년 10월 13일　5,900엔　2M

▶ 랜들과 에버트 는 어드바이스도 해준다.

당시의 스타 테니스 선수였던 이반 랜들과 크리스 에버트가 실명으로 등장하는 테니스 게임. 레벨 업으로 선수가 성장하는 게 특징이며, 레벨이 상승하면 필살기도 생긴다. 목표는 그랜드 슬램 제패다.

비너스 전기

바리에　1989년 10월 14일　5,800엔　2M

▶ 적 부대의 본 진에 맞춰 워밍을 정해야 한다.

야스히코 요시카즈 원작 애니메이션 영화의 게임판. 미래의 금성을 무대로, 전투 바이크 부대 소속인 주인공 일행의 싸움을 그린 시뮬레이션 게임이다. 전투가 3D 슈팅 형식으로 펼쳐져, 박력이 넘친다.

패미컴 옛날이야기 : 유유기 전편

닌텐도　1989년 10월 14일　2,600엔(세금 포함)　1M

▶ 언제든지 임시 저장한 후 이어 즐길 수 있다.

「신 오니가시마」에 이은, 「패미컴 옛날이야기」 시리즈 제 2탄. 메시지가 세로쓰기로 표시되고 고전 이야기가 모티브인 등, 시스템은 전작을 답습했다. 중국의 기서 '서유기' 기반의 스토리를 즐겨보자.

북두의 권 3 : 신세기창조 처권열전

토에이 동화　1989년 10월 19일　6,200엔　2M

▶ 전투 신 그래 픽은 원작 '지면'을 재현됐 어 재밌다.

하라 테츠오·부론손의 유명 만화를 게임화한 제 3탄으로서, 켄시로와 레이·토키 등의 전우들과 함께 3인 파티로 싸우는 RPG다. 원작 초반의 지드 전부터 최후의 카이오 전까지를 그렸다.

힘껏 쳐라! 도지

팩 인 비디오　1989년 10월 20일　3,500엔　1M

▶ 카드 배틀로 야구의 긴박감을 즐겨보도록.

잡지 '코로코로 코믹'에 연재되었던 야구만화의 게임판. 주인공 '사루토비 도지'의 아오조라 중학교 팀으로 여러 강호 팀을 이기자. 카드로 싸우는 야구 시뮬레이션 게임이며, 카드 내의 숫자로 겨룬다.

소프트볼 천국

톤킨 하우스　1989년 10월 27일　5,800엔　2M

▶ 다섯 구장에는 각자 독특한 룰이 존재한다.

60명 중에서 선수를 골라 오리지널 팀을 만들어 즐기는 소프트볼 게임. 목표는 대회 우승이다. 선수 중에는 인간뿐만 아니라 동물·요괴 등도 있으며, 능력치도 디테일하다. 특수능력을 가진 선수도 있다.

타시로 마사시의 **프린세스가 한가득**

에픽 소니　1989년 10월 27일　5,500엔　2M

▶ 공주 4명은 신데렐라 등, 동화 속 공주가 모티브다.

전직 탤런트, 타시로 마사시가 주인공인 액션 게임. 동화의 세계를 무대로, 타시로 마사시가 요요를 무기삼아 납치당한 4명의 공주를 구출한다. 네 공주의 모델은 초등학생 대상 오디션을 통해 선정했다.

초인 울트라 베이스볼

컬처 브레인　1989년 10월 27일　6,500엔　2M

▶ 친구와 약자지껄 웃으며 즐기기에 딱인 게임이다.

만화를 방불케 하는 같은 마구와 필살타법이 난무하는 야구 게임. 사라지는 마구와 분신마구는 기본이고, 공을 잡은 야수까지 날려버리는 필살타법이 나오는 등, 야구를 잘 몰라도 재미있는 야구 게임이다.

드래곤볼 3 : 오공전

반다이　1989년 10월 27일　6,800엔　3M

▶ 오공의 필살기는 소년기·청년기별로 다르다.

「드래곤볼 : 대마왕 부활」의 속편으로서, 손오공의 소년시절부터 청년시절의 천하제일무도회까지를 그렸다. 전투가 카드 배틀식인 RPG로서, 레벨 업으로 얻은 포인트는 자유롭게 분배할 수 있다.

메이저리그

아이렘　1989년 10월 27일　6,000엔　2M

▶ MLB가 무대인지라, 구장물 넓게 설정했다.

89년의 같은 제목 영화를 게임화했다. 팀명·선수명 등은 모두 가상 명칭이며, 일본 센트럴리그의 6개 구단과 인디언스 등의 메이저리그 4개 구단·올스타 팀 등 총 14개 구단이 등장한다.

마작대회

코에이　1989년 10월 31일　7,800엔　1M

▶ 대전 상대로 시부사와 코우 본인도 등장한다.

PC-9801용 게임의 이식작. 역사적인 위인들과 승부하는 4인 대국 마작 게임이다. 작장 모드·대회 모드가 있고, 룰도 디테일하게 설정 가능하다. 작장 모드에서 돈을 벌어야 대회 모드를 즐길 수 있다.

여러분도 잘 아실 야지키타 여행기

HAL 연구소　1989년 11월 7일　6,800엔　3M

▶ 게임 전반에 걸쳐, 코믹한 스토리가 펼쳐진다.

짓펜샤 잇쿠의 고전소설 '도카이도 츄히자쿠리게'가 모티브인 어드벤처 게임. 애인 '오하루'와 싸운 후 여행에 나선 '야지로베'와 동료 '키타하치'가 오하루를 피해 유랑하다 각지의 사건에 휘말린다.

던전 & 매직 : 소드 오브 엘리먼트

나츠메　1989년 11월 10일　6,500엔　2M

▶ 목표는 부활할 마왕의 재봉인. 고난이도 RPG다.

이동·전투 등의 행동이 모두 실시간으로 진행되는 3D 시점의 RPG. 커맨드는 아이콘으로 실행하는 등, 조작이 간편한 편이다. 던전 외에도 메인 필드가 따로 있으며, 성과 마을도 곳곳에 존재한다.

V'BALL

 테크노스 재팬 1989년 11월 10일 5,900엔 2M

▶ 불이 아니라 지면의 그림자를 밟는 게 요령이다.

「열혈경파 쿠니오 군」으로 친숙한 테크노스 재팬 사의 작품으로서, 미국에서 펼쳐지는 비치발리볼 대회를 게임화했다. 캐릭터의 성능차 등이 없어, 순수한 스포츠 게임으로서 즐길 만한 작품이다.

패미컴 옛날이야기 : 유유기 후편

 닌텐도 1989년 11월 14일 2,600엔(세금 포함) 1M

▶ 선택중인 캐릭터에 따라 문장과 대사가 바뀐다.

「패미컴 옛날이야기」 시리즈의 제 2탄. '서유기' 기반의 스토리로서, 오공의 성장과 히로인과의 연애 이야기가 펼쳐진다. 퍼즐의 난이도가 낮고, 액션 게임과 플레이어의 문자 입력 등의 신 요소를 가미했다.

격돌 미니카 배틀

 아이렘 1989년 11월 17일 4,800엔 1M

▶ 등장하는 머신에는 미니카 이름이 붙어 있다.

미니카를 조작해 필드를 주행하며 적 미니카를 충돌로 파괴하는 '데몰리션 더비' 스타일의 게임. 라이프 하단의 'TEKI'(적) 수만큼 적을 파괴하면 승리하고 다음 스테이지로 넘어간다. 총 8스테이지.

닌자 COP 사이조

 큐고 무역 1989년 11월 17일 5,900엔 2M

▶ 새로 배운 인법은 SELECT 버튼으로 선택한다.

수리검과 인법을 구사해 적을 물리치는 액션 게임. 주인공인 닌자 '사이조'를 조작해, 납치당한 아이들을 구출하자. 인법은 무제한이며 모아쏘기도 가능하다. 밸런스가 뛰어나고 난이도도 적당한 편이다.

코즈믹 입실론

 아스믹 1989년 11월 24일 6,500엔 3M

▶ 패러렐 3D 시스템으로 입체영상도 지향한다.

매끄러운 고속 스크롤이 특징인 3D 슈팅 게임. 파워드 프로텍터를 조작해, 거대 제국 입실론을 물리치고 지구의 평화를 지켜라. 음성합성 출력과 터널 고속 돌파 장면 등, 연출 면에서도 뛰어나다.

테라오의 으라차 오오즈모

 잘레코 1989년 11월 24일 5,900엔 2M

▶ 현역 리키시가 실명 등장한 첫 스모 게임이다.

당시 일본 스모계의 인기 리키시(선수), 테라오가 주인공인 스모 게임. 오리지널 리키시를 요코즈나로 키우는 '승진편'과 도난당한 우승컵을 찾아 일본을 일주하는 '일본일주 편', 2P 대전하는 '대전편'의 세 모드가 있다.

베가스 커넥션 : 카지노에서 사랑을 담아

 시그마 상사 1989년 11월 24일 9,600엔 2M

▶ 라스베가스의 고급 카지노에서 일확천금을!

카지노에서 3종류의 갬블을 즐기는 소프트. '스토리'와 '카지노' 모드를 탑재했으며, 슬롯·룰렛·블랙잭을 즐길 수 있다. 스토리는 어드벤처 형식으로서, 납치된 애인을 구출해야 한다.

류터

 아테나 1989년 11월 24일 500엔 1M

▶ 얼핏 '로드 러너'처럼 보이지만, 전혀 다른 게임.

재기록 전용 소프트로만 발매된 퍼즐 액션 게임. 화면에 펼쳐진 미로 내를 이동하며 아이템과 정보를 모아, 보스를 물리쳐 클리어한다. 적을 물리쳐 모은 경험치로 레벨 업하는 등의 RPG풍 요소도 있다.

HARDWARE 1983 1984 1985 1986 1987 1988 **1989** 1990 1991 1992 1993 1994 INDEX

162

골프소년 오픈

타이토　1989년 11월 25일　5,900엔　3M

▶ 특정 조건 만 족시 '기기괴계」 의 사요가 나온다.

프로 선수와 겨뤄, 그의 발탁으로 프로가 되는 게 목적인 골프 게임. 시스템이 심플해 즐기기 쉽다. 캐디가 골프와 무관한 조언을 하기도 하고 숨겨진 캐릭터가 등장하기도 하는 등, 제법 유쾌한 작품이다.

컨플릭트

빅 토카이　1989년 12월 1일　6,200엔　2M

▶ 적의 사령관을 파괴하는 게 클리 어 조건이다.

패미컴 최초의 육각형 헥스 맵식 시뮬레이션 게임. 공장을 선택하면 유닛 생산이 가능하다. 총 16스테이지이며, 최종 스테이지로 가려면 1~15스테이지 클리어로 얻은 패스워드가 필요하다.

스퀘어의 톰 소여

스퀘어　1989년 11월 30일　6,500엔　2M

마크 트웨인의 유명한 소설 '톰 소여의 모험'이 원작인 롤플레잉 게임. 패미컴 용 소프트라고는 믿기지 않을 고퀄리 티 그래픽이 그야말로 스퀘어 사의 작 품답다. 이 게임의 최대 특징으로 꼽히 는 것은 '성장 시스템'으로서, 레벨이 아예 없고 전투시마다 일 정량의 성장 수치가 축적되며, 식사나 수면을 취하면 이제까지 누적된 성장 수치가 캐릭터의 능력치에 반영되는 식이다.

▲ 동료가 되는 캐릭터에겐, 해당 캐릭터의 이미지에 맞춘 고유 스페셜 커맨드가 있다.

도(TAO)

바프　1989년 12월 1일　5,500엔　2M

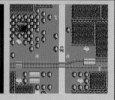

▶ 건물·인물명과 대사 등에 종교색 이 강하게 보인다.

자연 파괴가 심각한 세계가 무대인 '궁극의 세기말 RPG'. 경전·팔괘· 삼보를 모아 마계의 제왕 '히스터'를 타도하자. 커맨드가 한자 1문자이 고 전투도 버튼 연타식인 등, 시스템이 매우 독특하다.

미래전사 라이오스

팩 인 비디오　1989년 12월 1일　6,300엔　2M

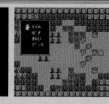

▶ 기체 디자인도 흘륭하고 연출도 멋진 작품이다.

'배틀 아머'라 불리는 군사용 로봇을 이끄는 얏피 왕자가, 전토 지배를 노리는 고잉키아 왕국의 침략에 맞서는 시뮬레이션 게임. 타이틀명의 '라이오스'는 게임의 무대가 되는 행성의 이름이다.

호스티지

켐코　1989년 12월 1일　5,900엔　2M

▶ 같은 제목의 영화와는 전혀 무 관하니 주의하자.

대사관에서 농성중인 테러리스트로부터 인질을 구출하는 게 목적인 액션 게임. 단계별로 미션을 통과해 적을 일소하고 인질을 확보하면 클리어다. 인질 및 아군의 피해에 따라 엔딩이 분기된다.

명문! 타코니시 응원단

아스믹　1989년 12월 1일　6,500엔　2M

▶ 전체 맵에서 단원 상황에 맞춰 전략을 세우자.

토코로 쥬조 원작의 인기 만화를 게임화했다. 타코니시 응원단 단원 6 명으로 총 17지역을 제압하는 열혈 패싸움 시뮬레이션 게임이다. 배 틀에선 아군 캐릭터의 얼굴에 펀치가 닿기 전에 커맨드를 고르자.

HARDWARE
1983
1984
1985
1986
1987
1988
1989
1990
1991
1992
1993
1994
INDEX

오소마츠 군 : 백 투 더 미의 빠드렁니 편

반다이　1989년 12월 8일　5,800엔　2M

아카츠카 후지오 원작 TV 애니메이션의 어드벤처 게임판. 주인공 오소마츠가 타임머신으로 세 시대를 탐색하며, 이야미의 앞니의 비밀을 파헤친다. 커맨드는 아이콘식이며, 중요사항에선 효과음이 나온다.

신 사토미 팔견전 : 빛과 어둠의 싸움

토에이동화　1989년 12월 8일　6,200엔　2M

카마타 토시오의 소설 '신 사토미 팔견전'·실사영화 '사토미 팔견전'이 소재인 RPG. 마성의 여자 '타마즈사'와 '어둠 일족'에 맞서, 팔견사와 팔옥을 모으자. 9인 파티이며, 시즈히메는 전투에 불참한다.

슈퍼 두더지 잡기!! : 폿쿤 두더지

IGS　1989년 12월 8일　6,900엔　512K

당시 오락실의 감초 게임이었던 '두더지 잡기'를 집에서 즐기는 소프트. 버튼 12개가 달린 전용 매트 컨트롤러와 망치를 패키지에 동봉했다. 평범한 두더지 잡기 외에도, 다양한 스테이지 6종이 있다.

성령(星靈) 사냥꾼

허드슨　1989년 12월 8일　5,800엔　2M

작가 나카지마 와타루가 원작, 만화가 칸자키 마사오미가 원화를 맡은 전기물 어드벤처 게임. 전형적인 커맨드 선택식이며, 오랜 전승이 남아있는 긴키·시코쿠 지방이 무대다. 소설을 읽듯 즐기는 게임이다.

타이토 체이스 H.Q.

타이토　1989년 12월 8일　5,900엔　2M

도주 차량을 뒤쫓아, 위장 경찰차로 육탄 충돌하며 범인을 체포하는 대담한 3D 카 액션 게임. 스테이지 개시 전에 연락해오는 사령실의 '낸시'의 목소리가 제법 또렷하게 나와, 유저들을 놀라게 했다.

슈퍼스타 프로레슬링

포니 캐년　1989년 12월 9일　5,900엔　2M

큼직한 캐릭터들이 링을 누비며 화려한 기술을 연발하는 프로레슬링 게임. 실존 프로레슬러를 따온 가상 레슬러 13명을 사용한다. 대인전·대 CPU전은 물론, 대전방식도 싱글·태그전을 선택할 수 있다.

아바독스

나츠메　1989년 12월 15일　5,800엔　2M

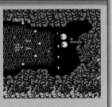

생물적인 디자인이 특징인 슈팅 게임. 총 6스테이지로서, 횡스크롤과 아랫방향 스크롤로 구성했다. 적을 물리쳐 파워 업 아이템을 획득하면 레이저나 옵션을 사용할 수 있게 된다.

제멋대로 백곰 : 숲을 구하라 편

CBS 소니　1989년 12월 15일　5,900엔　2M

아이하라 코지 원작 동물만화의 어드벤처 게임판. 신에 의해 용사로 선택된 백곰 '시로'가 숲의 마왕의 야망을 분쇄하려 여행한다는 스토리다. 어드벤처 게임으론 드물게 HP·IQ 등의 능력치가 존재한다.

격투 스타디움!!

테크모 1989년 12월 15일 5,800엔 2M

▶ 홈런을 치면 싱쾌한 연출이 펼쳐진다.

「격투」 스포츠 시리즈의 제 2탄. 이 시기의 전형적인 조작계에, 수비 한정으로 다이빙 캐치 등의 파인플레이가 가능한 커맨드를 추가했다. 수비위치별로 수비력·어깨 강도 등도 설정되어 있다.

신선전

아이렘 1989년 12월 15일 6,300엔 2M

▶ 클리어 후엔 엑스타와 던전더 추기로 열린다.

고대 중국 신화가 기반인 RPG. 신과 용, 미수와 마왕이 등장하는 장대 한 세계에서, 소꿉친구인 무술가 2명이 활약한다. 전설의 술구 '주홍 표주박'은, 적을 흡수해 조종하여 다른 적과 싸우게 할 수 있다.

스위트 홈

캡콤 1989년 12월 15일 6,500엔 2M

같은 제목의 영화가 원작인 롤플레잉 게임. 유명 화가인 고(故) 마미야 이치 로의 미공개 프레스코화가 남아있다는 소문을 듣고 인적이 없는 마미야 저택 에 잠입한 TV프로 스탭들이 마미야 부 인의 원령에 의해 저택에 갇혀, 탈출하기 위해 탐색을 시작한다. '저택'이라는 폐쇄공간의 탐색, 방에 들어가면 문이 열리는 연출 등이, 후일 「바이오하자드」 등의 호러 게임에 큰 영향을 끼쳤다.

▶ 각 캐릭터의 고유 아이템을 쓰기 위해 캐릭터를 교체해야 하는 등, 참신한 시도가 많은 명작이다.

탑건 : 듀얼 파이터즈

코나미 1989년 12월 15일 6,000엔 2M

▶ 용량이 증가한 만큼, 미션도 더 어려워졌다.

1987년 발매된 「탑건」의 속편. 전작과 시스템은 동일하나, 음성합성 이 나오는 등 모든 요소가 업그레이드됐다. 미션 클리어식인 '1P 모드' 와, 2명이 도그파이트하는 '2P 모드'가 있다.

핀볼 퀘스트

잘레코 1989년 12월 15일 5,600엔 2M

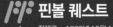

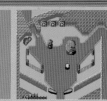

▶ 핀볼을 플레이 해, 최상층의 공 주를 구하자

핀볼과 RPG가 융합된 타이틀. 주인공 '볼 군'이 득점으로 플리퍼 등을 강화시키면서 악마의 성 정상까지 도달한다는 스토리다. 그 외의 게임 모드도 3종류나 있어, 차별화된 핀볼을 즐겨볼 수 있다.

패미컴 야구반

에포크 사 1989년 12월 15일 6,200엔 2M

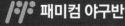

▶ 응원가를 펑펑 한 BGM도 재미 있다.

사라지는 마구로 친숙한 고전 장난감 '야구반'을 발매했던 에포크 사 의 작품. 야구반의 게임화라기보다는, 가상 팀이 등장하는 전형적인 야구 게임에 더 가깝다. 선수 강화 아이템도 사용 가능하다.

플리풀

타이토 1989년 12월 15일 3,900엔 512K

▶ 퍼즐성이 강한 '어드벤스 모드'에는 제한시간이 있다.

같은 제목 아케이드 게임의 이식작. 주인공을 조작해, 발사하는 블록 과 그림이 같은 블록을 붙여 없애가는 게임이다. 노멀 모드의 기본 50 스테이지에, 어나더까지 포함하면 무려 250스테이지가 있다.

165

ARDWARE

1983
1984
1985
1986
1987
1988
1989
1990
1991
1992
1993
1994
INDEX

I LOVE 소프트볼

코코너츠 재팬　1989년 12월 19일　6,500엔　2M

▶ 이닝 막간엔 파치오 군도 등장한다.

스포츠 게임 중에선 드물게도, 소프트볼이 소재인 작품이다. 여고생 팀을 이끌고 대회에 도전해, 최후에는 미국의 메이저리그와 싸워 이기는 게 목석이다. 신행할수록 여고생 선수들의 모습도 변화한다.

에모양의 10배 프로야구

헥트　1989년 12월 19일　9,700엔　2M

▶ 프로야구를 10배 재미있게 보는 법'이 완전.

해설가 에모토 타케노리가 감수한 야구 게임. 리얼함을 추구한 작품이라, 투수는 던지기 전에 구종을 정하며, 타자는 볼의 코스를 예측하고 다이밍을 겸해 베트를 휘둘러야 한다. 센트럴리그만 수록돼 있다.

쿼터백 스크램블

포니 캐년　1989년 12월 19일　5,900엔　2M

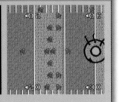

▶ 타치다운을 꽂으면 멋진 그래픽이 나온다.

미식축구를 소재로 삼은 스포츠 게임. 포메이션에 중점을 두고, TV중계처럼 횡스크롤로 화면을 디자인하는 등, 미식축구 팬이 좋아할 만한 작품이다. 헤드 코치 입장으로도 플레이할 수 있다.

패미스타 '90

남코　1989년 12월 19일　5,800엔　2M

▶ 리그전은 세어 브도 지원해. 1인 플레이가 충실.

야구 게임 시리즈의 5번째 작품. 리그전 모드를 추가했고, 라이너성 타구가 외야에서 실속하는 라인 드라이브를 채용했다. 플레이어 에디트를 팀당 1명만 등록 가능한 보결제로 변경했다.

더 머니 게임 II : 카부토쵸의 기적

소프엘　1989년 12월 20일　5,900엔　2M

▶ 컨티뉴가 패스워드식으로 바꿔었다.

주식 시뮬레이션 게임으로 호평 받았던 전작에 어드벤처 요소를 더한 타이틀. 1장에선 소지금을 1개월 내에 100만 엔으로 불리고, 2장에선 3개월 내에 10억 엔을 벌거나, 혹은 라이벌을 능가해야 한다.

더 로드 오브 킹

잘레코　1989년 12월 21일　5,600엔　2M

▶ 마법은 종류에 따라 소비 MP량이 다르다.

아케이드용 게임의 이식작. 이세계 '레그리아'에 소환된 주인공이, 공주를 구하고 마왕 마그마혼을 물리친다는 스토리. 총 6라운드로서, 라운드 도중 중간보스전이 있다. 무기 외에 마법으로도 공격 가능.

악마성 전설

코나미　1989년 12월 22일　6,500엔　3M

코나미의 「악마성 드라큘라」 시리즈 3번째 작품이자, 최초의 카세트 발매작. 자사 개발의 특수 칩을 카세트에 내장하여, 기존 소프트에선 표현할 수 없었던 영상·음성처리를 구현해내 게임의 퀄리티를 끌어올렸다. 시대 배경은 전작보다 과거로서, 시몬의 선조가 주인공이다. 채찍을 업그레이드하고 특수무기를 연사해, 하트와 체력회복 아이템을 활용하며 암흑사신을 물리치자.

▲ 스테이지 도중에 숨겨진 다양한 아이템을 찾아내, 후반부의 악마성으로 들어가자.

166

더블 드래곤 II : 더 리벤지

테크노스 재팬　1989년 12월 22일　5,900엔　2M

▶ 3종류의 강력
한 필살기를 구사
해 공략하자.

아케이드판 원작을 개변 이식한 벨트스크롤 액션 게임. 전작에선 불가
능했던 2인 동시 플레이가 가능해졌고, 스테이지 막간 연출과 패미컴
판만의 오리지널 적 캐릭터가 추가되었다.

TM NETWORK LIVE IN POWER BOWL

에픽 소니　1989년 12월 22일　6,200엔　2M

▶ BGM은 TM
NETWORK의 히
트곡들이다.

지구 멸망 직전에 과거로 타임 슬립해온 주인공이, 락밴드인 TM
NETWORK의 멤버들과 힘을 합쳐 인류멸망을 회피한다는 SF 어드벤
처 게임. 스토리 종반에는 실사를 스캔한 콘서트 장면도 나온다.

배트맨

선 소프트　1989년 12월 22일　6,200엔　2M

▶ 원작 특유의
다크한 분위기를
잘 재현한 게임.

같은 제목의 미국 코믹스 원작 영화의 게임판. 배트맨을 조작해 악인
'조커'를 물리치자. 심플한 점프 액션 게임이지만, 삼각뛰기 등의 오리
지널 액션도 있다. 3종류의 투척무기는 전환 가능하다.

매피 키즈

남코　1989년 12월 22일　5,800엔　2M

▶ 이 작품에도
남코 가족이 등장
해 웃음을 준다.

친숙한 '매피'의 자식들이 어른이 되어, 결혼상대가 될 아가씨를 찾아
신부쟁탈전에 돌입한다. 진행할 스테이지를 맵 상에서 고르고 나면,
본편인 사이드뷰 액션 게임이 시작된다.

헤라클레스의 영광 II : 타이탄의 멸망

데이터 이스트　1989년 12월 23일　5,900엔　2M

「헤라클레스의 영광」 시리즈 2번째 작
품으로서, 시스템을 1편인 「투인 마경
전」에서 크게 변경하여 전형적인 롤플
레잉 게임이 되었다. 또한 밤낮이 바뀌
는 개념이 새로 추가되었고, 마법과 파
티 시스템도 도입했다. 스토리 면에서는 그리스 신화를 모티브
로 삼은 비극적인 스토리라는 독특한 노선을 개척해내, 플레이
어들에게 호평을 받았다.

▲ 전작의 무기 내구도 개념은 없어졌지만, 일격에 무기를 파괴해버리는 직이 추가되었다.

중국 작사 스토리 : 동풍

나츠메　1989년 12월 23일　5,800엔　2M

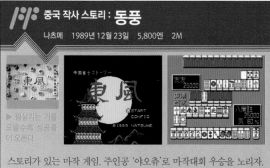

▶ 필살기는 패를
모을수록 성공률
이 오른다.

스토리가 있는 마작 게임. 주인공 '야오츄'로 마작대회 우승을 노리자.
2인 대국에 동풍전뿐이라는 심플한 룰이다. 필살기 개념이 있다는 게
특징으로서, 주인공의 '천신 초모'는 유효패를 뽑을 확률이 오른다.

슈퍼 럭비

T.S.S.　1989년 12월 27일　5,900엔　2M

▶ 리그전에서 얻
은 포인트로 선수
를 성장시키자.

선수를 만들어 팀을 편성해 대전하는 럭비 게임. CPU전과 대인전 플
레이가 가능하다. 리그전의 상대는 6개 팀. 다섯 팀을 이기면 사상 최
강의 BLACKS와 싸운다. 트랙볼 조작도 지원한다.

HARDWARE
1983
1984
1985
1986
1987
1988
1989
1990
1991
1992
1993
1994
INDEX

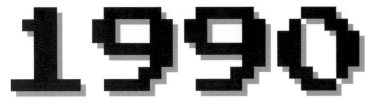

1990

FAMILY COMPUTER
SOFTWARE ALL CATALOGUE

1990년에 발매된 패미컴용 소프트는 전년과 거의 엇비슷한 170종이 되었다. 카세트 용량이 2~3M가 당연시되고 배터리 백업도 보편화된 시대인지라, 디스크 시스템은 완전히 매체로서의 우위성을 잃어 구작의 재발매판이나 재기록 전용 타이틀만 간간이 출시되는 데 그쳤다.

한편 카세트로는 「드래곤 퀘스트 IV : 인도받은 자들」·「파이널 판타지 III」를 위시한 대작 RPG가 속속 발매되는 등, 연말의 슈퍼 패미컴 발매를 앞두고도 완성도 높은 빅 타이틀들이 풍성하게 제공되어, 패미컴 유저에게만큼은 기쁜 한 해가 되었다.

힘내라 고에몽 외전 : 사라진 황금 담뱃대
코나미 1990년 1월 5일 6,980엔 4M

▶ 옛날 일본풍이 물씬난, 가상천황 세계관의 RPG다.

명작 액션 게임 시리즈의 제 3탄으로서, '외전'이란 이름대로 이번엔 커맨드 선택식 RPG가 되었다. 선조 대대로 전해지던 보물 '황금 담뱃대'가 도난당해, 이를 찾기 위해 고에몽이 에비스마루와 함께 여행한다.

어드벤처즈 오브 로로
HAL 연구소 1990년 1월 6일 4,900엔 512K

▶ 사용적으로 봐도 좋아할 인세심도 클리어하는 게임.

MSX·패미컴으로 발매해온 「에거랜드」 시리즈의 후계작. 주인공 '로로'를 조작해 실내의 하트프레이머를 전부 획득해야 하는 퍼즐 게임이다. 마수의 탑 50스테이지를 답파해, 사랑하는 라라를 구해내자.

바둑 명감
아오키쇼텐 1990년 1월 10일 9,680엔 320K

▶ 바둑게임이 아니라, 기보를 보는 데이터집이나.

88년 개최된 타이틀전 전체와, 화제의 대국 7종 등 총 40국의 기보를 완전 수록한 소프트. '명국 관전'은 대국을 그대로 재현한다. '기력판정 - 다음 한 수'는 기사가 둘 다음 수를 고찰하는 모드다.

욕심쟁이 오리아저씨
캡콤 1990년 1월 26일 5,800엔 1M

▶ 주인공 스크루지는 세계 제일의 대부호다.

디즈니 애니메이션 '덕테일즈'가 원작인 액션 게임. 도널드 덕의 큰아버지 '스크루지 맥덕'이 주인공으로서, 세계 각지를 돌며 보물을 모은다. 총 5스테이지. 최종보스를 물리치면 그간 번 금액이 산출된다.

캐딜락
헥트 1990년 2월 2일 4,900엔 512K

▶ 포커의 패맞추기가 들어간 게임이다.

아케이드용 게임 「건 딜러」와 규칙 및 구성이 동일한 작품. 트럼프로 즐기는 낙하계 퍼즐 게임이다. 5×5칸 크기의 필드에서 특정한 카드 배열을 만들어 없애간다. 53장을 없애면 스테이지 클리어다.

슈퍼 혼두라
코나미 1990년 2월 2일 5,800엔 2M

▶ 그래픽이 대폭 처리해져 시인성도 향상되었다.

88년작 「혼두라」의 속편인, 같은 제목 아케이드용 게임의 개변 이식판. 전작의 1년 후를 무대로, 빌과 란스가 다시 외계 침략자와 싸우는 액션 게임이다. 난이도가 높지만, 화려하고 치열한 액션이 일품이다.

노부나가의 야망 : 전국군웅전

코에이   1990년 2월 3일   11,800엔   3M

▶ 칸토부터 츄고쿠지방까지 38개국을 통일한다.

PC용 원작을 이식한, 인기 역사 시뮬레이션 게임의 3번째 작품. 패미컴으로는 전작에 이은 제 2탄이 된다. 부하의 '무장' 개념이 등장하며, 전투 모드에서는 야습과 농성전도 가능해졌다.

최고로 위험한 형사

토에이 동화   1990년 2월 6일   5,300엔   1M

▶ 2인 동시 플레이. 액션 타카·유지가 함께 싸운다.

일본에서 89년 개봉했던 영화의 게임판. 요코하마항 경찰서에 근무하는 형사 '타카'와 '유지'를 조작해 거대폭력단 '은성회'와 맞선다. 총 9스테이지로 구성되며, 무기는 권총 외에 머신건·수류탄이 있다.

드래곤 퀘스트 IV : 인도받은 자들

에닉스   1990년 2월 11일   8,500엔   4M

▶ 스토리를 팬개치고 카지노에서만 놀지 않도록.

'천공 시리즈'의 첫 번째 작품. AI 전투·마차·카지노 등 수많은 신규 요소를 가득 담았다. 총 5장 중 4장까지는 동료들의 여행 이야기로서, 동료 캐릭터 전원에게까지 골고루 초점을 맞춘 작품이기도 하다.

아크틱

포니 캐논   1990년 2월 23일   5,500엔   1M

▶ 심플한 게임이지만, 퍼즐의 진수를 보여준다.

PC-98용 게임의 이식작. 레일 위를 굴러다니는 볼을 잘 유도해 골로 옮기는 퍼즐 게임이다. 볼의 이동을 관찰하여 포인트를 전환하자. 총 30스테이지. 청색·황색 볼이 적색 볼과 부딪히면 실패한다.

키테레츠 대백과

에포크 사   1990년 2월 23일   5,900엔   2M

▶ 기묘한 세계관과 그남이도로 유명한 게임이다.

후지코 F 후지오 원작 인기 애니메이션의 게임판. 꿈의 세계를 무대로, 키테레츠·코로스케가 활약하는 액션 게임이다. '발명' 시스템이 있어, '키테레츠 지옥'을 발명하면 패스워드 입수가 가능해진다.

인간병기 데드폭스

캡콤   1990년 2월 23일   5,800엔   2M

▶ 퇴전문 뒤쪽에 인질과 아이템이 숨겨져 있다.

도처에서 다이내믹한 연출이 속출하는 횡스크롤 액션 게임. 특수부대 공작원이 되어 정글에 잠입, 사로잡힌 인질을 구출하라. 기본 무기인 권총은 탄수제한이 있으니, 다 떨어지지 않도록 주의하자.

악마 군 : 마계의 함정

반다이   1990년 2월 24일   5,800엔   2M

▶ 마법은 마계의 연구소에서 실험해야만 입수 가능.

미즈키 시게루 원작 인기 애니메이션의 게임판. 원작의 스토리를 따라가는 RPG. 주인공 '악마 군'을 조작해, 인간계에 재앙을 가져오는 악마를 퇴치하자. 전투시엔 동료가 된 12사도를 자유 소환 가능하다.

드래곤 유닛

아테나   1990년 2월 27일   5,800엔   1M

▶ 적을 물리쳐 경험치를 올리면 HP가 상승한다.

1989년 가동했던 같은 제목 아케이드 게임의 이식작. 주인공 '듀크'가 드래곤에 사로잡힌 레일라 공주를 구하는 중세 무대의 횡스크롤 액션 게임. 3종류의 무기는, 입수한 후 START 버튼으로 변경한다.

HARDWARE | 1983 | 1984 | 1985 | 1986 | 1987 | 1988 | 1989 | 1990 | 1991 | 1992 | 1993 | 1994 | INDEX

니시무라 교타로 미스터리 : 슈퍼 익스프레스 살인사건

아이렘 1990년 3월 2일 6,500엔 2M

▶ 요스기의 경부는 가메이 형사의 상관으로 등장.

니시무라 교타로 원작 미스터리 시리즈 제 2탄. 주인공 '가메이 형사'가 되어, 신칸센에서 일어난 살인사건을 수사하는 커맨드 선택식 어드벤처 게임이다. 목격자 증언을 참고해 몽타주를 만드는 모드도 있다.

프레지던트의 선택

HOT·B 1990년 3월 2일 9,800엔 2M

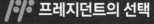

▶ 필승의 패턴을 발견해내, 시장을 제패하자.

자동차회사 사장이 되어 세계 점유율 1위를 노리는 경영 시뮬레이션 게임. 먼저 세단과 스포츠카를 개발해 일본 점유율 1위가 되자. 그 다음엔 한국·유럽·미국으로 무대가 점점 넓어진다.

헤비 배럴

데이터 이스트 1990년 3월 2일 5,800엔 2M

▶ 적병이 떨어뜨린 열쇠를 사용해 파워 업하자.

1987년 가동했던 아케이드용 게임의 이식판. 특수부대의 엘리트가 되어, 악의 비밀결사를 전멸시키고 비밀병기 '헤비 배럴'의 비밀을 밝혀내라. 특징은 헤비 배럴의 강렬한 파괴력이다.

위저드리 Ⅲ : 다이아몬드의 기사

아스키 1990년 3월 9일 6,500엔 2M

▶ 오리지널 요소로서, 숨겨진 보스가 존재한다.

PC판 '시나리오 #2'의 이식작. 전작을 몰라도 클리어할 수 있도록 원작을 대담하게 개변했다. 6층의 미궁을 탐색해 전설의 무구를 찾아내자. 터보 파일이 있으면 1·2편에서 만든 캐릭터를 옮겨올 수도 있다.

돈도코돈

타이토 1990년 3월 9일 5,900엔 3M

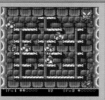

▶ 해머로 적을을 쳐서 한번에 뭉쳐 떨칠수도 있다.

89년작 아케이드용 게임의 이식작. 목수 '밥'과 '짐'을 조작해, 돼지가 납치해간 왕을 구해내자. 제한시간 내에 화면 내의 모든 적을 물리치면 스테이지 클리어다. 각층별로 다른 장치와 비밀이 숨어있다.

모아이 군

코나미 1990년 3월 9일 4,800엔 512K

▶ 모아이의 움직임이 섬뜩해지고는 꽤 경쾌하다.

코나미 작품에서 친숙한 '모아이'가 주인공인 액션 퍼즐 게임. 박치기와 폭탄을 활용해 아기 모아이를 전부 구출하고 문에 도착하면 클리어. 당시 일본 TV 코미디 프로의 인기곡들이 BGM인 것도 특징이다.

이카리 Ⅲ

케이 어뮤즈먼트 리스 1990년 3월 16일 5,600엔 2M

▶ 격투 액션 게임. 측면에서 보면 완성도가 꽤나 높다.

「이카리」 시리즈의 최종작이자, 1989년 가동했던 같은 제목 아케이드용 게임의 이식판. 시리즈 공통의 주인공 '랄프'·'클라크'가 적을 물리치는 탑뷰 액션 게임이며, 킥과 펀치로 육탄전을 벌인다.

이미지 파이트

아이렘 1990년 3월 16일 6,500엔 2M

▶ 격추수 부족시 연행되는 보충 스테이지가 있다.

장착하면 전방 고정 & 8방향으로 샷을 발사하는 청색·적색 2종류의 포드와 특수무기를 장면에 맞춰 전환하며 전 스테이지를 클리어하자. 각 스테이지의 보스는 연구와 직감으로 공략할 것.

HARDWARE
1983
1984
1985
1986
1987
1988
1989
1990
1991
1992
1993
1994
INDEX

가면의 닌자 하나마루

캡콤　1990년 3월 16일　5,800엔　2M

▶ 유원지를 무대로, 다채로운 전개가 펼쳐진다.

유원지 섬 '레저 랜드'에서 아이들이 행방불명되는 사건을, 하나마루가 로봇 매와 함께 해결한다. 공중전, 통나무 건너기, 스케이트보드, 카드 배틀, 두더지 잡기 등등 다채로운 전개가 펼쳐져 재미있다.

이사키 슈고로의 경마필승학

이매지니어　1990년 3월 20일　9,800엔　2M

▶ 4명의 예상가를 잘 이용해 상금을 벌자.

'슈퍼 경마' 등에 출연했던 경마평론가 이사키 슈고로가 참여한 경마 시뮬레이션 게임. 20만 엔의 자금을 1억 엔으로 불리는 게 목적이다. 당시 일본중앙경마회 등록 기수·경주마들이 실명으로 등장한다.

산사라 나가

빅터음악산업　1990년 3월 23일　7,500엔　3M

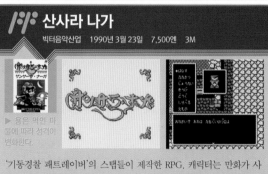

▶ 용은 먹인 마물에 따라 성격이 변화한다.

'기동경찰 패트레이버'의 스탭들이 제작한 RPG. 캐릭터는 만화가 사쿠라 타마키치가 디자인했다. 특징은 '용의 육성'으로서, 주인공은 레벨이 없고 장비품 강화로 강해진다. 각 장별로 달성목표가 다르다.

보울더 대시

데이터 이스트　1990년 3월 23일　4,900엔　512K

▶ 퍼즐성이 강하나, 우격다짐으로 돌파할 수도 있다.

미국산 PC 게임의 이식작. 동굴에 들어간 주인공 '록 크로포드'가 제한시간 내에 적과 바위를 피해 일정수의 다이아를 얻고 출구로 나가는 게임이다. 적을 잘 유도해 다이아나 바위로 깔아뭉갤 수도 있다.

패미마가 Disk Vol.1 : 홍콩

토쿠마쇼텐　1990년 3월 23일　2,980엔　512K

▶ 파산이 붕괴되지 않도록 잘 계산해 패를 빼내자.

'패미마가 Disk' 시리즈의 제 1탄. 원래 자사의 잡지 'MSX·FAN'의 독자 투고작으로서, 마작패를 동→남→서→북→백→발→중 순서로 빼내간다. 단, 하단의 패를 빼면 위쪽이 붕괴돼 게임 오버된다.

우주용사 씽씽캅 외전

허드슨　1990년 3월 23일　6,800엔　2M

▶ 무기·방패는 적에게서만 입수 가능한 게 답다.

애니메이션(원제는 '마신영웅전 와타루')이 원작인 RPG. 일시적으로 썬더 드래곤의 파트너가 된 주인공이 씽씽이를 찾는다는 스토리. 평소엔 탑뷰 화면이지만, 전투시엔 사이드뷰 액션 게임이 된다.

파워 사커

토쿠마쇼텐　1990년 3월 30일　4,900엔　512K

▶ 타이틀명처럼 드리블로 필드를 넘어 돌파하자.

필드 선수 5명과 골키퍼 1명으로 뛰는 6인제 축구 게임. 필드가 종스크롤로 표현되는 게 특징으로서, 선수의 움직임도 매우 빠르다. 볼이 페널티 에어리어에 들어오면 전용 시점으로 전환된다.

베스트 플레이 프로야구 II

아스키　1990년 3월 30일　6,800엔　2M

▶ 스킵 모드를 도입해, 경기 진행이 빨라졌다.

「베스트 플레이 프로야구」의 제 2탄. CPU가 맡는 감독에 성격을 설정할 수 있게 되었고, 구단별 홈구장의 잔디도 천연·인공 선택이 가능해졌다. 개인 데이터 표시화면에도 한자가 지원되어 읽기 편해졌다.

망량전기 MADARA

코나미　1990년 3월 30일　8,500엔　4M

당시 게임잡지 '마루카츠 패미컴'에 인기리 연재되었던 같은 제목의 만화를 롤플레잉 게임화했다. 스토리는 기본적으로 원작을 따라가지만 발매 당시엔 아직 소설이 연재중이었기에, 엔딩은 오리지널 전개이며 최종보스도 오리지널 캐릭터다. 「악마성 전설」처럼 기능확장 칩 'VRC6'이 카세트에 탑재되었기에, 패미컴의 한계를 뛰어넘은 고퀄리티 BGM으로 유저를 사로잡았다.

▲ 원작 만화 단행본에 첨부된 설정집에서만 언급되었던 토지에도 직접 가볼 수 있다.

딥 던전 IV : 검은 요술사

아스믹　1990년 4월 6일　6,500엔　2M

▶ 오토 매핑이 추가돼 모험이 쉬워졌다.

일본산 3D 던전 RPG의 4번째 작품이자, 시리즈 최종작. 검과 마법의 세계를 무대로, 암살된 영웅 프레드의 아들이 원수를 찾아나선다는 스토리다. 던전은 물론 성·마을도 3D화해, 모험에 현실감이 넘친다.

닌자용검전 II : 암흑의 사신검

테크모　1990년 4월 6일　5,900엔　2M

▶ 벽에 붙은 상태로 상하이동도 가능해졌다.

88년 발매했던 「닌자용검전」의 속편. 전작의 1년 후를 무대로, 류 하야부사가 다시 납치된 아이린을 구하러 싸움에 나선다. 슈팅 게임의 옵션격인 '분신술'이 신 요소로 탑재되었다.

디지털 데빌 스토리 : 여신전생 II

남코　1990년 4월 6일　7,800엔　4M

원작이 존재했던 전작과는 달리, 이번 작품은 완전히 오리지널 시나리오다. 2036년 최종전쟁 후의 도쿄를 무대로 게임이 시작된다. 셸터에 살고 있던 주인공은 파즈스에게서 악마소환 프로그램을, 친구는 마법의 힘을 받아, 함께 마왕 바엘을 물리치러 가게 된다. 시리즈 측면에서의 큰 변화라면, 이 작품부터 캐릭터·악마 디자인을 카네코 카즈마가 맡았다는 것이다.

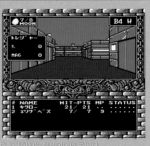

▲ 사소한 조건 하나로 엔딩이 분기된다. 어느 쪽으로 전개될지는 플레이어의 몫이다.

울트라맨 클럽 2 : 돌아온 울트라맨 클럽

반다이　1990년 4월 7일　6,000엔　2M

▶ 울트라맨스러움이 가득한 오리지널 RPG다.

88년 발매된 「울트라맨 클럽」의 속편. 울트라맨을 조작해, 각지에서 일어나는 사건을 해결하자. 등장하는 울트라 형제는 5명. 아이템·장비 개념이 없는 게 특징이라, 강해지려면 레벨 업을 거듭해야 한다.

건헤드 : 새로운 싸움

바리에　1990년 4월 13일　6,500엔　2M

▶ 메카닉 디자인은 '마크로스'의 카와모리 쇼지다.

일본에서 89년 개봉한 영화 '건헤드'의 속편격 타이틀. 남쪽의 섬 8JO에서, 부활한 카이론 5를 물리치는 시뮬레이션 게임이다. 섬 곳곳에 숨겨진 파츠들로 최강의 로봇을 만들자. 파츠는 교환으로도 입수 가능.

쿼스

코나미 1990년 4월 13일 4,900엔 512K

▶ 2인 동시 플레이 시엔 협력도 대전도 가능하다.

퍼즐과 슈팅이 합체된 작품. 플레이어 기체는 블록을 발사하며, 이를 위에서 압박해오는 블록에 합체시켜 사각형으로 완성시키면 사라진다. 못 없앤 블록이 본체 라인까지 내려오면 게임 오버.

갓 슬레이어 : 머나먼 하늘의 소나타

SNK 1990년 4월 13일 7,600엔 3M

▶ 장대하면서도 의외성이 있는 스토리가 재밌다.

문명 붕괴 후의 세계를 무대로 삼은 액션 RPG. 기억을 잃은 주인공이 자아를 찾아 여행하며 드래고니아 제국과 싸운다는 스토리다. 그래픽·연출이 훌륭하고 조작성도 좋아, 진행에 막힘이 없다.

SD 배틀 오오즈모 : 헤이세이 히어로 마당

반프레스토 1990년 4월 20일 6,300엔 2M

▶ 후일의 '슈퍼로봇대전'의 초석이 된 작품이다.

모빌슈츠와 로봇, 특촬 히어로들이 스모로 맞붙는 올스타전 형식의 게임. 캐릭터는 모두 샅바를 매고 등장한다. 선호하는 히어로를 골라 요코즈나(천하장사)를 노려보자. '개인전'과 '단체전'이 있다.

쿠로가네 히로시의 즐거운 예상! 우승마 전설

일본물산 1990년 4월 20일 8,000엔 2M

▶ 일러스트를 곁들여 어드바이스도 해준다.

니치부츠의 경마 소프트 제 2탄. 제목대로, 만화가 쿠로가네 히로시의 경마철학을 게임에 반영했다. 정보를 입력해 우승마를 예상하는 시뮬레이터로서, 말의 상태·성적부터 경마장 상태·기후까지 입력한다.

파워 블레이저

타이토 1990년 4월 20일 5,900엔 2M

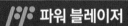

▶ 질주감이 넘치는 흥겨운 BGM이 가득하다.

일본보다 서양에서 호평 받은 횡스크롤 액션 게임. 부메랑이 무기인 주인공 '스티브 트래버'가 폭주한 인공지능을 정지시킨다는 스토리다. 총 6스테이지로, 최종 스테이지 외엔 공략 순서의 선택이 가능하다.

봄버맨

허드슨 1990년 4월 24일 500엔(세금 포함) 512K

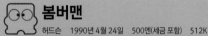

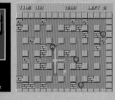

▶ 폭탄 배치를 잘못하면 자기 폭탄에 죽기도 한다.

인기작 '봄버맨'의 디스크 시스템 재기록 전용판. 폭탄을 필드에 설치해 폭발시켜 적을 쓸어버리는 상쾌한 게임으로서, 중독성도 대단하다. 요즘도 속편이 꾸준히 발매되고 있다.

파이어 엠블렘 : 암흑룡과 빛의 검

닌텐도 1990년 4월 20일 6,000엔 3M

주인공 마르스 왕자가 조국을 멸망시킨 도루아 제국을 타도하고 납치당한 누나를 구출하는 것이 목적인 시뮬레이션 롤플레잉 게임. 기존의 시뮬레이션 게임과는 달리 캐릭터마다 고유의 백스토리와 성격이 있고, 능력도 전투를 거듭할수록 성장한다. 따라서 직업이 같은 캐릭터라도 능력이 다르거나 성장에 차이가 있는 등, 캐릭터를 단순한 유닛이 아니라 '동료'로 그려냈다.

▲ 시리즈 첫 작품부터 기본 골격이 거의 완성되어 있어, 플레이어에 충격을 준 작품이기도 하다.

HARDWARE 1983 1984 1985 1986 1987 1988 1989 1990 1991 1992 1993 1994 IND

파이널 판타지 III

스퀘어　1990년 4월 27일　8,400엔　4M

▶ 시리즈의 기초를 닦은 전환점이 된 타이틀이다.

인기 RPG 시리즈의 제 3탄이자, 패미컴으로는 마지막 작품. 잡 체인지 시스템을 처음 도입해, 전투중 외에는 언제든 직업을 변경 가능한 게 특징이다. FF를 일본이 낳은 국민적 RPG로 발돋움시킨 게임이다.

카게로 전설

픽셀　1990년 5월 11일　6,200엔　2M

▶ 몬스터 조우율이 높으니, 통나 늠 대로 화복하자.

환마와 싸우다 목숨을 잃은 아버지의 뜻을 이어 여행하는 3명의 형제 닌자가 주인공인 액션 롤플레잉 게임. 전투시엔 사이드뷰 액션 게임이 된다. 전투에서 죽으면 부활하지 못하니 주의하도록.

캐슬 퀘스트

허드슨　1990년 5월 18일　5,800엔　2M

▶ 코믹한 그래픽과 반대로, 난이도는 매우 높다.

판타지 세계를 무대로 삼은 시뮬레이션 게임. 전투 필드가 성 내부로서, 넓이·형태가 성마다 제각각이다. 해골·오크 등의 다양한 몬스터를 마치 장기말처럼 조종하며, 상대의 왕을 물리치면 클리어다.

제비우스

남코　1990년 5월 18일　500엔(세금 포함)　512K

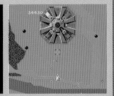

▶ 종스크롤 슈팅 장르의 걸작과도 같은 명작이다!

카세트판으로 대히트했던 「제비우스」의 디스크 시스템 재기록 전용판. 파괴불능의 적 '바큐라'에 256발을 맞히면 파괴된다는 소문에, 당시의 소년들이 기대를 품으며 연사를 거듭했다는 에피소드도 있었다.

열혈고교 피구부 축구편

테크노스 재팬　1990년 5월 18일　5,900엔　2M

▶ 필살기를 발동하면 독특한 슛이 나간다.

「열혈고교 피구부」의 멤버들이 느닷없이 축구에 도전한다. 6 : 6 룰로서, 일반적인 축구와는 달리 축구공을 맞혀 상대 선수를 넘다 날려버리는 등 열혈 시리즈다운 통쾌함이 재미있는 작품이다.

팩맨

남코　1990년 5월 18일　500엔(세금 포함)　512K

▶ 적 몬스터 4마리엔, 실은 고유의 성격이 있다.

카세트로 발매됐던 「팩맨」의 디스크 시스템 재기록 전용판. 도트 먹기 액션 장르의 원조격인 게임이며, 파워 도트를 먹으면 펼쳐지는 역전극과 커피 브레이크 데모 등 장난기도 가득한 불후의 명작이다.

이스 II

빅터음악산업　1990년 5월 25일　7,500엔　3M

▶ 아돌로 인프라는 마법이 매우 편리하니 활용하자.

전작에 이어, 주인공 '아돌'의 모험을 그린 작품. 무기 외에 마법 '파이어'도 쓸 수 있게 되어 공략법이 다양해졌다. 신규 히로인 '리리아'가 큰 인기를 끌어, 당시 '미스 리리아'라는 실제 아이돌도 탄생했다.

마권필승학 게이트 인

케이 어뮤즈먼트 리스　1990년 5월 25일　9,800엔　2M

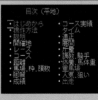

▶ 당시 일본 경마인 18두 제한이 아직 없었다.

데이터를 직접 입력하여, 그 데이터를 기반으로 레이스 결과를 예상하는 마권예상 소프트. 최대 28두가 출주하는 레이스까지 예상 가능하다. 데이터를 기반으로 레이스를 시뮬레이트해주는 모드도 재미있다.

쟈쟈마루 격마전 : 환상의 금마성

잘레코 1990년 5월 29일 5,900엔 2M

「닌자 쟈쟈마루 군」 시리즈의 신작으로서, 고정화면식 탐뷰 액션 롤플레잉 게임이 되었다. 쟈쟈마루는 저울추를 무기로 삼아 싸우며, 만물상에서 수리검·폭탄을 구입하면 원거리 공격도 가능해진다.

나이트 무브

닌텐도 1990년 6월 5일 2,600엔(세금 포함) 512K

「테트리스」의 개발자가 디자인한 퍼즐 게임. 체스 말인 '나이트'를 사용해 고득점을 노리는 게임이다. 같은 패널을 3번 밟으면 구멍이 나고 점수를 얻는다. 당연히 구멍에 빠지면 게임 오버.

다람쥐 구조대

캡콤 1990년 6월 8일 5,800엔 2M

다람쥐 '칩'과 '데일'이 납치당한 소녀를 구하러 가는 액션 게임. 아이템은 뒤집어서 차폐물로 활용하거나, 적에게 던져 공격한다. 2인 플레이 시엔 동료도 번쩍 들어 던질 수 있어, 협력도 방해도 가능하다.

대시 가이

비스코 1990년 6월 15일 5,800엔 1M

아케이드용 게임의 이식작. 종스크롤로 진행되는 바이크 게임이다. 아이템을 얻고 스탠드에서 연료를 보급해 가며 골로 달리자. 스타트 시 표시되는 랭크 이상으로 골인하면 스테이지 클리어.

갤러그

남코 1990년 6월 22일 500엔(세금 포함) 512K

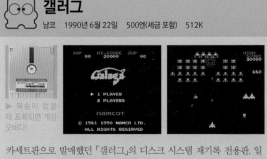

카세트판으로 발매했던 「갤러그」의 디스크 시스템 재기록 전용판. 일부러 적의 캡처 빔에 사로잡힌 후 다시 구출하면 듀얼 파이터로 파워업한다는 참신한 아이디어가 특징인 타이틀이다.

배틀 플리트

남코 1990년 6월 22일 5,900엔 2M

순수하게 전략을 겨루는 하드코어 해전 시뮬레이션 게임. 적군과 청군이 상대 수도의 함락을 노린다. 전투는 액션 형태로서, 전차 대 전차는 오토 배틀. 총 8시나리오이며, 대전도 가능하다.

파이널 미션

나츠메 1990년 6월 22일 5,800엔 2M

초능력 전사를 조작해, 외계인에게서 지구를 지켜라. 대박력 사운드, 거대한 캐릭터, 고속 스크롤 등 개발진의 취향이 잔뜩 믹스돼 있는 슈팅 게임. 인간형인 플레이어에 붙는 옵션 2개는 조작에 맞춰 이동한다.

수호전 : 천명의 맹세

코에이 1990년 6월 25일 11,800엔 3M

중국 4대 기서 중 하나인 '충의수호전'을 기반으로 만든 역사 시뮬레이션 게임. 코에이의 다른 작품과 달리, 목적이 영토 통일이 아니라 조정의 간신 '고구'의 토벌이다. 시간제한도 있는 이색적인 작품이다.

HARDWARE
1983
1984
1985
1986
1987
1988
1989
1990
1991
1992
1993
1994
INDEX

미궁도

아이렘　1990년 6월 29일　5,800엔　2M

▶ SD 스타일의 아삼아삼, 발음이 상큼하다.

고정화면식 액션 퍼즐 게임. 마왕 '노스'에게 사로잡힌 밀 공주를 구하기 위해, '키클'이 미궁의 섬에 준비돼 있는 다양한 스테이지에 도전한다. 적을 얼린 후 차 날려 바다에 빠뜨리면 발파가 된다.

불타라!! 유도 WARRIORS

잘레코　1990년 6월 29일　5,600엔　2M

스포츠 게임으로는 드물게, 유도를 소재로 삼은 게임. 무사수행으로 세계의 강호들과 싸워 승리하면 능력치가 상승해 필살기를 전수받는다. 최후엔 올림픽 우승을 노린다. 2인 대전도 가능하다.

해트리스

BPS　1990년 7월 6일　5,500엔　1M

▶ 싱크로드는 높이가 있어도 주의하여 생도해

대인기작 「테트리스」의 개발자인 알렉세이 파지트노프의 작품 중 하나를 패미컴으로 이식했다. 한 쌍 단위로 떨어지는 모자를 잘 쌓아올려, 같은 종류의 모자를 5개 겹치면 없어진다는 간단한 룰이다.

팰러메데스

HOT·B　1990년 7월 6일　5,500엔　512K

▶ 대전시엔 특정 배열을 앞치 상대를 공격한다

주사위를 던져 없애 가는 퍼즐 게임. 상단의 것과 눈이 같은 주사위를 던져 붙이거나, 플레이어 하단에 저장된 주사위로 특정한 패를 만들면 사라진다. 패에 따라선 여러 줄의 주사위도 없앨 수 있다.

비룡의 권 Ⅲ : 5인의 용전사

컬처 브레인　1990년 7월 6일　6,300엔　2M

▶ 용전사로 변신하면 대박격의 반격을 시용 가능.

시리즈 제 3탄. 시스템은 이전 두 작품처럼 횡스크롤 액션과 대전격투의 조합이다. 시리즈 전통의 '심안 시스템'은 여전하며, 게임을 진행할수록 이동속도가 빨라진다. 난이도는 3단계로 선택 가능하다.

SD 히어로 총결전 : 물리쳐라! 악의 군단

반프레스토　1990년 7월 7일　6,300엔　2M

▶ SD 캐릭터를 조작해 에미를 구해내야 한다.

SD화된 판권 캐릭터들이 다수 등장하는 올스타 게임의 제 2탄. 히어로별로 나뉘는 8가지 스테이지를 클리어해, 이후 출현하는 최종 스테이지에 도전한다. 스테이지 공략 순서는 임의로 선택할 수 있다.

위츠

아테나　1990년 7월 13일　5,800엔　1M

▶ 점프는 한 차례지만 공중에서 위치 사용할 수도 있다.

4인 동시 대전이 가능한 액션 게임. 전원이 벽을 만들면서 계속 움직이는 와중에, 충돌하지 않고 끝까지 살아남은 쪽이 승리한다. 움직임이 빨라지는 '대시'는 유용할 때도 있으나, 조작 실수에 주의하자.

캡틴 츠바사 Ⅱ : 슈퍼 스트라이커

테크모　1990년 7월 20일　6,900엔　3M

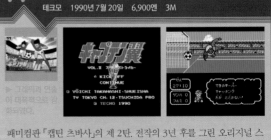

▶ 그래픽과 연출이 대폭적으로 강화되었다.

패미컴판 「캡틴 츠바사」의 제 2탄. 전작의 3년 후를 그린 오리지널 스토리가 펼쳐진다. 브라질의 상파울루 FC에서 리우 컵을 노리는 츠바사와 전국고교선수권에 출전한 휴가·미사키의 모습을 그렸다.

갤럭시안

남코　1990년 7월 20일　500엔(세금 포함)　512K

▶ 이후의 「갤러그」로 이어지는 전격적 작품.

카세트판 발매 당시의 패미컴엔 서드파티가 거의 없었기에, 남코의 참가는 커다란 화제였다. 이 작품은 디스크 시스템용 재기록 전용판. 우주공간에 멋지게 늘어선 외계인들을 연사로 전멸시켜라!

수왕기

아스믹　1990년 7월 20일　5,900엔　2M

▶ 세가의 메가드라이브 초기 타이틀로도 유명.

수인족인 플레이어를 조작해, 각 스테이지별로 다른 '짐승'으로 변신하여 해당 짐승만의 특수능력을 활용해 싸우는 횡스크롤 액션 게임. 원작에 없었던 스테이지 및 캐릭터를 새로 추가했다.

솔스티스 : 3차원 미궁의 광수(狂獸)

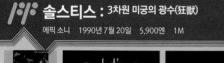

에픽 소니　1990년 7월 20일　5,900엔　1M

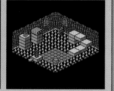

▶ 각 방의 퍼즐을 격파해, 다음 방으로 넘어가자!

쿼터뷰 시점의 액션 게임. 마술사가 되어 각 방의 퍼즐을 풀고 마법을 사용하며 진행해. 숙적 모비우스를 물리치자. 팀 폴런이 작곡한 BGM도 훌륭하며, 특히 타이틀곡이 인상적인 작품이다.

디그더그

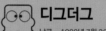

남코　1990년 7월 20일　500엔(세금 포함)　512K

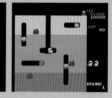

▶ 아동용말 때만 나오는 보행음이 귀엽고 재미있다.

카세트판 「디그더그」가 디스크 시스템의 재기록 전용판으로 등장했다. 지하의 몬스터를 펌프로 찔러 파열시키자. 바위로 깔아 물리치면 고득점을 얻는다. 진행할수록 상단 오른쪽의 지면에 꽃이 늘어난다.

니치부츠 마작 III : 마작 G멘

일본물산　1990년 7월 20일　6,400엔　2M

▶ '마작 G멘'에선 팀 동료 페타타가 반장을 준다.

마작이 소재인 3종류의 게임을 즐기는 소프트. 2인 대국 마작인 '마작 도장'과 낙하계 퍼즐인 '퍼즐 게임 Oh! 하이퍼', 2개의 시나리오가 있는 어드벤처 형식의 '마작 G멘'이 있다.

부라이 파이터

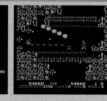

타이토　1990년 7월 20일　5,900엔　512K

▶ 스테이지별로 스크롤 방향과 시점이 바뀐다.

인간형 기체를 조작해 적을 물리치는 슈팅 게임. 탄은 8방향으로 쏠 수 있다. 총 7스테이지로서, 난이도는 3단계로 조정 가능하다. 특수 샷은 3종류가 있다. 아이템을 중복 입수하면 파워가 올라간다.

더 페넌트 리그 : 홈런 나이터 '90

데이터 이스트　1990년 7월 24일　6,300엔　2M

▶ 선수별로 능력 수치가 설정돼 있고, 변경도 가능.

전년에 발매된 「페넌트 리그 : 홈런 나이터」의 속편. 당시의 일본 프로야구 12구단이 모델인 12개 팀 중 선호하는 팀으로 리그를 구성해 페넌트레이스를 뛰자. 시합 수는 4종류 중에서 선택 가능하다.

고르고 13 : 제 2장 - 이카로스의 수수께끼

빅 토카이　1990년 7월 27일　6,000엔　2M

▶ 전작에 버금가는, 볼륨 만점의 작품이다.

「고르고 13」의 제 2탄. 초 A급 스나이퍼 '고르고 13'을 조작해 국제 테러조직을 궤멸시키자. 기본적으론 횡스크롤 액션 게임이라, 펀치와 킥으로 적을 물리친다. 저격 모드와 카 체이스 모드도 나온다.

HARDWARE
1983
1984
1985
1986
1987
1988
1989
1990
1991
1992
1993
1994
INDEX

///// 닥터 마리오

닌텐도　1990년 7월 27일　4,900엔(세금 포함)　512K

의사 가운을 입은 마리오가 병 속에서 번식하는 바이러스를 퇴치해가는 낙하계 퍼즐 게임. 적색·청색·황색이 조합된 약 캡슐을 회전시키며 잘 쌓아나가, 가로·세로로 같은 색이 4개 붙도록 하면 바이러스를 없앨 수 있다. 병 입구까지 캡슐이 쌓이면 게임 오버가 된다. 2인 대전 모드도 있으며, 여기서는 연쇄를 터뜨리면 상대의 병으로 방해 캡슐을 보낼 수 있다.

▲ 2인 대전에서는 스피드·레벨 차이로 핸디캡을 줄 수도 있다. 연쇄 소거가 터질 땐 정말 짜릿하다.

///// 스테드 : 유적 행성의 야망

케이 어뮤즈먼트 리스　1990년 7월 27일　5,900엔　2M

▶ 통탄은 버텨 보충해야 하나 잔탄 수에 주의하자.

SF를 소재로 삼은 RPG. 주인공은 행성 '알프'가 몬스터 군단에 습격당했다는 통신을 받고 출동하여, 구출에 나선다. 무기에 탄수 개념이 있고 아군 로봇이 칩 교체로 레벨 업되는 등, 시스템이 이채로운 작품.

///// 빅쿠리맨 월드 : 격투 성전사

허드슨　1990년 7월 27일　6,800엔　2M

▶ 성전사는 롤로 서브 캐릭터로도 잘 활용하자.

일본에서 사회현상까지 일으켰던 같은 이름의 과자가 원작인 롤플레잉 게임. 야마토 왕자는 다른 세계를 찾아내려는 슈퍼제우스의 명을 받고 여행한다. 여행 도중, 성전사들이 동료가 되어준다.

///// 불타프로! '90 감동편

잘레코　1990년 7월 27일　6,500엔　3M

▶ 스타디움은 TK돔 등 3종류를 선택할 수 있다.

「불타라!! 프로야구」 시리즈의 4번째 작품. 시점을 기존 작품 스타일로 되돌리고 페넌트 모드를 없앤 대신, 경기 종료 후에 해당 시합을 평가하는 오리지널 시스템을 넣었다. 레벨 5에서 100점이 나오면 엔딩이다.

///// 마이트 & 매직

가켄　1990년 7월 31일　8,500엔　4M

▶ 몬스터를 전부 재제작해, 그래픽을 강화시켰다.

당시 이른바 '세계 3대 RPG' 중 하나로 꼽혔던 시리즈의 첫 작품을 패미컴으로 이식했다. 필드·던전 전체가 3D로 묘사된 세계에서, 자유로운 순서로 다양한 퀘스트를 달성하며 스토리를 진행해 간다.

///// 게임 파티

코코너츠 재팬　1990년 8월 3일　6,500엔　2M

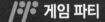

▶ CPU의 대전 상대로 파치오 군 마니오기도 한다.

비디오 게임이 등장하기 이전의 고전적인 아케이드 게임들을 패미컴으로 재현한 작품. 수록된 게임은 '에어 하키', '하키'(아이스하키와 축구를 전환 가능), '핀볼', '농구', '마인드 Q'의 총 5종류다.

///// 해피 버스데이 벅스

켐코　1990년 8월 3일　5,900엔　2M

▶ 벅스는 해머로 적을 공격할 수 있다.

벅스 버니 탄생 50주년을 기념해 제작된 횡스크롤 액션 게임. 생일 파티장으로 가는 벅스 앞을, 다른 캐릭터들이 막아 세운다. 벅스를 조작해 파티장까지 모두 데리고 가자.

2010 스트리트 파이터

캡콤　1990년 8월 8일　5,800엔　2M

▶ '스트리트 파이터' 시리즈와는 관련이 없다.

1990년에 발매된, 근미래 배경의 액션 게임. 횡스크롤과 강제 종스크롤 등의 다채로운 스테이지로 구성돼 있으며, 격투 게임과 액션 게임의 시스템까지도 도입한 하드코어한 작품이다.

닌자라호이!

아스키　1990년 8월 8일　7,800엔　4M

▶ 주인공은 청의 닌자다. 요즘 유행이라는 뜻.

바람 일족의 소년 닌자가 되어, 해골 장군을 물리치는 게 목적인 롤플레잉 게임. 전반적으로 패러디·개그가 가득하다. 도중에 얻게 되는 인술들은 사용할수록 강해지니 기회가 되는 대로 마구 써보도록.

강의 누시 낚시

팩 인 비디오　1990년 8월 10일　6,300엔　2M

▶ 이동하다 보면 쥐 등이 습격해오기도 한다.

낚시가 소재인 롤플레잉 게임. 병에 걸린 여동생을 낫게 하기 위해, 약의 재료인 강의 누시(대어)를 낚는 게 목적이다. 잡은 물고기를 생선가게에 팔면, 그 돈으로 도구점에서 낚시바늘·어구 등을 살 수 있다.

타이탄

소프엘　1990년 8월 10일　5,900엔　1M

▶ 닿으면 치명적인 벽도 등장하니 주의하자.

미로형 필드를 이동하며, 파워 볼을 쳐내 모든 블록을 파괴하는 퍼즐 게임. 총 80스테이지로서, 전부 클리어하면 표시되는 패스워드를 제작사에 적어 보내면 인증서는 물론 선착순으로 상품도 줬다고 한다.

드래곤 파이터

토와 치키　1990년 8월 10일　5,700엔　2M

▶ BGM이 훌륭해, 명곡이 즐비하기로 유명하다.

'바르진'이라는 나라를 습격한 마도사를 물리치는 게 목적인 횡스크롤 게임. 주인공은 변신이 가능해, '파이터'일 때는 액션 게임, '드래곤'일 때는 하늘을 날 수 있는 슈팅 게임이 된다. 적절히 전환하며 공략하자.

일본 제일의 명감독

아스믹　1990년 8월 10일　6,800엔　2M

▶ 우수한 선수를 육성해, 이기는 팀으로 만들자.

구단주 겸 감독이 되어 팀을 우승시키는 시뮬레이션 게임. 감독으로서 시합을 지휘하는 것은 물론, 구단주 입장에서 자금 조달과 설비투자 등도 해야 한다. 경영 중심으로 디자인된, 독특한 야구 게임이다.

패러렐 월드

바리에　1990년 8월 10일　5,980엔　2M

▶ 열쇠는 적을 기둥으로 처리하면 얻을 수 있다.

주인공을 골인 지점까지 보내는 퍼즐 게임. 패러렐 월드로 빨려들어간 주인공을 원래 세계로 돌려보내자. 유일하게 올라갈 수 있는 고정 타일과 출구 사이를 길 타일로 연결해야 한다. 타일 회전도 가능하다.

피파 타임

산리츠 전기　1990년 8월 10일　4,900엔　512K

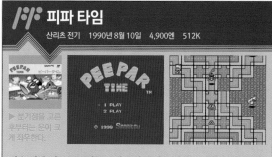

▶ 분기점을 고른 후부터는 운에 크게 좌우한다.

길을 따라 자동으로 걷는 주인공 앞에 길을 깔아주는 게임. 주인공은 로봇이라 이동시 '오일'을 소모한다. 수시로 오일을 보충해주며 열쇠를 찾아 골인시키자. 총 50스테이지. 패스워드 세이브도 지원한다.

HARDWARE
1983
1984
1985
1986
1987
1988
1989
1990
1991
1992
1993
1994
INDEX

179

어둠의 청부업자 KAGE

나츠메　1990년 8월 10일　5,900엔　2M

화려한 닌자 액션을 즐기는 횡스크롤 액션 게임. 주인공 '하야테'와 '카에데'를 조작해, 악의 황제 가루다를 타도하자. 액션이 놀랄 만큼 다채롭고, 배경과 퍼즐 등의 연출도 변화무쌍하다.

러프 월드

선 소프트　1990년 8월 10일　5,500엔　2M

근미래 배경의 횡스크롤 액션 게임. 주인공 '제이'를 조작해, 죽은 아버지의 원수를 갚고 중지된 프로젝트를 완성시키자. 도처에 등장하는 아이템을 입수하면 다양한 무기를 쓸 수 있다.

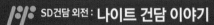

SD건담 외전 : 나이트 건담 이야기

반다이　1990년 8월 11일　6,800엔　3M

'SD건담 외전'의 게임화 제 1탄. 탑뷰 시점으로 필드를 이동하는 전형적인 RPG로서, 데모 연출이 풍부한 것이 특징이다. 전투시에는 파티에 없는 캐릭터도 무작위로 등장해 원호해 준다.

블로디아 랜드

톤킨 하우스　1990년 8월 11일　5,600엔　2M

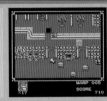

타일에 그려진 파이프를 연결시켜 괴수를 운반하는 퍼즐 게임. 스테이지 상의 파이프를 모두 사용해 클리어하자. 룰은 간단하지만, 볼륨은 무려 100스테이지나 된다. 패스워드의 활용이 필수인 타이틀이다.

공작왕 II

포니 캐년　1990년 8월 21일　6,800엔　2M

1988년 발매된 '공작왕'의 속편. OVA를 감상하듯 즐기는 어드벤처 파트에, 본격적인 RPG 파트를 가미했다. 전투는 공격·방어에 기력을 분배하는 식이며, 동료와의 합체기술 '합기법'도 사용 가능하다.

상하이 II

선 소프트　1990년 8월 24일　5,500엔　1M

고전 게임 중심의 오락실에선 아직도 인기가 있는 「상하이 II」의 패미컴판. 다층적으로 쌓인 마작패를 같은 무늬끼리 한 쌍씩 뽑아가며 줄여나간다. 심플하지만 심오한 맛이 있는 작품이다.

마천동자

퀘스트　1990년 8월 24일　6,500엔　2M

중화풍 세계를 모험하는 횡스크롤 액션 게임. 마천동자와 신견 '도돈파'로 요괴들을 퇴치하자. 시작시 특수능력 3개 중 하나를 골라 얻게 된다. 아이템을 많이 사면 미소녀 '린푸'의 호감도가 오른다.

작호

빅터음악산업　1990년 8월 30일　6,700엔　2M

전형적인 4인 대국 마작 게임. 배터리 백업 기능을 이용해 플레이어가 마작을 치는 패턴과 특징을 저장하고, CPU쪽 선수에도 그 알고리즘을 적용하는 식으로 4인 대전 마작을 진행한다.

HARDWARE
1983
1984
1985
1986
1987
1988
1989
1990
1991
1992
1993
1994
INDEX

던전 키드

퀘스트　1990년 8월 31일　6,500엔　1M

「위저드리」풍의 3D 던전 RPG를 직접 제작할 수 있는 소프트. 장르는 'SF'와 '판타지' 2종류 중 선택 가능하다. 샘플 게임 1종도 수록했다. 제작한 데이터는 백업 메모리에 저장된다.

디그더그 Ⅱ

남코　1990년 8월 31일　500엔(세금 포함)　512K

카세트판으로 발매했던 「디그더그 Ⅱ」의 디스크 시스템 재기록판. 섬을 붕괴시켜 몬스터를 바다에 빠뜨린다는 아이디어가 참신하며, 유인해 한꺼번에 처리하는 재미도 전작을 잘 계승했다.

우주경비대 SDF

HAL 연구소　1990년 9월 7일　6,900엔　2M

세련된 디자인이 멋진 종스크롤 슈팅 게임. 플레이어 기체 '라운드 웨이브'를 조작해, 습격해오는 적을 격추하자. 총 7스테이지로서, 3종류의 무기를 동일 종류로 계속 획득하면 3단계까지 업그레이드된다.

백개먼

닌텐도　1990년 9월 7일　2,600엔(세금 포함)　512K

대전형 보드 게임으로서, 말판놀이처럼 주사위를 굴려 칸을 전진해 자신의 말을 전부 탈출시키면 승리한다. 룰 설명이 포함된 데모 플레이도 내장돼 있으니, 미경험자라도 안심하고 즐기자.

SD 전국무장 열전 : 타오르는 불처럼 천하를 훔쳐라!

반프레스토　1990년 9월 8일　6,800엔　2M

SD화된 전국시대 무장들이 패권을 두고 겨루는 시뮬레이션 게임. 49개국의 다이묘 중 하나를 골라 천하를 통일하자. SD 카드를 뽑으면 아군이 유리해지는 이벤트가 일어난다. 시스템은 꽤 간략한 편이다.

월드 복싱

T.S.S.　1990년 9월 8일　5,900엔　2M

상하 분할화면식 권투 게임. 각 협회의 챔피언들을 이겨 최종보스전의 도전권을 얻자. 가드 상태로 게이지를 모아 강한 펀치로 결정타를 날려라. 스토리 모드에선 애인을 걸고 라이벌과 싸우게 된다.

도라에몽 : 기가좀비의 역습

에포크 사　1990년 9월 14일　6,800엔　2M

당시 극장판 '도라에몽' 시리즈에 등장했던 '기가좀비'가 재림했다! 동료를 모아, 일단 마계로 가는 루트를 찾아내자. 필드를 이동하며 수수께끼를 풀고 전진하는 롤플레잉 게임 스타일이다.

폭소! 스타 성대모사 사천왕

팩 인 비디오　1990년 9월 14일　6,200엔　1M

당시 일본의 TV에서 대인기였던 코미디언 '성대모사 사천왕'을 기용한 보드 게임. 주사위를 굴려 스타를 찾아가 개인기를 배워, 라이브 공연에서 선보이자. 목표는 아와야 선생에게 성대모사 명인으로 인정받는 것.

HARDWARE
1983
1984
1985
1986
1987
1988
1989
1990
1991
1992
1993
1994
INDEX

HARDWARE
1983
1984
1985
1986
1987
1988
1989
1990
1991
1992
1993
1994
INDEX

리틀 매직
데이터 이스트　1990년 9월 14일　6,300엔　2M

▶유닛 성장 등
의 RPG적 요소도
믹스했다.

전투 신에 액션 게임의 시스템도 집어넣은 전략 시뮬레이션 게임. 주
인공인 산오사루 국의 왕자를 조작해, 악의 마도사를 토벌하자. 2P 대
전 모드와, 시간제한 없이 액션 파트를 즐기는 모드도 있다.

유신의 폭풍우
코에이　1990년 9월 15일　11,800엔　3M

▶동자를 모아
자신의 사상으로
점게를 움직이자.

막부 말기 실존인물 중 하나가 되어, 일본 각지의 유력자를 설득해 메
이지 유신을 성공시켜야 한다. 사이고 다카모리·사카모토 료마 등 역
사적 인물이 다수 나온다. 자신의 사상으로 그들을 동화시키자.

인섹터 X
타이토　1990년 9월 20일　5,900엔　2M

▶화면이 페이드
아웃되면 보스전
직전이란 의미다.

귀여운 곤충들이 잔뜩 등장하는 횡스크롤 슈팅 게임. 자연의 풍경부터
적 요새까지 다양한 스테이지가 있으며, 아이템을 얻어 샷을 강화해두
면 각 스테이지 보스와의 전투가 유리해진다.

타무라 미츠아키의 마작 세미나
포니 캐년　1990년 9월 21일　5,800엔　1M

▶'타류 사람'에
선 각 장르의 유
명인과 대국한다.

90년대의 유명 마작사, 타무라 미츠아키의 이름을 넣은 마작 소프트.
타무라의 마작법을 견학·대국·퀴즈 도전으로 익힌다. '왕좌전'에서는
일본·세계에 은하계까지 거쳐, 끝으로 타무라 본인과 대국한다.

남북전쟁
켐코　1990년 9월 21일　6,200엔　2M

▶원작은 미국
역사를 다룬 별키
에 만화다.

프랑스제 PC 게임의 이식작. 미국의 남북전쟁이 테마인 전략 시뮬레이
션 게임이다. 특징은 유닛이 모두 실시간으로 움직인다는 점. 맵 상
에 배치된 아군을 조작하자. 적 부대를 전멸시키면 승리한다.

탐정 진구지 사부로 : 시간이 흐르는 대로…
데이터 이스트　1990년 9월 28일　4,900엔　1M

▶복잡한 사건들
을 다양한 시점에
서 해결한다.

'진구지 사부로' 시리즈의 4번째 작품. 진구지·요코가 1년 전의 그림
도난사건을 회상하며 쿠마노 경감에게 술회한다. 회상 파트에서 조사
해, 현재 파트에서 경감의 질문에 답하는 식으로 스토리가 진행된다.

매직 존
잘레코　1990년 9월 28일　5,600엔　2M

▶캐릭터 디자인
이 꽤 귀엽단 것
도 특징이다.

마법사가 주인공인 횡스크롤 액션 게임. 마법사의 제자 '존'을 조작해
여자친구를 구해내자. 마법은 공격부터 회복·변신까지 12종류가 있
다. 스테이지가 진행될수록 사용 가능한 마법도 강력해진다.

록맨 3 : Dr.와일리의 최후!?
캡콤　1990년 9월 28일　6,500엔　3M

▶스토리성이 강
해졌고, 연출도
강화된 작품이다.

「록맨」 시리즈의 3번째 작품. 록맨이 애견 '러시'와 함께 미지의 행성
에서 싸운다. 기본 조작은 전작과 동일하나, 슬라이딩·게스트 캐릭터·
서포트 캐릭터 등 이후 작품에도 계승되는 신규 요소를 추가했다.

건낙

톤킨 하우스　1990년 10월 5일　6,000엔　2M

▶ 이세계 소환 실패로 시작하는 코믹한 슈팅 게임.

자신들을 위협하는 적을 물리치기 위해, 이세계에서 소환된 전투기를 타고 싸우는 종스크롤 슈팅 게임. 설정 메뉴에서 레벨과 반격 ON/OFF를 변경 가능하니, 자신의 실력에 맞춘 세팅으로 즐기자.

다운타운 열혈행진곡 : 가자 대운동회

테크노스 재팬　1990년 10월 12일　6,200엔　2M

▶ 스테이지 1의 BGM은 '쿠니오 군의 오프닝'.

라이벌 고교가 타 고교들에 도전장을 던졌다! '열혈고교' 멤버들도 그냥 넘어갈 수 없다. 쿠니오가 이끄는 열혈고교 팀원들로, 운동회에서 '냉봉고교'·'화원고교' 등의 라이벌 팀들을 날려버리자!

악마성 스페셜 : 나는 드라큘라 군

코나미　1990년 10월 19일　5,800엔　2M

▶ 드라큘라라면서 박쥐에게 공격받다니!!

악마성 드라큘라의 아들이 주인공인, 코믹한 액션 게임. 스테이지 클리어로 박쥐 변신·천정 걷기 등의 특수기술을 습득할 수 있다. 종반이 진짜 난관이지만, 초반은 어린이라도 즐길 만한 저난이도다.

패미마가 Disk Vol.2 : 패닉 스페이스

토쿠마쇼텐　1990년 10월 19일　500엔(세금 포함)　1M

▶ 장치자기·처럼, 블록을 직접 밀어 이동시킨다.

'패미마가 디스크'의 제 2탄인 퍼즐 게임. 필드 상의 거울과 블록을 이동시켜, 레이저 머신이 쏘는 레이저가 문에 맞도록 유도하면 클리어다. 레이저가 벽에 맞으면 대폭발해 목숨이 줄어든다.

블러디 워리어즈 : 상고의 역습

토에이 동화　1990년 10월 19일　6,200엔　2M

▶ 주인공 '나리싱 하'에게 도망이란 선택지는 없다.

세계관이 독특한 롤플레잉 게임. 폭정을 펼치는 황제 '칼와리오'는 무적의 힘을 주는 8개의 성석을 찾고 있다. 먼저 성석을 입수해 칼와리오를 물리쳐야 한다. 부하를 배치하는 택티컬 배틀도 있다.

마쟈벤처 : 마작 전기

토쿠마쇼텐　1990년 10월 19일　5,800엔　2M

▶ 마작을 이기면 몬스터가 소녀로 바뀐다.

마작이 소재인 롤플레잉 게임. 마작에서 패해 10개 지역으로 분할된 나라 '오니가르드'를 구하기 위해 '마쟈 왕'을 물리치자. 한 지역을 제패하면 레벨이 올라, 마법 대신 사기 기술을 익히게 된다.

셔플퍽 카페

포니 캐년　1990년 10월 21일　6,200엔　1M

▶ START 버튼으로 블록커의 크기 등을 전환한다.

PC용 게임을 이식한, 에어하키 소재의 대전 게임. 시작할 때 대전 상대를 골라 플레이한다. 이때 로봇을 고르면 트레이닝, 옆의 '챔피언'이란 글자를 선택하면 토너먼트를 즐길 수 있다.

낙서 키즈 : 호빵맨과 낙서하며 놀자!!

반다이　1990년 10월 25일　13,800엔　1M

▶ 플레이 패널을 잡지한다, 잘 그려보자.

'플레이 패널'이라는 태블릿형 컨트롤러와 펜을 사용해, TV 화면에 그림을 그리며 즐기는 소프트. 그린 그림에 자유롭게 색을 칠할 수도 있다. '낙서' 외에 '패트롤'·'미로'·'그림노래' 등의 모드도 있다.

HARDWARE
1983
1984
1985
1986
1987
1988
1989
1990
1991
1992
1993
1994
INDEX

아스트로 팽

A-WAVE　1990년 10월 26일　6,700엔　2M

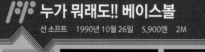

▶ 최후에는 보스
가 등장하니 잔탄
수에 주의할 것.

드라이브 게임과 슈팅 게임을 합체시켰다. 미사일을 쏘고 변신도 가능
한 슈퍼 머신으로 골인 지점까지 달리자. 타이어에 칼날을 장착해 적
차량을 날려버리고는 '앗호!'를 외치는, 기분 상쾌한 작품이다.

누가 뭐래도!! 베이스볼

선 소프트　1990년 10월 26일　5,900엔　2M

▶ 선 소프트답게
음악도 신나는 야
구 게임이다.

갱신된 선수 데이터를 추가하는 용도의 애드온 카세트를 장착할 수 있
는 슬롯을 카세트 자체에 설치한 '더블 카세트 시스템'이 특징인 야구
게임. 후일 애드온 카세트로 2개 작품이 발매됐다.

파치오 군 3 : 돌아온 파치오 군

코코너츠 재팬　1990년 10월 26일　7,980엔　3M

▶ 최대한 많은
기기로 잭팟을 내
는 게 중요하다.

파친코가 소재인 롤플레잉 게임. 파친코의 인기가 떨어지는 것을 아쉬
워한 파친코 대왕의 명령으로 지구에 찾아온 '파치오'가, '파친코 랜드
계획'을 수행하기 위해 분주하게 돌아다닌다.

미즈시마 신지의 대 코시엔

캡콤　1990년 10월 26일　6,500엔　2M

▶ 전투 멤버로 잘
던지는 코스 등이
설정돼 있다.

미즈시마 신지의 만화 '야구짱! 도카벤'·'대 코시엔'의 스토리를 대략
적으로 따라가는 내용의 야구 게임. 메이쿤 고교 팀을 조작해, 미즈시
마의 작품군에 등장하는 여러 라이벌 팀을 상대하여 우승해보자.

드래곤볼 Z : 습격! 사이어인

반다이　1990년 10월 27일　7,800엔　4M

▶ 이번에는 배틀
신에서 입체감도
표현했다.

'드래곤볼 Z'를 게임화한 패미컴용 소프트의 제 1탄. 카드에 적힌 숫자
를 사용해 이동·전투하는 롤플레잉 게임이다. 오공의 형 라데츠의 습
격으로 시작되며, 극장판에서 첫 등장한 가릭 Jr.도 나온다.

크로스 파이어

큐고 무역　1990년 11월 2일　6,200엔　2M

▶ 주인공은 소지
여치에 따라 복장
이 바뀐다.

플레이어가 특수공작원이 되어 거대 조직의 비밀기지를 파괴하는 액
션 게임. 스테이지에 안쪽·바깥쪽 개념이 있어 화면 안쪽의 적은 총과
수류탄으로만 공격할 수 있는 등, 시스템이 디테일하다.

삼국지 II

코에이　1990년 11월 2일　14,800엔　4M

▶ 삼국시대 말기
에 등장하는 무장
도 추가했다.

전작에 이어 큰 인기를 얻은 시뮬레이션 게임. 시나리오·무장·커맨드
를 확충했고, 일기토·원군·공동전선 등의 시스템 덕에 전투의 폭이 넓
어졌다. 이 작품의 최대 특징 중 하나인 '계략'도 추가됐다.

야마무라 미사 서스펜스 : 교토 재테크 살인사건

헥트　1990년 11월 2일　8,500엔　2M

▶ 범다른 막힘
없이, 끝까지 술
한하게 진행된다.

추리작가 야마무라 미사가 시나리오를 맡은 어드벤처 게임. 만나기로
했던 친구의 죽음에 숨겨진 비밀을 풀어낸다. 여러 사람과 사정이 얽
혀 최후까지 누가 범인인지 알 수 없는, 멋진 스토리의 작품이다.

라스트 하르마게돈

반다이　1990년 11월 10일　9,800엔　4M

인류가 멸망한 후, 지상의 패권을 외계인들과 다투게 된 마물들이 주인공인 PC용 이색 RPG를 이식한 작품. 오리지널 라스트 보스와 BGM을 넣었고, 몬스터의 합체가 고정되는 등의 변경점이 있다.

테크모 보울

테크모　1990년 11월 13일　6,900엔　2M

미식축구를 소재로 삼은 스포츠 게임. 북미판 패미컴인 NES로 출시되었던 작품의 일본 발매판이다. 간단한 조작으로, 두뇌를 활용하는 전술·심리전 등이 펼쳐지는 본격적인 미식축구를 즐길 수 있다.

퍼즐 보이즈

아틀라스　1990년 11월 16일　500엔(세금 포함)　1M

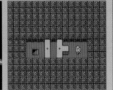

게임보이용 퍼즐 게임 「퍼즐 보이」를 이식한 작품. 재기록 전용 소프트로 출시됐다. 감자 '포테링'을 조작해, 필드 상의 '빙글문'을 통과하며 골인 지점인 계단까지 도달하는 게 목적이다.

산리오 카니발

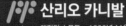

캐릭터 소프트　1990년 11월 22일　3,980엔　512K

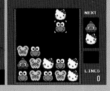

산리오 사의 캐릭터들이 등장하는 1~2인용 낙하계 퍼즐 게임. 2인 1조로 떨어지는 캐릭터를 가로·세로·대각선으로 맞춰 없애는 것이 기본적인 룰이며, 4가지 게임 모드를 골라 즐길 수 있다.

이상한 블로비 : 블로바니아의 위기

잘레코　1990년 11월 29일　5,900엔　2M

캔디를 주면 종류에 따라 버너·사다리 등 다양한 물건으로 변신해주는 블로바니아 성인 '블로비'를 파트너로 삼아 진행하는 액션 퍼즐 게임. 블로바니아 별로 향하여, 악행을 일삼는 황제를 물리쳐야 한다.

파로디우스다!

코나미　1990년 11월 30일　5,800엔　2M

「그라디우스」의 시스템을 기반으로 제작한 패러디 슈팅 게임. 자사 작품은 물론이고 경쟁사 게임까지 패러디하는가 하면 BGM은 클래식을 편곡해 넣는 등, 누구나 재미있어할 만한 작품이다.

미궁의 달인 : 대미로

에포크 사　1990년 11월 30일　5,800엔　2M

3D 던전 내를 탐색하는 액션 게임. 미로 내에 떨어져 있는 '쿠포의 열쇠'를 9개 모아 출구로 나가는 게 목적이다. 10걸음 단위로 파워가 하나씩 줄어드니, 생각 없이 움직이면 안 된다.

이시도[石道]

히로　1990년 12월 7일　500엔(세금 포함)　1M

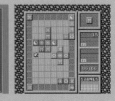

원작은 매킨토시용으로 제작된 퍼즐 게임. 72개의 돌을 모두 보드에 놓는 게 목적이다. 인접한 돌의 개수에 따라, 놓을 수 있는 돌의 조건이 늘어난다. 간단해 보이지만 꽤나 어려운 게임이다.

HARDWARE
1983
1984
1985
1986
1987
1988
1989
1990
1991
1992
1993
1994
INDEX

갬블러 자기중심파 2

아스믹 | 1990년 12월 7일 | 6,500엔 | 2M

카타야마 마사유키의 같은 제목 만화를 게임화한 제 2탄. 만화 '대뱃살 클럽'에서 게스트 참전한 캐릭터를 포함해, 무려 32명이 등장한다. 게임 모드는 프리 대전·하수 토벌전·토너먼트전의 3가지가 있다.

그레이트 복싱 RUSH·UP

비스코 | 1990년 12월 7일 | 6,800엔 | 2M

최대 8명까지의 토너먼트전을 즐기는 권투 게임. 라이트급부터 헤비급까지 각 체급의 챔피언을 물리쳐, 꿈의 4체급 제패를 노리자. 스피드·스태미너 등의 능력치는 시합에서 승리할수록 상승한다.

서유기 월드 II : 천상계의 마신

잘레코 | 1990년 12월 7일 | 5,600엔 | 2M

'서유기'가 모티브인 횡스크롤 액션 게임. 전작 「서유기 월드」로부터 56년 후의 세계에서, 손오공이 새로운 적에 맞선다. 총 7스테이지 구성이며, 보스를 물리치면 새로운 능력을 익히게 된다.

타임즈 오브 로어 : 잃어버린 메달리온

토호 | 1990년 12월 7일 | 5,300엔 | 1M

미국산 PC 게임의 이식작. 「울티마」로 유명한 오리진 사가 제작한 액션 RPG다. 경험치 개념이 없으므로, 장비로 캐릭터를 강화해야 한다. 캐릭터는 기사·여전사·격투사 중에서 고를 수 있다.

치요노후지의 오이쵸

페이스 | 1990년 12월 7일 | 5,800엔 | 2M

제 58대 요코즈나(천하장사)인 치요노후지의 이름을 딴 스모 게임. 등단 후 차근차근 승진해 치요노후지까지 이기는 '스토리'와 '대전', 5종류를 연습하는 '훈련' 모드가 있다. 스모의 재미에 집중한 작품이다.

닌자 거북이

코나미 | 1990년 12월 7일 | 6,500엔 | 4M

아케이드용 게임의 이식판. 원작 만화·애니메이션의 이미지를 잘 재현한 횡스크롤 액션 게임이다. 닌자 거북이 4명 중 하나를 골라, 숙적 슈레더로부터 히로인을 되찾아라. 오리지널 스테이지도 추가했다.

테크모 월드컵 사커

테크모 | 1990년 12월 7일 | 5,800엔 | 1M

탑뷰 시점의 축구 게임. 아케이드용 작품의 이식작이다. 세계의 강호 16개국 중 하나를 골라 조작하며, 전개가 빨라 진행이 쾌적한 게 특징이다. CPU전과 대전의 2가지 모드가 있고, 패스워드도 지원한다.

파자마 히어로 NEMO

캡콤 | 1990년 12월 7일 | 6,200엔 | 2M

극장판 애니메이션 '리틀 네모'와의 제휴로 제작된 작품. 꿈속의 세계로 온 주인공 '네모'를 조작해, 열쇠를 얻고 골까지 도착하는 액션 게임이다. 무기인 캔디로 적을 잠재우면 적에 빙의할 수 있다.

HARDWARE

1983

1984

1985

1986

1987

1988

1989

1990

1991

1992

1993

1994

INDEX

패미컴 탑 매니지먼트

코에이 1990년 12월 12일 9,800엔 2M

▶ 봄·여름 시즌 율 제패하면 브랜 드 가치가 오른다.

PC 회사 사장이 되어 시장점유율 1위를 노리는 경영 시뮬레이션 게임. 실존 기업이 모델인 5개 회사가 등장한다. 슈퍼컴퓨터·데스크탑·노트 북 3개 분야에서 플레이어가 시장점유율 50%를 확보하면 클리어.

베스트 플레이 프로야구 '90

아스키 1990년 12월 13일 6,800엔 2M

▶ 편집한 데이터 는 '터보 파일'로 저장할 수 있다.

1990년도 일본 프로야구 선수 정보가 실명으로 등록된 야구 게임. 게 임 화면은 야구장 전체를 조망하는 심플한 디자인이지만, 등록된 정보 를 토대로 재현한 시합이 경쾌한 템포로 진행된다.

망나니 텐구

멜닥 1990년 12월 14일 6,500엔 2M

▶ 탄을 쏘지 않 을 때의 텐구 표 정도 으로하다!

주인공이 텐구(일본의 전통 요괴)라는, 이채로운 횡스크롤 슈팅 게임. 텐 구가 미국을 구한다는 스토리지만 텐구가 오히려 도시와 빌딩을 파괴 하며 전진하는, 타이틀명 그대로 '망나니 텐구'스러운 게임이다.

클랙스

허드슨 1990년 12월 14일 5,800엔 1M

▶ 스테이지별로 클리어 조건이 다 양하게 제시된다.

미국에서 탄생한 낙하계 퍼즐 게임. 화면 멀리서 회전하며 다가오는 패널을 정면의 접시에 받아, 같은 색 패널 3개가 모이도록 하면 없어 진다. 패널을 받는 순서를 잘 조절하며 효율적으로 없애나가자.

그렘린 2 :신·종·탄·생

선 소프트 1990년 12월 14일 6,500엔 3M

▶ 짜임새 있는 작품으로써, 음악 도 호평받았다.

80년대의 대히트 영화 '그렘린'이 소재인 탐뷰 액션 게임. 영리하고 용 감한 기즈모를 조작해, 나타나는 적을 물리치며 최후의 보스 '그렘린' 에 맞서자. 도중엔 쇼핑이 가능한 장소도 있다.

닌자 크루세이더즈 류가

사미 1990년 12월 14일 5,500엔 1M

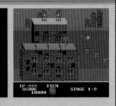

▶ 무한 컨티뉴에 다. 2인 동시 플레 이도 가능하다.

변신하는 닌자가 우주인과 싸우는 횡스크롤 액션 게임. 두 닌자 '류 가'·'코호'의 무기 4종류는 아이템을 획득하여 교체할 수 있다. 무기에 대응하는 동물로도 변신 가능하며, 이때는 이동방법 등도 독특해진다.

퍼맨 :원반을 되찾아라

아이렘 1990년 12월 14일 5,500엔 2M

▶ 애니메이션주제 가를 풍족해 BGM 으로 사용했다.

매트 박사에게 빼앗긴 원반을 되찾는 것이 목적인 횡스크롤 액션 게 임. 1~5스테이지의 보스와는 보드 게임으로 대결하며, 패배하면 스테 이지 전반의 액션 파트부터 다시 시작하게 된다.

매지컬 키즈 도로피

빅 토카이 1990년 12월 14일 6,000엔 2M

▶ 약간의 비주얼 신은 꽤 공들여 연출했다.

고품질의 비주얼 신이 특징인 액션 게임. 서기 1999년의 세계에서, 주 인공 '도로피'가 지구 침략을 꾀하는 악의 제국과 싸운다는 스토리다. 도로피는 6종의 마법을 자유롭게 활용할 수 있다.

메탈 플레임 사이버스터

잘레코　1990년 12월 14일　5,900엔　2M

▶ 맨몸으로 클리어해야 하는 스테이지도 어렵다.

개구리처럼 뛰는 다리 3개짜리 보행병기가 트레이드마크인 액션 게임. 각 스테이지는 'K' 마크를 찾아내 끝까지 가면 클리어 가능하다. 보행병기에서 내려 맨몸으로 진행해야 하는 장소도 있다.

와간랜드 2

남코　1990년 12월 14일　5,800엔　3M

▶ '숫자 찾기' 등 여러 미니게임이 신설됐다.

음파포로 적을 마비시키며 진행하는 기본 스테이지와, 미니게임으로 대결하는 보스전으로 구성된 액션 게임. 음파포 대신 박치기로 공격할 수 있도록 해주는 '달걀 헬멧'은 이 작품에만 나오는 아이템이다.

필살 청부인

 반프레스토　1990년 12월 15일　7,600엔　3M

▶ 전투는 RPG풍 턴제 배틀 식으로 진행된다.

무로마치 시대 중반이 배경인 시대극 어드벤처 게임. 플레이어는 원작인 TV 드라마에도 등장했던 청부인이 되어 악을 쫓는다. 원작의 BGM·처형 신이 게임에서도 재현되며, 스토리도 충실해 완성도가 높다.

점핑 키드 : 잭과 콩나무 이야기

 아스믹　1990년 12월 19일　5,800엔　2M

 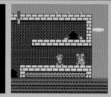

▶ 스토리 데모가 없는 심플한 게임이다.

영국의 동화 '잭과 콩나무'가 모티브인 목숨제 액션 게임. 지상에서 거대한 콩나무를 거쳐 구름 위까지 이어지는 스테이지를 진행하여, 가장 마지막에 있는 공주님에게까지 도달해야 한다.

배틀 스타디움 : 선발 프로야구

 IGS　1990년 12월 19일　6,800엔　2M

▶ 다양한 창작패턴의 선수를 육성해 친구와 배틀

'배틀 박스' 지원 소프트 제 1탄으로서 발매된 야구 게임. 선수를 육성한 데이터를 배틀 박스에 저장해 친구의 자작 팀과 대전하는 모드와, 자작한 팀으로 12개 프로구단 토벌전에 나서는 모드 등이 있다.

지고쿠 고쿠라쿠마루

 팩 인 비디오　1990년 12월 21일　6,200엔　2M

▶ 각 지역을 클리어하면 주인공의 능력이 강화된다.

도시를 제어하는 컴퓨터의 해킹 사건을 해결하기 위해, 영화 'ZIPANG'의 주인공 '지고쿠 고쿠라쿠마루'의 자손이 사이버 공간에 뛰어드는 근미래 액션 게임. 주인공은 붉은 장발머리를 휘둘러 적과 싸운다.

조이드 묵시록

 토미　1990년 12월 21일　6,700엔　2M

▶ 시간이 지나면 지구본으로 맵이 현재가 바뀐다.

전동완구 '조이드'를 소재로 삼은 전략 시뮬레이션 게임. 공화국과 암흑군 중에서 진영을 선택하고, 실시간제나 턴제 중 하나를 고른 후, 맵도 자유롭게 골라 플레이한다. 전투는 액션 스타일로 진행된다.

소드 마스터

  아테나　1990년 12월 21일　5,900엔　2M

 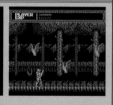

▶ 모든 적이 시시각각 움직이므로 공방이 재미있다.

기사 '랜슬롯'이 되어 악과 싸우는 횡스크롤 액션 RPG. 상·중·하단 공격과 방패 방어, 변신하면 쓸 수 있는 마법 등을 구사하며 싸운다. 레벨이 오르면 체력이 늘어나며, 게임 오버되어도 계승된다.

대괴수 데브라스

데이터 이스트　1990년 12월 21일　6,500엔　3M

▶ 특촬 드라마의 패러디가 가득한 게 특징이다.

대괴수 데브라스에 따라잡히지 않도록, 알 운송차를 골인 지점까지 도착시키는 게 목적인 전략 시뮬레이션 게임. 알의 이동력은 룰렛(사이코론)으로 결정하며, 지구방위군 병기도 배치해 방어해야 한다.

바즈 테일 : 알려지지 않은 이야기

포니 캐년　1990년 12월 21일　6,800엔　2M

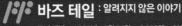

▶ 바드는 목마르면 주점에서 갈증을 풀어야 한다.

서양에선 「위저드리」 등과 비견되는 PC용 고전 3D RPG의 이식작. 6가지 직업 중에서 골라 파티를 짠다. 아군에 버프 등의 다양한 효과를 거는 바드(음유시인)의 노래에 따라 전투 BGM도 변화한다.

패미스타 '91

남코　1990년 12월 21일　5,800엔　2M

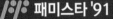

▶ 실존 구장 기반의 신규 구장 4곳을 추가했다.

전작에 있었던 배터리 백업 기능과 리그전을 삭제했다. 대신 최초로 개별 선수마다 수비력을 설정했고, 심판의 목소리에 음성합성을 도입했으며, 홈런 경쟁·다른 팀과의 트레이드 기능을 추가했다.

SD건담 월드 가챠퐁 전사 3 : 영웅 전기

반다이　1990년 12월 22일　6,800엔　2M

▶ 시나리오 수가 막대해, 무려 40종이나 된다.

인기 시리즈의 3번째 작품. 우주세기를 재현한 지상편·우주편은 물론, SD전국전·나이트 건담의 시나리오까지도 플레이 가능하다. 각 시나리오별로 생산 유닛에 차이가 있으며, 세계관별 고유 룰도 있다.

무사시의 모험

시그마 상사　1990년 12월 22일　6,500엔　2M

▶ 새로운 마을·촌락에 가면 꼭 전원과 대화하자.

전형적인 시스템의 중세 일본풍 RPG. 제 2대 미야모토 무사시가 잘나가는 남자가 되기 위해, 실은 사라진 사사키 코지로인 요마 '가지로'와 싸운다. 도중 동료가 되는 너구리도 가끔 법력으로 도와준다.

어드벤처스 오브 로로 II

HAL 연구소　1990년 12월 26일　5,900엔　2M

▶ 초보자를 위한 '연습도장' 모드도 준비했다.

「에거랜드」 시리즈의 제 7탄. 에거 대왕에 의해 석화된 사람들을 구하기 위해 로로·라라가 도전에 나서는 퍼즐 게임이다. 필드 맵이 생겼고 어드벤처 요소가 강화되는 등, 신규 시스템을 여럿 넣었다.

NEW 고스트버스터즈 2

HAL 연구소　1990년 12월 26일　5,900엔　2M

▶ 원작 영화에도 나왔던 유령이 다수 등장한다.

영화 '고스트버스터즈 2'를 게임화했다. 탑뷰 시점의 액션 게임으로서, 플레이어와 CPU 캐릭터가 한 팀이 되어 유령들을 포획한다. 심플하고도 알기 쉬운 시스템으로 원작 영화의 설정을 잘 살렸다.

폭소! 사랑의 극장

코코너츠 재팬　1990년 12월 29일　7,300엔　2M

▶ 다인용보다 1인 플레이가 재미있는 보드 게임.

연애 이벤트도 불행 이벤트도 잔뜩 나오는 보드 게임. 시골에서 상경한 전문대생이 되어, 1학년 봄부터 2학년 여름까지를 지낸다. 기말시험 종료 시점의 단위와 애인의 애정도로 행복도·순위가 결정된다.

HARDWARE
1983
1984
1985
1986
1987
1988
1989
1990
1991
1992
1993
1994
INDEX

1991

1991년에 발매된 패미컴용 소프트는 전년보다 약간 줄어든 155종이다. 슈퍼 패미컴이 발매됐다곤 해도 이미 수많은 가정에 보급된 패미컴 쪽의 가동률이 여전히 높았기에, 개발에 수년

이나 걸리는 RPG도 아직 패미컴을 포기하기 어려웠고, 개발 경험이 부족한 새 하드웨어보다는 소프트 판매량이 견실한 패미컴으로의 발매를 택하는 소프트 개발사도 여전히 많았으리라.

한편「라그랑주 포인트」·「메탈 맥스」등 기존의 판타지 일색에서 탈피한 SF풍 RPG나「포춘 스트리트 : 우리 가게로 와요」등의 참신한 타이틀도 많아, 라인업에 다양성이 넘쳤다.

쥬베에 퀘스트

남코　1991년 1월 4일　7,800엔　4M

▶ 패키지에 특제 지도와 카드 게임을 동봉했다.

판타지와 SF를 결합시킨 세계관의 RPG. 주인공 '쥬베에'와 시종들이 마계 일당의 야망을 분쇄한다는 스토리. 적과 싸워 경험치를 얻는 심플한 시스템이며, 총 12장으로 구성되어 볼륨이 막대하다.

와글와글 월드 2 : SOS!! 파슬리 성

코나미　1991년 1월 5일　6,500엔　3M

▶ 전작의 세계관을 대담하게 모델 체인지한 작품.

「코나미 와글와글 월드」(120p)의 속편. 주인공 '리클'을 조작해 허브 공주를 구해내자. 리클은 5종류의 코나미 캐릭터로 변신 가능하다. 횡스크롤 액션과 슈팅 등, 다채로운 장르의 게임을 즐길 수 있다.

재키 찬

허드슨　1991년 1월 25일　5,800엔　2M

▶ 재키의 다채로운 모션과 표정이 재미있는 타이틀.

인기 영화배우, 재키 찬(성룡)이 주인공인 횡스크롤 액션 게임. 악의 대요술사에 납치당한 애인을 재키가 구출한다는 스토리. 디테일하게 그려진 그래픽과 상쾌한 액션이 재미있는 작품이다.

솔로몬의 열쇠

테크모　1991년 1월 25일　500엔(세금 포함)　512K

▶ 숨겨진 캐릭터로 '마이티 봄 잭'도 나온다!?

카세트판과 컨텐츠가 동일한, 디스크 시스템 재기록 전용판. 플레이어는 마법사인 주인공을 조작해, 블록을 설치하여 발판을 만들 수 있다. 열쇠를 얻은 후 각 스테이지의 문으로 탈출하자.

마작 RPG : 도라 도라 도라

나츠메　1991년 1월 25일　5,800엔　2M

▶ 스토리가 강해 빠져드 미야리. 가열 게 즐길 수 있다.

마작으로 싸우는 보드 게임풍 판타지 RPG. '용사의 전설'·'최강의 사나이'·'백수의 왕' 3종의 시나리오가 있다. 적을 마작으로 이기면 경험치를 얻는다. 대국만 즐기는 '노멀 모드'도 탑재했다.

꿈의 펭귄 이야기

코나미　1991년 1월 25일　5,800엔　2M

▶ 코나미 간판 캐릭터의 귀여운 액션 게임이다!

펭귄 '펭타'는 최근 좀 살찐 느낌이다. 애인에게 "살 좀 빼!"라는 말까지 들은 그의 다이어트 작전이 시작된다. 살찌지 않도록 주의하면 움직임도 민첩해지지만, 자칫 음식을 먹어버리면……

페이퍼보이

알트론　1991년 1월 30일　5,500엔　512K

▶ 아타리 사의 명작 게임. 일본 에도 팬이 많다

신문을 배달하는 소년 '페이퍼보이'를 조작해, 구독자의 집 우편함에 신문을 던져 넣자. 던진 신문이 유리창을 깨지 않도록 조심하며, 무사히 모든 신문을 배달하는 게 목적이다.

골프 그랜드 슬램

헥트　1991년 1월 31일　9,700엔　2M

▶ 니카지마가 고전했던 '마의 13홀'도 재현했다.

골프 팬의 꿈을 이뤄주는 본격 골프 시뮬레이션 게임. 미국의 명문 코스 '오거스타'에서 골프 이론을 실천해보자. 클럽 선택부터 그립·샷에 이르기까지 심혈을 기울여, 기교파 골프를 구현했다.

아카가와 지로의 유령열차

킹 레코드　1991년 2월 8일　6,800엔　2M

▶ 영상도 음악도 성인 취향인 본격 추리 어드벤처.

소설가 아카가와 지로의 인기 시리즈를 게임화했다. 원화에 와타세 세이조, 음악에 스기야마 코이치 등, 스탭이 호화롭다. 온천마을 '이와유다니'에서 일어난 의문의 사건을 민완형사 우노 교이치가 수사한다.

다크 로드

데이터 이스트　1991년 2월 8일　6,800엔　3M

▶ 마을에서 대화해, 퀘스트를 수주하여 공략하자.

12종의 버라이어티한 시나리오를 즐기는 RPG. 3인 파티를 조직해 어둠의 신의 부활을 저지하자. 전투는 턴제이며, 모험에 동행하지 않는 캐릭터는 그동안 취업시켜 고유 스킬을 따내게 할 수 있다.

챔피언십 볼링

아테나　1991년 2월 8일　4,980엔　512K

▶ 고득점을 마크 하면 특별한 화면 이 나온다.

직감적으로 즐기는 심플한 볼링 게임. 저마다 능력이 다른 캐릭터 4명 중에서 하나를 골라 플레이하자. 서는 위치와 던질 구종, 파워 순으로 선택한 후 볼을 굴린다. 구종은 스트레이트·훅·슬라이스 3종이 있다.

아기천사 두두 : 동화 나라는 대소동 중!

에포크 사　1991년 2월 15일　6,500엔　2M

▶ 서서히 밀려오는 연령에 따라 난이 도가 바뀐다.

후지코 후지오 A 원작 애니메이션의 게임판. 지구를 동화 나라로 만들 어버린 붉은도깨비 성인을 물리쳐야 한다. 파라솔로 공중을 천천히 이 동하거나 적을 상공에서 공격하자. 숨어서 무적이 될 수도 있다.

패미컴 쇼기 용왕전

아이맥스　1991년 2월 15일　6,500엔　2M

▶ 패미컴 후기작 이라 타이틀·메뉴 화면이 호화롭다.

타이틀명만 보면 담백한 쇼기 소프트인가 하고 지레짐작하기 쉽지만, 진행 템포도 경쾌하고 대전 상대의 표정 변화 등도 있어 재미있게 대국할 수 있는 쇼기 게임. 실력을 키우려면 먼저 박보장기부터 즐기자!

맥스 워리어 : 행성 계엄령

바프　1991년 2월 15일　5,800엔　2M

▶ 점프 중이라도 그림자가 아이템과 겹치면 획득된다.

당시에는 드물었던 쿼터뷰 시점의 액션 슈팅 게임. 배틀 슈츠를 착용한 주인공이 적과 싸운다. 무기는 확산 빔과 집중 빔, 폭탄의 3종류. 각 스테이지 종료 후에는 컷인 영상이 나온다.

HARDWARE
1983
1984
1985
1986
1987
1988
1989
1990
1991
1992
1993
1994
INDEX

HARDWARE
1983
1984
1985
1986
1987
1988
1989
1990
1991
1992
1993
1994
INDEX

미니 퍼트

A-WAVE　1991년 2월 15일　6,700엔　2M

퍼터 골프가 소재인 1~4인용 액션 게임. 코스마다 장애물이 가득하며, 개폐되는 벽이나 터널 등도 배치돼 있다. 공이 벽에 반사되는 것도 이용해야 해, 미치 핀볼이나 당구와도 비슷한 느낌이다.

이데 요스케 명인의 실전마작 II

캡콤　1991년 2월 22일　8,500엔　2M

이데 요스케 프로가 감수한 마작 게임. 리그전 상위 입상을 노리는 모드, 마작 초보자라도 안심인 문제풀이 모드, 행방불명된 아버지를 찾는다는 스토리의 RPG 모드 등, 컨텐츠가 풍부하다.

더블 드래곤 III : 더 로제타 스톤

테크노스 재팬　1991년 2월 22일　6,200엔　2M

아케이드판 원작의 사양에 큰 변경을 가한 이식작. 최대 플레이 인원 수가 3명에서 2명이 되었고, 스테이지 구성도 아케이드판과 다르다. 적의 무기도 일부 외에는 대부분 플레이어가 사용할 수 있게 했다.

무지개의 실크로드

빅터음악산업　1991년 2월 22일　7,500엔　3M

교역로 '실크로드'를 무대로 삼은 RPG. 도시를 오가며 교역품 매매로 돈을 불리는 시스템이 독특한 작품이다. 캐릭터 디자인에 에노모토 카즈오, BGM에 코바야시 아세이 등 호화 제작진을 기용했다.

패미마가 Disk Vol.3 : 올 1

토쿠마쇼텐　1991년 2월 22일　500엔(세금 포함)　512K

일반인 공모를 받은 아이디어를 게임화한 작품으로서, 주사위를 굴려 모두 1이 윗면이 되도록 만드는 게 목적인 액션 퍼즐 게임. 화면 왼쪽은 플레이어인 무당벌레 시점으로서, 주사위 눈을 옆에서 확인 가능하다.

그랜드 마스터

바리에　1991년 2월 26일　6,500엔　3M

용사의 증명을 모아 마왕을 물리치는 게 목적인 총 5스테이지의 액션 RPG. 아이템을 얻으면 무기 교체로 마법을 쓸 수도 있다. 어느 스테이지부터 진행할지는 자유이나, 공략 순서는 주의해 잡아야 한다.

슈퍼 차이니즈 3

컬처 브레인　1991년 3월 1일　6,300엔　2M

전작과 마찬가지로, 액션과 RPG를 융합시킨 작품. 은하군단에게서 차이니즈 랜드를 구하려 싸운다는 스토리. 전투 파트는 상하단 공격이 불가능해졌지만, 대신 던지기 등의 액션이 추가됐

다. 또한 이 작품부터 주인공 일행에게 인술을 쓸 수 있다는 설정이 붙어, 도중에 다양한 인술을 습득·사용 가능한 것도 특징이다. 인술을 활용해야 하는 장치도 추가되었다.

HARDWARE
1983
1984
1985
1986
1987
1988
1989
1990
1991
1992
1993
1994
INDEX

궁극 아슬아슬 스타디움 III

타이토　1991년 3월 1일　6,900엔　3M

▶ 시합 중에 취객이 난입하는 이벤트로 건재하다.

육성 시스템을 없앤 대신, 고난도 타구도 파인플레이로 캐치할 수 있는 '줌업 시스템'의 연출을 강화시킨 작품. 팀 포인트를 배분해 제작하는 오리지널 팀은 최대 2팀까지 만들 수 있다.

어드밴스드 던전즈 & 드래곤즈 : 히어로즈 오브 더 랜스

포니 캐년　1991년 3월 8일　6,800엔　2M

▶ 다른 방으로 이동하려면 방향키를 오래 누르자.

전투거리·능력이 저마다 다른 캐릭터 8명을 전환하며 진행하는 횡스크롤 액션 RPG. 폐허 깊숙이에서 흑룡이 지키는 '미샤칼의 원반'을 얻는 게 목적이다. 외길이 아니라서 분기점이 많다.

남코트 마작 III : 마작 천국

남코　1991년 3월 8일　4,900엔　2M

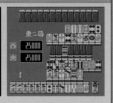

▶ 어드벤처 마작 한정으로, 아이템 등을 쓸 수 있다.

3가지 모드를 제공하는 2인 대국 마작 게임. 조건이 붙는 반장 승부로 실력을 단련하는 '트레이닝 모드', 일반적인 '대국 마작', 마작을 이기면 맵을 전진하는 '어드벤처 마작'을 수록했다.

건 사이트

코나미　1991년 3월 15일　6,000엔　2M

▶ 헬기로 기지에 착륙하는 신은 아슬아슬하다.

헬기를 조작하는 도그파이트, 강제 횡스크롤식인 건 슈팅, 미로 형태의 기지를 탐색하는 FPS 장르가 혼합돼 있는 상쾌한 작품. 모든 장면은 일관되게 유사 3D형 1인칭 시점으로 진행된다.

대항해시대

코에이　1991년 3월 15일　11,800엔　5M

▶ 젊은 주인공 레온 페레로가 대양을 모험한다.

RPG와 시뮬레이션을 융합시킨 '리코에이션 게임' 시리즈의 신작. 플레이어는 16세기 포르투갈의 몰락 귀족이 되어, 작위를 되찾기 위해 배에 몸을 싣고 모험과 무역을 거듭하여 명성을 올려간다.

신비한 바다의 나디아

토호　1991년 3월 15일　6,500엔　2M

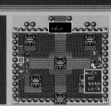

▶ 방영 기념으로 애니메이션 색화 즙정이벤트도 개최.

TV 애니메이션으로 방영되었던 인기작 '신비한 바다의 나디아'를 게임화했다. 시뮬레이션과 RPG의 요소를 겸비하고 있으며, 네오 아틀란티스 군을 물리치는 게 게임의 목적이다.

포춘 스트리트 : 우리 가게로 와요

아스키　1991년 3월 21일　6,800엔　2M

「드래곤 퀘스트」의 호리이 유지가 게임 디자인을 맡은 보드 게임. 은행에서 받는 월급을 밑천삼아 점포·주식을 사서 자금을 불려, 총자산이 규정액 이상인 상태로 은행에 돌아가면 승리한다.

제공되는 스트리트(보드)는 5종. '오노코로지마'만 정원이 3명이며, 그 외엔 4명까지 참가 가능하다. CPU 캐릭터로는 플레이스타일과 성격이 다른 7명의 인물이 등장한다.

▲ 주식을 사 타인의 방에 편승하거나 아예 내부자가 되는 등, 다양한 전략을 펼칠 수 있다.

HARDWARE
1983
1984
1985
1986
1987
1988
1989
1990
1991
1992
1993
1994
INDEX

어드밴스드 던전즈 & 드래곤즈 : 힐즈파

포니 캐년　1991년 3월 21일　7,800엔　2M

▶ 승마 이동은 하이스코어 액션 형태로 진행한다.

테이블토크 RPG의 명작이 원작인 액션 RPG. 말을 타고 필드 이곳저곳을 돌아다녀, 의뢰받은 미션을 해결하면서 진행하자. 길드는 총 4종류. 모든 길드의 의뢰를 달성하면 게임이 클리어된다.

섀도우 브레인

포니 캐년　1991년 3월 21일　9,800엔　3M

▶ 패키지에 도입부를 담은 다른 비디오테이프를 넣었다.

근미래가 배경인 3D 던전 RPG. 사이버도시 레므리아를 무대로 삼아, 의지를 지닌 프로그램 '가이더'를 물리치고 납치된 소녀를 구하자. 네트워크를 통한 정보 획득·쇼핑 등, 미래를 내다본 시스템이 많다.

마법동자☆타루루토 : FANTASTIC WORLD!!

반다이　1991년 3월 21일　5,800엔　2M

▶ 원작을 올려다도, 타루 도감에 소개되어 나온다.

타루루토가 주인공인 총 8화 구성의 액션 게임. 스테이지 내의 타코야키는 발판 역할을 하며, 모으면 상점에서 아이템과 교환할 수 있고, 많이 모으면 1UP은 물론 심지어 스테이지 클리어까지도 가능하다.

폭소!! 인생극장 2

타이토　1991년 3월 22일　5,900엔　3M

▶ 보드 게임치고는 단시간에 끝나는 편이다.

인기 보드 게임의 제 2탄. 유치원부터 노년까지의 인생을 게임으로 체험한다. 목표는 다른 플레이어보다 소지금을 많이 모으는 것으로서, 금액으로 순위가 결정된다. 능력치·직업에 따라 엔딩이 달라진다.

낙서 키즈 : 호빵맨의 재미있는 히라가나

반다이　1991년 3월 26일　6,800엔　1M

▶ 호빵맨의 그래픽은 원작 재현도가 꽤 높다.

「낙서 키즈」 전용 카세트의 제 2탄. 플레이하려면 별매품인 「낙서 키즈」 기본 세트가 필요하며, 이번엔 호빵맨과 함께 공부할 수 있다. 히라가나를 실제로 써보며 익히자. 4종의 미니게임도 수록했다.

케로케로케로피의 대모험

캐릭터 소프트　1991년 3월 29일　3,980엔　512K

▶ 전진이 막히면 B 버튼을 눌러서 거북이가 되자.

산리오 사의 캐릭터 '케로케로케로피'가 주인공인 액션 퍼즐 게임. 7곳의 성을 통과하여, 사로잡힌 여자친구 '케로린'을 구출하자. 각 성마다 4종류의 미로 퍼즐이 기다리고 있다.

닌자 쟈쟈마루 : 은하대작전

잘레코　1991년 3월 29일　5,800엔　2M

▶ 아빈에는 '사쿠라히메'도 조작할 수 있다.

패미컴용 「쟈쟈마루 군」 시리즈의 마지막 작품. 쟈쟈마루 군이 '돈 디스트로이더'를 물리치기 위해 일곱 우주를 누빈다. 순수한 액션 게임으로서, 진지했던 전작과는 달리 코믹한 분위기로 바뀌었다.

북두의 권 4 : 칠성패권전 - 북두신권의 저편으로

토에이 동화　1991년 3월 29일　6,500엔　2M

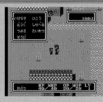

▶ 원작자인 부론손이 감수한 오리지널 RPG다.

패미컴판 「북두의 권」의 제 4탄. 원작 완결 후의 세계를 무대로, 주인공이 어둠의 남두 집단과 맞선다는 스토리. 주인공은 라오우의 아들 '류' 및 파르코의 자식과 함께, 북두신권으로 악을 물리친다.

로보캅 2

데이터 이스트　1991년 4월 2일　6,500엔　2M

▶ 전속한 총 '오토9'으로 적들을 쏘아버리자.

90년 개봉했던 같은 제목 영화의 액션 게임판. 로보캅을 조작해 마약 '누크'를 회수하고 제한시간 내에 끝까지 도달하자. 스테이지의 미션을 클리어하지 못하면 3D 슈팅 형식의 사격연습이 부과된다.

왕괴짜 돈만이

테크모　1991년 4월 5일　6,500엔　2M

▶ 세계의 지명과 특산물을 익힐 수 있다.

고바야시 요시노리 원작 인기 애니메이션의 게임판. 돈만이가 공주희의 바램을 이루기 위해 세계의 특산품을 모아온다는 스토리다. 4명까지 즐기는 보드 게임으로서, 공주희의 희망품을 가져온 사람이 이긴다.

천지를 먹다 II : 제갈공명전

캡콤　1991년 4월 5일　8,500엔　4M

'삼국지연의' 소재의 같은 제목 만화가 원작인 RPG. 플레이어는 유비가 되어, 동탁 토벌 후의 난세를 모험한다. 특징은 '책략'의 존재로서, 파티 내의 무장을 군사로 삼으면 회복이나 지형에 대응되는 불·물·낙석 공격, 기타 특수한 책략 등을 실행할 수 있다. 전투에서는, 상성에 따라 유·불리가 바뀌는 '진형'에 맞춰서 책략을 유효하게 사용할 필요가 있다.

▲ 성능어 종지 않은 무장이라도, 레벨 업해 병사를 늘리면 전투에서 충분히 활약할 수 있게 된다.

뉴욕 냥키스

아틀라스　1991년 4월 5일　6,200엔　2M

▶ 보스는 공격이 다채로운데다 제법 너구역도 있다.

미국의 야구팀 '뉴욕 양키스'를 패러디한 고양이가 주인공인 액션 게임. 납치당한 애인을 구하기 위해, 특기인 펀치를 무기삼아 달리는 열차나 비행기에 뛰어들어 적을 물리쳐라!

고르비의 파이프라인 대작전

토쿠마쇼텐　1991년 4월 12일　4,900엔　512K

▶ 고르바초프의 얼굴로 소련의 허락 하에 넣었다.

당시 소련 최고지도자였던 고르바초프의 지휘로, 모스크바부터 일본까지를 파이프라인으로 잇는 게임. 위에서 떨어지는 파이프를 우측에서 좌측으로 연결하자. 아이템을 사용해 리셋할 수도 있다.

트윈 이글

비스코　1991년 4월 12일　5,800엔　1M

▶ 타이틀처럼 2인 동시 플레이로 승격보자!

고속 비행이 가능한 헬리콥터를 조작해, 사로잡힌 포로를 구출하며 적군과 싸우는 전형적인 종스크롤 슈팅 게임. 각 스테이지 후반의 격렬한 고속 스크롤 전투가 이 게임의 백미다.

패밀리 블록

아테나　1991년 4월 12일　5,500엔　1.25M

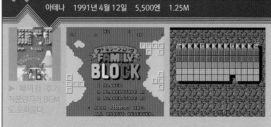

▶ 패미컴 후기 작품인지라 BGM도 훌륭하다.

다양한 시스템을 집어넣은 블록깨기 게임. 블록은 큼직하고 볼은 작으나, 강력한 아이템을 입수하면 게임을 유리하게 이끌 수 있다. 이 장르의 게임치곤 드물게, 2인 동시 플레이가 가능하다.

HARDWARE
1983
1984
1985
1986
1987
1988
1989
1990
1991
1992
1993
1994
INDEX

패미마가 Disk Vol.4 : 클럭스

토쿠마쇼텐　1991년 4월 19일　500엔(세금 포함)　512K

아날로그 시계형 구체를 쌓는 낙하계 퍼즐 게임. 시계 침을 연결해 도형을 만들면 없어진다. 화면 왼쪽의 'BREAK'가 1 이상일 때, 시계가 쌓이자마자 빙향기 ↓를 계속 누르면 바로 밑의 시계를 부술 수 있다.

마작 클럽 나가타쵸 : 총재전

헥트　1991년 4월 25일　9,700엔　4M

마작으로 일본 총리가 되는 게 목적인 마작 게임. 총재 선거와 토너먼트전을 수록했으며, 총재 선거에서는 작장이 아니라 고급식당의 방을 선택해 승부한다. 대항마의 득점(조)을 빼앗아 총리에 도전하지.

오버 호라이즌

HOT·B　1991년 4월 26일　6,800엔　2M

에디트 모드로, 옵션을 배치하고 기체의 성능을 플레이어가 직접 설정할 수 있는 슈팅 게임. 심지어 설정한 성능을 테스트하는 모드까지 완비하는 등, 시스템이 무척 충실하다.

건덱

사미　1991년 4월 26일　6,000엔　2M

횡스크롤 액션, 카 체이스풍 2D 슈팅과 3D 슈팅의 시스템까지 한 게임 내에 조합한 작품. 스테이지 막간에 비주얼 신을 삽입해, 미래를 무대로 삼은 하드보일드한 스토리를 전개한다.

자금성

토에이 동화　1991년 4월 26일　5,300엔　1M

마작패로 만든 미로를 탈출하는 퍼즐 게임. 숫자 패를 움직여, 같은 수의 패를 2개 이상 붙이면 없어진다. 글자 패는 고정이며, 숫자 패를 옆에 붙이면 글자 패로 바뀐다. 총 150스테이지가 수록돼 있다.

타이토 바스켓볼

타이토　1991년 4월 26일　5,900엔　2M

1~2인용 농구 게임. 두 사람이 같은 팀을 조작할 때는 토너먼트전과 1 시합 대전 양쪽에 모두 도전 가능하나, 서로 다른 팀을 조작할 경우엔 1시합 대전만을 진행할 수 있다.

타카하시 명인의 모험도 II

허드슨　1991년 4월 26일　5,800엔　2M

아케이드용 게임의 캐릭터 교체 이식판이었던 전작과는 달리, 완전 오리지널 작품으로 등장한 액션 게임. 공룡을 타고 하늘을 나는 등, 전작에 없었던 새로운 파워 업이 추가되었다.

매직 다츠

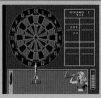

세타　1991년 4월 26일　7,700엔　2M

컨트롤러 2개로 4명까지 즐길 수 있는 다트 게임. 0점을 노리는 '301'·'501'·'701', 득점을 쌓아가는 '카운트 업', 1~20번 에리어를 차례로 노리는 '라운드 더 클럭', 지정 목표에 던지는 '하프잇'이 있다.

라그랑주 포인트

코나미 1991년 4월 26일 8,500엔 4M

잡지 '패밀리 컴퓨터 Magazine' 100호 기념 기획의 일환으로 제작된 RPG로서, 22세기의 거대 스페이스 콜로니에서 벌어진 바이오 군과 레지스탕스의 공방을 그린 스페이스 오페라. 동료가 되는 인간·사이보그·로봇의 3개 종족은 감정의 유무에 의한 유효 상태이상의 차이, 일반 RPG의 MP와 비슷한 BP(배터리 포인트)의 채용 등으로 차별화하여, SF풍 세계관을 연출했다.

▲ 적 캐릭터의 이름·디자인·BGM에, 일반 공모를 받은 아이디어를 일부 채용했다.

코코론

타케루 1991년 5월 3일 6,500엔 2M

▶ 알을 공격하면 아이템이나 적이 출현한다.

꿈속의 세계를 모험하며 공주를 구출해야 하는 액션 게임. 주인공의 모습을 닌자·몬스터 등의 캐릭터에서 페이스·바디·암즈(무기)를 조합해 자유롭게 설정 가능하다. 모습에 따라 주인공의 능력도 변화한다.

팰러메데스 II

HOT·B 1991년 5월 17일 5,500엔 512K

▶ 보드 2는 대전 전용이라 규칙이 아래와 다르다.

아케이드용 게임의 이식작인 「팰러메데스」(176p)의 속편. 주사위를 위로 던져 특정 배열을 완성시키면 아래의 주사위를 줄 단위로 없앨 수 있다. 없어지는 라인 수는 완성한 배열이 무엇이냐에 따라 다르다.

퍼지컬 파이터

시그마 상사 1991년 5월 17일 6,200엔 2M

▶ 퍼지 기능은 여러 단계로 나눠 설정할 수 있다.

방어와 공격의 2가지 패턴이 있는 자동조종 기능, '퍼지 기능'을 도입한 슈팅 게임. 돈 개념이 있어, RPG풍으로 디자인된 성과 작은 도시에서 장비를 갖춘 후 여관에서 각 스테이지로 워프해 진행한다.

랑프뢰르

코에이 1991년 5월 23일 11,800엔 3M

▶ 시작시기나 적 위가 다른 시나리오 5종이 있다.

PC-88판이 원작인 역사 시뮬레이션 게임. 플레이어는 나폴레옹이 되어, 프랑스를 성장시켜 유럽을 통일해야 한다. 나폴레옹의 직위는 사령관부터 황제까지로서, 직위별로 실행 가능한 커맨드가 다르다.

메탈 맥스

데이터 이스트 1991년 5월 24일 7,800엔 4M

재앙으로 인해 도시문명이 황폐화된 근미래가 무대인 '전차와 인간의 RPG'. '용 퇴치는 이제 질렸다!'라는 선전문구대로, 왕도 판타지 RPG와는 완전히 궤를 달리하는 설정을 채용했다. 스토리를 위해 주인공의 행동을 일부러 막지 않는 높은 자유도 또한 개성적이다. 전차(차량) 입수 후엔 이동·전투도 전차에 탑승한 상태로 가능하며, 이땐 맨몸과는 차원이 다른 능력을 발휘한다.

▲ 전차를 이용한 소탕과 코믹한 디자인의 적 등, 타의 추종을 불허하는 독창적 분위기가 돋보인다.

HARDWARE
1983
1984
1985
1986
1987
1988
1989
1990
1991
1992
1993
1994
INDEX

테트라 스타 : THE FIGHTER

타이토　1991년 5월 24일　7,400엔　4M

▶ BGM에 샘플링된 음성을 사용했다.

유사 3D형 입체 스크롤 슈팅 게임. 전황의 변화로 파괴되어 가는 도시를 묘사하는 등, 연출에 공을 들였다. 비주얼 신과 전투 도중에 클래식기반의 BGM을 결들여, 독특한 분위기로 승화시켰다.

이집트

휴먼　1991년 5월 31일　3,800엔　512K

▶ 저 난이도에선 아이템의 도움을 받아 공략 가능.

이집트의 지하신전에 사로잡힌 여신을 구출하는 퍼즐 게임. 보석을 조작해 화살표가 그려진 라인을 움직여, 지정된 보물을 붙여 없애면 클리어된다. 난이도는 3단계이며, 에디트 기능도 있다.

닌자용검전 III : 황천의 방주

테크모　1991년 6월 21일　6,200엔　2M

스토리와 시각효과를 중시해 제작한, '테크모 시어터' 제 5탄에 해당하는 액션 게임. 시계열적으로는 1편과 2편 사이에 위치하며, 허위 살인혐의가 씌워져 지명 수배된 슈퍼 닌자 '류'가 연구소에 잠입한다는 스토리다. 패스워드제를 신규 채용해, 도중부터 게임을 재개할 수 있게 되었다. 류에 음성합성 보이스가 추가된 것도 특징이다.

▲ 각 스테이지에 있는 도검을 획득하면 일반공격의 유효거리가 길어진다.

비룡의 권 스페셜 : 파이팅 워즈

컬처 브레인　1991년 6월 21일　6,300엔　2M

▶ 캐릭터 음성과 조작 튜토리얼도 충실하다.

o 기호 등으로 표시되는 상대의 빈틈을 노리는 '심안' 시스템이 특징인 대전격투 게임 시리즈의 신작. 8종의 격투가 전수자가 서킷·태그매치·VS 토너먼트·엘리미네이션 매치로 싸운다.

어드밴스드 던전즈 & 드래곤즈 : 풀 오브 레이디언스

포니 캐년　1991년 6월 28일　9,800엔　5M

▶ 야스다 히토시 그룹 SNE가 일본판을 감수했다.

몬스터에 점령된 도시 '플란'을 재건하기 위해 분투하는 RPG. 시청에서 받는 다양한 퀘스트 중엔 해결법이 꼭 하나가 아닌 것도 있어, 플레이어의 해결방식에 따라 도시의 운명이 변화해간다.

신 4인 대국 마작 : 역만 천국

닌텐도　1991년 6월 28일　6,500엔(세금 포함)　2M

▶ 역만으로 나는 신경쇠약으로 저금을 한순…

캐릭터를 제작해 대국하는 마작 게임. 세계 7개국에서 라이벌들과 대국하는 '월드 모드'에서는 대국시 일정 금액이 필요하기에 마작으로 돈을 벌어야 하며, 소지금이 바닥나면 게임 오버다.

초인랑전기 워울프

타카라　1991년 6월 28일　6,500엔　2M

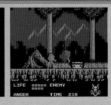

▶ 대미지가 일정량 쌓이면 변신이 풀려버린다.

붉은 'W' 아이템을 얻으면 늑대인간으로 변신하는 남자가 맨주먹만으로 싸우는 횡스크롤 액션 게임. 데이터 이스트 개발작이라 「카르노프」의 효과음이 사용됐다. 서양판과는 스테이지 구성이 다르다.

주사위 퀘스트 : 다이스의 전사들

테크노스 재팬 1991년 6월 28일 6,500엔 2M

보드 게임의 시스템을 도입한 개성파 RPG. 파이터·드워프·엘프·하프엘프 중에서 주인공을 골라, 전투 중에 도움을 주는 다이스맨들을 데리고 여행을 떠난다. 이동중의 이벤트는 멈춘 칸에 따라 결정되고, 전투에서는 주사위 눈이 많은 쪽이 공격할 수 있는 시스템을 채용했다. 같은 눈이 나오면, 그 주사위의 결과에 한 번 더 던진 주사위 눈이 가산돼 최종 반영된다.

▲ 길을 되돌아갈 수도 있고 왕국으로 귀환하는 마법도 있어, 운만으로는 이길 수 없다.

양아치 워즈

사미 1991년 6월 28일 6,800엔 2M

▶ 중학생 편을 클리어하면 고교 편에 돌입한다.

불량배가 되어, 다른 학교 패거리와의 영역싸움에서 승리해가며 자기 땅을 넓히는 시뮬레이션 게임. 전투(패싸움)는 일대일·집단전이 있으며, 집단전에선 지진을 일으키는 '메기' 등의 아이템을 사용 가능하다.

봄버맨 II

허드슨 1991년 6월 28일 5,800엔 1M

▶ 전작엔 없었던 '대전 모드'를 3명까지 지원한다.

십자형으로 화염이 퍼지는 폭탄을 사용해 길을 뚫으며, 숨겨진 출구를 발견해 탈출하는 액션 게임. 캐릭터 디자인은 PC엔진판을 따랐으며, 전작에 없었던 '2인 대전'과 '3인 대전' 모드가 추가됐다.

바둑 강습 '91

헥트 1991년 7월 5일 6,800엔 1.25M

▶ 전작과는 다른 110종의 기보를 수록했다.

전작(155p)처럼, 명국으로 바둑을 배우는 바둑 소프트. 수동·자동으로 명국을 관전하는 모드, 힌트 수를 차별화한 중급·상급 기력판정 모드가 있다. 기보는 고전·근대·현대·묘수풀이로 나뉘어 수록돼 있다.

베이스볼 파이터

바프 1991년 7월 5일 7,800엔 3M

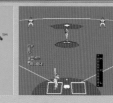

▶ 배터리 백업 내장이라, 리그전도 안심이다.

일본야구기구의 공인을 받은 야구 게임. 수비중에 포구하려면 버튼을 눌러야 하고, 제작사에 성적·기록 데이터를 송신하는 원격통신 시스템이 들어있는 등, 오리지널리티가 강한 타이틀이다.

캐츠당 닌자전

테크모 1991년 7월 19일 6,500엔 2M

▶ 주제가·연출로 원작의 분위기를 잘 재현했다.

얏타로·스카시·푸루룬 중 하나를 조작해 진행하는, TV 애니메이션 원작의 액션 게임. 바위 파괴·비행능력 등의 고유 능력을 지닌 서포트 캐릭터를 호출하면 플레이어를 도와준다.

JuJu 전설

타이토 1991년 7월 19일 6,800엔 3M

▶ 쥬쥬는 빌렁을 뒤집어쓰면 무적이 된다.

98년작 같은 제목 아케이드용 게임의 이식판. 원숭이로 바뀌어버린 용감한 젊은이 '쥬쥬'가 되어, 마왕 부키메드로를 물리치자. 총 6스테이지의 전형적인 횡스크롤 액션 게임. 무기는 탄환과 스톰핑 공격이다.

HARDWARE
1983
1984
1985
1986
1987
1988
1989
1990
1991
1992
1993
1994
INDEX

다이 하드

팩 인 비디오　1991년 7월 19일　6,500엔　2M

▶ 스토리를 알고 즐겨도 제법 신선한 맛이 있다.

'세계에서 제일 불운한 남자'라는 선전문구로 친숙한 뉴욕 시경 형사 '존 맥클레인'이 주인공인 영화를 충실하게 재현한 탑뷰 액션 게임. 누가 아군이고 누가 적인가!? 심리전이 펼쳐진다!

퍼즈닉

IGS　1991년 7월 19일　4,900엔　512K

▶ 초난류 스테이지라도, 잘 살피면 클로어가 보인다.

고정화면식 퍼즐 게임. 플레이어는 커서(붉은 사각형)를 움직여 패널을 이동시켜, 같은 마크의 패널을 붙여 없애나간다. 같은 패널이 3개 있는 스테이지에선 연쇄를 일으켜 효율적으로 없애보자.

파친코 대작전

코코너츠 재팬　1991년 7월 19일　5,900엔　2M

▶ 적지에서 번 구슬로 경품 교환해 무기를 얻자.

회사원과 스파이로 이중생활하는 남자가, 파친코 구슬 100개를 무기 삼아 적지에서 활약하는 파친코 게임. 구슬이나 제한시간이 바닥나면 파친코대가 폭발한다. 처음엔 붕대 신세지만, 나중엔 죽기도 한다.

패밀리 서킷 '91

남코　1991년 7월 19일　7,800엔　5M

▶ 커스터마이즈를 거듭해, 최고 기록을 노리자!

「패밀리 서킷」의 속편으로서 게임 시스템은 전작과 거의 같지만, 차량 커스터마이징 등의 디테일한 튜닝이 가능해졌다. 전략을 잘 세우면, 레이스 도중 드라마틱한 전개까지도 펼쳐진다.

인어공주

캡콤　1991년 7월 19일　5,800엔　1M

▶ 에리얼의 활기 있는 모션이 매력적인 게임이다.

동화 '인어공주'가 원작인 디즈니 애니메이션의 게임판. 인어공주 '에리얼'을 조작해, 마법사 우르슬라의 야망을 분쇄하자. 에리얼은 고속이동과 거품 발사가 가능해, 거품에 적을 가둘 수 있다.

타임 트위스트 : 역사의 한켠에서… 전편

닌텐도　1991년 7월 26일　2,600엔(세금 포함)　1M

▶ 분위기는 한껏 음침한, 삶은 성인용 어드벤처.

디스크 시스템용 소프트 중, 단품 패키지로는 최후의 작품이다. 악마가 빙의돼버린 주인공이 유체이탈을 반복하며 과거의 세계를 모험하게 된다. 각 시대별로, 역사 기반의 진지한 스토리가 펼쳐진다.

타임 트위스트 : 역사의 한켠에서… 후편

닌텐도　1991년 7월 26일　2,600엔(세금 포함)　1M

▶ 각 시대별로 상징적인 역사적 인물이 등장한다.

SF와 오컬트를 혼합시킨 어드벤처 게임. 전작에 이어, 주인공이 자신의 몸을 되찾기 위해 각 시대를 왕래한다. 진행 도중에 미니게임이 불쑥 나와, 이를 풀어내야만 스토리가 진전되는 경우도 있다.

오타쿠의 별자리

M&M　1991년 7월 31일　6,900엔　3M

▶ 사내로서 다양한 경험을 쌓아 진짜 사나이가 되자.

모토미야 히로시가 스토리, 에구치 히사시가 캐릭터 디자인을 맡은 RPG. 여성이 지배하는 세계에서 '진정한 남성'이 되려는 남자의 이야기다. 모토미야 특유의 뜨거운 스토리와 독특한 개그가 일품이다.

다운타운 스페셜 : 쿠니오 군의 시대극이다 전원집합!

테크노스 재팬 1991년 7월 26일 6,500엔 2M

납치당한 소녀 '오코토'를 구하기 위해, 유랑자 쿠니마사(쿠니오)가 츠루마츠와 함께 적과 싸우는 액션 RPG. 적을 물리쳐 얻은 포인트를 펀치 등의 각 능력치에 배분해, 캐릭터를 강화시킬 수 있다. 에도 시대가 무대인 시대극(일본식 고전 사극)이란 설정인지라, 장면 전환시 변사가 스토리를 해설하기도 하고, 짐수레로 적을 처날리는 액션도 있는 등, 독특한 시스템이 가득한 작품이다.

▲ 2인 동시 플레이가 가능하며, 1인 플레이 시에도 CPU가 동료로 참가해 협력·대전을 펼친다.

SD 형사 블레이더

타이토 1991년 8월 2일 6,400엔 2M

▶ 변신해도 능력은 그대로라, 맨몸이라도 무방.

우주형사 '블레이더'가 되어 악의 조직과 싸우는 롤플레잉 게임. 우주형사물 드라마의 클리셰를 도입한 설정·스토리, 보스전 전에 나오는 주인공의 구구절절한 설명 등, 특활 드라마를 의식한 연출이 많다.

로봇소년 워즈

IGS 1991년 8월 2일 6,900엔 3M

▶ 캐릭터 디자인이 멋지고, BGM 곡수도 많다.

로봇이 주인공인 게임으로서, 액션 스테이지가 5개, 슈팅 스테이지가 5개로 총 10스테이지가 펼쳐진다. 실은, 개발 중지로 폐기된 타이토의 미발매작 「아르텐 라르텐」의 소스 데이터를 활용해 완성한 게임이다.

슈퍼 스프린트

알트론 1991년 8월 3일 6,500엔 1M

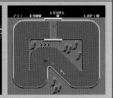

▶ 레벨이 올라갈수록 장애물이 늘어난다.

탑뷰 스타일의 레이싱 게임. 2인 동시 플레이도 가능하고 도중 참가도 지원한다. 아타리 사가 1986년 발매했던 레이싱 게임의 이식작. 코스 전체가 한 화면으로 표현되는 게 특징이다.

마이 라이프 마이 러브 : 나의 꿈, 나의 소원

반프레스토 1991년 8월 3일 9,600엔 4M

▶ 능력치를 키워 순위를 올려야 한다.

말판놀이 스타일의 1인용 인생 시뮬레이션 게임. 4세부터 100세까지를 플레이할 수 있다. 시스템의 자유도가 높고, 획득 가능한 자격·직업 종류도 풍부하게 준비되어 있다.

아르마딜로

IGS 1991년 8월 9일 6,900엔 3M

▶ 몸을 마는 액션을 활용해, 애인을 구하자.

타이틀명대로, 아르마딜로가 주인공인 횡스크롤 액션 게임. 사로잡힌 애인 '셰릴'을 구하러 가는 게 목적이다. B 버튼을 누르면 몸을 만 상태가 되며, 이때 몸통박치기로 적을 공격 가능하다.

데 블록

아테나 1991년 8월 9일 4,980엔 512K

▶ 형태가 커질수록 득점도 올라간다.

4방향에서 날아오는 블록을 움직여, 붉은 블록을 중심으로 정사각형 형태를 만들면 없어지는 퍼즐 게임. 스코어 어택 모드와, 25회 없애면 레벨 클리어가 되는 모드의 2가지를 제공한다.

HARDWARE
1983
1984
1985
1986
1987
1988
1989
1990
1991
1992
1993
1994
INDEX

HARDWARE
1983
1984
1985
1986
1987
1988
1989
1990
1991
1992
1993
1994
INDEX

두근! 두근! 유원지

바프 1991년 8월 9일 5,800엔 2M

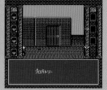

여자친구를 구하기 위해, 신나는 유원지에서의 스릴 넘치는 싸움에 도전하는 액션 게임. 플레이어는 대머지를 입으면 색과 공격수단이 변화하며, 공격력과 공격방향도 늘어난다.

드래곤 워즈

켐코 1991년 8월 9일 6,800엔 3M

악의 마술사에게 복수하는 과정을 그린 3D 던전 RPG. 레벨 업하면 받는 보너스 포인트를 능력·기술에 분배하는 시스템이다. 정보 획득과 연관된 지식 스킬, 문 개폐 및 장비와 연관된 능력 스킬이 있다.

백 가지 세계의 이야기

애스크 코단샤 1991년 8월 9일 6,200엔 2M

3가지 스토리를 즐기는 보드 게임 RPG. 현재 레벨 수 이하의 걸음만큼 이동하며, 목표 달성을 겨룬다. 무작위 생성되는 맵과 풍부한 퀘스트 덕분에, 같은 스토리라도 플레이할 때마다 전개가 변화한다.

드래곤볼 Z II : 격신 프리저!!

반다이 1991년 8월 10일 8,200엔 4M

당시 연재 도중이었던 원작의 '나메크 성 편'을 기반으로, 연출 등을 강화하면서도 전작과 동일한 카드 배틀 시스템을 유지한 RPG. 전작의 패스워드를 입력하면 초기 레벨이 높은 상태로 시작할 수 있다.

A열차로 가자

포니 캐년 1991년 8월 21일 7,800엔 1.25M

철도노선 개설과 철도회사 경영으로 도시를 발전시키는 시뮬레이션 게임. 1년 내에 대통령관저와 별장을 잇는 대륙횡단철도를 완성시키는 게 목적이며, 3종의 맵과 3단계의 난이도를 준비했다.

크라이시스 포스

코나미 1991년 8월 27일 6,000엔 2M

고도의 기술로 구현한 영상처리와, 뛰어난 타악기의 호화로운 사운드로 패미컴 팬들을 열광시킨 종스크롤 슈팅 게임. 변신하는 전투기를 스테이지별로 전환하며, 폭탄으로 보스를 물리쳐라!

로열 블러드

코에이 1991년 8월 29일 9,800엔 4M

가상의 섬나라 '이쉬메리아'의 30개 영토 지배와, 마술사를 봉인한 여섯 보석의 수집이 목적인 시뮬레이션 게임. 자국을 개척해 모은 돈으로 몬스터를 고용해, 다른 귀족과의 전쟁에서 전력으로 활용하자.

쾌걸 얀차마루 2 : 기계장치 랜드

아이렘 1991년 8월 30일 5,800엔 2M

행방불명된 공주를 찾아 '얀차마루'가 기계장치 랜드로 향한다는 스토리의 라이프제 액션 게임. 아이템은 방울 속에 있고, 표주박을 얻으면 원거리 관통기술 '사초검'이나 동물 변신 등의 인술을 쓸 수 있다.

메탈 슬레이더 글로리

HAL 연구소　1991년 8월 30일　8,900엔　8M

만화가인 ☆요시미루가 스토리·캐릭터 디자인·그래픽을 담당해, 무려 4년에 걸쳐 개발한 SF 어드벤처 게임. 작업용 중장비를 군사용으로 전용한 병기인, 메탈 슬레이더 '글로리'에 남겨진 메시지로 지구의 위기를 알게 된 주인공이 우주로 여행을 떠나는 스토리를 그렸다. 8메가비트 ROM과 특수 칩 MMC5로 구현해낸, 패미컴의 한계에 도전한 미려한 그래픽이 인상적인 작품이다.

▲ 게임의 설명서에는 ☆요시미루가 직접 그린 본편의 프롤로그 만화가 수록돼 있다.

웨스턴 키즈

비스코　1991년 9월 13일　7,800엔　4M

▶ 보물상자는 여러 번 공격하면 비로소 열린다.

신참 보안관이 되어 7명의 지명수배자를 타도하는 1~2인용 라이프제 액션 RPG. 마지막 1명 외엔, 노릴 지명수배자를 자유 선택할 수 있다. 처음부터 가진 나이프 외의 무기는 스테이지에서 입수해야 한다.

데자에몽

아테나　1991년 9월 13일　9,800엔　1M

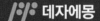

▶ 일단은 샘플 게임부터 꼼꼼하게 분석해보자.

프로그래밍 언어 등을 몰라도 3스테이지짜리 종스크롤 슈팅 게임을 만들어볼 수 있는 게임 디자이너 양성 소프트. 플레이어 기체와 적기 등의 캐릭터 디자인부터, BGM 곡 제작까지도 가능하다.

드래곤즈 레어

에픽 소니　1991년 9월 20일　5,900엔　2M

▶ 순간의 방심도 금물! 신속하게 전진하자.

레이저디스크 게임 「드래곤즈 레어」를 패미컴용 액션 게임으로 개변 이식한 작품. 각 스테이지를 돌파하는 방법이 한정돼 있다 보니 꽤 빡빡한 게임이지만, 그 해법을 찾아내는 과정이 재미있다.

헤베레케

선 소프트　1991년 9월 20일　6,200엔　2M

▶ 등장 캐릭터들이 귀엽지만 난이도는 높다.

선 소프트 사의 공식 트위터 아이콘으로도 친숙한 주인공 '헤베'를 조작하는 액션 게임. 시작시 '헤베'가 게임을 설명하다 도중에 집어치우고 '설명서를 읽으라'고 하는 재미있는 장면도 있다!

마리오 오픈 골프

닌텐도　1991년 9월 20일　6,000엔(세금 포함)　2M

▶ 패미컴 초기작 『골프』의 계보를 이은 작품이다.

마리오가 등장하는 골프 게임. 클럽 종류와 스윙 강도를 결정하고, 정면 시점으로 타이밍을 맞춰 샷을 날리자. 볼이 날아가는 장면에서는 BGM이 잠시 멈춰 긴장감을 연출해낸다.

이스 Ⅲ : 원더러즈 프롬 이스

빅터음악산업　1991년 9월 27일　7,500엔　3M

▶ 가고픈 장소를 맵 화면에서 선택 가능해졌다.

시리즈 3번째 작품. 검 공격과 점프를 버튼으로 조작하는 사이드뷰 액션 RPG가 되었다. 아돌의 파트너 '도기'의 고향에 불길한 소문이 돌기에 찾아와보니, 마물이 흉포해졌고 마왕이 부활하려 한다.

스파르탄 X 2

아이렘 1991년 9월 27일 5,500엔 2M

▶ 전작을 즐긴 플레이어라면 추억에 잠길 작품.

게임 「스파르탄 X」의 속편. 주인공 '조니'를 조작해, 전작처럼 펀치·킥·웅크리기 공격은 물론이고, 신규 추가된 차지 공격인 어퍼컷도 구사하며 각 스테이지를 진행하지.

나카지마 사토루 : F-1 히어로 2

바리에 1991년 9월 27일 5,900엔 2M

▶ 그랑프리 모드가 끝나면 나카지마에게 도전한다.

일본 최초의 풀타임 F1 드라이버, 나카지마 사토루를 피처링한 타이틀. 3D 스타일의 레이싱 게임이며, 실존하는 코스를 재현했고 나카지마가 테크닉을 조언해준다. 대전은 상하 분할화면식이다.

배틀 포뮬러

선 소프트 1991년 9월 27일 6,200엔 2M

▶ 내장음원만으로 충분히 풍부한 사운드를 구현했다.

선 소프트의 패미컴 후기작이자, 아직도 팬들이 호평하는 작품. 레이싱 게임과 슈팅 게임의 시스템을 믹스했으며, 높은 기술력의 영상처리와 음악, 뛰어난 게임성으로 많은 팬들의 사랑을 받았다.

마루코는 아홉 살 : 우끼우끼 쇼핑

남코 1991년 10월 4일 5,800엔 2M

▶ 쇼핑으로 모은 방실방실 포인트를 겨룬다.

사쿠라 모모코 원작 인기 애니메이션의 게임판. 마루코·타마·마루오·하나와 4명이 시즈오카 시 시미즈의 특산품을 모아 향토애를 겨루는 보드 게임이다. 목표에 먼저 도착해, 쇼핑으로 포인트를 벌자.

메카닉 검호전 : 무사시 로드

유타카 1991년 10월 5일 6,800엔 2M

 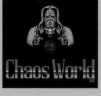 

▶ 원작에 등장한 캐릭터들도 다수 나온다.

같은 제목 인기 애니메이션의 게임판. 인간과 '메카닉맨'이라 불리는 로봇이 공존하는 세계를 무대로, 주인공 '무사시'가 모험하는 액션 RPG다. 5장의 시나리오가 하나의 큰 스토리를 이룬다.

SD건담 외전 : 나이트 건담 이야기 2 - 빛의 기사

반다이 1991년 10월 12일 8,200엔 4M

▶ 시나리오는 총 6장. 매력적인 스토리가 펼쳐진다.

일본에서 '카드다스' 상품을 중심으로 전개되었던 'SD건담 외전'을 게임화한 작품. 카드다스의 제 3·4탄을 원작으로 삼은 RPG다. 일반적인 배틀 외에, 카드다스를 사용하는 배틀도 있다.

카오스 월드

나츠메 1991년 10월 25일 7,000엔 3M

▶ BGM이 매우 호평 받아, 음악의 팬도 많다.

나츠메 사가 개발한 롤플레잉 게임. 가게에서 마법을 사 습득하거나 전투가 오토로 진행되는 등 가볍게 즐기는 유저를 위한 작품이지만, 세심한 디자인과 세련된 시나리오로 인기를 얻었다.

그레이트 딜

헥트 1991년 10월 25일 6,800엔 1M

▶ 가로·세로·대각선으로 패를 맞추면 없어진다.

트럼프를 사용하는 낙하계 퍼즐 게임. 위에서 떨어지는 카드로 '포커'의 패를 맞추면 없어진다. 낙하 중에 B 버튼을 누르면 카드 체인지가 가능하다. 조커는 만능 카드이니 신중히 쓰도록 하자.

타임 존

시그마 상사　1991년 10월 25일　6,200엔　2M

▶ 다양한 시대의 스테이지를 클리어해야 한다.

'타임 박사'를 자칭하는 노인이 납치해간 소녀를 구하러 가는 사이드 뷰 시점의 횡스크롤 액션 게임. 주인공 '켄'은 모자를 부메랑처럼 날려 적을 공격할 수 있다.

패미마가 Disk Vol.5 : 뿌요뿌요

토쿠마쇼텐　1991년 10월 25일　600엔(세금 포함)　1M

▶ 대전 퍼즐로 대히트하기 전의 귀중한 이식작.

잡지 '패밀리 컴퓨터 Magazine'의 기획상품 '패미마가 Disk 시리즈'의 제 5탄이자, '뿌요뿌요' 시리즈 첫 작품의 이식작. 주어진 과제를 깨는 '미션'과 끝날 때까지 즐기는 '엔들리스', '2인 대전'이 있다.

특구지령 솔브레인

엔젤　1991년 10월 26일　6,000엔　2M

▶ 펀치 등을 구사해, 개성적인 보스를 물리쳐라.

같은 제목의 TV 특촬 드라마를 패미컴으로 게임화했다. 스테이지 선택형 횡스크롤 액션 게임이다. 서양에 발매된 「섀터핸드」란 게임과 프로그램이 동일하나, 캐릭터 등의 설정을 변경했다.

모노폴리

토미　1991년 11월 1일　6,800엔　2M

▶ 교섭 등의 수단을 통해, 라이벌을 파산시키자.

세계적으로 유명한 보드 게임의 패미컴판. 말판놀이처럼 주사위를 굴려 전진해, 부동산 거래 등을 거듭하며 자신 이외의 모든 플레이어를 파산시키는 게 목적이다. 5인 대전도 가능하다.

소년 아시베 : 네팔 대모험 편

타카라　1991년 11월 15일　6,980엔　2M

▶ 네팔을 여행하며 친구 스가오를 만나러 가자.

인기 애니메이션 '소년 아시베'가 소재인 총 3장의 어드벤처 게임. 친구 스가오의 어머니가 보낸 편지를 읽고 아시베가 네팔로 가고 싶어 노력한 끝에, 할아버지 등의 도움으로 스가오와 재회에 성공한다.

스타워즈

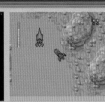

빅터음악산업　1991년 11월 15일　6,700엔　2M

▶ 기본적으로 액션 게임이나, 슈팅 요소도 있다.

유명한 영화 '스타워즈 에피소드 Ⅳ : 새로운 희망'의 게임판. 주인공 루크가 되어 제국군과 싸우는 액션 게임으로서, 최후에는 모두가 아는 저 '데스 스타'를 파괴하는 장면도 나온다!

목수 겐 씨

아이렘　1991년 11월 15일　6,500엔　2M

▶ 악덕 건설회사의 사장을 개과천선시키려.

근년에는 파친코 기기의 캐릭터로도 활약하고 있는 '겐 씨'가 주인공인 액션 게임. 고루한 기질의 장인 '겐 씨'가, 큼직한 나무망치를 무기삼아 악덕 건설회사와 싸우는 코믹한 작품이다.

지저전공 바즐다

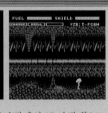

소프엘　1991년 11월 15일　6,300엔　2M

▶ 드릴+미소녀란 특이한 조합이 매력인 작품이다.

스테이지 하나가 횡스크롤 슈팅·종스크롤 슈팅·유사 3D 슈팅·횡스크롤 탐험형 액션으로 나뉘어 있는 독특한 작품. 소식이 두절된 지하탐색형 탱크 '바즐다'를 수색하는 것이 목적이다.

HARDWARE
1983
1984
1985
1986
1987
1988
1989
1990
1991
1992
1993
1994
INDEX

HARDWARE
1983
1984
1985
1986
1987
1988
1989
1990
1991
1992
1993
1994
INDEX

라디아 전기 : 여명 편

테크모　1991년 11월 15일　6,900엔　3M

▶ '상담' 커맨드는 다음 목표를 알려준다.

기억상실 상태의 청년이 주인공인 RPG. 전투시에는 액션 RPG처럼 필드 이동화면에서 그대로 싸운다. 아군은 기본적으로 자동전투이며, 모일 위치의 지정과 '죽은 척' 등의 행동 지시가 가능하다.

파치오 군 4

코코너츠 재팬　1991년 11월 22일　8,800엔　4M

▶ 여성용 파친코 기기가 긴코로만 즐길 수 있다.

코코너츠 재팬 사의 간판작품 「파치오 군」 시리즈의 신작. 파치오 군과 아내 긴코에, 부친·아들까지 협력해 각 점포의 파친코들을 하나씩 정복하자. 테크닉을 구사해 구슬을 최대한 늘려야 한다.

모두의 타보의 사이좋게 대작전

캐릭터 소프트　1991년 11월 22일　3,980엔　512K

▶ 고정화면이지만 스테이지 구성이 다채롭다.

PC용 퍼즐 액션 게임 「페어즈 & 로터즈」의 캐릭터를 산리오의 '모두의 타보'로 교체한 이식작. 신경쇠약 '페어즈'와 그림 맞추기 '로터즈' 2가지 모드를, 타보와 명명으로 즐긴다.

불타프로! 최강편

잘레코　1991년 11월 22일　6,700엔　3M

▶ 시합중 플레이가 형편없으면 사기가 하락한다.

「불타라!! 프로야구」 시리즈의 5번째 작품. 선수명이 실명화됐고 페넌트 모드도 부활했다. 시합 도중에 별 마크로 평점이 매겨지며, 파인플레이·에러·실점시 해당 장면이 애니메이션으로 재현된다.

미국 횡단 울트라 퀴즈 : 사상 최대의 싸움

토미　1991년 11월 29일　7,800엔　4M

▶ 다양한 난관을 뛰어넘어, 질주자 뉴욕으로 가자.

당시 일본의 인기 TV 퀴즈 프로를 게임화했다. 프로와 마찬가지로 일본에서 ○×퀴즈로 시작해 기내 퀴즈와 진흙탕 퀴즈 등을 거쳐, 최후엔 뉴욕의 빌딩 옥상에서 일대일 대결한다. 이후엔 충격의 전개가?

패미컴 바둑 입문

아이맥스　1991년 11월 29일　6,500엔　1.25M

▶ 대강 이해가 되었다면 대국에 도전해보자.

'패미컴으로 바둑을 배우자!'가 컨셉인 초보자용 바둑 소프트. 대국하기 전에 먼저 사범의 친절한 해설을 제공해 재미있게 바둑을 가르쳐준다. 전문용어는 큰 글자로 보여주고, 예제도 많이 제시한다.

램파트

코나미　1991년 11월 29일　5,800엔　1M

▶ 패미컴판은 4가지 세계관의 시나리오가 있다.

「테트리스」를 닮은 블록으로 감싸 영지를 획득하는 퍼즐 요소와, 포격전 요소를 결합한 게임. 시간 내에 영지를 구축해 제대로 방어해내지 못하면 패배다. 턴이 끝나기 전에 조건이 만족되면 클리어된다.

패미컴 점프 II : 최강의 7인

반다이　1991년 12월 2일　8,500엔　4M

▶ 드래곤볼 등 두 묘으면 소량을 이뤄준다.

당시의 주간 '소년 점프' 연재작품들이 콜라보된 오리지널 스토리의 RPG. 메인 히어로로 쿠죠 죠타로·손오공 등 7명의 캐릭터 중에서 골라 진행한다. 감수는 호리이 유지, 개발은 춘 소프트가 맡았다.

스노우 브라더즈

토아플랜　1991년 12월 6일　6,500엔　2M

▶ 토아플랜 작품 중에선 귀중한 액션 게임이다.

적을 눈덩이로 만들어 굴리는 통쾌한 액션 게임. 눈덩이는 굴러가며 벽에 부딪쳐 튕기며 아래까지 내려가므로, 연쇄를 노릴 수도 있다. 원작인 아케이드판에 없었던 타임어택 모드도 추가했다.

헤이세이 천재 바카본

남코　1991년 12월 6일　5,800엔　2M

▶ 개성 넘치는 캐릭터의 만성이 볼거리다.

발매 당시 일본에서 방영했던 TV 애니메이션의 게임판. 어느 날 아빠가 집에 돌아오니 엄마와 하지메가 바카다 대학교의 사람에게 납치당했다. 둘을 구하기 위해, 아빠가 우산을 무기 삼아 출동한다!

록맨 4 : 새로운 야망!!

캡콤　1991년 12월 6일　7,800엔　4M

▶ 보스 스테이지 재도전이 가능해 진행이 편해졌다.

시리즈 4번째 작품이자, 록맨의 차지 샷과 서포트 메카닉 '에디'가 첫 등장한 작품. 보스 캐릭터 응모 콘테스트를 개최해, 디자인이 채택된 당선자에게 목욕타월과 골드 카트리지를 증정했다.

김미어 브레이크 : 사상 최강의 퀴즈왕 결정전

요네자와　1991년 12월 13일　9,800엔　1M

▶ 패키지에 전용 컨트롤러 '파티 탭'을 동봉한다.

일본 TBS의 TV 퀴즈 프로가 원작인 스피드 퀴즈 게임. 최대 6명까지 참가하며, 미리 제시된 득점에 먼저 도달한 사람이 승리한다. 승자는 퀴즈왕에게 도전할 수 있다. 연습 모드와 플레이어 모드가 있다.

으랏차차 짠돌이네 : 찾아라! 왕구두쇠의 증표

잘레코　1991년 12월 13일　6,300엔　2M

▶ 왕구두쇠의 증표를 찾아 세계를 돈다는 스토리.

절약을 넘어 구두쇠짓에 능통한 일가족을 다룬 개그만화가 소재인 어드벤처+액션 게임. 적을 물리치면 돈을 얻는다. 돈을 던지는 차지 기술도 있으나, 차지를 모으는 만큼 돈 소비량이 늘어난다.

닌자 거북이 2 : 더 맨해튼 프로젝트

코나미　1991년 12월 13일　6,900엔　4M

▶ 옵션에서 플레이어 여력 유무를 설정할 수 있다.

미국의 같은 제목 만화가 기반인 1~2인용 횡스크롤 액션 게임. 강제 스크롤인 수상 스테이지 등의 다채로운 스테이지 구성, 조작 캐릭터인 닌자 거북이 4명의 개성적인 필살기 등이 특징이다.

테크모 슈퍼 보울

테크모　1991년 12월 13일　7,980엔　3M

▶ 선수의 능력치 데이터를 확인하는 모드도 있다.

NFL의 총 28개 팀 소속 선수 데이터를 재현한 미식축구 게임. 실제 NFL 기준의 플레이 모드인 프리시즌·시즌 게임·프로 보울이 있다. 경기의 전략성을 살린 64종류의 공격패턴을 제공한다.

테트리스 2 + 봄블리스

BPS　1991년 12월 13일　6,500엔　1M

▶ 다음 블록도 고려하며 잘 쌓아보도록.

떨어지는 블록을 쌓아 없애나가는 낙하계 퍼즐 게임 '테트리스'와, 신규 모드인 '봄블리스' 두 작품을 합본했다. 폭탄을 유폭시켜 화면 내의 블록을 일소하는 쾌감은 꼭 맛보도록 하자!

HARDWARE
1983
1984
1985
1986
1987
1988
1989
1990
1991
1992
1993
1994
INDEX

요시의 알

닌텐도　1991년 12월 14일　4,900엔(세금 포함)　1.25M

마리오를 조작해 요시를 알에서 구출하는 액션 퍼즐 게임. 화면 아래의 접시를, 위에 놓인 물건들 째로 교체하는 식으로 조작한다. 같은 적 2마리를 세로로 쌓으면 없어지며, 위·아래 알조각을 합치면 요시가 태어난다. 알조각 사이에 적을 끼우면 함께 없어지며, 끼운 수에 따라 태어나는 요시 종류도 달라진다. 적을 모두 없애는 '스테이지 클리어'와 '엔들리스'의 2가지 룰이 있다.

▶ 게임 프리크 사가 게임을 담당한 타이틀. 요시가 단독 주연한 첫 작품이기도 하다.

도쿄 파치슬로 어드벤처

코코너츠 재팬　1991년 12월 13일　6,800엔　2M

▶ 배경과 리치 찬스는 슬롯 화면에서 확인하자.

제 1회 도쿄 파치슬로 어드벤처 랠리에 참가하여, 이케부쿠로·신주쿠·시나가와·시부야 등을 순회하며 파치슬로 No.1을 노리는 작품. 난이도는 새내기·단골·프로 중에서 선택 가능하다.

제 2차 슈퍼로봇대전

반프레스토　1991년 12월 19일　8,200엔　4M

▶ 로봇과 수리 유닛이 이 작품부터 등장한다.

애니메이션에 등장한 기체들이 출연하는 시뮬레이션 RPG. 파일럿 개념을 넣고 게임만의 오리지널 적도 등장하는 등, 전작과 달리 '컴퍼티히어로' 시리즈와의 차별화 및 독자노선을 택했다.

아스믹 군 랜드

아스믹　1991년 12월 20일　6,300엔　2M

▶ 조각 6개를 모아 요시의 힘을 빌리는게 목표.

아스믹 사의 이미지 캐릭터가 주인공인 횡스크롤 액션 게임. 각 에리어는 꼬리 킥으로 싸우는 초반과, '무궁화 꽃이 피었습니다' 등의 어린이 놀이로 보스와 싸우는 후반으로 나뉜다. BGM도 제법 괜찮다.

언터처블

알트론　1991년 12월 20일　6,800엔　2M

▶ 미국 코믹스풍 색조·터치의 그래픽이 특징.

갱단이나 부패한 회계사 등, 화면 내의 적을 무차별로 쏘는 슈팅 게임. 각 장면의 개시 전에 표시되는 미션을 달성하면 클리어되며, 신문기사로 사건이 해결되었음을 유저에게 보여준다.

다이너마이트 배트맨

선 소프트　1991년 12월 20일　6,500엔　3M

▶ 얻은 아이템에 따라 샷의 종류가 변화한다.

고담 시티의 악을 물리치는 배트맨을 그린 액션 게임. 당시의 여타 횡스크롤 액션 게임에 비해 캐릭터가 큼직한 편이며, 배경을 다중 스크롤로 표현하는 등 그래픽에 공을 들였다.

타이니 툰 어드벤처즈

코나미　1991년 12월 20일　4,900엔　2M

▶ 당근을 먹으면 햄톤이 목숨을 구원해준다.

버스터 버니가 주인공인 횡스크롤 액션 게임. 특정한 아이템을 입수하면 게임 개시 전에 미리 고른 파트너로 변신한다. 일정 시간 호버링 가능한 플러키 등, 파트너 캐릭터별로 능력이 다양하다.

퍼맨 PART 2 : 비밀결사 마도 단을 물리쳐라!

아이렘　1991년 12월 20일　5,800엔　3M

▶ 발매 전에 TV 광고로 홍보하기도 했다.

퍼맨의 비행능력을 게임 내에 반영시켰고, 캐릭터도 4명 중에서 고를 수 있도록 하는 등, 전작(187p)에 없었던 요소를 추가한 속편. 운에 좌우되던 보스와의 말판놀이 대결도 폐지했다.

폭소!! 인생극장 3

타이토　1991년 12월 20일　6,400엔　4M

▶ '가기가게임'의 사요도 게임 내에 등장한다.

4명까지 참가하여 인생을 즐기는 보드 게임. 목적은 돈을 최대한 많이 벌어 골인하는 것으로서, 플레이중 통과한 이벤트에 따라 엔딩이 분기된다. 불륜·감옥살이 등등의 우여곡절 인생을 맛볼 수 있다.

배틀토드

메사이야　1991년 12월 20일　6,500엔　2M

▶ 「슈퍼 동키 콩」의 레어 사가 개발한 작품이다.

울끈불끈한 마쵸 개구리가 동료를 구하러 싸우는 액션 게임. 탈것으로 달리는 고속 스크롤 스테이지와 빙상 스테이지 등, 다채로운 구성과 교묘한 장치가 재미있다. 미국 만화풍의 오버 리액션도 특징이다.

바나난 왕자의 대모험

타카라　1991년 12월 20일　5,900엔　2M

▶ 진정한 엔딩을 보려면 3종의 신기가 필요하다.

기획·감수를 명 프로듀서 아키모토 야스시가 맡은 액션 게임. 지면에 바나나덩굴을 만들어 높은 곳으로 올라가거나, 슬라이딩 등으로 전진한다. 반지를 모으면 카지노나 쇼핑, 보너스 섬 입장에 쓸 수 있다.

몬스터 메이커 : 7개의 비보

소프엘　1991년 12월 20일　6,800엔　2M

판타지 TRPG를 모티브로 제작한 카드 게임의 비디오 게임판 제 2탄. 뒤집혀 깔려 있는 카드를 뒤집어 직접 매핑하며 탐색하는 '카드 던전', 전투가 아니라 퀘스트 달성으로 레벨 업하는 시스템 등, 고전적인 RPG를 연상케 하는 독특한 게임 디자인이 특징이다. 시리즈 전반의 캐릭터 디자인을 맡은 일러스트레이터 쿠가츠 히메가 그린 캐릭터들도 팬들의 호평을 받았다.

▲ 마을엔 마법 월드가 있는데, 여기에선 MP를 주입하여 마법 카드를 만들어준다.

패미스타 '92

남코　1991년 12월 20일　5,000엔　2M

▶ 선수 능력치에 '인기'가 추가되었다.

91년의 데이터를 사용한 야구 게임. 합동 팀을 짤 수 있는 '연합', '올스타'를 비롯해 타격연습인 'BT연습', 수비연습인 'FL연습'을 새로 추가했다. 선수의 인기를 나타내는 능력치도 들어갔다.

SD건담 월드 가챠퐁 전사 4 : 뉴타입 스토리

반다이　1991년 12월 21일　8,500엔　4M

▶ 최대 3명까지 대전 가능. 통신 지원도 점검하라!

230종의 캐릭터가 등장하는 전략 시뮬레이션 게임. 30종의 스토리 중에서 자유롭게 골라 진행하는 '시나리오', '기동전사 건담'부터 '역습의 샤아'까지 전 35화를 연속 플레이하는 '캠페인' 모드가 있다.

조인전대 제트맨

엔젤　1991년 12월 21일　6,000엔　2M

같은 제목의 특촬 드라마를 게임화했다. 무기 등이 다른 멤버 5명 중에서 하나를 골라 시작한다. 스테이지 최후에는 거대 로봇을 타고 보스와 대결한다. 보스전만을 따로 즐기는 배틀 모드도 준비했다.

노부나가의 야망 : 무장풍운록

코에이　1991년 12월 21일　11,800엔　6M

패미컴으론 3번째 작품인, 시리즈 제 4탄. '문화와 기술'이 테마로서, 다기와 철포·철갑선이 등장하며 해전 개념도 도입했다. 전작에는 없었던 도호쿠·규슈도 추가되었고, 2종류의 시나리오를 제공한다.

배틀 스톰

요네자와　1991년 12월 21일　5,800엔　2M

지구연방의 최고사령관이 되어, 아군의 병기에 지령을 내리는 실시간 전략 시뮬레이션 게임. 아군과 상대의 소지금·레벨과 전장을 설정해 대전한다. 액션 영화 스타를 모델로 삼은 캐릭터가 등장한다.

베스트 경마 : 더비 스탤리언

아스키　1991년 12월 21일　6,800엔　2M

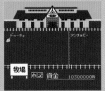

'더비스타'란 약칭으로 유명한 시리즈의 첫 작품. 우승마 예상 소프트도 기수 시점의 액션도 아닌, 마주와 훈련소의 시점으로 말을 육성하는 시뮬레이션 형태로 경마를 게임화한 획기적인 명작이다.

괴짜 레이스

아틀라스　1991년 12월 25일　6,800엔　2M

황당무계 레이싱 애니메이션인 원작의 캐릭터 '머틀리'가 주인공인 액션 게임. 스토리는 A~C의 3갈래 중에서 선택하며, 모두 주인공 딕 대스터들리를 위해 머틀리가 대신 활약한다는 내용이다.

더 블루 말린

HOT·B　1991년 12월 27일　6,300엔　2M

치밀하게 그린 픽셀 그래픽이 특징인 바다낚시 게임. 주 어종은 블루 말린(청새치)이지만, 상어와 뜨거운 결투를 펼칠 수도 있다. 낚는 데 성공하면 플레이어의 완력·체력·테크닉이 성장한다.

허드슨 호크

에픽 소니　1991년 12월 27일　5,900엔　2M

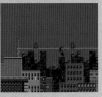

브루스 윌리스 주연 영화가 원작인 액션 게임. 동물 등의 방해 캐릭터들을 물리치고, 감시자를 따돌려 가며 지정된 물건을 훔쳐내는 게 목적이다. 스테이지 상의 상자 등을 이용해 활로를 열자.

울트라맨 클럽 3 : 한 번만 더 출격!! 울트라 형제

유타카　1991년 12월 29일　7,800엔　3M

시리즈 3번째 작품인 RPG. 캡슐 괴수를 울트라 전사 전원이 공유가 가능해졌고, 비행 상태로의 이동기능 추가, 필살기 사용조건을 잡을 전투중 체력 소모시만으로 한정한 것 등의 변경점이 있다.

1992

FAMILY COMPUTER SOFTWARE ALL CATALOGUE

1992년에 발매된 패미컴용 소프트는 총 97타이틀. 절정기의 대략 반절로 감소한데다, 패미컴의 간판 타이틀이었던 「드래곤 퀘스트」・「파이널 판타지」 시리즈도 슈퍼 패미컴으로 넘어간 후

인지라, 누가 봐도 하드웨어 쇠퇴기임을 부정하기 어려울 만한 해였다.
「힘내라 고에몽」・「록맨」 등의 안정된 시리즈물과 함께 서양 NES 쪽 이식작의 비율이 늘어난 것 역시 이 해의

특징으로서, 「슈퍼 마리오 USA」・「톰과 제리 & 터피」・「어드밴스드 던전즈 & 드래곤즈」 시리즈 등 과거엔 그리 부각되지 않았던 이색적인 소프트의 비중이 눈에 띄게 늘어났다.

힘내라 고에몽 외전 2 : 천하의 보물

코나미 1992년 1월 3일 6,980엔 4M

세계 도둑대회의 상금을 노리고 오오에도 타운에 찾아온 고에몽과 에비스마루가, 대회 우승을 위해 8개의 열쇠를 모으게 되는 RPG. 전투 그래픽 및 시스템을 리뉴얼해 미니 캐릭터가 표시되도록 했으며, 애니메이션을 도입했으면서도 오히려 진행 템포가 개선됐다. 쇼핑과 미니게임 승리로 얻는 '벨 쿠폰'을 모으면 적을 호출하는 아이템과 별장 등을 입수할 수 있다.

▲ 세계 도둑대회의 상금은 1천 냥. 누수 수리비와 데이트 비용, 과자값 등등을 벌러 여행한다.

피자팝

잘레코 1992년 1월 7일 6,300엔 2M

▶ 스테이지별로 배달하는 피자 내용물도 달라진다.

여자친구에게 반지를 선물하기 위해, 주인공은 피자가게에서 아르바이트중. 하지만 경쟁점 점원이 배달중인 그를 방해해온다. 피자를 만들어 무사히 배달해 돈을 벌어, 그녀에게 멋진 선물을 주자!

지구용사 선가드

아이렘 1992년 1월 11일 6,800엔 2M

▶ 지상용 가자는 지상물에 접힐 수 있으니 주의하자.

'용자 시리즈' 2번째 작품(원제는 '태양의 용자 파이버드') 소재의 라이프제 슈팅 게임. 사람들을 구조하며 기체를 환승해 싸우는 파트, 전투기 슈팅 파트, 선가드를 타고 싸우는 파트로 구성했다.

솔로몬의 열쇠 2 : 쿨민 섬 구출작전

테크모 1992년 1월 24일 6,200엔 2M

▶ 보스전에서는 화면에서 불길이 서서히 올라온다.

타오르는 불에 얼음을 던져 꺼뜨리는 액션 퍼즐 게임. 전작과 달리 플레이어는 대각선 아래 한 칸 위치에만 블록(얼음)을 만들 수 있으며, 점프도 불가능하다. 제약이 큰 만큼, 두뇌회전이 중요하다.

비즈니스 워즈 : 최강의 기업전략 M&A

헥트 1992년 1월 24일 9,700엔 2M

▶ 이 작품만으로 M&A의 테크닉을 배울 수 있다?

항공기 업계의 기업 매수 드라마를 그린 어드벤처 게임. 플레이어는 미국 점유율 3위 항공기 제조사의 CEO가 되어, 라이벌 기업과 치열하게 경쟁하면서 회사를 업계 정상으로 성장시켜야 한다.

바즈 테일 II : 데스티니 나이트

포니 캐년　1992년 1월 25일　7,000엔　2M

▶ 맵은 표시되지 않으나, 직접 메모해야 한다.

PC판을 이식한 3D 던전 RPG. 도시 귀환과 같은 다양한 용도에 활용되는 바드의 노래 등, 독특한 시스템이 많은 시리즈다. 초기 직업에서 몽크가 없어지는 등의 변경점은 있으나, 원작을 대체로 잘 재현했다.

쇼기 명감 '92

헤트　1992년 1월 30일　6,800엔　2M

▶ 대전 모드가 없는, 순수한 기보 감상 소프트.

90년도의 쇼기 타이틀전·여류전·순위전 등에 고전 기보까지도 수록한 소프트. 기보를 보는 모드와 해설도 제공하는 모드를 수록했다. 몇수 째부터 볼지도 고를 수 있고, 되돌리기 기능도 있다.

기믹!

선 소프트　1992년 1월 31일　6,200엔　3M

▶ 특수 음원 칩 내장으로 귀한 음악도 매력적.

생일에 선물 받은 인형 '유메타로'를 애지중지하던 소녀를 질투한 다른 인형들이, 그녀를 납치해버리고 만다. 주인공 '유메타로'를 조작해, 소녀를 구출하러 전진하는 액션 게임이다.

돈도코돈 2

타이토　1992년 1월 31일　5,900엔　3M

▶ 자금을 모으면 보너스 점수를 획득한다.

해머로 적과 싸우는 액션 게임의 제 2탄. 적을 해머로 기절시킨 후 던져 물리치는 공격방법은 전작과 같으나, 게임성을 크게 변화시켜 1인용 라이프제 횡스크롤 액션 게임이 되었다.

버키 오헤어

코나미　1992년 1월 31일　5,800엔　2M

▶ 4곳의 별에 있는 동료를 찾자. 공략순서는 자유.

미국의 코믹스가 원작으로서, 게임 내 묘사부터 설명서에 이르기까지 원작에 대한 애정이 가득한 SF 액션 게임. 주인공인 녹색 토끼 '버키 오헤어'의 공격수단은 샷이며, 상하좌우로 자유롭게 쏠 수 있다.

가자가자! 열혈 하키부 : 미끄러지고 구르는 대난투

테크노스 재팬　1992년 2월 7일　6,200엔　2M

▶ 파워와 분노 비트 등은 팀별로 차이가 있다.

3-on-3 스타일의 아이스하키 게임. 치고받다 분노 상태가 됐을 때 공격하면 확률에 따라 반칙을 먹지만, 기본적으론 퍽 따위 무시하고 난투해도 무관. 코스튬 중에 충격파 등 특수능력이 있는 경우도 있다.

F1 서커스

일본물산　1992년 2월 7일　6,600엔　3M

▶ 탑 스피드가 빨라, 조작에 숙련이 필요하다.

PC엔진판을 이식한 F1 레이싱 게임. 세계 15개국을 돌며 세계대회에 도전하는 '월드 챔피언십', 임의로 고른 팀의 감독이 되어 입상을 노리는 '컨스트럭터즈', '타임 어택'의 3개 모드가 있다.

해전 게임 네이비블루

아이맥스　1992년 2월 14일　5,900엔　1M

▶ 패스워드로, 숨프하며 공략할 수 있다.

고전적인 해전 테이블 게임의 비디오 게임판. 아군과 적군이 교대로 상대 해역에 미사일을 쏴, 사전 배치된 상대 함대의 위치를 찾는다. 스테이지 클리어로 얻은 포인트는 무기 보충 등에 사용할 수 있다.

212

어드밴스드 던전즈 & 드래곤즈 : 드래곤 오브 플레임

포니 캐년　1992년 2월 21일　6,800엔　2M

▶ 전사·교회와, 승려·마도사의 마법을 활용하자.

인기 TRPG 'AD&D' 중의 시리즈 하나를 소재로 삼은 RPG. 드래곤 군의 침공으로 혼란해진 세상을 무대로, 8인 파티가 사악한 세력과 싸운다. 전투는 횡스크롤 액션풍으로 진행된다.

퍼즐롯

사미　1992년 2월 28일　5,600엔　2M

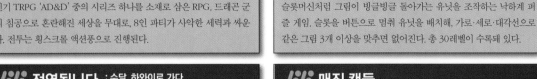

▶ 2인 대전으로 최적의 슬롯 타이밍을 겨룬다.

슬롯머신처럼 그림이 빙글빙글 돌아가는 유닛을 조작하는 낙하계 퍼즐 게임. 슬롯을 버튼으로 멈춰 유닛을 배치해, 가로·세로·대각선으로 같은 그림 3개 이상을 맞추면 없어진다. 총 30레벨이 수록돼 있다.

전염됩니다. : 수달, 하와이로 가다

타카라　1992년 3월 6일　6,800엔　2M

▶ 5단계 모두의 공격으로, 전기한 코스를 진행하자.

요시다 센샤의 부조리 개그만화가 원작인 작품. 하와이로 가려는 수달 군의 모험을 그린 멀티 엔딩 액션 게임이다. 적을 물리치면 '요시다의 마음'을 얻게 되는데, 상점에서 화폐로 쓸 수 있다.

매직 캔들

사미　1992년 3월 6일　7,800엔　3M

▶ 여관 요금으로 벨 버리다, 나중엔 고액이 된다.

용사를 꿈꾸는 소년이, 성지에서 엄중히 보호받고 있는 '매직 캔들'의 비밀을 쫓는 총 4장+종장의 RPG. 시스템은 전투까지 모두 커맨드 선택식이다. 주인공의 파트너인 거북이 일족 '로코'는 자동으로 싸운다.

바둑 강습 '92

헥트　1992년 3월 10일　6,800엔　1.25M

▶ 시리즈 전반에 걸쳐, 대국 모드 가 진화해 간다.

「바둑 강습 '91」(199p)처럼, 4개 모드로 기보 관전과 기력판정을 제공하는 바둑 소프트. 기보는 도사쿠·슈사쿠·슈사이·현대·묘수풀이로 나뉘며, 혼닌보 도사쿠와 야스이 산테쓰의 대국 등도 수록했다.

남코 클래식 II

남코　1992년 3월 13일　5,900엔　4M

▶ 바람의 강도는 '입문'부터 '태풍' 까지 설정 가능.

「남코 클래식」(128p)의 속편에 해당하는 골프 게임. 4종류의 경기로 플레이하는 '라운드 플레이'를 비롯해 '토너먼트'·'연습' 모드가 있으며, 최대 4명까지 함께 즐길 수 있다.

파이어 엠블렘 외전

닌텐도　1992년 3월 14일　6,800엔(세금 포함)　3M

시리즈 2번째 작품인, 총 5장 규모의 턴제 시뮬레이션 RPG. 알름이 이끄는 레지스탕스, 셀리카가 이끄는 사절단을 지휘해 적군과 싸운다. 월드 맵을 오가며 전투를 반복할 수 있도록 해, 동료의 부활 횟수에 제한이 있는 이 작품에 난이도 경감과 육성의 자유도 강화라는 효과를 부가했다. 전작에 있었던 무기의 내구도 개념도 폐지했다.

▲ 캐릭터와 전투 애니메이션 등, 전작보다 대폭 진화한 그래픽에도 주목하자.

HARDWARE
1983
1984
1985
1986
1987
1988
1989
1990
1991
1992
1993
1994
INDEX

궁극 아슬아슬 코시엔

타이토　1992년 3월 19일　6,900엔　3M

▶ 앨범 포인트를 사용해, 확수기로 시합을 유리하자.

「궁극 아슬아슬 스타디움」 시리즈의 고교야구 판. 1~2인용인 1시합 대전 모드와, 예선 결승부터 시작하는 코시엔 모드를 수록했다. 각 선수의 능력치를 확인하고 에디트할 수 있는 기능도 있다.

슈퍼 모모타로 전철

허드슨　1992년 3월 20일　5,800엔　2M

▶ 빚이 100억 엔 이상이면 여담을 발견한다.

1989년에 PC엔진용으로 발매되었던 보드 게임 시리즈 「모모타로 전철」 중 2번째 작품의 이식판. 카드·가난신 등, 이 시리즈를 상징하는 주요 시스템이 이 작품부터 등장했다.

날아라! 호빵맨 : 모두 함께 하이킹 게임!

엔젤　1992년 3월 20일　6,000엔　2M

▶ 세균맨에 따라 접하면 포인트를 빼앗긴다.

3명까지 함께 즐기는 말판놀이 게임. 룰렛을 돌렸을 때 짤랑이가 나오면 가위바위보 결과로 이동할 칸수가 결정된다. 본편에 등장하는 미니게임만 플레이할 수 있는 '서브게임 모드'도 있다.

WWF 레슬매니아 챌린지

HOT·B　1992년 3월 27일　5,300엔　1M

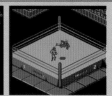

▶ 2인까지 동시 협력·대전 플레이가 가능하다.

헐크 호건과 랜디 새비지 등, 당시 WWF(현 WWE) 레슬러들이 실명 등장하는 프로레슬링 게임. 시합형식은 8시합의 토너먼트전(YOU 선택시만)과 싱글·태그·엘리미네이션 중에서 고른다.

헬로키티 월드

캐릭터 소프트　1992년 3월 27일　4,800엔　1M

▶ 둥실거리는 모션과 왼쪽 한스크 페이지 특징이다.

북미에서 발매된 게임보이용 소프트 「Balloon Kid」의 캐릭터를 교체해 이식한 작품. 풍선 2개를 가진 키티를 조작해 골까지 도달하는 액션 게임이며, 풍선을 놓쳐도 다시 부풀리면 날 수 있다.

후크

에픽 소니　1992년 3월 27일　5,900엔　2M

▶ 징글과 동물들 나이프 하나로 해쳐나간다.

같은 제목의 영화가 소재인 액션 게임. 가정을 꾸리고 어른이 된 피터 팬이 네버랜드로 돌아와 후크 선장과 다시 싸운다는 스토리다. 도중에 팅커벨이 힌트를 주기도 한다.

플라즈마 볼

잘레코　1992년 3월 27일　6,300엔　2M

▶ 캐릭터에 따라 기술 및 초기치 달라진다.

필살 모아쏘기를 구사하는 격투 구기종목 '플라즈마 볼'을 소재로 삼은 대전 액션 게임. 대전 존에 따라 라이프 소모, 상대 건조물의 파괴 등으로 룰이 달라진다. 대전 모드와 퀘스트 모드가 있다.

피구왕 통키

선 소프트　1992년 3월 28일　6,500엔　3M

▶ '시나리오'는 통키의 학교와 주상인 스토리다.

피구를 소재로 삼은 아동만화가 원작인 카드 배틀 게임. 손에 쥔 카드를 선택해 시합을 진행하며, 상대 선수의 체력을 깎으면 히트한다. 시합중엔 컷인이 나와 분위기를 살려준다. 대전·시나리오 모드가 있다.

214

프리스쿨 소프트 : 열려라! 퐁키키

타카라　1992년 4월 17일　4,980엔　512K

▶ 가위바위보, 액션 스테이지 등 이 있다.

'퐁키키' 캐릭터가 등장하는 교육용 게임. '가챠펑'과 '무크'를 조작해 5종류의 게임을 즐기며, 초등학교 입학 전의 아이들에게 주의력과 집중력을 배양시키는 것이 목적이다.

마스조에 요이치 : 아침까지 패미컴

코코너츠 재팬　1992년 4월 17일　7,980엔　4M

▶ 마스조에가 관여하는 중반 이후는 노도의 전개다.

전직 도지사이자 당시 정치학자였던 마스조에 요이치가 감수한 어드벤처 게임. 회사의 프로젝트를 성공시키기 위해 활약하는 회사원이 주인공이다. 총 4장 구성이며, 각장 종료시엔 퀴즈가 출제된다.

익사이팅 랠리

과학기연　1992년 4월 24일　5,900엔　2M

▶ 힘로에선 스피드와 안정성의 밸런스가 중요하다.

랠리 경기의 챔피언을 노리는 레이싱 게임. 레이스 전에 표시되는 기후·노면 상황과 포장도로 여부 등의 정보를 바탕으로 타이어·엔진·구동계를 세팅할 수 있다. 챔피언십 및 배틀 모드가 있다.

중력기갑 메탈스톰

아이렘　1992년 4월 24일　6,500엔　3M

▶ 대 이성인용 개조장비 '명왕성'의 위쪽을 막아라!

임의로 중력을 반전시킬 수 있는 시스템이 특징인 액션 슈팅 게임. 중력반전은 점프로 건너갈 수 없는 바닥을 넘을 때나 함정을 피할 때 유용하다. 파워 업은 컨티뉴하기 전까지는 유지된다.

개구쟁이 요리사의 구르메 월드

타이토　1992년 4월 24일　5,900엔　2M

▶ 'D의 식탁'의 이이노 켄지가 프로듀스한 작품.

요리사가 자신의 가게를 되찾기 위해 싸우는 액션 게임. 굴러오는 피자나 달리는 통닭 등, 식재료가 적으로 나온다. 총 6스테이지의 이름을 전채·수프·샐러드 등 코스 요리에서 따온 것도 특징이다.

표주박섬 표류기 : 수수께끼의 해적선

유타카　1992년 4월 25일　6,000엔　2M

▶ 타이틀 화면에선 원작의 테마송이 나온다.

NHK의 인기 TV 인형극 프로가 소재인 어드벤처 게임. 해적선에 잠입한 '푸딩'을 구출하기 위해, 아이들과 라이온이 모험에 나선다. 액션 파트에선 캐릭터의 특기를 따져 조작 캐릭터를 골라야 한다.

뱅글뱅글 랜드

닌텐도　1992년 4월 28일　500엔(세금 포함)　512K

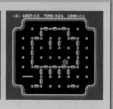

▶ 금괴 배치와 적 요소, 추가요소를 잔뜩 넣었다.

폴을 기준으로 회전하면서 항상 전진하는 '구루피'를 조작하는 액션 게임. ROM 카세트판과 달리, 모든 금괴를 발견해내면 클리어하는 '익스퍼트 모드'를 처음부터 선택할 수 있다.

마작대전

일본물산　1992년 5월 20일　6,600엔　3M

▶ 발장 승부가 가능한 일반 마작 모드도 있다.

마작대제가 이끄는 악의 제국에 맞선다는, 장대한 스토리의 마작 게임. RPG 모드에서는 '싸우다'·'주문' 등의 커맨드를 구사해 마작을 친다. 마작에서 죽은 동료는 관에 들어가는 등, RPG풍 묘사가 많다.

퀴즈 프로젝트 Q : 큐티 프로젝트 & 배틀 10000

헥트　1992년 5월 29일　6,800엔　2M

▶ 거리에서 만난 스카우트맨이 갑자기 문제를 낸다.

정치·스포츠·문학 등이 주제인 총 10,000문제 이상을 수록한 퀴즈 게임. 퀴즈에 능한 아이돌 '큐돌'을 노리는 '큐티 프로젝트' 모드와, 룰을 설정해 토너먼트전에 도전하는 '배틀 10000' 모드가 있다.

CAPCOM 바르셀로나 '92

캡콤　1992년 6월 5일　6,500엔　2M

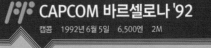

▶ 선포하는 출전국을 골라 플레이 가능하다.

1992년 바르셀로나 올림픽을 소재로 삼은 스포츠 게임. 육상경기·수영 등 18종목을 수록했다. 17종목을 진행하며 짬짬이 마라톤도 플레이하는 '월드 토너먼트', 각 종목을 연습하는 '트레이닝' 모드가 있다.

삼국지 II : 패왕의 대륙

남코　1992년 6월 10일　6,900엔　5M

▶ 추가 요소도 있고, 경쾌한 템포도 여전하다.

남코의 「삼국지」 제 2탄. 책략 커맨드가 추가되었고 이간질 공작과 적장 빼오기가 가능해졌으며, 전작에선 성격진단으로 선택했던 군주를 이제는 임의로 고를 수 있게 된 것 등의 변경점이 있다.

마법동자☆타루루토 2 : 마법 대모험

반다이　1992년 6월 19일　5,800엔　2M

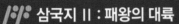

▶ 미모라 사용시엔 타쿄아키 대신 푸딩이 나온다.

패미컴용 '타루루토' 액션 게임의 제 2탄. 플레이할 캐릭터를 강단·타루·미모라 중에서 선택 가능해졌다. 캐릭터에 레벨이 설정돼 있어, 경험치를 모아 레벨을 올리면 마법을 익히게 된다.

음모의 행성 샨카라

IGS　1992년 6월 26일　9,700엔　2M

▶ 변두리 행성에서의 음모·암약이 소재인 작품.

식민행성 샨카라를 무대로 삼은, 미래 배경의 정략 시뮬레이션 게임. 초대 대통령에 입후보한 4명 중 하나를 골라 플레이하며 암살자 고용, 전쟁 사주, 거처 변경 및 은신 등의 음모를 펼친다.

에스퍼 드림 2 : 새로운 싸움

코나미　1992년 6월 26일　6,800엔　3M

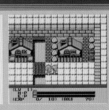

▶ 화면 아래에 능력치가 표시되도록 바뀌었다.

초능력자인 소년이 책의 세계를 멸망에서 구해내는 액션 RPG. 빔·텔레포트 등의 초능력은 전작(97p)에 이어 이번 작품에도 등장한다. 장비 임의 선택과 전투 중 도망이 가능해진 등의 변경점이 있다.

성령전설 리클

타이토　1992년 6월 26일　6,800엔　3M

▶ 텍스트 없이 스토리를 그래픽으로 표현했다.

4명의 캐릭터를 조작해 진행하는 액션 게임. 하늘을 나는 드래곤과 천정·좁은 장소도 이동 가능한 쥐 등으로 사용 캐릭터가 정해진 초반 스테이지와, 사용 캐릭터를 언제든 전환 가능한 스테이지로 구성했다.

터미네이터 2

팩 인 비디오　1992년 6월 26일　6,500엔　2M

▶ 서양 제작 타이틀이라, 미번역된 부분도 많다.

T-800을 조작하는 총 5스테이지의 라이프제 액션 게임. 트럭에 쫓기는 바이크 액션 등, 원작 영화의 명장면을 재현했다. 영화에 비해 T-800의 내구성이 낮으니, 인간의 맨손 공격에도 주의할 필요가 있다.

깜짝 열혈신기록! : 아득한 금메달

테크노스 재팬   1992년 6월 26일   6,500엔   2M

▶ 수영 배틀로 알 을 분 수중의 금 난투하는 경기다

열혈고교 등의 5개 팀이 참가하는 스포츠 게임. 허들을 파괴해 그 파편으로 공격하는 등으로 다른 주자를 방해하는 '허들 달리기', 해머를 던져 컵인시켜야 하는 골프 등 황당무계한 4종목을 즐긴다.

더 골프 '92

지오 원   1992년 7월 3일   6,900엔   2M

▶ 조작 캐릭터는 12명 중에서 선택할 수 있다.

2명까지 함께 즐길 수 있는 골프 게임. 스트로크 플레이, 매치 플레이, 연습 라운드 모드가 있다. 난이도는 초급·중급·상급이 준비돼 있으며, 단계별로 바람의 세기가 크게 변화한다.

파친코 대작전 2

코코너츠 재팬   1992년 7월 10일   6,900엔   2M

▶ 숏코이와 사기 아이템의 교환이 가능해졌다.

숫차이나 국에 사로잡힌 여자 스파이를 구출하기 위해, 민완 스파이 008이 국가가 경영하는 파친코점에 잠입한다는 스토리의 파친코 게임. 전작(200p)처럼, 구슬이 바닥나면 기기가 폭발한다.

서머 카니발 '92 : 렛카

나그자트   1992년 7월 17일   4,980엔   2M

▶ 화면도 화려하고, BGM이나 효과음 사운드도 멋지다.

자칭 '슈퍼 하드 슈팅 게임'. 샷과 옵션이 각각 5종류씩 있어, 다채로운 조합을 시도해볼 수 있다. 메인 샷을 쏘지 않고 있으면 배리어와 봄을 언제든지 쏠 수 있는 것도 특징이다.

산리오 컵 : 퐁퐁 발리

캐릭터 소프트   1992년 7월 17일   3,980엔   512K

▶ 랠리가 계속되 면 요정이 방해하 러 온다.

네트가 없고 원바운드까지는 실점 처리되지 않는 변칙성 배구 게임. 싱글즈·더블즈·테트라스 모드가 있으며, 테트라스는 4분할 코트에서 4명이 대결한다. 캐릭터는 시합중 성장하면 필살기도 사용 가능해진다.

세눈박이 나가신다

토미   1992년 7월 17일   6,500엔   2M

▶ 다음 스크롤 사용 후, 만들어 가 뛰어난 작품.

테즈카 오사무의 같은 제목 만화가 소재로 총 5스테이지의 횡스크롤 액션 게임. 돈 개념이 있어, 적을 물리치면 상점에서 쓸 수 있는 코인을 드롭한다. 샷을 연속으로 맞히면 코인의 금액이 올라간다.

레드 아리마 II

캡콤   1992년 7월 17일   5,800엔   2M

「마계촌」의 난적 '레드 아리마'를 주인공으로 삼은 파생작으로서, 게임보이로 발매됐던 타이틀의 속편. 레드 아리마가 자신의 특성을 살린 '호버링'과 벽에 달라붙는 '힐 클라임'을 구사해, 마계를 구하러 활약하는 액션 RPG다. 정보를 수집하는 RPG 모드와 전투 위주의 액션 모드로 나뉘며, 레드 아리마는 아이템 및 스토리 진행에 따라 점차 성장해간다.

▲ 마계를 위협하는 검은 빛을 봉인해야 한다. 세이브 기능은 없으며, 패스워드를 제공한다.

HARDWARE
1983
1984
1985
1986
1987
1988
1989
1990
1991
1992
1993
1994
INDEX

HARDWARE
1983
1984
1985
1986
1987
1988
1989
1990
1991
1992
1993
1994
INDEX

실바 사가

세타　1992년 7월 24일　7,800엔　4M

「미넬바톤 사가」의 속편이자, 소설가 라몬 유토의 작품군 중 하나. 신들의 용사가 되려는 왕자의 모험을 그린 RPG로서, 전투에서는 파티·용병·신상 중에서 행동할 멤버를 선택한다.

투혼 클럽

잘레코　1992년 7월 24일　6,300엔　3M

일본프로레슬링협회의 인증을 받은 프로레슬링 게임. 레슬러 8명 중에서 정상을 가리는 토너먼트전과, 대전 모드가 있다. 토너먼트전은 승리하면 포인트를 주며, 이를 선수의 능력치에 분배해 육성할 수 있다.

요술공주 밍키 : 리멤버 드림

유타카　1992년 7월 29일　6,000엔　2M

TV 애니메이션(원제는 '마법의 프린세스 밍키 모모') 2기가 기반인 어드벤처 게임. 사람들이 꿈을 빼앗기는 사건을 밍키가 해결한다. 도중 탐정·간호사·여경 등의 다양한 직업으로 변신해 미니게임을 거치기도 한다.

타카하시 명인의 모험도 III

허드슨　1992년 7월 31일　5,800엔　2M

「원더보이」에서 파생된 액션 게임 시리즈의 3번째 작품. 알에서 얻은 아이템으로 명인을 강화시키며 애인을 구하러 가자. 스테이지 클리어 시 가진 아이템은, 보존해둘지 가져갈지 선택할 수도 있다.

에이시즈 : 아이언 이글 III

팩 인 비디오　1992년 8월 7일　7,400엔　4M

영화 '아이언 이글 III'의 게임판. FA-18 호넷, AV-8 해리어, F-14 톰캣 중 하나에 탑승해 군사력을 지닌 흉악한 마약조직과 싸우자. 임무와 탑승 기체, 무장은 임의로 선택 가능하다.

드래곤볼 Z III : 열전 인조인간

반다이　1992년 8월 7일　7,800엔　4M

'드래곤볼 Z'를 소재로 삼은 카드 배틀 RPG. 전열의 3명이 직접 전투를 맡고, 후열이 지원공격을 하는 시스템이다. 속편이다 보니, RPG로는 드물게 멤버들의 초기 레벨이 31로 설정돼 있다.

플린스톤

타이토　1992년 8월 7일　6,800엔　3M

TV 애니메이션 시리즈 '플린스톤'이 기반인 액션 게임. 광차나 서핑을 타는 스테이지부터 수중 스테이지까지 온갖 다양한 장치로 구성한 변화무쌍한 전개 덕에, 오래 즐길 수 있는 작품이 되었다.

김미어 브레이크 : 사상 최강의 퀴즈왕 결정전 2

요네자와　1992년 8월 28일　6,800엔　2M

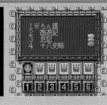

파티 탭을 사용하는 퀴즈 게임의 제 2탄. 전작(207p)보다 모드가 충실해져, '퀴즈왕으로 가는 길'·'챌린지 퀴즈'·'파티' 3가지 모드가 있다. 사회자의 모습 등, 그래픽 면에서도 강화되었다.

문 크리스탈

헥트 1992년 8월 28일 7,800엔 4M

▶ 고향 마을 사람들을 구출하기 위해 싸운다.

문 크리스탈의 힘을 얻으려 악행을 저지른 백작과 싸우는 액션 게임. 2단 점프가 가능해지는 신발 등의 아이템 입수가 공략의 키포인트다. 한자를 넣은 텍스트와 미려한 그래픽의 비주얼 신도 이 게임의 특징이다.

더비 스탤리언 전국판

아스키 1992년 8월 29일 7,200엔 2M

▶ 레이스 일정은 설명서의 캘린더에서 확인하자.

중앙경마를 시뮬레이트하는 원조 경주마 육성 게임에, 간사이 지방의 레이스·훈련소를 추가한 작품. 말의 번식·매각·조교·레이스 출주를 반복해 강한 말을 만들어내야 한다. 직접 마권을 살 수도 있다.

슈퍼 마리오 USA

닌텐도 1992년 9월 14일 4,900엔 2M

「꿈공장 두근두근 패닉」(105p)의 캐릭터를 마리오 일행으로 교체해 발매한 서양판을 다시 역수입해 일본에 발매한 액션 게임. 원래 별개 작품이었기에 이 작품의 오리지널 적이던 헤이호·캐서린 등이, 이를 계기로 마리오 시리즈에 편입됐다. 조작 캐릭터는 마리오·루이지·키노피오·피치 공주 4명으로서, 각기 점프력이나 아이템을 뽑는 속도 등의 능력이 차별화돼 있다.

▲ 이 게임의 공격법은 밟기가 아니라, 아이템을 뽑아내 던지는 것. 키노피오는 뽑는 속도가 빠르다.

1999 : 자, 보았느냐! 세기말

코코너츠 재팬 1992년 9월 18일 7,300엔 3M

▶ 1999년까지 파워를 잘 모아둬야 한다.

지구 탈출이 목적인 보드 게임. 대학생 4명이 놈 성인의 침략을 피하기 위해 우주 파워를 모아 지구를 탈출한다는 스토리로서, 놈 성인의 침략 이벤트에 따라 칸의 이벤트 내용이 악화되는 게 특징이다.

남코 프리즘 존 : 드림마스터

남코 1992년 9월 22일 5,800엔 4M

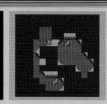

▶ 악몽의 근원을 끊어 괴로워하는 공주를 구한다.

검과 마법의 판타지 세계를 무대로, 악몽을 물리치는 '드림마스터'가 되어 꿈속을 모험하는 RPG. 일반·견제·돌격 공격을 구분해 약점을 다 변화했고, 적의 공격을 피하는 방향을 선택하는 시스템을 채용했다.

GOAL!!

잘레코 1992년 9월 25일 6,300엔 2M

▶ 볼이 높이 떠오르면 카메라가 밀어진다.

쿼터뷰 시점의 축구 게임. 1~2명이 한 시합을 즐기는 모드와, 슈퍼 컵에 도전하는 모드가 있다. 오프사이드 등의 일부 규칙 유무와 제한시간 등은 옵션 메뉴에서 설정 가능하다.

캡틴 세이버

타이토 1992년 9월 29일 5,900엔 2M

▶ 파워드 슈츠를 착용하면 에너지가 소모된다.

「파워 블레이저」(173p)에서 캐릭터와 무기 성능 등을 크게 변경했던 서양판 「파워 블레이드」의 속편. 초반의 4개 스테이지는 순서를 임의로 선택하며, 각 스테이지별로 서로 다른 파워드 슈츠를 입수할 수 있다.

HARDWARE
1983
1984
1985
1986
1987
1988
1989
1990
1991
1992
1993
1994
INDEX

미키 마우스 Ⅲ : 꿈 풍선

켐코　1992년 9월 30일　5,800엔　2M

▶ 일기장 모으
면, 판을 깬 후 표
책넣기가 가능

잠에서 깨지 못하고 있는 미니의 꿈에 잠입하여 원인을 찾는다는 스토리의 액션 게임. 이 작품에서 미키의 주무기인 '풍선'은 발판이나 낙하 속도 억제수단으로도 활용된다. 폭넓은 액션이 특징인 작품이다.

셔플 파이트

반프레스토　1992년 10월 9일　7,600엔　2M

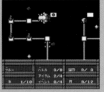

▶ 게임 룰을 설
명 데모에서 확인
할 수 있다.

'기동전사 건담' 시리즈와 '광속전신 알베가스' 등, 총 23개 작품이 참전하는 카드 배틀+시뮬레이션 게임. 미리 준비된 덱으로 싸우는 1인용 캠페인 모드와, 1~4인용 대전 모드가 있다.

스팟

BPS　1992년 10월 16일　5,500엔　1M

▶ 옵션을 변경하
면 최대 4명까지
대전할 수 있다.

색별로 진영을 나눠 싸우는 땅따먹기 게임. 네 꼭짓점에 있는 각자의 말을 옮기거나 인접한 말을 늘려, 최종적으로 진지가 가장 많은 진영이 승리한다. 말은 '쿨 스팟'으로 변신해 춤추며 이동한다.

베스트 플레이 프로야구 스페셜

아스키　1992년 10월 16일　7,500엔　2M

▶ 밀장을 지정해
오토 플레이어시킬
수도 있다.

일본 프로야구 공인 데이터를 반영시킨 야구 시뮬레이션 게임. 9개 항목을 설정하여 감독의 지휘경향을 정하는 기능과, 기존 선수와 오리지널 선수의 데이터를 자유롭게 설정하는 기능도 들어있다.

축구왕 슛돌이

남코　1992년 10월 22일　5,800엔　2M

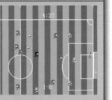

▶ 트레이닝 모드
와 2P 대전 모드
도 수록했다.

애니메이션(원제는 '탐 스트라이커') 원작의 축구 게임. 주인공을 조작해, 자동 이동하는 팀메이트와 함께 승리를 노리자. 패배시 보드 게임으로 트레이닝하면 더 좋은 슈즈와 강력한 동료, 필살 슛 등을 습득한다.

SD건담 외전 : 나이트 건담 이야기 3 – 전설의 기사단

반다이　1992년 10월 23일　7,800엔　4M

▶ 기사단의 일류
등록들이 모험에나
서는 스토리.

카드다스 중 '원탁의 기사 편'을 기반으로 하여, 오리지널 설정 등을 추가해 구성한 RPG. RPG를 플레이하는 메인 모드는 물론, 카드다스로 즐기는 1~2인용 서브 게임도 따로 준비했다.

더블문 전설

메사이아　1992년 10월 30일　7,900엔　4M

▶ '노리다'로 설
정을 맞추면 전투
마다 효율적인.

잡지의 독자 참가형 게임이 원작인 RPG. 원작에도 등장하는 캐릭터들과 함께, 주인공의 쌍둥이 여동생을 납치한 마인 사모이렌코를 쫓는다. 시작시 주인공의 직업을 전사·성전사·마법전사 중에서 고른다.

공룡전대 쥬레인저

엔젤　1992년 11월 6일　6,000엔　2M

▶ 본편에 나오는
미니게임을 골라서
즐기는 모드도 있다.

총 5스테이지의 액션 게임. 각 스테이지는 드래곤 레인저 이외의 레인저 4명 중 하나씩을 조작한다. 레인저는 저마다 레인저 건을 비롯한 단검·활 등의 고유 무기를 사용 가능하다.

톰과 제리 & 터피

알트론　1992년 11월 13일　6,800엔　2M

▶ 거미줄에 걸리면 한동안 움직일 수 없게 느려진다.

쥐 '제리'가 주인공인 라이프제 액션 게임. 쥐 시점으로 진행되다보니, 익숙한 사물을 큼직하게 그린 스테이지 디자인이 특징이다. 스테이지 내의 치즈를 모으면 클리어 후 보너스를 받는다.

페라리 : 그랑프리 챌린지

알트론　1992년 11월 13일　7,300엔　2M

▶ 기어는 3단까지, 수동·자동도 선택 가능하다.

페라리 642로 세계 16개 트랙을 달리는 F1 레이싱 게임. 팬들 사이에서 BGM의 퀄리티가 호평 받는 것으로도 유명하다. 한 시즌의 총합 포인트 1위가 되는 게 목적이며, 연습 모드도 있다.

콜럼버스 : 황금의 새벽

토미　1992년 11월 20일　7,500엔　2M

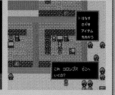

▶ 도중에 해적·인어와의 싸움도 벌어진다.

콜럼버스를 주인공으로 삼아, 아메리카 대륙을 발견하는 게 목적인 RPG. 노멀·히스토리의 2가지 타입으로 본편을 플레이할 수 있으며, 목적지까지 화물을 운반하는 '범선 게임'도 수록했다.

요시의 쿠키

닌텐도　1992년 11월 21일　4,900엔(세금 포함)　1.5M

▶ 게임보이판도 동시 발매. 대전 플레이도 즐겁다.

여러 종류의 쿠키 위치를 뒤바꿔, 같은 종류만을 가로나 세로 1줄로 맞추면 화면 오른쪽으로 전송되어 게이지가 차오르는 심플한 퍼즐 게임이다. 대량 소거나 연쇄가 성공하면 매우 상쾌하다.

바둑 강습 '93

헥트　1992년 11월 27일　6,800엔　1.25M

▶ 타이틀 화면과 수록 기보는 전작과 다르다.

명국을 관전하는 2개 모드와, 기보를 따라가며 자신의 기력을 판정하는 2개 모드를 수록한 바둑 소프트. 기보는 100종 이상으로서, 현대의 명 대결뿐만 아니라 에도 시대 명 기사들의 기보도 있다.

타이니 툰 어드벤처스 2 : 몬타나 랜드에 어서 오세요

코나미　1992년 11월 27일　4,900엔　2M

▶ 각 어트랙션별로 조작 캐릭터가 달라진다.

함정과 위험한 장치가 가득한 유원지가 무대인 액션 게임. 제트코스터·급류타기 등의 어트랙션이 각각 스테이지 하나씩을 이루며, 모두 클리어하거나 티켓을 모으면 최종 스테이지로 가게 된다.

쇼기 명감 '93

헥트　1992년 12월 4일　6,800엔　2M

▶ 이 작품엔 총 95국의 기보가 수록됐다.

91년도의 타이틀전 및 공식전 화제의 대국·여류전·순위전은 물론 고전 기보·핸디캡전 기보도 보여주는 쇼기 소프트. 기보에 해설까지 붙여주는 모드도 있다. 기보 자동·수동진행의 선택도 가능하다.

작은 유령 거기·여기·저기

바프　1992년 12월 4일　6,800엔　2M

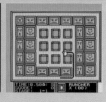

▶ 아이템을 얻어 동료가 늘면 로프도 길어진다.

같은 제목의 그림책이 원작인 액션 퍼즐 게임. 룰은 땅따먹기 게임과 비슷하다. 마법의 로프를 늘어뜨린 채 걸어, 아이템이 표시된 블록을 모두 둘러싸면 클리어한다. 마법의 로프는 적에 닿아도 무방하다.

록맨 5 : 블루스의 함정!?

캡콤　1992년 12월 4일　7,800엔　4M

「록맨」시리즈의 5번째 작품. 이제까지 몇 번이고 자신을 도와줬던 블루스가 돌연 파괴활동중임을 알게 된 록맨이, 진실을 확인하러 간다는 스토리. 특수무기를 획득 가능한 선택형 스테이지에 블루스·와일리 스테이지까지, 총 16스테이지로 구성돼 있다. 차지 샷의 충전시간이 짧아졌고 샷이 두꺼워졌으며, 관통 능력까지 추가된 게 최대의 특징. 신규 서포트 메카도 등장한다.

▲ 차지 샷의 강화로 인한으로, 「록맨」 시리즈 중에서도 특히 난이도가 쉬운 작품으로 꼽힌다.

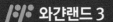

와갼랜드 3

남코　1992년 12월 8일　5,800엔　4M

▶ 패스워드는 히소피소 족의 암호라는 설정이다.

시리즈 4번째 작품이며, 와갼을 선조로 여기는 히소피소 족의 부탁으로 우주도시를 구하는 싸움에 도전하는 액션 게임이다. 지상과는 달리, 중력이 중요한 요소로 작용하는 스테이지도 있다.

쿄로짱 랜드

히로　1992년 12월 11일　5,800엔　1M

▶ 적에게 조코볼을 사용해 공격할 수 있다.

서양에만 발매된 NES용 게임 「Castelian」의 캐릭터를 쿄로짱(모리나가 제과의 마스코트 캐릭터)으로 교체한 타이틀. 원기둥형 탑을 계속 올라, 정상에 오르는 게 목적이다. 각 탑 클리어 후엔 보너스 스테이지도 있다.

헬로키티의 꽃 키우기

캐릭터 소프트　1992년 12월 11일　3,980엔　512K

▶ 적 퇴치보다는 꽃에 물 주기에 집중하도록.

헬로키티를 조작해 꽃을 키우는 액션 게임. 물뿌리개로 화분에 물을 줘, 모든 화분에 꽃이 피도록 하면 스테이지 클리어다. 적은 없앨 수 없으나, 해머로 때리면 일정 시간 기절하게 된다.

요정이야기 로드 랜드

잘레코　1992년 12월 11일　6,500엔　1M

▶ 적은 마법으로 잡아 좌우로 메쳐서 물리친다.

아케이드판이 원작인 고정화면 액션 게임. 적을 모두 물리치거나 모든 아이템을 획득하면 클리어한다. 아이템을 모두 얻으면 엑스트라 게임에 돌입하며, 이때는 적이 EXTRA 글자로 변해 획득할 수 있다.

저스트브리드

에닉스　1992년 12월 15일　9,700엔　6M

▶ 사토 카츠유 키·다나카 코헤이 등이 개발에 참여.

납치된 애인을 찾아나선 청년 일행의 여행을 그린 시뮬레이션 RPG. 6개 유닛이 한 부대로 행동하며, 4부대까지 출격한다. 기존 RPG보다 현실성을 추구한 설정, 마을에서의 대화 등, 디테일에 공을 들인 작품이다.

바코드 월드

선 소프트　1992년 12월 18일　7,200엔　3M

▶ 선 소프트 캐릭터의 바코드도 등장했다.

에포크 사와 선 전자의 공동개발로 발매된, '바코드 배틀러 Ⅱ'(BBⅡ)와의 연동 소프트. 수치만 표시되던 BBⅡ의 전투를 TV로 비주얼하게 보여주는 '대전 모드'와, 오리지널인 '시나리오 모드'를 수록했다.

222

SD건담 월드 가챠퐁 전사 5 : 배틀 오브 유니버설 센츄리

유타카 1991년 12월 22일 6,800엔 2M

▶ 4인까지 플레이 가능. 파벌은 8종이 있다.

21개 도시를 쟁탈하며 지구권의 패권을 다투는 시뮬레이션 게임. 연방·지온 등 8종의 파벌 중 하나 소속이 되어, 적 세력의 동향을 관찰하며 모빌슈츠를 개발·생산하고 도시를 점령해야 한다.

패미스타 '93

남코 1992년 12월 22일 4,900엔 2M

▶ 일본의 실존 12구단과 보너스 4팀이 등장한다.

시리즈 최초로 일본야구기구의 공인을 받은 작품. DH제·등번호 등을 보고 선수를 맞히는 '야구 퀴즈'와 선수 정보를 확인하는 '야구 카드'까지, 실명을 수록한 공인 게임다운 요소가 가득하다.

패미마가 Disk Vol.6 : 가위바위보 디스크 성

토쿠마쇼텐 1992년 12월 22일 600엔(세금 포함) 1M

▶ 일반인 콘텐츠로 입선작을 게임화한 타이틀이다.

디스크 시스템 최후의 소프트. 디스크 시스템의 마스코트 '디스쿤'이 주인공으로서, 마검 '슈퍼 묵찌빠'를 찾아 여행한다. 가위바위보 룰대로 붙여서, 인접한 적이 지면 사라지는 것을 이용해 길을 뚫는 퍼즐 RPG다.

열혈 격투전설

테크노스 재팬 1992년 12월 23일 6,500엔 2M

▶ 시합에서 승리하면 캐릭터가 성장해간다.

플레이어가 제작한 캐릭터가 주인공이 되어, 파트너 캐릭터와 함께 2 : 2로 싸우는 격투대회에 도전하는 액션 게임. 배틀 모드는 생존을 걸고 4명이 싸우는 난투 형식으로 진행된다.

아아! 야구인생 일직선

사미 1992년 12월 25일 7,300엔 4M

▶ 미니게임도 다수 수록했다.

프로야구 선수가 되어, 드래프트 지명을 받아 최고액 계약금을 따내는 1~4인용 말판놀이 게임. 야구와 무관한 온갖 경험이 장래에 영향을 준다. 태양과의 가위바위보 등, 세대별로 진행법이 다른 것도 특징.

울트라맨 클럽 : 괴수대결전!!

엔젤 1992년 12월 25일 6,800엔 3M

 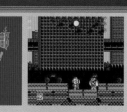

▶ 화면의 컬러 타이머가 재현시간을 알려준다.

울트라맨이 여러 행성을 무대삼아 괴수 군단과 싸우는 액션 게임. 젯톤·자라브 성인 등의 스테이지 보스를 물리치고, 최후에 괴수 군단을 조종하는 진짜 적을 물리치자, 피그몬은 조력자로 등장한다.

그레이트 배틀 사이버

반프레스토 1992년 12월 25일 7,300엔 3M

▶ 사용 캐릭터는 각 스테이지별로 선택한다.

'컴퍼티 히어로' 시리즈 작품 중 하나인 횡스크롤 액션 게임. 가면라이더 BLACK RX와 뉴건담, 울트라맨 타로 중 하나를 조작해, 적과 1 : 1 공방으로 승리하며 게임을 진행해간다.

데이타크 드래곤볼 Z : 격투 천하제일무도회

반다이 1992년 12월 29일 7,800엔 2M

▶ 모드에 따라서는 최대 8인 플레이가 가능하다.

주변기기 '데이타크'의 패키지 내에 합본돼 판매된, 첫 데이타크 전용 게임 소프트. 바코드를 읽어 들여 생성된 캐릭터를 천하제일무도회에 보낸다. 'VS 배틀'·'4인 배틀로얄'·'8인 토너먼트'를 즐길 수 있다.

HARDWARE
1983
1984
1985
1986
1987
1988
1989
1990
1991
1992
1993
1994
INDEX

HARDWARE
1983
1984
1985
1986
1987
1988
1989
1990
1991
1992
1993
1994
INDEX

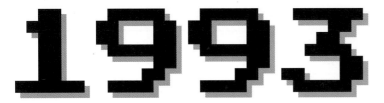

FAMILY COMPUTER
SOFTWARE ALL CATALOGUE

1993년의 패미컴용 타이틀 수는 총 52종. 이미 일본 시장은 완전히 슈퍼 패미컴 일색이 되었고, 패미컴 쪽은 신작보다는 「악마성 드라큘라」 등과 같이 디스크 시스템용 구작 타이틀을 카세트로 재발매하는 등, 기존 유저 위주의 시장으로 간신히 굴러가는 형국이었다.

그런 와중에 주목받은 완전 신작 타이틀이 「조이메카 파이트」로서, 패미컴의 낙후된 스펙을 역이용해 '관절이 없는 캐릭터들이 싸우는 대전격투 게임'이라는 발상전환을 선보임으로써, 성능이 낮은 하드웨어라도 창의성을 발휘하면 재미있는 게임을 만들어낼 수 있음을 증명한 본보기가 되었다.

산리오 카니발 2

캐릭터 소프트　1993년 1월 14일　3,980엔　512K

다루마 빼내기 놀이의 요령으로 캔디를 움직여, 가로나 세로로 3개씩 붙여 없애는 1~2인용 퍼즐 게임. 좌우에서 폭탄을 밀어내 서로 방해하며 목표달성을 겨루는 '대전' 등, 여러 모드가 있다.

와일리 & 라이트의 록보드 : 댓츠☆파라다이스

캡콤　1993년 1월 15일　6,500엔　2M

「록맨」 시리즈의 친숙한 캐릭터들이 등장하는 작품. 소유 건물을 늘려가며 총자산 1위를 노리는 '모노폴리' 스타일의 보드 게임이다. 록맨은 해설자 포지션이며, 서브 캐릭터들 쪽에 초점을 맞췄다.

가면라이더 SD : 그란쇼커의 야망

엔젤　1993년 1월 22일　6,500엔　2M

부활한 적 군단과 가면라이더 SD가 싸우는 보드 게임. 성능이 다른 세 팀으로 나뉜 라이더들이 여덟 지역에 출동하여 말판놀이로 대결한다. 먼저 코스를 3바퀴 돌거나, 적을 전멸시키면 승리한다.

F-1 센세이션

코나미　1993년 1월 29일　5,800엔　2M

총 18코스의 F1 레이싱 게임. '프리 런'과 '그랑프리'의 2가지 모드가 있으며, 실명으로 등장하는 기업·드라이버들과 함께 경쟁한다. 7개 부분의 파츠를 세팅할 수 있어, F1의 전략성도 재현했다.

악마성 드라큘라

코나미　1993년 2월 5일　3,900엔　1M

디스크 시스템 제 1탄으로 등장했던 고딕 호러 액션 게임의 ROM 카세트판. 피격 대미지량과 목숨, 보스 체력 등을 조정한 이지 모드를 새로 새로 추가했고, 버그를 수정한 것 등의 변경점이 있다.

케로케로케로피의 대모험 2 : 도넛 호수는 시끌시끌!

캐릭터 소프트　1993년 2월 19일　5,400엔　2M

케로피가 사라진 친구를 찾으러 가는 횡스크롤 액션 게임. 케로피는 전방에 울음소리를 날려 적을 공격한다. 소리의 위력은 4단계. 5단계째가 되면 잠시 무적이 되며, 무적시간이 끊기면 파워가 사라진다.

배틀 베이스볼
반프레스토　1993년 2월 19일　8,600엔　4M

특촬물계 캐릭터들이 다수 등장하는 야구 게임. 고지라·가면라이더·SD건담·울트라맨을 조작하며, 3가지 모드가 있다. 주루시 워프하는 '발탄 달리기' 등, 선수 고유의 필살기가 시합 분위기를 달군다.

바이오 미라클 : 나는 우파
코나미　1993년 2월 26일　3,900엔　2M

과자의 세계, 채소의 세계 등 7곳의 월드를 무대로 아기왕자 '우파'가 활약하는 코믹 액션 게임. 디스크 시스템용으로 발매되었던 타이틀의 ROM 카세트판으로서, 이지 모드를 새로 추가했다.

버블 보블 2
타이토　1993년 3월 5일　5,900엔　2M

거품을 쏘는 드래곤 '바비'와 '루비'를 조작해 적을 전멸시키는 고정화면 액션 게임. 적을 거품에 가둔 후, 탈출하기 전에 터뜨려 물리치자. 전작에 없었던 차지 공격·미니게임 등을 추가했다.

노려라! 탑 프로 : 그린에 꿈을 걸다
잘레코　1993년 3월 5일　6,500엔　3M

패미컴 최후의 본격 골프 게임. 세계 정상을 목표로, 총 54홀을 플레이한다. 게임 모드는 4종류로서, '스트로크 플레이'·'매치 플레이'·'첼린지 모드'·'트레이닝 모드'가 있다.

USA 아이스하키 in FC
잘레코　1993년 3월 6일　6,300엔　2M

아이스하키를 소재로 삼은 스포츠 게임. 토너먼트전에 도전하는 '슈퍼컵', 1~2인용의 '엑시비션', 오펜스·디펜스 양쪽을 연습할 수 있는 '트레이닝' 모드를 수록했다.

스타워즈 : 제국의 역습
빅터음악산업　1993년 3월 12일　7,900엔　4M

같은 제목의 영화 스토리를 따라가며, 루크를 조작하는 액션 파트와 전투기를 조종하는 슈팅 파트로 구성한 작품. 포스를 이용한 고속이동과 부유, 회복, 라이트세이버 등의 액션이 가득하다.

카지노 더비 & 슈퍼 빙고
요네자와　1993년 3월 19일　5,500엔　1M

경마와 빙고를 즐기는 파티 게임. 레이스 결과를 예상하는 '더비 모드', 기수가 되어 조교·레이스에 도전하는 '자키 모드', '빙고 모드'가 있다. 파티 탭이 있으면 6명까지 함께 플레이 가능하다.

토꼬마의 대미로
선 소프트　1993년 3월 19일　4,980엔　2M

코노미 히카루의 그림책에 등장하는 캐릭터 '토꼬마'가 주인공인 게임 소프트. 사탕을 색깔별로 정리하는 게임, 나무에서 떨어지는 사과를 우산으로 쳐 파이프에 넣는 게임 등 다양한 미니게임을 수록했다.

HARDWARE
1983
1984
1985
1986
1987
1988
1989
1990
1991
1992
1993
1994
INDEX

별의 커비 : 꿈의 샘 이야기

닌텐도　1993년 3월 23일　6,500엔(세금 포함)　6M

이제는 커비의 상징이 된 능력 '카피'가 처음 등장한 작품. 총 7레벨로 구성된 액션 게임으로서, 각 스테이지를 클리어하면 해당 레벨 내의 벽이 사라지고 입장 가능한 방이 늘어난다. 각 레벨마다 미니게임을 즐기는 방, 카피 가능한 적이 장식된 박물관 등이 있으며, 모든 요소를 개방하려면 각 레벨의 전 스테이지를 클리어하고 숨겨진 스위치까지 모두 눌러야만 한다.

▲ 총 7레벨로 아침부터 밤까지의 변화를 표현했고, 스테이지별의 눈높이까지도 치밀하게 맞췄다.

푸른 늑대와 하얀 암사슴 : 원조비사

코에이　1993년 3월 25일　11,800엔　6M

▶ 불량 문제로 오프닝 데모가 여러 차례로다.

PC를 비롯해 여러 게임기로 나온 역사 시뮬레이션 게임의 이식작이자, 「푸른 늑대와 하얀 암사슴」 시리즈의 3번째 작품. 유라시아 대륙 통일을 목표로, 자국의 국력을 늘려 군비를 강화해야 한다.

아이 선생님의 가·르·쳐·줘 나의 별

아이렘　1993년 3월 26일　12,800엔　3M

▶ '아이 선생님'과 '렘 양'이 게임을 안내해준다.

패미컴 유일의 서양점성술 소프트. 자신의 이름·생년월일·출생지를 입력하면 개인의 별 위치 등을 알려준다. 인연이 있는 이성, 애정운 등 연애계 점술도 풍부하다. 입력한 개인정보는 복수 저장 가능하다.

피구왕 통키 2

선 소프트　1993년 3월 26일　6,800엔　4M

▶ 커럼 통키 식 힘 연출이 화려해, 볼거리가 많다.

피구를 소재로 삼은 애니메이션이 원작인 카드 배틀+어드벤처 게임. 시합시엔 배틀 카드로 행동을 결정하고, 파워를 소비해 상대의 라이프를 깎는다. 스토리가 있는 '불꽃슛 전설' 등, 3가지 모드를 수록했다.

불타라 트윈비 : 시나몬 박사를 구하라!

코나미　1993년 3월 26일　3,900엔　1M

▶ 3명까지 동시 플레이 가능해진 것도 큰특징이다.

시리즈 2번째 작품의 ROM 카세트 재발매판. 종스크롤·횡스크롤 스테이지가 있고, 횡스크롤 시에는 위로 샷을 쏴 벨을 뽑아낼 수 있다. 벨을 이용한 파워 업은 1인용 한정을 포함해 5종류+점수 상승이 있다.

쾌걸 얀차마루 3 : 대결! 조린겐

아이렘　1993년 3월 30일　6,500엔　2M

  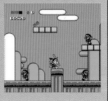

▶ 문은 일치된 열쇠를 사용하면 열린다.

시리즈 최종작. 얀차마루의 무기는 봉으로서, 직접공격, 충격을 날리는 '진공파', 봉을 꽂고 회전하는 '대차륜 킥' 등 다채로운 공격이 가능하다. '모리모리 건강랜드' 등의 독특한 7스테이지를 공략한다.

쿠니오 군의 열혈 축구리그

테크노스 재팬　1993년 4월 23일　6,500엔　2M

▶ 필살기, 합체기 등, 다양한 기술을 쓸 수 있다.

쿠니오 군과 타 학교 주장들이 결성한 '열혈 FC'를 조작해 세계 각국의 팀들과 싸우는 축구 게임. 4종의 리그에 도전하는 '열혈 리그', 4명까지 참가 가능한 '대전 플레이', 1~2인용 'PK전 플레이'가 있다.

우주가족 젯슨 : Cogswell's Caper!

타이토　1993년 4월 23일　6,800엔　3M

▶ 상자 뒤에 아이템이나 적이 숨겨져 있기도.

TV 애니메이션 '우주가족 젯슨'의 스핀오프 타이틀. 맵 상의 상자를 집어던져 적을 물리치며 전진하는 횡스크롤 액션 게임이다. 제트팩과 중력반전 스위치 등, 미래적인 장치가 많아 개성적이다.

욕심쟁이 오리아저씨 2

캡콤　1993년 4월 23일　5,800엔　1M

▶ 숨겨진 보물과 숨겨진 스테이지도 있다.

보물지도 조각과 세계의 비보를 찾아나서는 모험을 그린 액션 게임. 스크루지 아저씨를 조작해 세계 각지의 스테이지를 공략하자. 신규 액션과 파워 업 아이템 덕에, 전작보다 모션이 다채로워졌다.

데이타크 울트라맨 클럽 : 근성 파이트!

반다이　1993년 4월 23일　2,800엔　2M

▶ 1인 1팀을 조작해, 2명까지 함께 즐길 수 있다.

울트라 형제와 괴수들이 7종목의 육상경기에 도전하는 스포츠 게임. M78·우주·성인 3개 팀으로 나뉘어 전 종목을 뛰는 '근성 컵 쟁탈전', 한 종목만 즐기는 모드, 캐릭터 데이터를 확인하는 모드가 있다.

데이타크 SD건담 : 건담 워즈

반다이　1993년 4월 23일　2,800엔　2M

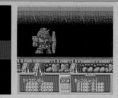

▶ 카드는 총 40매가 동봉돼 있다.

SD건담을 소재로 삼은 대전 액션 게임. 전투시에는 사용할 모빌슈트와 커맨드의 바코드를 읽어 들이며, 상대의 체력을 바닥내면 승리한다. 게임 도중, 동봉된 카드에 없는 모빌슈트가 등장하기도 한다.

조이메카 파이트

닌텐도　1993년 5월 21일　4,900엔(세금 포함)　4M

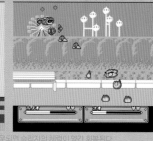

▲ 상대를 3회 다운시키면 승리한다. 상대가 다운되면 승리자의 체력이 약간 회복된다.

로봇끼리 싸우는 대전격투 게임. 로봇의 각 부위를 분리해 표시하여, 캐릭터의 가동범위가 넓고 활동적인 게 특징이다. 스토리 모드에서는 악의 길로 타락한 박사가 훔쳐내 개조한 '나쁜로봇'과 1 : 1로 대전한다. 처음 조작 가능한 캐릭터는 개그로봇 '스카퐁' 뿐이지만, 나쁜로봇을 물리치면 양심회로를 달고 '착한로봇'이 되어 사용 가능해진다. 기술 해설 데모와 조작 연습 기능도 있다.

고릴라맨

요네자와　1993년 4월 28일　6,900엔　4M

▶ 고릴라맨은 도우주는 캐릭터로 등장한다.

같은 제목의 만화가 소재인 말판놀이풍 보드 게임. 승리조건은 시나리오별로 다르다. 시나리오 모드·파티 모드가 있으며, 모두 다인 플레이를 지원한다. 파티 탭을 사용하면 6명까지 함께 즐길 수 있다.

마이티 파이널 파이트

캡콤　1993년 6월 11일　6,500엔　2M

▶ 캐릭터는 레벨 1부터 특수기를 쓸 수 있다.

벨트스크롤 액션 게임 붐의 선구작인 「파이널 파이트」의 캐릭터를 SD화한 개변 이식작. 적을 물리쳐 경험치를 입수하여 레벨을 올리면 특수기 사용이 가능해지는 오리지널 시스템이 있다.

HARDWARE
1983
1984
1985
1986
1987
1988
1989
1990
1991
1992
1993
1994
INDEX

파치오 군 5 : Jr의 도전

코코너츠 재팬　1993년 6월 18일　8,500엔　3M

▶ 패스와 TV를
읽으라면 정보 수
집이 가능해진다.

파치오 군의 부재를 노려 쳐들어온 부유성인에, 파치오 군의 아들인 '마루'가 맞서는 파친코 어드벤처 게임. 파친코 점포에서는 코인을 벌어 환금하거나, TV 등의 경품과 교환할 수 있다.

J리그 파이팅 사커 : THE KING OF ACE STRIKER

IGS　1993년 6월 19일　7,900엔　2M

▶ J리그의 팀선
수들의 실명으로
등장한다.

게임보이로 발매됐던 축구 게임의 패미컴판. 게임보이판은 1팀 6인제였지만, 패미컴판은 11인제다. 토너먼트전·리그전 등 4가지 모드로 즐길 수 있고, 오리지널 팀의 제작도 가능하다.

요괴소년 호야 : 심연의 대요괴

유타카　1993년 7월 9일　7,800엔　3M

▶ 창의 힘을 활
용한 전투 시스템
이 특징이다.

같은 제목의 만화(원제는 '우시오와 토라')가 원작인 RPG. 스토리는 원작 초반 기준이며, 토라를 요괴의 창에서 해방시켜 요괴와 싸운다. '창의 힘'의 설정을 바꾸면, 체력·염력의 회복이나 강력한 공격도 가능하다.

뿌요뿌요

토쿠마쇼텐 인터미디어　1993년 7월 23일　5,900엔　1M

▶ 음성에서 뿌요
의 형태와 BGM
등을 변경 가능

디스크 시스템용 게임의 ROM 카세트판. 주요 변경점으로는 미션이 패스워드제로 변경된 것, 2인 대전시의 뿌요 배색이 통일된 것, 방해뿌요의 최대 한계를 어느 정도 조절 가능해진 것 등이 꼽힌다.

FC원인 : Freakthoropus Computerus

허드슨　1993년 7월 30일　5,800엔　3M

▶ 원인은 2단계
로 구분되어 파워
업된다.

고기로 파워 업하는 원시인 '원인'을 조작해, 박치기를 구사하며 싸우는 총 5스테이지의 액션 게임. PC엔진용 게임 「PC원인」의 개변 이식작으로서, 발매되는 플랫폼에 맞춰 타이틀명을 변경했다.

갑룡전설 빌가스트 외전

엔젤　1993년 7월 30일　8,000엔　3M

▶ 전투는 사이드
뷰 액션 배틀 형
태로 펼쳐진다.

가샤퐁 완구가 원작인 미디어믹스 기획 '갑룡전설 빌가스트'에서 파생된 오리지널 스토리의 RPG. 플레이어는 늑대인간족 '무로보'가 되어, 용사를 도와 병행세계 빌가스트를 위기에서 구해내야 한다.

드래곤볼 Z 외전 : 사이어인 절멸계획

반다이　1993년 8월 6일　7,800엔　4M

▶ 과거의 강적도
고스트 전사가 되
어 재등장한다.

애니메이션 '드래곤볼 Z' 기반의 오리지널 스토리가 전개되는 RPG. 전투는 카드를 골라 행동을 결정하는 방식이며, 이벤트 진행으로 사용 가능 매수가 늘어난다. 후일 이 게임에 기반한 OVA도 제작됐다.

짱구는 못 말려 : 나와 포이포이

반다이　1993년 8월 27일　5,800엔　2M

▶ 남아도는 블록으로
드릴 및 대전이
가능하다.

라인 밖에서 상대 쪽으로 모양이 그려진 파츠를 던져, 상대 쪽 라인에 블록을 도달시키거나 화면 아래의 목표를 달성하면 승리한다. 같은 파츠가 가로나 세로로 2개 붙으면 사라진다.

데이타크 짱구는 못 말려 : 나와 포이포이

반다이　1993년 8월 27일　2,600엔　2M

▶ 가족, 유치원 친구들, 액션까지 다 대전 가능하다.

228p의 작품의 데이타크 전용판. 게임 자체는 동일하고 바코드 로딩도 요구하지 않으며, 저렴하기까지 하다. 스토리를 따라 진행하는 '드라마 모드'에선 '둔재'부터 '천재'까지 4종류 총 10화의 스토리가 펼쳐진다.

파치슬로 어드벤처 2 : 슬롯타 군의 파치슬로 탐정단

코코너츠 재팬　1993년 9월 17일　6,900엔　2M

▶ 조사를 내팽개 치곤 파치슬로만 즐길 수도 있다.

파치슬로를 제패해 환상의 코인을 괴인 7면상에게서 되찾는 게 목적 인 어드벤처 게임. '슬롯타 군'을 조작해 괴인 7면상을 찾는 동시에 파 치슬로 대결에도 도전한다. 실기가 모델인 파치슬로가 나온다.

테트리스 플래시

닌텐도　1993년 9월 21일　5,900엔(세금 포함)　2M

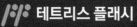

▶ 같은 색 블록을 가로·세로로 3개 붙이면 없어진다.

룰과 테트리미노의 형상을 개변한 「테트리스」. 화면 내에 미리 배치된 3색의 빛나는 블록(플래시 블록) 중 하나를 없애면, 같은 색 블록들이 모두 사라진다. 1인용 모드와, 2인용 대전 모드가 있다.

목수 겐 씨 2 : 붉은머리 단의 역습

아이렘　1993년 10월 22일　6,800엔　4M

▶ 해머를 강화하 면 크기·공격력 앞이 바뀐다.

겐 씨를 조작해, 해머를 휘두르며 싸우는 액션 게임. 장애물이 자동차 뿐인 상점가에서 시작해, 발판이 불안정한 종스크롤식의 공사현장 등 변화가 풍부한 스테이지 구성을 자랑한다.

데이타크 유☆유☆백서 : 폭투 암흑무술대회

반다이　1993년 10월 22일　2,800엔　2M

▶ 게임의 어떤 모드도, 데이타크 가 필수다.

인기 만화 '유☆유☆백서'의 암흑무술대회 편을 소재로 삼은 액션 게 임. 대회에 도전하는 모드, 대전 모드, 코엔마의 바코드 체크 모드를 수 록했다. 전투 직전에 반드시 사용 캐릭터의 바코드를 읽어 들여야 한다.

VIVA! BLUES

반다이　1993년 10월 29일　7,800엔　4M

▶ 사용 캐릭터별 로 스토리 전개가 변화한다.

같은 제목 만화의 캐릭터를 임의로 골라 플레이하는 어드벤처 RPG. 주변에서 일어나는 문제를 해결해가는 전개로서, 상황에 따라선 싸움 에 돌입하기도 하나 패배해도 스토리는 계속 진행된다.

록맨 6 : 사상 최대의 싸움!!

캡콤　1993년 11월 5일　7,800엔　4M

▶ 전 세계 최고 의 로봇 8대가 적으로 등장한다.

패미컴 최후의 「록맨」. 신규 시스템으로서 대형 서포트 메카 '러시'와 의 합체기능이 추가되어, 공격력이 높은 '파워 록맨', 에너지 잔량만큼 비행할 수 있는 '제트 록맨'으로의 변신이 가능해졌다.

데이타크 배틀 러시 : Build Up Robot Tournament

비아이　1993년 11월 13일　2,800엔　2M

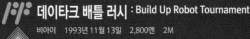

▶ 로봇을 제작하 던 능력평가·접술 방침을 제시한다.

오리지널 로봇을 제작해 배틀 토너먼트에 도전하는 액션 게임. 로봇의 머리·몸·어깨·다리·무기 파츠와 파일럿 데이터를 제작하여 전투하며, 승리해 돈을 얻으면 다시금 개조·튜업을 연구해볼 수 있다.

HARDWARE
1983
1984
1985
1986
1987
1988
1989
1990
1991
1992
1993
1994
INDEX

RPG 인생게임

타카라　1993년 11월 26일　7,800엔　3M

▶ 직업 6종 콜라이 후, 주인공의 자아(自我)가 사라.

자사의 보드 게임 '인생게임'에 기반한 옴니버스 RPG. 목표로 삼을 직업을 최초에 선택하고, 이벤트와 수업을 반복해 능력을 키우자. 이벤트가 플레이어의 행복이 될지 불행이 될지는 룰렛으로 결정된다.

케로피와 케로린의 스플래시 봄!

캐릭터 소프트　1993년 12월 1일　4,980엔　1.25M

▶ 물은 물을 끌수 있지만, 배수구에는 약하다.

케로피가 주인공인 '봄버맨'풍 액션 게임. 터뜨리면 십자로 물이 퍼지는 마법의 물풍선으로 적과 블록을 파괴하자. 케로피는 물풍선 자체엔 무적이지만, 수압에 밀리기는 한다. 2인 플레이도 가능하다.

패미스타 '94

남코　1993년 12월 1일　3,900엔　2M

▶ 아쿠아리움은 외야에 유리벽을 친 신기한 공간.

패미컴 최후의 야구 게임. 1~2인이 1시합을 즐기는 모드와, '노려라 일본 제일' 모드가 있다. 구장은 우마카 돔·진구노모리·아쿠아리움 중에서 고를 수 있다. 옵션으로 에러 유무·이닝 수를 설정 가능하다.

다람쥐 구조대 2

캡콤　1993년 12월 10일　5,800엔　2M

▶ 탐욕의 펫 캣과 싸우게 된다는 스토리.

총 9스테이지의 액션 게임. 칩과 데일이 서로를 방해 가능하다는 시스템은 전작을 계승했으나, 협력 액션이 필요한 국면을 추가했다. 전작보다 2인 플레이의 재미를 강조하는 방향으로 디자인했다.

'나카요시'와 함께

유타카　1993년 12월 10일　7,800엔　3M

▶ 잔무늬는 풀숲수로 공격방법을 결정하는 방식.

소녀만화잡지 '나카요시'에 연재중이던 인기 만화들이 소재인 RPG. '금붕어 주의보!', '미소녀 전사 세일러문' 등에 기반한 세계의 위기를 구하자. 게임 도중 원작자와 만나거나, 만화의 캐릭터로 변신할 수 있다.

바둑 강습 '94

헥트　1993년 12월 17일　6,800엔　1.25M

▶ 패미컴으로 발매된 마지막 바둑 소프트.

명국의 관전과, 기보를 따라가는 기력판정을 제공하는 바둑 소프트. 크게 현대 명국과 에도 시대의 명국으로 나눠, 이전작과 중복되지 않는 110종 이상의 신규 기보를 모았다. 참고로 대국 모드는 없다.

모모타로 전설 외전

허드슨　1993년 12월 17일　6,800엔　4M

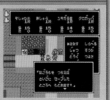

▶ 게임보이·PC엔진판으로도 발매되었다.

이전 시리즈의 캐릭터인 야샤히메·빈보가미·우라시마 타로가 각각 주인공인 스토리 3개를 묶은 옴니버스 RPG. 상대의 돈을 훔쳐 대미지를 입히는 '빈보가미 편' 등, 게임 시스템이 각 스토리별로 다르다.

열혈! 스트리트 바스켓 : 힘내라 Dunk Heroes

테크노스 재팬　1993년 12월 17일　6,500엔　2M

▶ 카지노·군사기지 등 코트의 개성이 강렬하다.

'열혈' 시리즈의 농구 게임. 미국을 무대로, 무규칙 2-on-2 농구대회 우승을 노린다. 이기기 위해서라면 텔레포트든 빔이든 허용되는 황당무계함과, 다채로운 농구 액션을 융합시킨 타이틀이다.

1994

FAMILY COMPUTER
SOFTWARE ALL CATALOGUE

HARDWARE
1983
1984
1985
1986
1987
1988
1989
1990
1991
1992
1993
1994
INDEX

1994년에 발매된 패미컴용 소프트는 7종이다. 6월 24일 발매된 「타카하시 명인의 모험도 IV」를 끝으로, 11년에 걸쳐 꾸준히 명맥이 이어져온 일본 패미컴 소프트 시장은 드디어 막을 내렸다. 1994년은 32비트 CD-ROM 탑재 게임기인 플레이스테이션과 세가새턴이 일제히 발매된 해이니, 직접 경합은 아니었다 해도 그때까지 8비트 게임기인 패미컴이 계속 현역이었다는 점만큼은 찬사 받아 마땅하리라.

한편, 패미컴의 후계기로서 발매된 슈퍼 패미컴은 이후에도 계속 현역으로 활약하여, 2000년까지 소프트 라인업이 꾸준히 이어졌다.

젤다의 전설 1

닌텐도 1994년 2월 19일 4,900엔 1M

디스크 시스템용 소프트 제 1탄으로 발매되었던 타이틀의 ROM 카세트판. 트라이포스를 모아 대마왕 가논에 도전하는 액션 어드벤처 게임이다. 1Mbit ROM 카세트를 사용해 원작의 컨텐츠를 그대로 담았다. 음원 차이가 있기에 일부 BGM은 분위기가 바뀌었지만, 대신 로딩이 사라져 편의성이 향상됐다. 디스크 시스템은 일본에만 출시됐기에, 서양에선 카세트로만 발매됐다.

▲ '와리오의 숲'과 함께, 닌텐도가 발매한 마지막 패미컴 소프트로서 역사에 남았다.

와리오의 숲

닌텐도 1994년 2월 19일 4,900엔 4M

요정의 숲에서 제멋대로 날뛰는 와리오를 쫓아내는 액션 퍼즐 게임. 키노피오를 조작해, 떨어지는 폭탄을 들어 옮겨 가로·세로·대각선으로 3개 맞추면 폭파된다. 몬스터도 옮길 수 있으나 폭탄과 함께 맞춰야만 하며, 몬스터 3마리가 맞춰지면 같은 선상의 폭탄이 전부 몬스터로 바뀐다. 폭탄이 떨어지는 '폭탄 타임', 와리오가 방해하는 '몬스터 타임'도 교대로 찾아온다.

▲ 폭탄과 몬스터는 들어올린 상태로 3개를 맞춰도 된다. 조작은 좀 복잡하지만, 자유도도 높다.

파이널 판타지 I·II

스퀘어 1994년 2월 27일 6,800엔 4M

큼직한 특수 카트리지에 인기 시리즈의 2작품을 합본 수록한 작품. 타이틀 화면에서 즐길 타이틀을 선택하도록 했으며, 타이틀 로고와 2편 오프닝에 있었던 오자 등 일부 내용이 수정됐다. AV사양 패밀리 컴퓨터(뉴 패미컴)와 비슷한 시기에 발매되었기에, 실사영상을 사용한 당시 TV광고에서도 '뉴 패미컴으로 되살아나는 전설의 이야기'라는 선전문구로 적극 홍보했다.

▲ 특전으로 공략본을 패키지 내에 동봉했으며, 패키지 일러스트도 변경됐다.

HARDWARE
1983
1984
1985
1986
1987
1988
1989
1990
1991
1992
1993
1994
INDEX

데이타크 J리그 슈퍼 톱 플레이어즈

반다이 1994년 4월 22일 2,800엔 2M

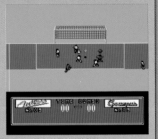

패미컴 최후의 데이타크 전용 소프트. 기본적으로는 탑뷰 형식의 J리그 축구 게임으로서, 데이타크를 사용해 동봉된 팀 데이터 카드를 읽어 들이면 해당 팀을 게임 내에서 사용할 수 있다. 게임 모드로는 리그전을 즐기는 'J리그', 대 CPU전·대인전을 1시합만 즐기는 '프리매치', 매뉴얼/오토 여부를 선택할 수 있는 'PK 대전'이 있으며, 선수 명감도 수록했다.

▲ 리그전뿐만 아니라, PK전의 거기 입력시에도 동봉된 카드를 읽어 들여야만 한다.

파치슬로 어드벤처 3 : 비타오시 7 등장!

코코너츠 재팬 1994년 5월 13일 7,900엔 2M

파치슬로가 서투른 박사 대신, 파치슬로 전용 로봇 '비타오시 7'이 악의 파치슬로 점포를 찾아나서는 어드벤처 게임. 코인 일정액을 박사에게 송금하면 파츠를 만들어주며, 이를 장비하면 기술을 습득해 더욱 효율적으로 코인을 벌 수 있다. 각 점포에선 챌린지 기기와 보스에 도전 가능하며, 보스전은 '10회 중 특정 눈을 몇 번 맞추기' 등의 조건을 내걸어 반사신경을 요구한다.

▲ 챌린지 기기를 클리어했는지 여부에 따라 라스트가 분기된다.

J리그 위닝 골

일렉트로닉 아츠 빅터 1994년 5월 27일 7,980엔 2M

J리그 공인 축구 게임. 1994년 개막시 데이터를 사용했으므로, 같은 해 가맹한 팀인 벨마레 히라츠카·주빌로 이와타도 등장한다. 게임 모드는 리그전에 도전하는 '리그'와 1시합만 즐기는 '엑시비션'의 2종류이며, 엑시비션은 2인 대전도 지원한다. 옵션에서 시합시간·난이도 설정이 가능하며, 시합시간은 화면 하단에 감소하는 숫자 형태로 표시된다.

▲ 당시 J리그에 가맹했던 12개 팀이 실명으로 등장한다. 시합은 사이드뷰 방식으로 진행된다.

타카하시 명인의 모험도 IV

허드슨 1994년 6월 24일 5,800엔 3M

타카하시 명인이 납치당한 공룡들을 구출하기 위해 섬 내를 모험하는 액션 RPG. 모험도 내의 모든 지역은 연결돼 있으며, 각 지역의 보스를 물리쳐 동료를 구출하면 새로운 길이 개방된다. 초기 무기는 뼈뿐이지만 아이템을 얻으면 교체가 가능하다. 특정 아이템이 없으면 즐길 수 없는 미니게임과, 부술 수 없는 장애물도 있다. 전작과 달리, 죽어도 아이템은 없어지지 않는다.

▲ 구해낸 공룡은 모험에 데리고 다닐 수 있다. 각 공룡마다 독특한 공격법과 이동특성이 있다.

CHAPTER 3

패밀리 컴퓨터
일본 소프트 가나다순 색인

INDEX OF ALL FAMILY COMPUTER SOFTWARE

HARDWARE

1983

1984

1985

1986

1987

1988

1989

1990

1991

1992

1993

1994

INDEX

원하는 타이틀을 바로 찾아낼 수 있다! 전 타이틀 색인

패밀리 컴퓨터 일본 소프트 가나다순 색인

이 페이지는 Chapter 2에서 소개한, 일본에서 발매된 패미컴용 게임 소프트 총 1,245개 타이틀을 가나다순으로 정렬한 색인이다.

이 책에 수록된 해당 게재 페이지도 소개하였으므로, 당시 갖고 있었던 게임을 회고한다거나, 컬렉션 수집을 위해 타이틀을 조사한다거나…… 등등

의 이유로 추억의 게임을 찾는 데 참고자료로 활용해준다면 감사하겠다. 또한, 디스크 시스템용으로 발매된 타이틀은 푸른색 글사로 표기하였다.

HARDWARE
1983
1984
1985
1986
1987
1988
1989
1990
1991
1992
1993
1994
INDEX

HARDWARE
1983
1984
1985
1986
1987
1988
1989
1990
1991
1992
1993
1994
INDEX

HARDWARE
1983
1984
1985
1986
1987
1988
1989
1990
1991
1992
1993
1994
INDEX

HARDWARE

1983
1984
1985
1986
1987
1988
1989
1990
1991
1992
1993
1994

INDEX

HARDWARE
1983
1984
1985
1986
1987
1988
1989
1990
1991
1992
1993
1994
INDEX

241

HARDWARE
1983
1984
1985
1986
1987
1988
1989
1990
1991
1992
1993
1994
INDEX

CHAPTER 4

한국의
패밀리 컴퓨터 이야기

KOREAN FAMILY COMPUTER CATALOGUE

HARDWARE

1983

1984

1985

1986

1987

1988

1989

1990

1991

1992

1993

1994

INDEX

HARDWARE
1983
1984
1985
1986
1987
1988
1989
1990
1991
1992
1993
1994
INDEX

해설 한국의 패밀리 컴퓨터 이야기
COMMENTARY OF FAMILY COMPUTER #3

대만제·국산 패미컴 클론의 대범람으로 초기 시장이 형성

제 4장은 원서인 일본판에는 없는 한국어판의 독자적인 추가 지면으로서, 원서 감수자인 마에다 히로유키 씨의 허락 하에 한국어판 역자가 추가 집필하였음을 먼저 밝혀둔다.

한국에서의 패미컴은, 뒤에 서술할 현대전자의 한국판 정식발매보다 이전인 1988년 겨울쯤부터 대만제 패미컴 호환기기(클론) 및 복제 카세트가 염가로 대거 불법 유통되면서 그레이마켓이 먼저 형성되는 형태로 보급이 시작되었다는 독특한 역사가 있다. 이렇게 된 데에는 여러 복합적인 이유가 작용하지 않았을까 추측된다.

이미 일본·미국 등의 선진국에서 패미컴·NES가 대유행하고 있었던 시기인 80년대 중후반 당시의 한국은 경제호황으로 중산층 가정이 점차 형성되어 '아동용 전자오락기'라는 카테고리가 한국에 받아들여질 토양이 막 갖춰진 시점이긴 하였으나, 동시에 당시 정부가 주도하던 일본대중문화 및 해외

전자제품·사치품 수입규제 등도 매우 엄격했던 시기였고 개발도상국으로서의 경제적 격차도 엄연했기에, 결국 정규 수입 형태로는 패미컴·NES가 한국 땅을 밟지 못했다. 이를 틈타 '저렴한 국산 게임기'로서 한발 먼저 시장을 개척한 기기가 MSX 기반으로 제작되어 1985년 12월 첫 출시된 대우전자의 '재믹스' 제품군으로서, 재믹스 시리즈는 이후 수년간 한국의 게임기 시장을 독점하다시피 하며 활약했기에 (정규 수입시 재믹스보다 훨씬 고가가 될 것이 뻔한) 패미컴 정식 출시의 시장성은 의문시될 수밖에 없지 않았을까 싶다. 80년대 중반의 한국에서만큼은, 그런 이유로 해외여행이 가능했던 대도시 중산층·부유층의 자녀가 해외여행 선물 등의 형태로 패미컴을 접하는 케이스가 거의 대부분이었다고 봐야 할 것이다.

이러한 가운데 1988년 겨울부터 일어난 새로운 움직임이, 이 시기부터 본격적으로 국내 대거 유입된 대만제 패미컴 호환기가 세운상가와 대도시 컴퓨터매장 등을 통해 인기리에 판매되기 시작한 일이다(※). 이 시점의 재믹스는 이미 스펙과 소프트가 패미컴에 비해 낙후되어 비교열위가 뚜렷했던 데다, 패미컴은 80년대 초중반 일본의 패미컴 붐 덕택으로 「슈퍼 마리오브라더스」를 비롯한 양질의 소프트 라인업이 충분히 쌓여있었고 불법복제품답게 대당 10만 원 미만으로서 가격경쟁력도 있었기에, 이내 가정에 급속히 침투하며 당대 어린이들의 큰 호응을 얻을 수 있었다. 여기에 가전 대기업인 삼성전자도 일본 세가의 가정용 게임기인 세가 마스터 시스템을 '삼성 겜보이'라는 브랜드로서 89년 4월부터 시판하여 시장에서 호응을 얻어내, 재믹스의 퇴조를 부채질했다.

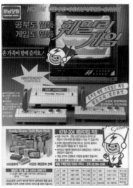

▲ 1989년 중반의 월간 '컴퓨터학습'에서 발췌한, 당시 국내 기업들의 패미컴 호환기 광고지면. 실제로는 무명 중소기업의 기기나 대만제 기기도 시장에 다수 범람했었기에, 이들은 빙산의 일각에 불과했으리라 추측할 수 있다.

▲ 초기의 국내 패미컴 호환기 중 지명도가 높았던 브랜드의 하나가, 해태제과 계열사였던 해태전자가 89년 10월 발매한 '슈퍼콤'이다. 패드 수납 기능과 개성적이고 세련된 디자인 등의 차별화로 호응을 얻었고, 이후 90년대 중반까지 여러 신모델을 발매했다.

(※) 대만에서 패미컴 호환기 양산이 시작된 시점은 1987년경이라고 한다. 대만의 패미컴 호환기 붐을 한국 수입업자들이 주목하여, 이를 수입해 국내에 공급하기 시작한 시점이 1989년 겨울쯤부터라고 보는 것이 적절한 추론이 아닐까 한다. 예를 들어 1989년 겨울 판매가 확인된 극초창기의 패미컴 호환기 중 파파상사의 '마이크로 지니어스'는, 유명한 대만 호환기 중 하나인 '소천재(小天才)'와 동일 모델로 추정된다.

보급 초기인 89~90년 당시엔 '국산' 패미컴 호환기도 다수 출시되었는데, 대표적으로 삼근물산의 '조이콤', 프로그컴퓨터의 '프로그', 영실업의 '파스칼' 시리즈, 석정전자의 '모두와' 등이 있었다. 이들은 크게 해외수출 목적으로 패미컴·NES 호환기를 이미 생산하고 있었던 국내 기업이 내수용으로 유통하는 경우와, 대만제 패미컴 호환기를 OEM으로 수입해 자사 브랜드로 판매하는 경우로 나뉘었으리라 추측된다. 이중 특히 해태전자가 발매한 '슈퍼콤'은 세련된 디자인과 패드 수납 기능, 게임 내장 등의 장점에 힘입어 스테디셀러가 되기도 했다.

이렇게 패미컴 호환기들과 복제 카세트들은 90년대 내내 그야말로 시장에 범람하다시피 하여, 어린이들의 게임 입문기 포지션으로서 '국내 패미컴 시장'의 주류를 형성하게 된다.

▲ 해태전자의 슈퍼콤은 호환기로는 드물게 독자적인 소프트 라인업을 전개하여, 미국 Color Dreams·Tengen 사 등의 소프트를 정규 라이선스해 타이틀 화면과 로고를 교체하여 발매하는 등으로 부분적인 현지화를 시도하기도 하였다.

현대전자에 의해 '컴보이' 브랜드로 정식 발매

1989년부터는 여러 국내 업체들이 닌텐도의 한국 공식 판매대행사 권한 획득을 위해 물밑에서 치열하게 경쟁했던 것으로 보여, 타 업체가 무단으로 패미컴 정식 발매를 선언하는 잡지광고를 내는 해프닝도 벌어졌을 정도였다. 결과적으로는 현대그룹 산하의 현대전자가 닌텐도 게임기의 한국 공식 판매대행사로 확정되어, 1989년 10월 '컴보이'(북미판 NES의 한국 공식 유통품)를 국내에 본격 출시함으로써 닌텐도 제품 한국 정식발매의 막을 열었다.

다만 '정식'의 명색이 무색하게도 컴보이는 한국 시장에서 당초 기대한 만큼의 반응을 이끌어내지는 못한 것으로 보이는데, 이미 염가 패미컴 호환기가 시장에 충분히 범람하고 있어 정규 수입품의 가격경쟁력이 없었던 데다, 컴보이의 하드웨어 기반이 북미판 NES였기에 일본판 패미컴용 카세트들과 직접 호환되지 않았던 게 결정적

▲ 현대 컴보이용 소프트웨어의 예시. 전반적으로 북미·유럽판 패키지를 기반으로 삼아 한국어 번역 문구와 설명서를 덧붙인 느낌이 강하다. 약 50종이 현재 실물로 확인되어 있으며, 번들 등의 이유로 외장 패키지 없이 카세트만 제공된 경우도 있었던 듯하다.

인 문제였다. 패미컴 호환기 및 복제 카세트들 거의 대부분이, 구조가 간단하고 복제가 쉬운 일본판 패미컴을 기반으로 제작되었기 때문이다. NES용 카세트 컨버터를 사용하면 일본 규격 카세트와의 호환이 가능하긴 하였으나, 이 문제는 아이들이 컴보이를 선호하지 않는 커다란 요인이 되었다.

결국 컴보이는 불과 50여 종의 공

식 소프트 라인업만을 남기고, 일본 출시 후 2년만인 1992년 10월 31일 발매된 슈퍼 패미컴의 한국판인 '슈퍼컴보이'에 주목을 빼앗기며 조용히 시장에서 사라지게 된다.

이후에도 현대전자는 슈퍼컴보이에 주력하며 장기간 한국 시장에서 분전했으나, 97년의 게임기 병행수입 자유화와 98년 중순의 환율 폭등·IMF 사태 등 악재가 속출하여, 결국 98년 5월경 현대그룹의 구조조정 끝에 게임 사업에서 조용히 철수함으로써, '컴보이'라는 브랜드 전개도 9년여 만에 막을 내리게 되었다.

◀ 컴보이 이후에도 온갖 패미컴 호환기가 여전히 범람했는데, 그중 특필할 만한 기기의 하나가 다우정보시스템이 개발하고 대우전자가 93년 겨울부터 판매한 '패밀리 노래방'. 패미컴 호환기에 자체 개발한 노래방 카세트 및 마이크를 번들링한 패키지로서, 노래방 카세트엔 FM 음원 칩을 추가 내장했으며, 카세트 내의 슬롯을 통해 확장팩(별매품)을 삽입하면 수록곡의 추가도 가능했다. 전용 수록곡 확장팩도 다수 선보였다.

HARDWARE
1983
1984
1985
1986
1987
1988
1989
1990
1991
1992
1993
1994
INDEX

NES 기반의, 한국 시장 전용 패미컴

현대 컴보이

현대전자 　1989년 10월 　139,000원

▲ 전용 컨트롤러. NES용 컨트롤러와 완전히 동일하며, 규격도 상호 호환된다.

▲ 전면에 '현대 컴보이' 로고를 병행 인쇄한 것을 제외하면, 내·외부구조는 모두 북미판 NES와 동일하다. 일본판 패미컴 카세트는 기본적으로 호환되지 않으므로, 당시 판매점에서 일본판 카세트 구동을 위한 컨버터를 함께 끼워 판매하는 경우도 많았다.

▼ 외장 박스 패키지는 흑색 배경의 차분한 디자인으로서, 한국 내수 전용의 'KOREAN VERSION'임을 강조했다. 초기에는 전자총(Zapper)과 번들 팩(「슈퍼 마리오브라더스」와 「덕 헌트」의 합본)도 내부에 동봉했다.

기념할 만한, 닌텐도 게임기의 첫 한국판

　현대 컴보이는 패밀리 컴퓨터 (10p)의 북미 버전에 해당하는 NES (Nintendo Entertainment System)의 한국 발매판으로서, 당시 닌텐도의 한국 공식 판매대행사였던 현대전자가 1989년 10월경부터 국내 시판을 개시한 모델이다. 주로 백화점 및 총판대리점 등을 중심으로 판매되었으며, 단

종 시기는 명확하지 않으나 슈퍼 패미컴의 한국판인 '슈퍼컴보이'가 보급되는 1993년경을 전후해 세대 교체되지 않았을까 짐작될 따름이다.

　외형 및 내부구조는 전면 커버의 자사 로고 인쇄 및 밑면의 제품 스티커 등을 제외하면 북미판 NES와 동일하며, 현대전자 등이 컴보이용으로 공급한 공식 소프트도 모두 영문판으로서 북미 NES판과 같다(커버·스티커와 설명서가 한국판으로 교체된 정도). 따라서, 북

미판 NES 카트리지는 상호 호환되나 일본판 패미컴 규격의 카세트는 어댑터 등의 보조기구 없이는 기본적으로 구동할 수 없다. 이는 아동들이 구입을 꺼리는 큰 이유였기에, 현대전자도 이를 감안했는지 후일의 슈퍼컴보이부터는 일본판 카세트 쪽으로 호환성을 맞추었다.

　공식 소프트 라인업의 구체적인 목록은 불명이나, 현 시점에서는 대략 50종이 확인되어 있다.

ADVERTISING

SOFTWARE

한국 정규발매 컴보이 소프트를 알파벳순으로 게재

컴보이 한국 정식발매 소프트 리스트

HYUNDAI COMBOY KOREAN SOFTWARE LIST

이 페이지에서는 현대전자가 컴보 이용으로 정규 발매한 소프트 총 50타 이틀을 원제의 알파벳순으로 정렬해 리스트화하였다. 본서 2장에서 소개된 타이틀(일본판)의 경우, 해당 게재 페이지와 일본판 타이틀명도 함께 기재해 두었다.

본 리스트는 역자가 보유한 게임잡지 및 네이버 카페 '추억의 게임 여행'에서 유저들이 올린 사진자료를 기초

로 하여, 실물 및 사진이 남아있는 소프트 데이터를 최대한 취합하여 다듬었다. 다만 시간과 자료의 한계로 누락이나 오류가 있을 수 있으며 리스트의 정확성을 완전히 담보하지는 못하므로, 이 점은 너른 양해를 구하고자 한다. 또한 현대전자가 정규 발매한 소프트만을 기준으로 삼았으므로, 타사(삼경상사 등)가 발매한 컴보이 호환 카세트, 병행수입 소프트, 타사의 비 라이

선스 소프트 등은 수록하지 않았다.

참고로 한국판 컴보이 관련 제품번호는 'NES-'라는 고유 코드 및 2글자의 소프트 코드(모두 북미와 공통)와 '-KOR'이라는 국가 코드로 구성된다. 일반 판매되지 않고 번들 소프트 등으로만 제공된 것으로 추정되어 케이스와 한국어 타이틀명이 확인되지 않은 소프트도 있음을 함께 밝혀둔다.

※ 본 리스트의 한국어 소프트명 표기는 실제 패키지 표기 기준이다.
※ 국내 발매 시기는 현재로서는 확인할 방법이 없기에 부득이하게 생략하였다.
※ '본서 소개 정보' 란의 푸른색 문자는 본서에 소개되지 않은 타이틀의 영문 원제이다.
※ 모든 소프트는 영문판이며, 일부 특징이 있는 소프트는 비고에 기재해 두었다.

제품번호	영문판 원제	한국어 소프트명	본서 소개 정보(일본어판 기준)	비고
NES-AL-KOR	Anticipation	영어낱말 알아맞추기	Anticipation	
NEW-WG-KOR	Balloon Fight	풍선싸움	벌룬 파이트(70p)	
NES-TJ-KOR	Baseball	–	베이스볼(81p)	
NES-F2-KOR	Batman	배트맨	배트맨(167p)	
NES-TG-KOR	Blaster Master	블래스터 마스터	초행성전기 메타파이트(129p)	
NES-ZE-KOR	Bubble Bobble	–	버블 보블(113p)	
NES-U2-KOR	Castlevania	바니아 성	악마성 드라큘라(88p, 224p)	
NES-TI-KOR	Castlevania 2: Simon's Quest	바니아 성 2 싸이몬의 모험	드라큘라 II : 저주의 봉인(109p)	
NES-GU-KOR	Cobra Triangle	코브라 트라이앵글	Cobra Triangle	
NES-EI-KOR	Donkey Kong JR.	동키 콩 JR.(64p, 131p)	동키 콩 JR.(64p, 131p)	
NES-VJ-KOR	Double Dribble	더블 드리블	익사이팅 바스켓(106p)	
NES-UM-KOR	Dr. Mario	닥터 마리오	닥터 마리오(178p)	
NES-MW-KOR	Excitebike	–	익사이트바이크(69p)	
NES-MH-KOR	Faxanadu	훽사나두	파재너두(114p)	
NES-RY-KOR	Ghost'n Goblins	고스트 앤 고블린	마계촌(84p)	
NES-RR-KOR	Gun.Smoke	건 스모크	건 스모크(121p)	
NES-RC-KOR	Hogan's Alley	호간스 앨리	호건즈 앨리(67p)	
NES-PM-KOR	Ice Climber	–	아이스 클라이머(70p, 139p)	
NES-PW-KOR	Ice Hockey	–	아이스하키(120p)	
NES-IO-KOR	Kid Icarus	꼬마 이카루스	빛의 전사 파르테나의 거울(94p)	
NES-XZ-KOR	Knight Rider	나이트 라이더	전격 Z작전(136p)	
NES-PT-KOR	Kung Fu	–	스파르탄 X(72p)	
NES-MT-KOR	Legend of Zelda	젤다의 전설	젤다의 전설(81p, 231p)	
NES-ME-KOR	Life Force	라이프 포스	사라만다(111p)	
NES-XU-KOR	Mario Bros.	–	마리오브라더스(65p)	
NES-MA-KOR	Mega Man 3	–	록맨 3 : Dr.와일리의 최후!?(182p)	
NES-LF-KOR	Metal Gear	메탈기어	메탈기어(119p)	
NES-ZL-KOR	Metroid	메트로이드	메트로이드(86p)	
NES-SX-KOR	Mike Tyson's Punch-Out!!	펀치 아웃	마이크 타이슨 : 펀치 아웃!!(115p)	
NES-NR-KOR	Nintendo World Cup	Nintendo World Cup	열혈고교 피구부 축구편(174p)	
NES-KI-KOR	Pin bot	핀보트	Pin Bot	
NES-HY-KOR	Pro Wrestling	프로레슬링	프로레슬링(89p)	
NES-IC-KOR	R.C. Pro-Am	자동차 경주	R.C. Pro-Am	
NES-HA-KOR	Rad Racer	래드레이서	하이웨이 스타(107p)	
NES-GK-KOR	RoboWarrior	로보용사	봄버 킹(107p)	
NES-GG-KOR	Rygar	라이가	아르고스의 전사 : 좌충우돌 대진격(101p)	
NES-FX-KOR	Super Mario Bros. / Duck Hunt	슈퍼마리오 브라더스 / 덕 헌트	슈퍼 마리오브라더스(75p) / 덕 헌트(66p)	본체 초기 번들 팩
NES-EB-KOR	Super Mario Bros. 2	슈퍼 마리오 브라더스 2	슈퍼 마리오 USA(219p)	
NES-VU-KOR	Super Mario Bros. 3	슈퍼 마리오 형제들 3	슈퍼 마리오브라더스 3(138p)	
NES-DW-KOR	Super Spike V'Ball	슈퍼 스파이크 V볼	V'BALL(162p)	
NES-JR-KOR	Tetris	테트리스	테트리스(144p)	
NES-CU-KOR	The Goonies 2	구니스 2	구니스 2 : 프라텔리 최후의 도전(99p)	
NES-QU-KOR	Tiger-Heli	타이거 헬리	구극 타이거(157p)	
NES-CV-KOR	Teenage Mutant Ninja Turtles		격귀닌자전(153p)	
NES-B2-KOR	To the Earth	지구를 향하여	To the Earth	
NES-VM-KOR	Top Gun	탑 건	탑건(116p)	
NES-B4-KOR	Track and Field II	트랙과 필드경기 2	코나믹 스포츠 인 서울(136p)	
NES-BA-KOR	Trojan	트로잔	싸움의 만가(95p)	
NES-BF-KOR	Wild Gunman	와일드 건맨	와일드 건맨(66p)	
NES-AP-KOR	Zelda II : The Adventure of Link	링크의 모험	링크의 모험(96p)	

패미컴용으로 출시된 국내 개발 소프트들을 한데 모은

패미컴 국산 소프트 카탈로그

이 페이지에서는 패미컴 및 호환기 용으로 한국에 발매된 소프트 중, 디지털화로 존재가 확인된 순수 국내 개발 소프트 총 10타이틀을 카탈로그 형식으로 소개한다.

아쉽게도 현대전자의 컴보이로는 국산 게임이 나온 적이 없기에, 여기 소개된 작품은 전부 일본판 패미컴 규격으로 발매되었다(실질적으로는 패미컴 호환기를 포괄한다). 지금과 같은 플랫폼 관리체계가 없었던 시대의 작품들이라 군이 따지면 무단제작·발매에 더 가까우나, 뒤집어 말하면 아무런 공식 지원체계도 개발 노하우도 없이 맨주먹으로 어렵사리 만들어낸 소프트들이란 의미도 되기에, 시대의 반영으로서 충분히 재조명할 가치가 있다 하겠다.

//// 둘리 부라보랜드

대우정보시스템 1992년 1월 가격 미상 2M

기록상 최초의 국산 패미컴 오리지널 게임으로서, 91년 재믹스·겜보이용으로 발매된 「아기공룡 둘리」에 이어 김수정 화백의 '둘리' 캐릭터를 정식 계약하여 게임화한 판권물 작품. 길동이가 의문의 레코드판을 듣다 디스크 악마를 소환해, 악마가 점령한 유원지 '부라보랜드'를 탈환하기 위해 둘리 일행이 나선다는 스토리다. 총 8스테이지의 횡스크롤 액션 게임이다.

▲ 마지막 스테이지 '디스크 악마성'을 제외하고는, 자유롭게 공략순서를 선택할 수 있다.

//// 도술동자 구구

재미나 1992년 5월 가격 미상 3M

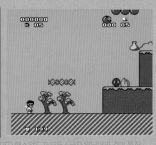

80년대 후반부터 MSX·겜보이를 중심으로 수많은 소프트와 주변기기를 내놓았던 재미나(새한상사)의 유일한 패미컴용 작품. 주인공 구구가 구사하는 '변신술'이 최대의 특징으로서, 총 8스테이지를 진행하며 부적조각 8개를 모아 세계를 구하는 것이 목적이다. 이 작품 이후 핵심 개발진들이 독립해 열림기획을 창업하기에, 열림기획의 초기작들과 분위기가 유사하다.

▲ 재미나 최후의 작품 중 하나이기도 하다. 스테이지 패스워드가 모두 5글자 영단어인 것이 특징.

//// 장군의 아들

대우정보시스템 1992년 12월 가격 미상 5M

당시 한국에서 큰 인기였던 영화·소설 '장군의 아들'에서 모티브와 스토리·캐릭터를 따온 작품. '김두한'을 비롯한 12명의 캐릭터가 등장하여 1:1로 대전한다. 당시로서는 드물게 삼성 겜보이(세가 마스터 시스템)와의 멀티플랫폼으로 발매되었으나, 겜보이판과는 구성과 내용이 완전히 다른 것도 독특한 점이다. 방향키와 A·B 버튼을 조합해 기술을 발동한다.

▲ 패미컴판은 대전 액션 게임, 겜보이판은 횡스크롤 액션 게임으로서, 완전히 장르가 다르다.

장두진 바둑교실 입문편

골든벨상사 / 동경전자　1993년 3월　39,000원　1M

▶ 후속편도 기획했던 듯하나, 나오진 못했다.

당시 PC용 바둑 소프트 등에도 관여했던 고 장두진 프로기사의 이름·캐릭터를 빌려온 작품. 1인용 '바둑교실'·2인용 '둘이 두기' 모드가 있으며, 자체 개발한 한글 처리기를 내장했다.

대우 패밀리 노래방

대우전자 / 다우정보시스템　1993년 겨울
148,000원(기기 세트) / 87,000원(노래방팩) / 28,000원(확장팩)　8M

▶ 확장팩 규격은 게임기용 소프트와 유사하다.

다우정보시스템이 소프트 개발을 맡아, 패미컴 호환기와 번들해 출시한 가정용 노래방 시스템. FM음원 칩을 내장해 사운드를 보강했다. 확장팩을 추가 장착해 신곡을 확장할 수도 있다.

코코 어드벤쳐

다우정보시스템 / 열림기획　1993년 5월　가격 미상　2M

재미나 출신의 핵심 개발진들이 세운 열림기획이 개발하고, 다우정보시스템 게임사업부(잼잼크럽)가 발매한 오리지널 작품. 1P 남성 캐릭터 '코코'와 2P 여성 캐릭터 '수지'가 번갈아 즐기는 형태로 2인 플레이를 지원한다. 슈퍼 패미컴의 「슈퍼 마리오월드」에서 영향을 받은 듯한 작품이며, 북미에도 「Buzz & Waldog」으로 출시 예정이었으나 미발매로 끝났다.

▲ 겜보이판 「토토 월드 3」와 동시 개발된 듯해, 두 작품이 자매작처럼 함께 실린 잡지광고도 있다.

까치와 노래친구

하이콤　1994년 초　95,000원(호환기 본체 포함)　4M

▶ 동요 150곡을 내장했고, 24곡까지 예약 가능.

당시 이현세 화백의 '까치' 캐릭터를 활용해 겜보이로 「개구장이 까치」를 발매했던, 하이콤의 아동용 노래방 소프트. 마이크를 동봉했다. 슈퍼콤 등 일부 기기에선 비정상 작동한다는 안내문이 첨부돼 있다.

메탈포스

다우정보시스템 / 열림기획　1994년 5월 1일　30,000원　4M

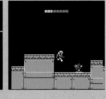

▶ 열림기획이 개발한 마지막 패미겜용 작품이다.

대행성 잠입용 전투로봇 '메탈포스'가 외계 행성의 반란을 진압하러 침투한다는 스토리의 횡스크롤 액션 게임. 총 7스테이지 구성이며, 전반적으로 「록맨」의 영향이 강하게 보인다.

버그트리스

게임라인　1996년 초　30,000원　320K

▶ 이후 여러 국산 합팩 내에 섞여 들어갔다.

유일한 국산 패미컴 테트리스 게임(실제 개발사는 불명이다). 전형적인 2인 대전식 테트리스로서, 진행 도중 버그(벌레)가 날아오르며 이를 잡으면 상대를 공격하는 시스템이 있다.

꼬꼬마 PACK 1·2

에듀뱅크　1999년 초　108,000원(본체 포함) / 30,000원(단품)　8M

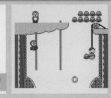

▶ 이 작품도 당시의 여러 호환기에 번들된 듯하다.

기록상 최후의 국산 패미컴 소프트 중 하나로서, 패미컴 호환기(영재컴)와 소프트 PACK 1의 번들이며 PACK 2는 단품으로 판매되었다. 계명문화대학교 및 경남대학교와의 산학협력으로 개발된 유아교육 소프트다.

HARDWARE
1983
1984
1985
1986
1987
1988
1989
1990
1991
1992
1993
1994
INDEX

패미컴 퍼펙트 카탈로그

1판 1쇄 | 2022년 10월 28일
감　　수 | 마에다 히로유키
옮 긴 이 | 조기현
발 행 인 | 김인태
발 행 처 | 삼호미디어
등　　록 | 1993년 10월 12일 제21-494호
주　　소 | 서울특별시 서초구 강남대로 545-21 거림빌딩 4층
　　　　　www.samhomedia.com
전　　화 | (02)544-9456(영업부) (02)544-9457(편집기획부)
팩　　스 | (02)512-3593

ISBN 978-89-7849-669-8 (13690)